国家社科基金
后期资助项目
GUOJIA SHEKE JIJIN HOUQI ZIZHU XIANGMU

非经营性国有资产使用权构造论

Study on the Construction of the Right to
Use of Non-profit State-owned Asscts

鲍家志　著

WUHAN UNIVERSITY PRESS
武汉大学出版社

图书在版编目(CIP)数据

非经营性国有资产使用权构造论/鲍家志著.—武汉：武汉大学出版社,2022.12

ISBN 978-7-307-22876-4

Ⅰ.非⋯ Ⅱ.鲍⋯ Ⅲ.国有资产管理—研究—中国 Ⅳ.F123.7

中国版本图书馆 CIP 数据核字(2022)第 021936 号

责任编辑:王智梅   责任校对:汪欣怡   版式设计:韩闻锦

出版发行:**武汉大学出版社** (430072 武昌 珞珈山)
      (电子邮箱:cbs22@whu.edu.cn 网址:www.wdp.com.cn)
印刷:武汉中远印务有限公司
开本:720×1000 1/16 印张:20.25 字数:364 千字 插页:1
版次:2022 年 12 月第 1 版   2022 年 12 月第 1 次印刷
ISBN 978-7-307-22876-4   定价:72.00 元

国家社会科学基金后期资助项目(批准号 16FFX026)

国家社科基金后期资助项目
出版说明

后期资助项目是国家社科基金设立的一类重要项目，旨在鼓励广大社科研究者潜心治学，支持基础研究多出优秀成果。它是经过严格评审，从接近完成的科研成果中遴选立项的。为扩大后期资助项目的影响，更好地推动学术发展，促进成果转化，全国哲学社会科学工作办公室按照"统一设计、统一标识、统一版式、形成系列"的总体要求，组织出版国家社科基金后期资助项目成果。

全国哲学社会科学工作办公室

序

　　鲍家志又要我为他的书作序了，我不能不写。当年，我仔细读了他30多万字的博士论文初稿，只说了一句话：删掉15万字。因为我历来认为博士论文，不！任何论文的水平都不是字数决定的，爱因斯坦的广义相对论手稿只有54页，而且还是和米歇尔贝索合作撰写的。博士论文答辩，他的论文获评全优，但我告诫他研究尚未成熟，暂时不要出版。他比较听话，在博士论文基础上又研究了8年多，有了这本值得出版的《非经营性国有资产使用权构造论》。

　　传统民法没有国有资产使用权一说，域外大陆法系民法典从来没有国家所有权概念，苏俄民法典是一个例外，如果苏俄民法典也算是大陆法系民法典；我国民法典有国家所有权，也没有非经营性国有资产使用权，让那些一辈子沉浸在潘德克顿法学体系中悠闲自得的民法学者接受新的用益物权种类，难度不亚于攀登珠峰。瞧瞧，挡不住居住权进入用益物权，就喋喋不休说道居住权的人役性，指望现代中国居住权回归古罗马。然而，非经营国有资产使用权是中国社会一个活生生的存在，万亿的公务和公共事业国有资产支撑着国泰民安，国家所有权和使用权的天然分离和法定分离确保着国有资产物尽其用。非经营性国有资产使用权是写在中华大地的用益物权，应当而且值得追求民法中国化、时代化的学者研究。

　　本书是一个良好的开端。依据我的物权二元理论和国家社科基金项目"非经营性国有资产的法律保护"的初步研究，本书比较系统地阐述了非经营性国有资产使用权的基本理论和与国家所有权的二元结构，研究了上海、广东南海、广西南宁等地的非经营性国有资产制度试点改革的经验，对比了法国 V. 普鲁东的国家公产理论和大陆法系国家以公法规范公产的实践，认为非经营性国有资产使用权是受财产法和行政法双重调整的新型财产权，提出以缓和的物权法定主义为依据在适当时候将其列为新的用益物权或民法典增设财产总则而将其纳入。书稿思路比较清晰，资料比较丰富，逻辑比较顺畅，观点比较鲜明，可以推动非经营性国有资产的学理研究和立法研究。当然，本书依然留有遗憾，作为立法选择之二的民法典财产权总则占了过多的篇幅，以致中心命题的重心有点偏斜，为照顾传统用益物权的面子而对民法典整体结构伤筋动骨，得不偿失。鲍家志本科毕业干了十年律师后才考上广西大学吴小英教授的硕士，三次考博，2012 年博士毕业时 44 岁，2019 年评上教授时已 51 岁，智商、情商均非一流，但有穷且益坚、不坠青云之志的韧性。我欣赏聪明乖巧的学生，也欣赏踏实苦干的学生，前提是人品不赖。是为序。

孟勤国①

2022 年 1 月 16 日于海口

---

① 孟勤国，武汉大学法学院教授，博士生导师。

前　言

国有资产，自从有国家诞生之时就演绎着其特有的价值功能。世界各国不同程度地存在国有资产，只不过因社会制度、国家经济、文化传统等差异，在不同国度显示出其独特的历史沧桑。放眼当今世界，中国经济强盛与综合实力的提升是社会主义国家发展的光辉典范，国有资产发挥着神奇的牵引作用。越是前景光明，越要居安思危。中央全面深化改革的战略部署已"利剑出鞘"，行政机构改革的大潮正在中国大地上如火如荼地展开，国有资产制度的深层次变革亦已"箭在弦上"。国有资产是中国经济持续稳定发展的保证，非经营性国有资产是国家机关法人和行政事业单位法人正常运转的物质基石，健全非经营性国有资产法律监控机制是深化与推进行政事业体制改革的关键，因而研究非经营性国有资产的民法规制具有重要的理论与实践意义。

一、非经营性国有资产制度法律改革的实然性研究

国有资产的制度创新是一项重大的理论课题，作为其重要组成部分的非经营性国有资产制度的改革亦是重中之重。国有资产在中国具有特殊的政治、经济与文化的财产意义，衍生出国有资产理论的纷繁复杂。现有规范性文件中，国有资产的名称五花八门，学者提出的分类标准更难将其区分清楚。根据国有资产的性质和功能，应分为经营性国有资产、资源性国有资产和非经营性国有资产。非经营性国有资产包括公用性非经营性国有资产和狭义的非经营性国有资产，后者指机关法人和事业单位法人占有和使用的国有资产，本书主要研究狭义的非经营性国有资产的财产法规制问题。党的十八大前，资产配置不均，资产闲置与废弃，各类非经营性国有资产流失和挥霍滥用之风频生。中央八项规定出台后，铺张浪费之风渐被整改。法律是规范社会财产行为的基本准则，其优点在于它具有稳定性和明确性。一切国有资产的改革归根结底在于创新其法律制度，方能历久弥新。非经营性国有资产固然有属于其领域的特殊问题，而需要解决的问题

就是其"呐喊"的音符。政府机构和事业单位分类改革、"三公消费"的公开，公车改革、公务卡的推行，以及"上海模式""广东南海模式"和"南宁模式"的试点，都是对非经营性国有资产制度改革的实践探索，而完善其法律保护机制是根治其顽症的基本路径。

二、财产法确认非经营性国有资产使用权的应然性探索

"非经营性国有资产"是中国语境下的学理用语，渊源于罗马法，与传统大陆法系国家的公产或公物制度相似。国家公产与私产的区分是公私法划分理论的必然结果。根据罗马法关于公私法划分的粗朴学说，精明的法国法学家 V. 普鲁东敏锐地意识到国家享有的财产权与民法上的财产权在性质上不同，创制出国家公产理论，由此后世的大陆法系国家将国家公产纳入公法调整，形成了似"守恒定律"般的立法趋势。中国自清末至今一直仿效大陆法系国家的法律体制，视西欧大陆国家公产制度为圭臬，并坚守着非经营性国有资产完全由行政法规范的立法体例。非经营性国有资产具有非流通性和非营利性，被认为是一个关于行政法调整的问题，与私法毫不沾边，这是一个流行久远的重大误解。

改革开放以来，中国关于规范非经营性国有资产的行政规章多达 60 多个，但缺乏现代行政法的规范价值，且行政责任模糊，始终难以堵塞其弊端管道，这不得不让人重新考究其法律调整方法。本质上，西欧大陆形成国家公物由公法调整的定律，与其说是 V. 普鲁东发现了国家公产与国家私产的根本差别，不如说是大陆法系公私法划分理论的经典结晶，也是西欧大陆几百年来私有制经济条件的本质反映。非经营性国有资产的形成、性质和功能及其在国民经济生活中的重要地位决定着其采取的法律调整方法有别于大陆法系国家。社会经济条件决定了公法和私法之间日益交融渗透的态势，并汇聚成既有部分合流，亦有深层次分流的浪潮，由此催生了"公法私法化"和"私法公法化"的现代立法趋势。任何法律的演进并不是按照法学家的思维逻辑行进，而是根据社会现实的变迁而嬗变。立法历史和现实需要的交叉碰撞造成中国民法调整非经营性国有资产的尴尬。事实上，民法并非纯粹私法，中国民法规范非经营性国有资产并不违背私法的本质，由公私法综合调整应是探索其法律保护机制的有效路径。

非经营性国有资产本质是一种财产，财产问题应当首先由财产法解决，其利用关系是一种混合性法律关系，这是财产法调整其的法理依据。行政事业单位法人对非经营性国有资产享有占有与使用甚至处分的权利，本质就是一种物权。非经营性国有资产存在着归属与利用关系的天然分

离，这种归属权利和利用权利的分离应当在财产法的视野下作出合理的制度安排。除了"物尽其用"外，传统用益物权的资源配置和调和社会利益的价值功能总被忽略。资产有效运行不仅在于资源配置，更在于有效利用。法人人格的取得取决于能否将团体与其成员在权利义务上做出独立的区分，也取决于团体是否作为一个整体承载权利义务。法人人格是由国家法律赋予，其独立性与财产多少没有牵连。集合物的所有权与其组成的单一物的所有权是一种内部关系，各个单一物在尚未形成集合物之前仅是单一所有权，当把集合物看成一个整体，集合物就表现为一个所有权。考究集合物的所有权，不应考究集合物与其各个单一物之间的所有权关系，因而权利人通过支配物的使用价值而取得财产利益，在集合物上可以设定用益物权。基于传统有体物权客体的僵化与桎梏，难以规范现代财产形式的复杂多变，应以"一定的财产利益"界定物权客体，非经营性国有资产可视为"一物"。全国人民代表大会及其常务委员会和地方各级人民代表大会及其常务委员会设立非经营性国有资产监督管理委员会，为国家所有权行使主体，行政事业单位法人为使用权主体。因而，财产法确认非经营性国有资产使用权为新型用益物权类型，具有理论上的证成性。确认非经营性国有资产使用权，对非经营性国有资产法律制度改革的立法价值不言而喻，国家所有权行使主体与使用权主体的权利义务关系得以明晰，行政法得以建章立制，刑法可科以刑罚，私法科以民事责任，法律监督与法律救济机制随之完善。总之，法律规范非经营性国有资产的正当、合理利用，防止其流失，不受侵害是根本，是目标，体现的是价值理性；以行政法规范非经营性国有资产，财产法确认非经营性国有资产使用权，建立起公私法双重法律保护机制，是路径，是方法，体现的是工具理性。

三、非经营性国有资产使用权与国家财产权二元构造

在中国公有制为主体，多种所有制共同发展的基本经济制度下，需要根据国情推陈出新、革故鼎新，探索出一条合理的立法路径，以实现公有制与财产法的有效衔接。

非经营性国有资产首先是一种国家财产，构建其财产利用权利，探讨它与国家财产权利与国家所有权的理论关联是一个绕不开的课题。国家财产权利与非经营性国有资产使用权是一个相互作用、相互关联的逻辑整体，它与国家所有权制度是一个密不可分的逻辑体系，在财产法上具有系统牵连性。国家财产权利的基本定位和逻辑体系关系着非经营性国有资产使用权的立法安排。换言之，考究非经营性国有资产使用权在法律体系中

的结构设计必然与国家财产权利的立法构造休戚相关。

国有财产的法律保护机制问题，归根结底是国家财产权利的理论问题。国家财产权利的立法应当事先做出制度设计，做到主次纲目、体系清楚和层次分明。理论上，国家财产权利应当首先由宪法作出基本规定，其次在财产基本法上对其归属和利用关系的主体、权利与义务做出原则性规定，再由行政法规范由谁以什么方式监管以及具体行政管理的法律问题。

在非经营性国有资产监控机制的制度构建上，应当需要公私法统筹兼顾的调整方法，注重公法宏观调控机制与私法财产权制度的耦合。法律确认非经营性国有资产使用权，只是一个原则性规定，如何规划其立法，需要统筹安排、策划设计。非经营性国有资产国家所有权的主体内部关系属于隶属关系，除了财产法确立国家财产权制度外，仍应由行政法调整。国家所有权的主体外部关系属于平等关系，主要是解决其利用关系，应由财产法作出原则性规定，再由行政法细化。据此，非经营性国有资产法律保护制度应在调整非经营性国有资产制度上作出科学的立法安排，应是：除了宪法作出根本性规定外，由财产法规定其国家所有权和非经营性国有资产使用权，侵权责任法完善相关侵权规范，通过制定非经营性国有资产法、资产配置法、公务消费法和资产使用法等行政法规范资产的行政管制关系，并制定刑事立法，从而形成一种统分结合的立法形式，构筑出一种合理、有效的法律保护机制。

法律上确认非经营性国有资产使用权为新型权利类型，大陆法系没有立法例可循，这涉及财产法逻辑的重大理论问题，也是中国国有资产的重大立法问题。花开两朵，各表一枝，非经营性国有资产使用权的立法模式应分两条路径探索。

立法路径之一，采取缓和物权法定主义，确认非经营性国有资产使用权为新型用益物权。《中华人民共和国民法典》(后简称《民法典》)物权编第323条为在法理上确认"非经营性国有资产使用权"提供了法律依据。基于我国《民法典》出台不久，并规定了比较完善的用益物权制度，而非经营性国有资产作为一种特殊的物权客体，有别于不动产用益物权，如果修改《民法典》物权编以确认非经营性国有资产使用权为用益物权，需要寻找一个恰当的价值与技术定位，这样一来，还需要深入研究财产权的制度设计及其体系安排，耗费时间太久，立法成本也过于庞大。但是，"非经营性国有资产使用权"在监控机制中具有中枢性作用，非经营性国有资产的法律监控机制又迫切需要构建。据此，为了维护法律上的稳定性和统一性，缓和立法矛盾，可以通过国务院行政法规或最高人民法院的司法解释先确认非经营性国有资产使用权为用益物权，待条件成熟后再由中国《民法典》予以正式确认。

立法路径之二，建议未来修改的《民法典》设置"财产法总则篇"构造国家财产权二元结构，对国家所有权和国家财产用益权进行立法安排，非经营性国有资产使用权为国家财产用益权类型之一。国有资产的财产法理论问题是长期困扰我国学术界的一个重大研究问题，其根本原因在于公有制财产与传统物权客体、私人所有权的理论存在体系上与逻辑上的冲突性。基于非经营性国有资产使用权与传统物权存在诸多的理论冲突，协调其在现有《民法典》物权编中出现的难以破解的难题。基于国家是抽象主体，国家财产并非单纯的有体物，国家所有权与传统私人所有权难以兼容，财产法确认国家所有权制度是　种立法的客观要求，但我国《民法典》物权编定位于有体财产法，难以完善调整国家财产关系。而且，治理国家财产的根本问题，不可能完全以国家所有权制度规范，其利用关系也应作出制度安排。基于国家财产的特殊性，国家财产权利蕴含着特殊财产权，兼有公权与私权，应当以国家财产权作为国家所有权与国家财产用益权的上位概念，构造出国家财产权的二元结构。根据国家财产的种类，确认国有自然资源利用权、国有特许资源利用权、国有公用财产利用权、国有企业法人财产权以及非经营性国有资产使用权五个国家财产用益权类型。据此，为了科学规范国家财产权以及现代财产权的多样化形式，未来修改的《民法典》可参照荷兰《民法典》的立法例设置财产法总则编，保持现有《民法典》物权编，从而合理地规范国家财产权的内容，实现有体财产法与财产法总则的相得益彰，最终实现公有制财产的制度设计与部门立法、传统财产法与我国国情之间的有机耦合。

目　　录

第一章　非经营性国有资产制度的法律改革

在中国公有制为主体，多种所有制经济共同发展的基本经济制度下，国有资产是国家经济持续稳定发展的保证，非经营性国有资产是机关法人和事业单位法人正常运转的物质基石。行政事业单位的改革正在中国大地上如火如荼地展开，健全非经营性国有资产法律监控机制是顺利推进行政事业体制改革的关键。长期以来，由于历史和管理体制等多方面的原因，非经营性国有资产暴露出严重流失的"暗涌"，构筑健全的非经营性国有资产法律保护机制，是亟待解决的一项重大理论课题。厘清非经营性国有资产的内涵和功能，分析其流失的现象及成因，是探索其法律制度改革的逻辑起点。

第一节　非经营性国有资产的基本理论

一、国有资产的内涵与分类

国家是由领土、主权和人民构成的特殊主体，国有资产是国家正常运转的物质基础，是国家行使政治权力和发展公共事业的物质条件。世界各国不同程度地存在国有资产，只不过因社会制度、文化传统等差异，在不同的国度中显示出不同的历史沧桑和神奇魅力。我国以公有制为主体，多种所有制经济共同发展，国有资产总量庞大，据《中国会计年鉴（2017）》数据，截至 2016 年年底，全国国有企业资产总额 1549141.5 亿元，行政事业单位资产总额 267112.55 亿元。①

国有财产在不同时代、不同国度里都演绎着特有的立法形态。中文语

---

① 中国会计年鉴编辑委员会：《中国会计年鉴（2017）》，中国财政杂志社总第 22 卷，第 545、563 页。

境下的"国有资产"源于罗马法，发轫于对物的区分。根据物的性质和用途，罗马法学家将物区分为"非财产物"和"财产物"。"非财产物"分为神法物和人法物，人法物分为共用物、公有物和公法人物，由国家行使主权。"财产物"为一切个人所有的物，并由私人行使物的所有权利。罗马法关于人法物的界定对后世将财产区分为国家财产和私有财产产生了深远的影响。在西欧大陆的法律发展进程中，借鉴罗马法关于"人法物"的法理，大陆法系公私法的划分理论催生了国家财产的理论与立法学说。19世纪30年代，法国学者 V. 普鲁东首次提出关于国家财产区分为公产与私产的理论。① 在法国，国家行政主体的财产包括公产与私产，"国家公产包括公众直接使用的公共财产和供公务使用的财产，适用公法规定"②。国家私产原则上由私法规制，但其取得、转让与使用却都不同程度上受到限制，并不完全适用私法规则。国家公产不能进入商业交易领域，公法人对公产行使的权利不是"民法典"意义上的所有权，公产不得转让、不受扣押、不受时效约束；国家私产是指"属于公法人的私产"，可以进入商业交易领域，公法人对这些财产享有所有权，可以转让这些财产，可以用其设置利于个人的物权，个人也可以依时效取得这些财产。③ 法国国家财产法律制度开辟了国家公产和国家私产立法的先河。此后，德国、日本遵循了法国关于国家公产的立法学说。④ 但是，作为大陆法系私有制国家的意大利和瑞士，并没有奉法国公产法律制度为衣钵，而是采取了由公法和私法两个层面调整国家财产的立法体例。一方面，在民法典明确规定了国家财产的范围及对其限制，除法律有特殊规定外，国家财产不得转让、不得为第三人利益设定物上负担；另一方面，除民法典规定外，国家财产由特别法做出规定。⑤ 英美法系国家中虽然没有公产或公物的成文法，但存

---

① 王名扬：《法国行政法》，中国政法大学出版社 1988 年版，第 303 页；余睿：《论行政公产的法律界定》，载《湖北社会科学》2009 年第 9 期。

② 余睿：《论行政公产的法律界定》，载《湖北社会科学》2009 年第 9 期。

③ ［法］弗朗索瓦·泰雷、菲利普·森勒尔：《法国财产法》（下），中国法制出版社 2008 年版，第 664、666 页。

④ 德国称为"公物"。法国法"公产"的概念与德国法"公物"的术语，其国家财产的基本内涵没有本质差别，反映的是法律制度设计的差异：法国民法将公产视为一种"财产"，而德国民法视国家财产为一种"物"，是因为法国民法典以财产进行立法编排，而德国民法典将物权客体规定为有体物，法国和德国分别将国家财产称为"公产"和"公物"，是其法律体系在法律技术上的逻辑结果。

⑤ 李志文、耿岩：《论公用物公法与私法层面上的双重法律规制》，载《暨南学报（哲学社会科学版）》2007 年第 6 期。

在以公共信托理论规制国家财产的理论学说,① 美国法中有一个叫"Public Domanin"的法律术语,可被译为"公产"或者"公共财产"。

法国的国家公产强调公共目的和公务性质,以公众使用和公务使用的财产、公务接触的物体确定公产的含义。② 在德国,公物是指以特定公用为直接目的,适用行政法的特别规制,受行政公权力支配的物。德国广义上的公物与法国国家财产相仿,包括财政财产、行政财产、共用财产。狭义的公物相似于法国的国家公产,包括行政财产和共用财产,有公共设施(如公园、体育场等)、一般使用的公物(如公路、空间、水域等)以及特殊使用的公物。教会的财产原则上也属于公物的范畴。③ 日本法以主体和使用目的为双重标准界定公物的内涵,而且强调公物为有体物,界定为"国际或公共团体直接为了公共目的而提供的有体物",包括直接由公众使用的物和直接供行政组织使用的物。④ 我国台湾地区有学者认为,"所谓广义之公物,乃指国家或自治团休,直接或间接为达成行政目的,所必需之一切财产而言(包括行政财产、财政财产和共用财产)"⑤。各国关于以何名称界定国家财产的问题,称谓不一,此与各国法律体制密切相关。法国法"公产"的概念与德国法"公物"的术语,虽有一字之差,其表述为国家财产的基本内涵没有本质差别,却反映出深层次的法律意义。为了保持国家法律在整体上的系统性,法国民法典以财产进行立法编排,德国民法典将物权客体规定为有体物,法国民法将公产视为一种"财产",德国民法视国家财产为一种"物",日本干脆将公产规定为一种"有体物",此名称的差别与各国物权法一脉相承。总的来说,法国公产制度的创建开辟了国家公产和国家私产分别立法的时代先河,对学说构造大陆法系公法人的所有权和私人所有权的二元所有权结构产生了深远的影响。

中国至今没有"公产法"或"公物法"的立法,也没有"公产"或"公物"的成文术语,"公产"或"公物"仅是学理用语。近年来,行政法学界就呼吁国家出台公物法开展了热烈的讨论和争鸣。早在《中华人民共和国物权法》(以下简称《物权法》)颁布前,梁慧星和王利明先生分别负责起草的中

---

① 肖泽晟:《公物权法研究》,法律出版社 2009 年版,第 82 页;See Illinois Central Railroad v. Illnois, 146 U. S. 387(1892)。

② 王名扬:《法国行政法》,中国政法大学出版社 1988 年版,第 306 页。

③ [德]汉斯·J. 沃尔夫、奥托·巴霍夫、罗尔夫·施托贝尔:《行政法》(第 2 卷),高家伟译,商务印书馆 2002 年版,第 458~463 页。陈新民:《行政法学总论》,三民书局 1997 年版,第 335 页。

④ [日]盐野宏:《行政法》,杨建顺译,法律出版社 1999 年版,第 288、742、752 页。

⑤ 乔育彬:《行政组织法》,中兴大学法商学院图书部 1994 年版,第 288 页。

国物权法草案建议稿已就公用物和公有物进行了列举式的简略规定，但最后立法机关没有采纳大陆法系国家"公有物"和"公用物"的概括性概念，现行《民法典》以"国有财产"和"国家所有权"的法律概念立法。

在法律术语上，一般存在"财产"或"物"的概念，很少存在"资产"的术语，大陆法系各国民法典均无"资产"概念，中国物权法也无"资产"术语，"非经营性国有资产"一词一般在党的政策文件以及经济学、管理学的理论著作中出现。那么，资产的内涵是什么？资产，英语为 Asset，法语为 Propriete，德语为 Vermogen Eigentum。《辞海》上，资产是"负债"的对称；资金运用的同义语，指单位所拥有的各种财产、债权和其他将会带来经济利益的权利。① 我国《企业会计准则》中规定："资产是企业拥有或者控制的能以货币计量的经济资源，包括各种财产、债权和其他权利。"应该说，《辞海》以及《企业会计准则》概括的"资产"内涵比较精确，但将其价值仅限于带来"经济效益"不够全面，以"单位"或"企业"作为主体存在不周延之嫌。有学者称，资产是指可作为生产要素投入生产经营过程，并能带来经济利益的财产和财产权利。② 此定义以偏概全，将"资产"完全限定在生产要素或经营过程中的财产和财产权利，排除了公法人或公益法人的财产范围，未臻完善、精确。

本书认为，资产是指法人所有或者授权经营管理的能以货币计量的经济资源，并能带来经济效益、社会效益的各种财产、债权和其他财产性权利的总称。我国政策文件中又存在"非经营性国有资产""企业资产"等概念，那么，物权中的"物"与"财产""资产"的关系如何界定？美国经济学家约翰·康马斯在《制度经济学》中对财产和资产的区分作了精辟的阐述：资产的法律意义就是财产；而财产的经济意义就是资产。同样，我国有学者认为，就企业而言，"企业资产就是一个价值化的而非实物化的概念。企业资产包括了一切实物和非实物的财产，因而总是以总资产值来表现财产状况"③。也就是说，资产是对企业或其他单位所有或授权管理的有体物、无体物等能够以货币计量的经济资源的总称，它不过是以经济学意义表述法学意义的名词术语，无论是企业财产，还是国有财产概莫能外地适用"资产"一词。从此角度而言，"资产"与"广义上的物"（包括有体物与无

---

① 屈茂辉：《中国国有资产法研究》，人民法院出版社 2002 年版，第 2 页，转引自《辞海》（1979 年缩印本），第 1621 页。

② 屈茂辉：《中国国有资产法研究》，人民法院出版社 2002 年版，第 2 页。

③ 孟勤国：《物权二元结构论——中国物权制度的理论重构》，人民法院出版社 2004 年版，第 31 页。

体物)和"广义财产"系同义词,只不过是学者在不同学科领域或基于学术习惯所用的名称不同而已。基于我国《民法典》第115条关于物的规定,结合上述分析,应当认为我国《民法典》中的物与资产存在交叉重合上的关系。①

我国国有资产表现出强大的政治作用和公共功能,具有深厚的历史沉淀,呈现出多样的财产构成。"国有资产"一词,英文译为"State-owned Assets",来自中国改革开放初期的国有企业改革并在我国的法律和社会实践中广泛引用。我国法律上关于国家财产的名称相当泛化,"公共财产""公共财物""国有资产""国有财产"和"全民财产",等等,均有使用。"公共财产"和"公共财物"是国家财产中公用物的一部分,不能涵盖国家财产及其财产权利。由于"财产"与"资产"的概念没有多大的区分意义,"国家财产"与"国有资产"没有根本的差别,但"国有资产"在法律上简明地表述了国家对其财产享有的财产权利和财产形态的广泛性,因而,"国有资产"应当成为我国规范的法律表述和概念。②

概念是学术研究的操作工具。廓清国有资产的法律含义及其范畴是探讨其法律保护方法的基本前提。关于国有资产的内涵,学者各有表述,但大同小异,且在文义上多有值得推敲之处。例如,"国有资产是指国家依据法律取得或者由于资金投入、资产收益、接受馈赠而形成的一切资产及无主财产。它是社会主义全民所有制的全部财产、债权以及其他权益的统称"③。这个定义偏重于国有资产的来源,而且将"财产""债权"和"其他权益"并列,从私法意义上,"财产"即囊括"债权"和"其他权益"。又如,"国有资产(The State Assets),简言之,即指国家所有的财产。国有资产属于全民所有即国家所有的一切财产和财产权利的总和"④。这个定义将"国家所有"和"全民所有制"两个概念混同。"国家所有"是从法律意义上表述国家所有权,"全民所有制"是从国家基本经济制度的意义上表述国家财产的性质,两者不属同一层面、同一语境。概念形成于人们对客观事物及其规律的认识。定义应是对概念本身的内涵及其本质作出的精确化的抽象概括,而且"选择何种要素以定义抽象概念,其主要取决于该学术概念形成时所拟追求的目的"⑤。笔者认为,国有资产既包括一切属于国

---

① 鲍家志:《论非经营性国有资产的范围——兼论《物权法》第2条关于物权客体的规定》,载《学术论坛》2010年第7期。
② 鲍家志:《论非经营性国有资产的范围——兼论《物权法》第2条关于物权客体的规定》,载《学术论坛》2010年第7期。
③ 秦醒民:《国有资产法律保护》,法律出版社1997年版,第2页。
④ 屈茂辉:《中国国有资产法研究》,人民法院出版社2002年版,第2页。
⑤ [德]拉伦茨:《法学方法论》,陈爱娥译,商务印书馆2003年版,第318页。

所有的动产和不动产，也包括一切由国家享有财产权利的无形性资产，还包括在国家领土范围内，一切不属于私有或集体所有，但依照法律归属于国家所有的各种动产、不动产和财产性权利。

关于国有资产的类型问题，学者们提出了各种分类标准和学说主张。理论上将国有资产分门别类，是为了在逻辑上厘清国有资产的各种性质和功能，从而深入把握国有资产的内在规律性，为实践提供具有合理性价比的操作方案。在各种分类中，根据国有资产的用途，分为资源性国有资产、经营性国有资产和非经营性国有资产，这是一个为社会熟悉而且外延周延的分类。这一分类以国有资产的基本功能作为分类依据，资源性国有资产包括自然资源性国有资产和特许资源性国有资产，前者指呈自然状态的自然性国有资源；后者指国家特许经营所形成的公共资源。凡是用于营利性活动的国有资产是经营性国有资产，凡是用于公益性活动的国有资产是非经营性国有资产。诚然，此两种国有资产的划分不是绝对的，经过政府批准或许可，性质也可以互相转换。

自然资源性国有资产主要是指矿藏、动植物、水等自然资源。自然资源"是土地以外的一切能用于生产和生活的呈自然状态的物质资料"，是人类赖以生存和发展的物质基础，主要包括国有的土地、矿藏、海洋、水流、森林、荒山等自然性国有资源。特许资源性国有资产，主要是指国家特许经营所形成的公共资源。公共资源是指基于公共事业或公共服务的稀缺性而形成的一种资源，它是一种政府特许经营的有限公共资源，如出租车营运车牌、电信执照、风景区营运资格、路桥收费证、行政信息、互联网、无线电频谱资源等。公共资源是基于社会事业发展的需要由少数人的垄断经营许可权利所形成的财产利益，是一种虚拟的资产。资源性国有资产具有稀缺性和价值性。

经营性国有资产主要包括国有企业或国家投资形成的收益和资产，国家享有的各种发明、专利等知识产权、国家债权、国有股权、国家债券等无形性财产以及国库资金，以及其他各种实质从事营利活动的国有资产。中国拥有世界上最庞大的国有资产，截至 2016 年年底，全国国有企业共有 17.4 万户，利润总额 25558.7 亿元。[①] 它是国民经济的经济支柱和重要力量，起着增加国家财税收入和实现资产增值等无可比拟的作用。自改革开放以来，经营性国有资产在国民经济中作为创造直接效益和创收税收

---

① 中国会计年鉴编辑委员会：《中国会计年鉴（2017）》，中国财政杂志社总第 22 卷，第 552 页。

的中坚物质力量，一直以来是中国经济改革的重要中心环节，国家围绕着经营性国有资产进行了一系列的改革并取得了明显的实效。

非经营性国有资产有广义上的非经营性国有资产和狭义上的非经营性国有资产之分，前者指公用性国有资产和行政事业单位国有资产，后者指行政事业单位国有资产。公用性国有资产与大陆法系传统的"公用物"的内涵与外延相似，主要是指国家为公众提供社会公共利益而由公众享有使用权的国家财产，包括公共道路、港口、广场、公园、景观湖泊、博物馆、历史文物、历史古迹以及其他供公众直接使用的国家财产，这些国家财产属于国家所有，由国家管理，公众享有自由使用的权利。公用性国有资产承载着为公众提供持续、稳定的公用功能的使命，是国家落实公民基本人权的物质保障、体现社会福利的物质表现。狭义的非经营性国有资产，又称行政事业性国有资产，主要包括国家机关、军队、人民团体、事业单位占有使用的办公楼房、公务车辆、办公设备、教育体育设施、仪器设备、办公经费和项目经费以及公立非营利性医疗卫生设施等为社会管理和公共利益而设定的国有资产。本书所称的"非经营性国有资产"，除非特别指出，均指狭义的非经营性国有资产。

二、非经营性国有资产的概念与范围

"非经营性国有资产"是中文语境下的概念，又称"行政事业单位资产"。非经营性国有资产的范围与大陆法系国家的"公产"或"公物"差别较大，传统公物范畴一般仅包括国家机关和行政机关占有、使用的行政资产，非经营性国有资产除此之外，还包括众多的事业单位法人资产。根据我国现行非经营性国有资产的分布情况，有如下类型：按照行政管理层次不同，可以分为中央非经营性国有资产和地方各级非经营性国有资产；按我国管理主体的性质分类，则分为国家权力机关、政府机关、事业单位、社会团体占有和使用的非经营性国有资产。按用途上划分有两类，一是为国家行政机关正常运转和履行职能需要而购建、配备的办公用品、办公设备等各类资产，此类资产的范围与大陆国家的公有物相同；二是由科、教、文、卫、体等事业单位占有、使用的资产和项目经费，项目经费主要包括社会文教经费、行政管理经费及其他经费，这类资产是国家为社会提供公共产品和准公共产品的国有资产。此外，由于历史和体制的原因，国有企业中包含着大量的具有相对独立性质的非经营性国有资产，如厂办学校、医院和科研机构等福利机构、科研机构的设施、设备等。国防资产是保卫国家免受外敌入侵的公共物品与武器弹药等军事装备，本质上属于非经营性国有资产，但这些资产涉及国家机密，不属于一般法律的调整范畴。

有疑问的是，非经营性国有资产是否包括财政资产、无形性国有资产以及行政事业单位法人占有、使用的经营性国有资产？

政府的财政资产是行政事业单位办公经费、科研经费及专项经费的资金来源。有疑问的是，非经营性国有资产的范围是否涵盖此项财产性资产。依其他国家和地区的立法案例来看，法国的国家公产包括财政财产，德国法广义上的公物包括财政财产，日本法的"公造营物"落脚于有体物，财政财产没有涵盖在公物之内。由此观之，是否确定财政财产为公物，本质上是与该国或该地区的财产法构造相联系的。法国民法典以财产之名为编排，但财产法客体落脚于有体物，德、日物权法固守物权客体为有体物，狭义上的公物不能涵盖财政资产，此实为维系民法体系构造的逻辑结果。财政资产是以货币的形式表现出来的一种特殊财产，"现代意义的公物（公产）制度的产生是与给付行政、福利行政观念紧密相连的"①。

财政资产虽然不直接地为社会提供公共产品，但是通过财政拨付可源源不断为行政事业单位法人输送办公经费、项目资金，为社会提供公共服务。我们不能以法律逻辑因素否定财政资产在非经营性国有资产中的地位。非经营性国有资产来源于财政资产，否定财政资产的财产属性，就等于割裂了财政资金与非经营性国有资产的关系，谈论其绩效评价机制就成为空中楼阁，也就忽略了他们之间在政府采购上的互动关系，衡量其流失就失去了基本的价值依据。因此，财政财产应当属于非经营性国有资产的范畴。

随着经济的发展和技术的进步，现代社会"政府开始成为财富的主要源泉。政府是巨型压力器，它吸进税收和权力，释放出财富：金钱、救济金、服务、合同、专营权（Franchises）和特许权"②。客观上，行政事业性国有资产蕴含着大量的无形性资产，如高校的科研创造成果、发明专利，名牌高校、名牌医院的名称权和被冠名权。汹涌而来的现代财产是行政事业单位法人为社会提供公共行政和公共产品的客观需要，政府在创造新型财产时，也需要一些现代财产形式作为其运转的物质支撑。国家机关法人利用公产为社会提供公共产品，也不限于有体物，客观上需要新型财产协作运行，如行政信息、互联网、经营许可、收费许可等无形性资产。客体

---

① 姜广俊：《公物与公产概念辨析》，载《求索》2008 年第 4 期。

② Charles A. Reich, The New Property, The Yale Law Journal, 1964(73), pp. 733-787.

的物质性和非物质性正冲击着现代公共行政的体制,我们是固守于传统公产的僵化模式,还是拓展现代公产的发展空间,这是一个值得深思的理论问题。在英美法三国,社会福利、经营许可和公共职位这些仅仅属于政府授予的优惠(Privilege),现在都已经纳入宪法所保障的财产的范围。英美法三国有学者认为,这些属于一种新型财产权的范畴,政府福利是一种法定财产权。以上这些无形性资产是否属于非经营性国有资产?这应是一个必须澄清的理论问题。界定非经营性国有资产的范围,本不以客体的物质形态作为依据,也不奉西欧大陆公物为圭臬,而是取决于维护其财产秩序的法律意义。如果以传统封闭的公物客体为限,会导致遗漏一些重要的无形性资产,概念就存在外延上的不周延性,而将一些不具有非经营性国有资产性质的资产归类为其范畴,又失去其规范的法律意义。

非经营性国有资产依托市场经济的行进轨道,甚至超越市场经济的发展时空,为纠正市场失灵而提供公共产品和公共服务,不应存在获利性和利益性,否则就产生了与民争利的局面,不利于稳定、公平的市场经济体制。因此,行政信息、互联网等现代无形性资产乃为提供公共产品所必需,应纳入非经营性国有资产的范畴。学校、医院以及科研机构的科研人员所创造出的发明专利、商业秘密、商业信息、学术著作等的价值在于为市场经济提供生产要素和发展动力,应属于经营性国有资产的范围。名牌学校、名牌医院等事业单位法人的冠名权和被冠名收益,是公法人在悠久的历史发展中所产生社会效益的结晶,是公法人利用名牌效应所创造的利益,应视为经营性国有资产。社会福利和公众补助是政府为实现公民基本权利的物质保障而施行的公共福利政策,并非所有公民享有这些权利,因此不应是公共产品。政府实施的经营许可和收费许可,为市场准入机制,具有垄断性和稀缺性,目的在于提高公共利益的效率,应属于特许资源性国有资产。随着市场经济理论的确立,经济体制向市场化转轨,国家财政政策向公共财政转变。公共财政的理论依据在于,凡是市场能够解决的问题都应由市场办,国家机关或事业单位只提供公共财政职能的产品,应退出竞争性经营领域。据此,在行政事业单位法人范围内的经营性资产,例如办公大楼的招待所或培训中心、大学设置的市场超市或零售商店、出租门面,完全具有营利性质,容易成为腐败现象的制度性根源,应当从行政事业单位资产中剥离出去。

学者关于非经营性国有资产的界定五花八门,但大多从经济学意义上论及,所持观点大同小异,仅是表述上的不同,并没有从其本质功能和管理目标、法律含义上廓清。

例如，张笃鸿教授在 1995 年指出："非经营性国有资产，是指国家在非生产流通领域占有的财产，是指不投入不直接投入商品生产、经营活动，不以盈利增值为目的的公益性国有资产。"①该概念虽然也基本反映出非经营性国有资产的性质，但将公益性国有资产纳入该范畴，造成它们之间性质和功能上的混淆。樊纲教授以国家出资形成的公共设施为标准界定的非经营性国有资产含义，② 却又将非经营性国有资产与自然性国有资产、经营性国有资产的界限模糊，难以界定它们之间的本质关系。攻克教授从行政事业单位占有、使用的经济资源总和方面进行论述，并通过列举方式确立非经营性国有资产的含义，③ 基本触及其本质内涵，却遗漏了一些无形性资产的范围问题。吴红卫教授将非经营性国有资产分为广义和狭义两种含义进行解释，④ 将广义上的非经营性国有资产诠释为除经营性国有资产外均属于其内容，范围太宽泛，其对狭义上的非经营性国有资产的界定与攻克先生主张的范畴并无二致。非经营性国有资产的界定除了考究其性质和功能外，还应综观整个国有资产的体系结构和功能价值进行定位，同时，应当结合其管理目标和管理体制并在法律调整的理论意义上探讨其内涵，否则界定出的含义就会失去概念的规范化及其价值取向。参考国内研究资料。据此，笔者认为，非经营性国有资产是指不直接参与生产和流通过程，由国家机关法人、事业单位法人占有、使用的，需完成国家行政管理和公共事业任务的资产；是在法律上确认为国家所有，能以货币计量的各种非营利性经济资源的总称，范畴主要包括国家机关、军队、人民团体、事业单位占有使用的房屋、车辆、仪器设备、办公经费和项目经费、行政信息等资产。

三、非经营性国有资产的价值与功能

公有制的社会实践决定着非经营性国有资产在中国的社会价值和历史意义。非经营性国有资产占有国有资产净总额的 2/3 以上，直接让它占据了国民经济中的物质支柱地位，并广泛地渗透着各级政府、各项事业和各阶层，涉及 4000 多万名干部职工，也深刻地影响着中国的政治、经济和

---

① 张笃鸿：《非经营性国有资产管理》，载《国企改革》1995 年第 1 期。
② 樊纲：《经营性国有资产应该转换为非经营性国有资产》，载《国际先驱导报》2005 年 2 月 22 日。
③ 攻克：《行政事业单位国有资产管理理论研究综述》，载《党政干部学刊》2006 年第 11 期。
④ 吴卫红：《非经营性国有资产管理研究》，法律出版社 2010 年版，第 65～66 页。

社会生活。它承担着维护社会的和谐与稳定，提高人民群众物质文化生活水平的历史使命。例如，在教育经费支出上，国家在 2017 年教育支出预算数为 1520 亿元，决算数为 1548.39 亿元。[①] 多年来，由于教育经费的不断投入，促进了教育文化事业的蓬勃发展。据国家统计局发布的 2010 年第六次人口普查数据显示，与 10 年前的数据相比，每 10 万人中具有大学文化程度的由 3611 人上升为 8930 人，具有高中文化程度的由 11146 人上升为 14032 人，文盲率为 4.08%。[②] 机关法人是行使国家依法赋予行政权力的法人，事业单位法人是从事非营利性的社会各项公益事业的法人。主体属性决定依附其物质的性质。行政事业单位法人不能直接参与国民经济的经营生产活动，利用非经营性国有资产纯粹是一种资产消耗行为，物化于为社会提供公共产品和准公共产品，为国家稳定和社会发展创造有利的社会条件。这决定了非经营性国有资产不具有增值性、运动性和积累功能，其来源与积累依赖于国家经营性资产的收益性转移和财政性资金，国家不收取资产占用费。一些事业单位实行核定收费制度，目的在于减轻国家财政支出，弥补管理成本，但不能履盖运行成本，不影响资产非营利的性质。

非经营性国有资产具有资源配置、公共服务、促进经济发展与社会稳定的特有功能。非经营性国有资产来源于国家财政拨付，由国家根据公共事业的发展需要，依法定程序，通过财政预算有的放矢地调配资产，合理地配置社会资源，有利于行政事业单位根据国家规划利用资产开展各种社会公益事业。例如，国家为了发展医疗卫生事业，需要改善公共医疗条件，从而增加医疗卫生的财政投入。2017 年医疗卫生与计划生育预算数为 137.04 亿元，决算数为 107.6 亿元，全国医疗卫生机构总数达 986649。由于医疗卫生经费的投入，城乡居民的健康水平持续提高，2016—2017 年，居民人均预期寿命由 76.5 岁提高到 76.7 岁。[③] 2017 年度，全国哲学社会科学规划办公室共投入经费 100765 万元，确立国家社科基金的一般项目、青年项目、西部项目、重点项目共 4781 项。据不完全统计，全年推出学术著作近 3000 部，发表论文、研究报告 20000 多篇，1786 个项目

---

① 《财政部：2017 年中央本级支出决算数为 29857.15 亿元》，经济日报-中国经济网，http://www.ce.cn/xwzx/gnsz/gdxw/201807/13/t20180713_29736541.shtml，2018 年 7 月 13 日。

② 《国家统计局：我国文盲率为 4.08% 十年降 2.64 个百分点》，中国经济网，http://www.ce.cn/macro/more/201104/28/t20110428_22390348.shtml，2011 年 4 月 28 日。

③ 《2017 年我国卫生健康事业发展统计公报》，中国政府网，http://www.nhfpc.gov.cn/guihuaxxs/s10743/201806/44e3cdfe11fa4c7f928c879d435b6a18.shtml，2018 年 6 月 4 日。

质量达标结项。① 通过科研经费的投入，为推动社会科学的研究与发展，为政府高层决策提供强力的智库支持。公共服务是非经营性国有资产的核心功能。随着我国社会主义市场经济理论的建立，计划时代无所不包的国家财政和管得过多的政府职能已经转向纠正市场失效、提供公共产品的公共服务。非经营性国有资产应该与社会发展阶段相适应，弥补"市场失灵"所带来的市场低效率，充分满足人们对于公共产品不断增长的需求。非经营性国有资产一般用于公益性服务，行政管理经费用于政府为纠正市场失效提供的纯公共产品，社会文教缴费用于政府为医疗保障、文化教育事业和科技创新提供物质保障。经济稳定、持续发展、人民富强与安康是"中国梦"的价值目标。政府为提高社会的安全性、国民生活的满意度与舒适性，运用国家物质力量完善各项公共服务职能，而这物质力量源于非经营性国有资产。

"认识到国有资产的公共特性，注重其社会整体效率，才是一个开明的政府。"②国家国有资产管理的重心向非经营性国有资产转移，是一种历史发展的必然趋势，是中国走向民主、富强和繁荣的必由之路。政治体制改革的核心是完善、发展人和物的和谐关系，优化资源，革除积弊。非经营性国有资产本质上是公共财政支出的表现形式，是财政资金的物化表现，其合理配置、正当使用关乎国民经济的兴衰成败与人民文化生活水平的提高。

中国公有制为主体的基本经济制度和国情决定着中国拥有世界上最庞大的国有资产。经营性国有资产与非经营性国有资产是其中最主要、最重要的组成部分。非经营性国有资产相似于法国的国家公产，经营性国有资产相当于法国的国家私产。经营性国有资产发挥着直接创造经济效益的作用，是国家财政税收最重要的直接来源。据财政部统计，"2017 年中央国有资本经营收入预算数为 1290 亿元，决算数为 1244.27 亿元，为预算的96.5%。加上上年结转收入 128.03 亿元，2017 年中央国有资本经营预算收入总量为 1372.3 亿元"。非经营性国有资产是国家政治与国民经济得以持续发展所必不可少的物质要素，是国家政权运行和公共事业发展的物质

① 全国哲学社会科学规划办公室：《国家社会科学基金年度报告（2017）》，学习出版社 2018 年版，第 11~12 页。

② Hugh Collins, Regulatory Cont racts, Oxford University Press, 1999; The Gore Report on Reinventing Government, New York : Times Books, Random House, 1993, p. 1.

基石。"哲学家一般把财产理解为实现基本价值的工具",① 这两种资产是实现国家的公共管理、行政管理和保证国有经济的控制力、影响力的基本工具,更是国家政策实施和干预经济的基本工具。这两种国有资产有什么关联呢? 拨开层层迷雾,分析两者之间的联系与区别,让我们能够具有更具体、更明晰的辨识。

非经营性国有资产与经营性国有资产,本质上都是一种财产,但它们与私人财产又存在本质上的区别。无论非经营性国有资产还是经营性国有资产,都为法人实体持有,也作为有体物存在。它们另一个共同特征是"财产归属和利用之间的天然分离"。但是,非经营性国有资产与经营性国有资产毕竟属于两种不同性质的国有财产,它们之间又存在一定的差别,是否具有营利性或增值性是两者的本质差异。经营性国有资产作为政府保持对国民经济的控制力以及调控国民经济总量的物质力量,虽也具有促进社会就业、扶持贫困的功能,但主要是为了追求资产的增值性和实现利润的最大化。非经营性国有资产的目的不是增值,而是作为为社会提供公共品和准公共品的物质基础,追求社会效益的最大化,强调资产的安全和正当地合理使用,在连续使用和消耗中产生社会效益,不具有积累功能。两种资产的目标不同,导致其在价值补偿方式与绩效考核上的差别。

经营性国有资产价值补偿来源于营利,必须通过市场交易来实现,以资产的增值性作为绩效考核的依据。非经营性国有资产是为维持公共行政、公共管理的社会目标,价值补偿方式主要依靠国家财政资金,受制于国家财政预算的软约束,以社会效益作为绩效评价标准,管理目标应是社会经济效益和经济公平的最优化。经营性国有资产以市场配置为主,非经营性国有资产以行政配置为原则。

此外,两种国有资产在发挥作用的社会领域也有差别。经营性国有资产主要通过国有企业的经营形式纠正市场失灵问题,为社会提供公共物品、垄断行业产品和高风险产品,以发挥国家宏观调控的职能,主要在社会公益、国际投资、高垄断、国计民生等行业或领域发挥作用,是政府克服市场缺陷、为实现国家目标而干预经济的一项宏观杠杆调控的经济政策工具。非经营性国有资产主要是为社会提供纯公共产品和准公共产品,以满足社会公共需要,主要在非竞争性和非排他性的公共产品领域发挥作用。正是由于这两种国有资产存在诸多差别性,决定了它们的

---

① [美]罗伯特·考特、托马斯·尤伦:《法和经济学》,张军等译,生活·读书·新知三联书店1991年版,第160页。

资产管理模式存在差异性国家对经营性国有资产重点监控的是如何实现其增值，对非经营性国有资产重点管制的是如何提高其利用社会效益的问题。

然而，完善的国有资产管理机制必须建立在科学、有效的法制化轨道上，确保其监控的规范化和制度化，提高利用效益，增长国家财富，为大众谋福利。基于非经营性国有资产与经营性国有资产的财产属性及产权结构没有多大的差别，这决定了它们在法律调整方法上的相同性。再者，这两种国有资产的法律救济途径毫无差别。作为一种财产，无论其是属于国家所有还是私人所有，损害其的行为均应承担法律责任，这是一条公理性原则，但承担何种法律责任不是凭空捏造，而是取决于政策考量，取决于法律依据。自改革开放以来，如何完善国有资产法律监控机制，成为我国学界具有鲜明特色的实践和理论的永恒探索主题。"社会的法律运行、资源配置的进化过程就是以交易成本最低为原则，不断地重新配置权利、调整权利结构和变革实施程序的过程。"①质言之，对国有资产利用关系进行科学、合理的法律界定是降低其运行成本的重要因素。多年以来，学者以国家所有权行使主体+产权的模式来探讨国有资产监控机制。问题是，如何落实其财产权利制度？是否以国家所有权制度规范，从而"毕其功于一役"？这是中国公有制财产权制度的重大理论难题。

第二节　非经营性国有资产的现状与问题

非经营性国有资产是行政机关和事业单位履行职务的经济支出和物质基础，自中华人民共和国成立至今一直占据着重要的地位，并随着时代的变迁而嬗变。我国正处于事业单位分类改革的进程之中，建设高效、节能、去行政化的公共服务体系已成为中国上下的共识目标。非经营性国有资产的制度革新关乎行政事业单位改革的成败。中国非经营性国有资产的问题始终是社会和媒体关注的焦点，更是国家经济改革的最后堡垒。非经营性国有资产的现状如何？是哪里出现了问题？由何原因导致？探索完善的非经营性国有资产法律监控机制应是建立在实证分析基础上的理性探讨。

---

① ［美］理查德·A. 波斯纳：《法律的经济分析》，中国大百科全书出版社 1997 年版，中文译者序言第 18 页。

一、非经营性国有资产的历史问题

非经营性国有资产是在中华人民共和国成立后实行高度集中的计划经济体制下形成的，构成复杂、分布广泛、数量庞大。改革开放前，公务消费实行实报实销制和工资制并存的政策，以实物供给、凭据报销和首长一支笔审批的公务消费制度保证了行政事业单位的正常运转。改革开放初期，行政事业单位管理机制也发生了重大的变革，然而，公务消费的计划供给制度已无法适应当时的实际情况。党和国家深刻意识到公务消费问题的严重性，2003 年党和国家正式推出加快职务消费货币化的改革纲领性文件。中共十五届四中全会确立了公共财政制度，中国从计划经济向市场经济转轨，国家财政体制也相应地进行了变革：由包揽一切的国家财政制度逐步转向纠正市场失灵、提供公共行政管理和公共产品服务的公共财政制度，资源配置由市场主导，中央政府实行政府机构改革和简政放权——社会公共积累由政府承担转向公民和法人组织共同分担以及公共积累趋向政府与民间共同投资的转化方式。这符合当时国民经济的发展状况和社会发展规律。

非经营性国有资产具有非运动性和非增值性，主要作用于国家行政机关和社会公共事业，具有天然的外部性特征，难免成为酝酿资产管理腐败的温床，加之其构成的复杂性、布局的多样性、存放的分散性，衍生出各种问题在所难免。非经营性国有资产虽然名义上为国家所有，但国家是一个抽象主体，需要委托多层次的管理主体，归属与利用存在着客观上的分离状态，这更加为其管理造成了诸多问题，且不断引发问题。具体来说，中共十八大以前，非经营性国有资产的主要问题表现如下：

（一）公务经费问题

非经营性国有资产由经费、动产和不动产组成，其中经费包括公务车购置及运行费、出国（境）经费、公务招待费、办公经费和会议费用。所谓"三公"经费，是指因公出国（境）经费、公务用车购置及运行费和公务接待费，它也是一种非经营性国有资产开支，只不过以预算内、外资金的形式或行政事业办公经费的形式表现出来。由于现行政策规定缺乏法律硬性约束，少数人利用经费消费的瓶颈和管理的自身漏洞，利用手中的特权滥用经费，产生了高昂的行政成本支出，使国有资产严重流失。

以前我国公务消费制度是一种以实物分配、统收统支、先开支后报账为主要特征的计划供给制，尽管在历史上，这种消费制度曾为保证党政机关的正常运转发挥过重要作用，但现在，其已在新形势下暴露出许多弊端。中共十八大前，公务消费活动存在的主要问题表现如下：

1. 公务经费使用效益低

公务消费本意是公务员在履行公务时的必要消费，目的是为了提高行政效能、促进工作开展。改革开放后，经济社会生活方式发生了天翻地覆的变化，但公务消费制度却没有及时跟随大环境变化、更新，大多仍停留在计划经济时代。公务接待过程中领导干部迎来送往、陪喝陪玩，花费了大量的宝贵时间，使公务消费不仅没有达到预期目的，反而降低了工作效率。

2. 公务经费浪费严重

保证国家机关正常运转是公务消费存在的重要依据。但由于对公务消费的含义、分类、范围、标准等基本问题研究不够，管理监督制度不健全，缺乏科学合理、规范透明的制度约束，导致一些地方、部门公务消费名目变多，公务消费数额变大，资金浪费现象也较为严重。例如，无实际内容、无明确任务的会议、出国考察，以各种名义发放的津贴、补贴等。

3. 支出不透明

公务消费的主体大多是领导干部和公务人员，是公务消费的既得利益者，是不会自觉主动将消费行为公之于众的，而这导致公务消费隐蔽性较强。个别领导为规避公众监督，采取调剂、挪用相关经费等方式，或者向权力辐射范围内的下级部门和单位转移、向企业转嫁，以"正常化"的方式进行各种不合理的公务消费。在这种封闭、半封闭的公务消费管理状态下，单位干部职工甚至领导干部自身对公务消费情况缺乏了解的途径，对其总体及个体消费情况不得而知；有的干部心知肚明，但碍于同事情面或领导权势，不愿讲、不能讲。

4. 公务经费使用随意性较大

只要能与公务消费沾上边的，都想方设法与之"套近乎"。公款旅游、私客公待、公款送礼等现象层出不穷、屡查屡犯。少数公务人员千方百计钻发票使用管理上的漏洞，通过以少报多、重复报销、虚开发票等行为来中饱私囊，致使一些国家资金、集体资产、单位公款流入个人腰包；有些党员干部信奉招待出生产力、消费出真政绩，把公务消费当成"敲门砖"，为自己搭建晋升台阶，铺垫发展空间；还有的领导干部一边上班、一边做生意，下属为讨好上级，拼命在上级的经营场所大肆消费，用公款买单；有的党员干部把公务消费当成"敛财器"，假公济私，挪用、占用、变相私用公款。对这些问题消费，一些主管领导睁一只眼闭一只眼，大笔一挥就予以入账报销。

公务经费的滥用不仅直接损害了群众对政府的信任，也引发了关于纳税人与政府关系的讨论。越来越多的人认识到，政府是由纳税人供养、使之向社会提供公共服务的治理机构，所以，政府花的每一笔钱，都应该经过纳税人的核查与监督。

(二)公车问题

2014年公车改革前，中国公车之多，私用之多，花钱之多，已成为公开的秘密，更是国家、地方财政开支的无底洞。公务车存在的问题主要有：一是公车配置随意性大。国家对于公务车配置有严格的规定，但有的机关和事业单位却屡禁不止。国家配置公车的目的是保障公务人员办公之需。二是公车使用成本太高。公车每万里使用成本高出社会车辆5~10倍。三是，"公车私用"问题相当严重。公车的问题不但造成国家财政资金大量流失，而且严重地败坏了政风，成为滋生腐败的温床。

(三)实物资产问题

资产配置合理是非经营性国有资产充分有效使用的基础和前提，是防止闲置浪费的有效措施。现实中，行政事业单位之间资产配置不均，运行效率低，闲置与短缺并存，最掌握资源与权力的部门多占固定资产和办公经费，公务用车、办公设备样样齐全，但一些房屋及设备长期闲置不用，甚至有的房屋用于出租经营；而有的部门却严重短缺，连基本的办公用房都没有，只能依靠财政拨款租用房屋，更不说配置公务用车了。

中共十八大以前，由于诸多原因，行政事业单位体系内办公条件差距悬殊，其配置的过剩与短缺矛盾突出，资源的紧张与闲置并存，资产的铺张浪费与低效使用同在，资产使用严重不规范，部门之间对于资产的共享也缺少整合。行政事业单位配置的资产，应以满足其承担的职责所要求的办公条件为限，以各项资产物尽其用为目的，尽可能多地发挥出物资的使用价值，并通过注重日常的维护保养，延长资产的使用寿命。由于没有统一的标准，加上各单位对自己掌握的国有资产处置具有很大的随意性，无形中助长了许多行政单位配置物资时不以实用为目的，而是讲排场、重享受，甚至出现了相互攀比的浮夸风气。在这一氛围下，有的单位对旧办公设备不注意保养维护，抱着"反正有钱买新设备"的想法，宁愿多花钱买新设备，任凭原有设备快速损耗，不肯花小钱对原有设备进行维护与保养；有些行政单位以财政资金购置高级设备，最后却被个人长期占用或闲置。此外，资产配置不公平的现象十分突出——有的部门行政人员编制很少，却占用很大的一栋高档办公楼，空余的办公用房用于经营、出租或闲置，有的办公室装饰得像五星级宾馆，而有的单位只能几个人挤在一间破旧的办公室中。此外，对于资产闲置和利用率不高的资产，缺乏有效的整合共享和相互调剂机制，一方面使有的单位资产低效使用，另一方面让有的单位资源严重短缺。特别是部门、单位之间的统一调配很难进行，一些行政事业单位将国有资产视为部门、单位所有，宁肯闲置也不愿共享。据调查，2002 年 106 家在京的行政部门中，有 59.4% 的单位办公面积低于平均水平，而其他部门却拥有高于平均水平的 3 倍或 2 倍的办公面积，其中闲置的就有 9.1 万平方米之多。①

一些单位的资产管理混乱、账实不符。主要是行政机关与事业单位对非经营性国有资产的管理上存在家底不清、账实不符、"重钱轻物""重用轻管"的普遍现象。非经营性国有资产的构成和种类上的繁杂性，决定了其监控途径主要应当在占有、使用人的账目价值和账目实物的管制上，以体现价值与实物相符。但由于认识上的误区和管理上的忽视，一些单位长期以来只设置"固定资产总账"，没有分设"固定资产明细账"，账物是否相符无从查究。一些新增的实物，只通过"经费支出"或"专项支出"的账簿记载，没有列为固定资产增加的项目，从而成为资产流失的根源。一些单位设立账外账，将一些固定资产擅自转为经营性国有资产，以此作为出租经营的资产，将收入所得作为福利费分发职工。例如，某省在资产清查中，发现 103 家行政事业单位中有 78 家存在账外账，总值达 18.1 亿元，资产就这样通过此种账外账的形式轻易流失。②

相当多的行政事业单位普遍存在"重钱轻物""重购轻管"的现象，资产使用不当，资产使用效率不高。有些行政单位的部分国有资产用于营利，如有些单位的办公楼，一半用来办公，一半用来做酒店或出租，收入则"自主"支配，用于单位及人员福利等方面的开支。行政单位所支配的国有资产以直接或隐性的方式用于经营性活动，这种现象是行政机关滥用资产典型表现。

资产严重闲置，特别是重大设备的严重闲置是非经营性国有资产管理的另一个重要问题。许多行政事业单位掌握着大量的资产，却没有充分发

---

① 冯秀华：《认清问题 创新思路 加强行政单位国有资产管理工作》，载《国有资产管理》2005 年第 3 期，第 4 页。

② 吴卫红：《非经营性国有资产管理研究》，法律出版社 2010 年版，第 159 页。

挥其应有的使用价值，大大降低了其的社会效益，资产的使用效益无形在静态中消失。资产闲置严重的情况，主要表现在重要科研设备、固定资产、医院器械和学校资产上。原科技部部长徐冠华就表示，我国科研资产闲置十分严重，大型科研设备利用率只有 25%，西北部某省的科技设备利用率不到 60%，一些部门的利用率仅有 36%，而且，资源共享的机制还没有建立起来，各个科研机构各自为政，将资产视为自家资源，宁愿闲置也不共享。① 我国公立学校对于仪器设备使用率不高，一些中小学片面追求升学率，只强调在教室上课灌输书本上的知识，很少有对化学及物理实验室设备的教学与利用，导致大量设备闲置。

处置资产缺乏科学、客观的评估机制。资产评估是防止资产流失的"最后一道关卡"。资产通过权威机构的科学评估，确定资产的现值，为处置资产提供合理的价格依据，但实践中，因资产处置评估不规范漏洞频现，造成资产严重流失。非经营性国有资产的来源复杂，有的来源于财政拨款，有的属于自筹或积累而成，有的属于贷款形成，到底事业单位法人享有何种产权，法律没有规定，产权也不明晰，造成一些事业单位法人在转制过程中，为了部门利益，想方设法让资产"缩水"，或者故意漏估或隐匿不报，对于一些在社会上享有盛誉的事业单位，其名称或品牌的无形资产却因缺乏规范的政策法律规定，变成一种无何奈何的漏洞，甚至以不正当手段干扰评估机构做出科学的评估依据，让资产评估"摆形式，走过场"。

(四)楼堂馆所违规建造问题

过去有句民谚，"官不修衙，客不修店"，楼堂馆所的建设，劳民伤财。十八大以前，虽然中央三令五申，多次颁布政策文件，严格控制楼堂馆所的建设，仍难以杜绝一些不良风气。在楼堂馆所建设方面，一些地方政府在财政充裕的情况下，超标建设，极少数不惜举债甚至挪用款项修建办公大楼，越权审批，盲目攀比，不注重建筑的使用功能和经济实用性，贪大求洋，奢侈浪费，影响十分恶劣。

二、非经营性国有资产的现状问题

"截至 2018 年底，全国行政事业性国有资产总额 33.5 万亿元，负债

---

① 任可：《行政事业资产谁来管——公共领域国资浪费惊人》，载《中国经济周刊》2006 年 7 月 10 日。

总额 9.9 万亿元，净资产 23.6 万亿元。其中，行政单位资产 10.1 万亿元，事业单位资产 23.4 万亿元。从中央和地方来看，截至 2018 年年底，中央行政事业性国有资产总额 4.7 万亿元，负债总额 1 万亿元，净资产 3.7 万亿元；地方行政事业性国有资产总额 28.8 万亿元，负债总额 8.9 万亿元，净资产 19.9 万亿元"。① 截至 2016 年 12 月 31 日，全国行政事业单位国有资产总额共 267112.55 亿元，在职人员 3983.24 万人，其中行政与机关单位在职人员 820.71 万人，事业单位在职人员 3162.53 万人。② 这是一个庞大的公务消费群体，行政事业单位国有资产消耗巨大。在如此庞大的行政事业单位国有资产消耗过程中，牵涉的行政事业单位之广，涉及的从业人员之多，是世界上任何国家的行政事业单位国有资产都无法比拟的。

改革开放以来，我国行政事业单位国有资产呈现跨越式增长，资产家底不断丰实，能够保障社会事业需要，为事业单位履行事业职能提供了保障，为教育、医疗和基础设施等社会事业的健康发展奠定了坚实的物质基础。"截至 2018 年年底，教育办学条件明显改善，全国校舍面积 35.7 亿平方米，较 2012 年增长 30.3%；教学仪器设备价值 10218.2 亿元，较 2012 年增长 99.9%；计算机拥有量 4437.7 万台，较 2012 年增长 61.4%。卫生健康资产规模增长迅速，全国医疗卫生机构床位数 840.4 万张，较 2012 年增长 46.8%；每千人口医疗卫生机构床位数 6 张，较 2012 年增长 42.6%。"③

行政事业单位国有资产与公务消费出现的历史问题，是中国社会发展到一定阶段的历史产物，是中国国有资产改革道路的必然荆棘，这是从高度计划时期向市场经济转轨的过程中必须面对的时代沉疴。我党深刻意识到问题的严重性：如果不进行刮骨疗毒式的深化改革，中国命运与前途必然遭到严重的挫折，于是，2013 年 12 月中共十八届三中全会颁布了《中共中央关于全面深化改革若干重大问题的决定》，这是中国在新时期特定历史阶段在新的历史起点上全面深化改革的科学指南和行动纲领。财税制度改革与社会事业改革列为这次全面深化改革的重要主题。行政事业单位

---

① 《行政事业性国有资产"晒细账"》新华网，http://www.npc.gov.cn/npc/c30834/201910/335b440e48644c35aaa451c1a7f00720.shtml，2019 年 10 月 24 日。
② 中国会计年鉴编辑委员会：《中国会计年鉴（2017）》，中国财政杂志社总第 22 卷，第 556、563 页。
③ 《行政事业性国有资产首次亮出"家底"》人民网，http://www.mof.gov.cn/zhengwuxinxi/caijingshidian/renminwang/201910/t20191024_3408520.html，2019 年 10 月 25 日。

国有资产与公务消费依赖于财税，行政事业单位国有资产与公务消费的制度完善有利发展社会事业。中共十八届三中全会关于全面深化改革的决定为行政事业单位国有资产与公务消费的全面改革与清除积弊提供了决策性指南，对于非经营性国有资产流失及"三公"消费极其浪费的问题，决心实施刮骨疗毒式治理。此后中央高层及各相关部委颁布一系列关于行政事业单位国有资产与公务消费的政策规定，各地开展了有益的改革实践，取得了阶段性成果。

2014年，全国人大通过修改《中华人民共和国预算法》（以下简称《预算法》），匡正立法宗旨和调整范围，完善政府预算体系，健全透明预算制度；完善预算审查与监督，强化预算硬约束，充实全口径预决算体系；明确规范和完善转移支付制度；赋予地方举债权，将地方债装入制度笼子。国务院要求各级政府严格执行《政府信息公开条例》，依法主动公开政府相关信息，建立公正、透明的阳光政府。李克强对各级政府"约法三章"。国务院及其相关部委制定相关的行政法规和行政规章，2013年11月颁布《党政机关厉行节约反对浪费条例》，明确规定一条基本原则是，"坚持从严从简，降低公务活动成本；坚持依法依规，严格按程序办事；坚持总量控制，严格控制经费支出总额；取消一般公务用车"。

通过颁布一系列的政策规定并严格贯彻执行，卓有成效地遏制了非经营性国有资产的各种问题。2011年中央本级"三公经费"财政拨款决算支出93.64亿元。2016年中央本级"三公"经费财政拨款预算限额61.78亿元，实际执行47.11亿元，其中，因公出国（境）费17.07亿元，公务用车购置及运行费25.85亿元（其中，购置费1.42亿元，运行费24.43亿元），公务接待费4.19亿元。与2011年相比，2016年中央本级"三公"经费减少了近1/3。但是，仍然存在一些地方政府在净化政治生态和杜绝铺张浪费上执行政策不力，违反中央各项规定，例如违规修大广场、建豪华楼堂馆所，等等。由此可见，非经营性国有资产的监管问题任重而道远。

《党政机关厉行节约反对浪费条例》《党政机关国内公务接待管理规定》和《中央和国家机关差旅费管理办法》《中央和国家机关会议费管理办法》的出台，制约着公务人员的经费开支，严格控制公务支出，这是规范各类公务经费支出的"重炮"。在中央反贪反腐的高压态势下和驰而不息的正风肃纪中，"四风"问题有所改善，有些人的恣意行为有所收敛。但我们也应当看到，重拳打击下，有不少腐败改头换面"变装"出现，极少数干部有侥幸心理，继续顶风违纪。俗话说，树倒根在，一些腐败官员却认为中央是在刮风、搞运动，觉得风刮一阵风就过去了，仍然我行我素，

"上有政策,下有对策",继续变着法子奢侈浪费。这些官员腐败隐蔽性更加强,穿着隐身衣,窜进青纱帐,他们台上讲一套,台下搞一套,由"公开"转入"地下"。他们有的避开电梯摄像头,晚上或周末跑到郊外、乡下农家乐享受;有的吃喝高额消费,让别人报销、买单;有的隐蔽收受红包,滥用职权开绿灯,进行"三公"浪费。即使中央加大吏治严惩,他们也不把中央八项规定当一回事。2015 年与 2014 年相比,截至 10 月 31 日,2015 年多项问题查处数量有较大提升。其中,违规公款吃喝、公款出国(境)旅游增幅分别达 278%、221%,从查处的问题类型看,违规配备使用公务用车最突出,为 924 起;其次是违规发放津补贴或福利、违规收受礼品礼金等。①

在公车改革上,从 1994 年"两办"下发公车管理文件算起,至出台《中央和国家机关公务用车制度改革方案》,事实上中国的"公车改革"逾越 20 年之长,但在具体落实推进过程中屡屡受阻。中央推出的《关于全面推进公务用车制度改革的指导意见》,标志着中国向着多年的老难题公车改革进行开刀,最终是为节约社会资源,遏制公车消费,公车改革涉及官员的根本利益,动了一些人的奶酪,但最终国家财政得益,社会大众受益。除了执法机构、特种行业、紧急求助、机要通信等事关国家民生的部门需要配备公车外,达到一定级别的高级领导人需配备公车外,除了基层的交通不便的艰苦地区,一些行政机关依严格批准程序配置公车外,其他部门一律不得配备公车,这应是一条铁律。根据权威部门统计,截至 2016 年年初,各地车改将取消公车 77.58 万辆。但据官方统计,截至大限到期,仅有 20 个省份即将完成公车改革,一些省份还未见动静。②

除此之外,公车改革还出现了一些怪问题,以公车改革为由施行"懒政""怠政"。在基层单位和乡镇政府机关,一些基层官员一边拿着车补,一边以没有公车为由不愿下乡,"不作为"。一些人却仍然找各种理由不愿推进公车改革,依然享受坐公车的待遇。而且,以货币形式对公车改革进行补贴,货币必须用到实处,实实在在地用到公务交通上,不能用于消费。以杭州公车改革为例,将车补全部打入市民卡车改账户,不得取现,并加强保留车辆管理,通过对保留车辆实行标识化喷涂、加装卫星定位系统等手段,做到实时动态监管。2017 年广西某厅级单位共有预算单位 46

---

① 《中央纪委通报 5 起公款出国(境)旅游问题》,中央纪委监察部网站,http://www.ccdi. gov.cn/special/bgtzt/zyjw_bgt/201407/t20140707_24918.html,2014 年 7 月 7 日。

② 《公车改革落地生根还需监管跟进》,中国商报,http://nb.ifeng.com/qtwz/detail_2016_ 01/17/4745326_0.shtml,2016 年 1 月 7 日。

个，其中：行政单位 1 个，参照公务员法管理事业单位 2 个，事业单位
43 个，编制 16206 人。2017 年车辆编制数 547 辆，实有数 202 辆，其中：
行政与参公单位 2017 年编内车辆实有数 14 辆(包括：领导工作用车 1 辆、
一般公务用车 10 辆、执法执勤用车 3 辆)、事业单位 2017 年编内车辆实
有数 188 辆(包括：轿车 71 辆、旅行越野车 75 辆、经济型车 42 辆)。①
由此可见，一些行政事业单位尚未完全取消一般公务用车，公车改革举步
维艰。

　　资产配置虽然取得一定成效，但仍存在配置标准不均的问题，一些资
产配置标准缺乏法定标准，一些地区相同或相近部门有缺乏合力、资产共
享渠道不畅通的问题，而资产使用不当、资产闲置的问题，在各地一些部
门依然不同程度地存在。严禁楼堂馆所，清理多占办公用房，本是一项利
国利民、减轻财政压力的利好政策，地方政府依规处理，可以盘活资源，
实现资源共享。但是，一些地方官员将多占的办公大楼紧闭大门，将之空
置，既不腾空也不报批处置，也不给其他办公紧缺的部门用，造成办公大
楼"休眠"闲置。这种典型的怠政行为，就是在公共资源管理上严重失职，
表现出地方政府消极的执政思维以及不担当、不作为的懒政行为。十八大
之前，曾有媒体曝光，有的地方以"商务中心""综合业务大楼""职工食
堂""培训中心""老干部活动中心"等形式违规建设楼堂馆所，还有的地方
新建、扩建和装修机关食堂等，这些都是暗度陈仓，花样翻新的违规
行为。

三、非经营性国有资产的流失原因

　　从微观上说，根据前述列举的各种典型事例说明，非经营性国有资产
主要是通过三个管道流失：一是一些人利用职权将非经营性国有资产用于
占有单位和个人的挥霍浪费。基于非经营性国有资产主要是通过财政预算
拨付经费的形式形成，占有单位的一些人总是利用职权以谋取私利。公车
超标配置，公车经费滥用、公款出(境)国旅游、公款吃喝等铺张浪费，
均是以职务之便浪费公款的典型表现。例如，公款吃喝问题，一些领导完
全是出于接待上级领导、为自己升官的目的而奢侈挥霍；个别领导在负责
主管和处置的非经营性国有资产上，滥用职权，故意压低评估价格，导致
资产隐性流失。此外，一些掌握权力的部门领导，利用手中的职权，瞒报
或虚报资产、设备短缺，虚报财政预算计划，骗取财政资金归单位挥霍使

---

① 该数据引自文本财政网，为广西壮族自治区卫生和计划生育委员会 2017 年部门预算。

用，或者存在超标配置办公设备等浪费现象。二是将非经营性国有资产转为单位的"小金库"。一些单位将财政预算资金、专项经费擅自截留，或者故意不将预算外资金入账；或者将非经营性国有资产私自出租、经营；或者擅自处置资产，并将用各种形式得来的收入私设"小金库"，以奖金、津贴和劳务费等职工福利的形式分发给职工；或者私分国有资产。三是非经营性国有资产使用不当。现在一些单位不是资金短缺的问题，也不是办公用品缺乏，更不是设备、仪器的匮乏，而是存在着使用不当、闲置浪费的情况。由于没有很好的资源共享平台和资产平衡调剂制度，多余的资产不断被废弃和浪费。其实，资产使用不当是资产以实物形式的不当消耗，是资源的无端浪费，是资产的隐性流失。

非经营性国有资产的管理存在诸多问题，其主要原因在于现行监控机制的失位，以及管理机制存在缺陷：一是过分强调宏观监控，忽视微观管理。非经营性国有资产的管理模式强调资产的统一管理和调控，从国家宏观控制而言，此方向有利于统一调剂。但是，在资产合理配置的前提下，资产流失的根源并不在于资产的管理机构，而在于占有和使用单位，关键在于资产如何使用，使用是否正当的问题。一些单位在配置资产或者取得财政资金后，不计效率，不计成本，铺张浪费，挥霍使用，忽视资产的微观管理，造成资产流失。二是以人和单位为配置依据，忽视财产的用途和实用性。无论是资产配置还是财政预算拨付，均是以领导或单位的级别作为衡量依据，一般不考虑资产的实际用途，总是通过以管人来达到管制财产的目的，有权力的单位所配置的资产总是比那些特别需要资金而级别又低的单位多得多，导致资产配置出现苦乐不均的问题。资产配置和财政预算应根据使用单位的用途和性质进行合理调配，而不能依据领导和单位的级别大小确定。

第三节　非经营性国有资产制度的改革路径

一、非经营性国有资产制度的改革实践

实践证明，实现行政事业单位国有资产和公务消费的规范化是一个渐进的系统工程，涉及社会事业的各个方面，需要整个行政机构设置、事业单位改革的相互配合。如果单从资产流失问题方面找原因，进行"零敲碎打"式的改革，无法使问题得到根本解决。换言之，资产管理体制应遵循

整个行政管理体制从宏观到中观、再到微观的改革轨迹，同时涉及公车改革、财政制度等综合改革。因而，行政事业单位一系列改革与完善关系到行政事业单位国有资产流失问题的解决。十八大以来，从中央到地方开展了一系列的深化体制改革，对于推动行政事业单位与公务消费的规范化与有序化、法律化起到重大的推动作用，并取得了显著的成效。

（一）政府机构的改革

政府机构是国家治理的载体与基础，行政机关是国家维持政治运转的基石，行政事业单位国有资产与公务消费是维系政府机构的物质条件。因而国家机构改革与行政事业单位国有资产、公务消费的改革具有天然性联系。行政事业单位是我国经济和社会事业中的重要力量，其依赖于行政事业单位国有资产与公务消费；政府机构与公务人员的多寡与国有资产的消耗成正比，政府事权、责任与国有资产的配置相关联。2018 年 3 月 16 日第十三届全国人大一次会议表决关于批准国务院机构改革方案的决定草案，2018 年 3 月 21 日中共中央印发了《深化党和国家机构改革方案》，开展了新一轮机构改革，并在 2018 年 3 月—2019 年 3 月持续推进机构改革。习近平总书记在深化党和国家机构改革总结会议上强调，"深化党和国家机构改革是对党和国家组织结构和管理体制的一次系统性、整体性重构"①。2018 年政府机构改革，改革后国务院正部级机构减少 8 个，副部级机构减少 7 个，除国务院办公厅外，国务院组成部门 26 个，直属特设机构 1 个、直属机构 10 个、办事机构 2 个。② 2018 年 5 月 11 日中央全面深化改革委员会第二次会议通过的《关于地方机构改革有关问题的指导意见》中明确规定："严格各级党政机构限额管理，强化编制管理刚性约束。"这是转变政府职能、优化资源配置方式的新举措，是新一轮行政体制改革的重中之重。一批部门不再保留，一批部门组建或重新组建，合理地整理机构资源，打破党政的重复部门，这不是简单的"精兵简政"，而是转变政府职能，适应国家治理的现代化进程。

一直以来，党政群机关重叠现象未得到彻底解决，这次改革将党政职能相近、联系紧密的部门整合与统筹设置，坚持一类事项原则设置一个部门统筹，坚持机构联动、权责分明、监督有力的高效运行原则。坚持改革

---

① 《这场深刻变革，习近平深谋远虑》，新华网，http://politics.gmw.cn/2019-07/06/content _32978015.htm，2019 年 7 月 6 日。

② 《中国构建服务型政府：国务院组成部门降至 26 个》，人民日报海外版，http://www.chinanews.com/gn/2018/04-02/8481395.shtml，2018 年 4 月 3 日。

与法治相统一，坚持中央与地方机构改革保持一致，省市县主要机构设置和职能设置同中央保持基本对应的基本原则，构建起从中央到地方运行顺畅、充满活力的工作体系。将深化党和国家机构改革提升到国家治理体系和治理能力现代化的高度，体现了极高的政治站位和战略意义。此次机构改革"优化协同高效"是改革的重点，触及党政融合发展等深层次问题，广泛涉及各个领域，其涉及领域之广、层次之深，是历次机构改革少见的，是自1998年以来最大规模的机构改革，有利于科学合理配置机构与配置资产，提高资产使用效益，降低行政成本，提高政府办理效率。

(二)事业单位的分类改革

事业单位是行政事业单位国有资产的重要载体，行政事业单位国有资产管理体制的改革也与事业单位改革的成败休戚相关。事业单位的存在是中国的特有现象，其在大陆法系国家没有相对应的法律术语，我国《民法总则》将之归类为"非营利性法人"。事业单位的功能或者性质中，有行政性质的，如银监会(局)、证监会；有公益性质的，如公立学校与医院；有经营性质的，培训中心和招待所；还有的甚至三种性质混杂在一起，难分彼此。降低事业单位财政负担，回归事业单位的价值目标，直击事业单位的痛点，是新时代事业单位改革的要点。

截至2012年，全国共有事业单位120多万个，工作人员3000多万人，专业技术人员约2000万人，占全国专业技术人员总数的47.3%。[1]为了推进国家治理现代化，深化教育、医疗和卫生等与老百姓直接相关的社会事业改革，中央下定决心，大力推进事业单位改革。2011年《中共中央国务院关于分类推进事业单位改革的指导意见》(中发〔2011〕5号)中有按照指导意见的改革时间表：到2015年，中国将在清理规范的基础上完成事业单位分类；到2020年，中国将形成新的事业单位管理体制和运行机制。十九大报告中指出："深化事业单位改革，强化公益属性，推进政事分开、事企分开、管办分离。"十九届三中全会审议通过《中共中央关于深化党和国家机构改革的决定》和《深化党和国家机构改革方案》，将事业单位与党的机构、政府机构和社会组织列入改革方案，一揽子、全盘地进行深化改革。这些决策性文件成为快速推进事业单位改革的齿轮，彰显了改革的重要性、必要性和坚决性。事业单位分类改革实现"政事分开、事

---

[1]　参见耿雁冰：《全国事业单位5年完成分类　80%保留事业编制》，http://blog.sina.com.cn/s/blog_4d0252b80100qlhn.html，2012年9月23日。

企分开、管办分离", 就是从制度上更好地发挥市场在资源配置中的基础性作用, 切实改变因部门私化倾向导致的越位、错位现象; 为国家减轻财政负担, 努力提高资产利用效益, 改变财政供养体制, 推进以事定费和购买服务, 建立公共事业多元化投资体制, 支持社会力量参与发展公共事业, 努力节约经费, 充分发挥资产效益, 提高公共服务效能; 为企业和社会组织让渡空间, 努力营造公平竞争的环境。

(三) 公务消费的改革

一是 "三公消费" 的公开。以前, 财政行政管理费和公务消费的最大问题就是不公开、不透明。2008 年我国《政府信息公开条例》明确规定政府公开信息的范围及方式, 公民享有知情权和申请向政府公开信息的义务, 标志着我国政府信息的透明化, 有效促进了政事透明和公务消费公开。2011 年 3 月 23 日, 国务院总理温家宝在国务院常务会议上指出, 6 月向全国人大常委会报告中央财政决算时, 将把中央本级 "三公" 经费支出情况纳入报告内容, 并向社会公开, 接受社会监督。毋庸置疑, 权力永远不可能离开公众监督与制度约束而孤立存在。作为行政中枢的首端, 中央部委理应成为 "阳光行政" 的表率, 必须胸怀坦荡地通过公开 "三公经费" 来真正接受公众监督与制度制约。2014 年《预算法》修改后, 实行 "全口径预算", 构筑 "小金库" 防火墙; 规定 "预算全公开", 推进预算民主; 完善预算审查、监管, 强化预算责任, 加大预算执行惩戒力度。这些政策措施为节约公务经费开支, 公开 "三公" 经费提供了强有力的支持, 促进各级政府节约开支, 勤勉为民, 转变政府工作作风, 提高现代政府治理能力提供了强大的动力。

二是公务消费滥用的治理。十八大以后, 中央出台了《党政机关厉行节约反对浪费条例》《中央和国家机关会议费管理办法》等一系列关于治理和规范公务消费的政策规定等有关政策规定, 对于有效规范公务消费的滥用起到了重要作用。三是公务卡的广泛推行。国家财政部门从公务消费的报销渠道入手, 施行了公务卡的消费制度, 严格规定, 自 2012 年开始, 各级行政事业单位公务人员在个人从事公务行为时, 因公务开支所需要的一切费用, 全部实行以公务卡支付, 非偏远地区或特殊地区的, 必须以公务卡支付, 不能用公务卡支付的, 必须事先提交相关的申请报告呈报批准。公务卡制度的施行, 对于限制公务消费的滥用, 监督公务人员的公务消费, 严格控制不合理、不合法的公务消费支出, 降低公务消费额度, 完善和规范财政制度, 有着不可估量的作用。公务卡的推行, 本质上是通过现代银行支付手段和技术性的监管措施，在资金流向、项目及金额上进行有效控制，是一项新的现代化财政理财的措施。

（四）公务车改革

面对公车滥用的种种问题，政府部门也进行了相应的改革，但公车改革搞了 16 年，各地实施的车改尝试不少，全国各地公车改革模式有三：一是货币化模式，改公务派车为交通补贴。二是半货币化模式，保留公车，由政府行政后勤部门统一管理，向各级工作人员发乘车卡，实行公车有偿使用，以年度进行结算，超支自负。三是加强管理模式，各单位继续保留公车，取消"领导专车"，通过健全并严格执行各种使用、管理公车的规章制度，克服公车私用、浪费及舞弊行为。然而，以上方式虽取得了一定成效，但效果却并不理想。2014 年 7 月，中共中央办公厅、国务院办公厅颁布了《关于全面推进公务用车制度改革的指导意见》及《中央和国家机关公务用车制度改革方案》，对公务用车进行全面改革，主要措施是改革公务用车实物供给方式，取消一般公务用车，施行适度补贴交通费用；保留必要的机要通信、应急、特种专业技术用车和执勤一线的执法用车，并实行"标识化"；现有公务用车统一规范处置，要求各地力争在 2015 年年底前完成。关于补贴标准，各地按照规定标准结合各省经济发展水平的实际情况进行确定，例如陕西省分为 7 档，最高补贴为 1690 元，最低为 550 元；贵州省则分为四档，最低为 500 元，最高档为 1950 元。①

（五）相关制度改革

1. 行政事业单位集中办公

一些地方实行行政事业单位集中办公，减少资产用量，实行资产共享，方便群众办事。湖南省株洲市通过"存量整合""统建统用"的方式，对行政事业单位办公用房实行"集中办公"，杜绝楼堂馆所之间的相互攀比及浪费、奢侈之风。株洲市对集中办公后空出的机关院子，由市财政局资产管理处统一接收、统一处置，节约建设成本 1.5 亿元。②

2. 重大社会公益项目实行代建制

针对楼堂馆所超规模、超标准、超投资建设的问题，一些地方实行重

---

① 《公车改革落地生根还需监管跟进》，中国商报，http://nb.ifeng.com/qtwz/detail_2016_01/17/4745326_0.shtml，2016 年 1 月 17 日。

② 《株洲行政事业单位集中办公 节约资金近 1.5 亿元》，http://news.qq.com/a/20090320/000464.htm，2009 年 3 月 20 日。

大社会公益性项目代建制。对于重大社会公益性项目，由省社会公益项目建设管理中心代建，实行建、用分开，且省项目管理中心承建的项目，从设计、监理、施工，到工程设备招标和主要建材的选定，一律按规定采用招标方式进行，并请使用单位的相关人员和纪检监察等部门参与监督。推行代建制是公益性建设项目预防腐败的一项重要举措，可以从源头上防止腐败，充分发挥招标投标制度的积极作用，是防止违规建设楼堂馆所和其他腐败问题发生的重要举措。

3. 将一些非经营性国有资产转变为经营性国有资产

改革行政事业单位的培训中心，转变为经营性国有资产。培训中心现象的产生有其历史原因，某种程度上是"政府办社会"的表现。治理变了味的培训中心，从眼前看，要强化各个监督环节，从长远看，需深化政企分开改革，打破单位局限，突破部门利益，让干部培训逐步市场化、专业化。经营性国有资产由国资委管，而培训中心这样的非经营性国有资产却属于监管空白。培训中心属单位所有，不以营利为主要目的，管理上很容易出问题。它们占用大量的财政资金，收支却像"无底洞"，谁也不知道它赚了多少亏了多少。因此，要严格规范党政机关的资金使用，党政机关一律不许向所办培训中心伸手要钱要物，全程监督，切断以权谋利的途径，实行事业单位分类改革，将一些营利性单位变为法人经营实体，非经营性国有资产实行评估，由法人实体出资购买，收入归地方财政。

4. 处置非经营性国有资产实行统一拍卖

为了规范行政事业单位国有资产的处置，北京市对于重大事业单位资产实行统一处置、委托拍卖的方法。北京是全国第一个以政府部门文件明确规定行政事业单位国有资产处置必须进场交易的省份。这意味着行政事业单位的资产不能再自行随意处置，而且交易价格需经专业机构评估或财政部门审核。实行此一举措有利于资产处置的规范化，在一定程度上有效地防止了资产的流失。

十八大以来，中央在公务消费和公车改革上颁布了一系列的政策与规定，[①] 并且从中央到地方，对各项政策规定严格执行，整饬吏治，提倡艰苦奋斗的社会风尚，有效地刹住奢侈浪费风向，并大力推行公车改革，昭示壮士断腕的决心，成效显著，这是一项深得民心的作风之变。自中央出

---

① 例如，《党政机关厉行节约反对浪费条例》《党政机关国内公务接待管理规定》《中央和国家机关差旅费管理办法》《中央和国家机关会议费管理办法》《关于党政机关停止新建楼堂馆所和清理办公用房的通知》《中央和国家机关公务用车制度改革方案》，等等。

台"八项规定"以来，行政事业单位的资产浪费与滥用有了深刻的社会变革，行政作风清新宜人，"三公"消费锐减，"八项规定"成为人们勤俭节约的代名词，崇尚社会正气悄然地改变着中国神州大地。关于资产使用绩效考核机制逐渐建立，以资产的定量定额限定使用，并取得了良好成效。例如，2017年广西壮族自治区政府安排科学研究与技术开发计划项目2018项，资助经费81492万元。取得省部级以上登记科技成果4109项，全区获广西科技进步奖项目148项，专利申请量56957件，授权专利15263件，共签订技术合同2037项。① 2016年度国家自然科学基金委员会新批准资助各类项目达到41184项，资助经费为268.03亿元，其中直接费用227.06亿元、间接费用40.97亿元。②

中共十八届三中全会作出全面深化改革的战略决策以来，中央颁布诸多深化改革的政策文件，推进了各个领域改革的贯彻落实，各阶层各级事业有步骤地铺开，中国迎来了第二次大改革的浪潮。政府机构与事业单位的分类改革、公务经费及科研经费的规范、公车改革等的禁止，均是涉及行政事业单位国有资产与公务经费的深化改革策略，都取得了巨大成效。但是，由于历史及管理机制的改革处于转型时期的原因，资产配置不均、使用不当、资产闲置的问题在一些地方与部门依然存在。中央各部委的"三公"消费公开，但没有明细化，其他各级部门还没有完全公开，倘若"三公"消费超过预算，也缺乏明确的处罚规则和责任追究机制。经费滥用的现象时有发生，公务卡还是不能完全消除滥用经费的腐败。实行统一的公车改革，有利于节约开支，有利于资源有效和合理配置，但存在公车补贴能否用于公务交通，或变异为个人津贴，出现"懒政"的问题；出现如何提高工作效能和艰苦、边远的地区的工作如何开展的问题。诚然，当前中国的全面深化改革正处于初期阶段，万事有一个变化发展的过程，在政策调整与改革落实之中，难免存在一定的深层次问题，需要我们总结与正视，从而找到纠正和解决的有效路径。

总而言之，十八大以来，以习近平总书记为核心的党中央正在坚定不移地改进公务消费的浪费之风，惩治监控失职，严控资产流失，进行全面深化行政事业单位的综合改革。衡量资产改革的成功，人心向背是衡量标准，能否改革成功，人民群众的眼睛是雪亮的。非经营性国有资产是公共

---

① 《2017年广西壮族自治区国民经济和社会发展统计公报》，广西新闻网，http://www.gxnews.com.cn/staticpages/20180426/newgx5ae13988-17262837.shtml，2018年4月26日。
② 国家科技评估中心：《国家自然科学基金2016年绩效评价报告》。

行政的物质基础，更是公共秩序运行的重要保障。没有有效资产使用效益，谈论行政事业单位改革就是空中楼阁，因此，非经营性国有资产的监控改革成为其改革成败的关键。中央各项政策与措施的出台与严格贯彻落实，资产使用效益逐渐有了改善，但这只是万里长征的第一步，改革维艰，需要砥砺前行，坚韧不拔、长期地使资产得到最大利用才是正道。历史的经验和教训告诉我们，落实中央一系列政策规定，关键在于完善的管理制度保障，并将管理制度总结形成规范的法律制度，则可不因领导的改变而变更，不因机构的改变而废弛。

二、非经营性国有资产制度的管理模式

（一）中国非经营性国有资产制度改革的管理模式

近年来，针对非经营性国有资产的流失问题，各地就非经营性国有资产管理的问题在管理模式上进行了有效的探索，积累了一些有益的经验。具体来说，主要有以下几种模式：

1. 上海模式

上海对非经营性国有资产管理体制实行了创新性的改革措施，在全市范围内推行非经营性国有资产的委托监管制度，由市国资委与市直属部门签订委托监管协议，以行政契约形式委托市直属部门代表国资委管理所在单位的非经营性国有资产，明确各自的权利义务及需承担的法律责任。目前，大部分市以上的直属部门实行了委托监管制度，并根据资产使用的性质及功能，将直属部门的经营性国有资产剥离出来，通过组成企业集团及投资公司，建立出资人制度，有效地推进了管办分离、政企分开、资产与人事相结合的监控模式。实践证明，上海模式努力探索了非经营性国有资产的有效监控模式，做到职责分明、监管主体的责任明确，提高了资产使用效率，为资产管理体制改革提供了有益的经验。

2. 广东南海模式

为加强对行政事业资产和公建物业的管理，2002年6月6日南海市政府出台《南海市行政事业资产和公建物业管理办法（试行）》，严格按照政府统一管理、单位使用的原则，把所有行政事业单位的非经营性国有资产集中起来，由政府授权财政部门对全市所有资产进行统一管理，并由财政部门作为主管部门成立公建物业管理有限公司负责具体的资产管理事务，对全市行政事业单位的资产使用进行统一管理、调配和运营，同时，建立日常管理制度，使各行政事业单位国有资产的管理有章可循，有规可

依，确立各单位的资产增减变动登记制度，实行资产的信息管理系统，并建立资产共享与调剂管理平台，协调各单位之间的资产余缺。此模式主要是实行"宏观管理与具体管理相结合"和"资产的所有权与资产的使用权相结合"的原则，明确政府财政局为资产主管部门，由财政局授权市属机关事务管理局统一管理市直属资产，起到产权明晰，统一管理和监督，优化资产配置，物尽其用，发挥资产的最大效益的重要作用。

3. 南宁模式

南宁市人民政府针对非经营性国有资产流失等的现象，自 2002 年起成立国有独资公司"南宁威宁资产经营有限责任公司"，责令各行政事业单位将其管理与使用的房屋、土地、出租铺面、经营公司的全部资产统一移交该公司统一经营与管理，任何行政事业单位不得再经营这些资产，该公司将经营所得全部上交财政，防止资产滥用，防止其擅自改变为经营性国有资产，保证资产的完整性与效益性，提高资产使用的公平性，健全资产的监控机制。

(二) 国外关于非经营性国有资产制度的管理模式

非经营性国有资产是维持国家政权机器运转的物质基础，是政府为社会提供公共产品和准公共产品的物质条件，故而，各国都不同程度上存在着非经营性国有资产，只不过由于各国制度上的差异性，其在国民经济中所占的份额比较少。尽管如此，不同国家根据本国的实际情况，对非经营性国有资产采取了各自不同的管理体制，现将比较典型的管理模式分述之。[①]

1. 瑞典的政府和市场并重型管理模式

瑞典是市场经济较为繁荣的国家，人均收入排在世界前列，对非经营性国有资产实行严格的规范化和科学化的管理模式，施行市场化和竞争化的运作方式。具体表现为，一是实行严格的规范化管理，制定各项完善的监控法律规范，并保证各项法律制度的落实与执行。采取的法律制度有：严格控制非经营性国有资产使用的数量与范围，不列入政府财政预算的公务消费与资产支出费用，均不能开支；充分体现资产财政预算的科学化，强化预算，细化支出，每年的资产支出一般不超过财政预算总额的 3%；

---

① 吴红卫：《国内外非经营性国有资产管理模式及借鉴》，载《青海社会科学》2008 年第 1 期；马倩：《我国行政事业性国有资产管理模式研究》，2006 年山东大学硕士论文；金笛：《国外政府怎样节约行政成本》，载《新财经报》，2010 年 4 月 3 日。

坚持量出为入的原则，严格控制资产使用的数量。二是实行市场化的运作方式。瑞典政府的全部办公用房，除了中央政府及首相的办公用房为国有资产外，其他政府及公共事业机关用房均实行经济适用的租用方式，租金按人定额，由国家财政支出；自 20 世纪 90 年代以来，为了保证租用的公平性与透明性，对于公务用房实行市场化公开招标方式进行，确保租金更低，提高办公用房的利用效率。①

2. 澳大利亚"物业管理"模式

澳大利亚对非经营性国有资产实行法治化的管理模式。澳大利亚对政府的办公用房统一委托确定一个机构即联邦行政财务部管理，使用上实行经济适用使用原则。除军事国防、外交等代表国家形象的资产由国家拥有外，大多数政府的物业都是采取租赁或融资租赁的方式。联邦政府的资产管理实行统一的管理事务机构运作，对政府物业配置、资产管理以及资产购置、资产处置、资产共享实行全方位的统一管理。自 1996 年开始，国家对于联邦政府的办公用房及设施设备，委托授权澳洲工程局进行商业化运作，专司对政府办公用房和设备设施、公共场所提供购置、建设、维护、维修、安装等专门服务，该工程局在全国各地设立分支机构与网络，澳洲工程局相当于政府资产的承包商，实行效益性和规范性的运作方式，对联邦政府直接负责。该制度的实施有效地推动了联邦政府资产的管理效益，有效地促进了资产的规范化管理。② 1997 年的立法巩固和扩大了上述改革，包括《财务管理和责任法案》(The Financial Management and Accountability Act)和建立无独立法人地位的政府组织监管框架的相关法规。新的组织结构以分权原则授予机构负责人在管理公共资金、公共财产和联邦其他资源上的更大权力和灵活性，同时苛以更严厉的问责制。1997 年《联邦政府和企业法案》(The Commonwealth Authorities and Companies Act of 1997)确立了政府和企业的问责制、财务报告、审计条件。1997 年《审计法案》(The Auditor General Act of 1997)规定了对联邦公共部门使用公共资源的效果和责任独立审查制度(Independent Review)。最后，1998 年《预算诚信法案》(The Charter of Budget Honesty Act of 1998)为促进公众监督(Public Scrutiny)的财政政策和有力的政府财政政策行为

① 参见吴红卫：《国内外非经营性国有资产管理模式及借鉴》，载《青海社会科学》2008 年第 1 期；马倩：《我国行政事业性国有资产管理模式研究》，2006 年山东大学硕士论文。金笛：《国外政府怎样节约行政成本》，载《新财经报》，2010 年 4 月 3 日。

② 金笛：《国外政府怎样节约行政成本》，载《新财经报》，2010 年 4 月 3 日。马倩：《我国行政事业性国有资产管理模式研究》，2006 年山东大学硕士论文。

确立了框架。①

3. 美国模式

美国对非经营性国有资产实行二元化的管理模式，即由联邦政府对联邦级政府的资产实行管理，州级政府对州政府及公共事业服务机构的资产实行管理。根据《联邦政府资产与行政服务法》规定，美国联邦政府设立专门部门统一管理联邦政府资产，包括驻外的使领馆资产，并由财政部严格实行预算，资产可以由各政府主管部门占有与使用，但各个部门不能向管理资产的专门服务部门购买服务；专门资产的服务机构对非经营性国有资产进行分类服务，将动产与不动产分别管理，实行集中管理，分散使用的原则。行政服务总局负责办公用房的日常运营管理。《美国联邦管理条例》对公务用车的限制措施就值得我国公共机构借鉴。为降低公务用车的支出，《美国联邦管理条例》规定，公共机构只能够获得履行本机构任务所必需的最小型号(Minimum Size)的机动车，同时必须满足如下要求：第一，获得的机动车燃油效率必须达到最高(Maximum Fuel Efficiency)；第二，对机动车车身尺寸(Motor Vehicle Body Size)、发动机大小(Engine Size)和选装设备(Optional Equipment)加以限制，以满足该机构任务所必需为标准；第三，除非涉及总统、副总统使用的机动车，以及为保障安全和极有必要需要(Highly Essential Needs)的机动车，机构只能获得中型客车(III级)或更小型的轿车；第四，只有为机构任务所必须时，机构方能获得大型轿车(IV级)；第五，政府机动车加油时，使用机动车制造商建议使用的最低等级(Minimum Grade)(辛烷值 Octane Rating)的燃料，除非当地供应的所有燃料均高于该等级。②

4. 加拿大的统一经营模式

加拿大作为联邦制国家，政府行政体制实行联邦、省级和市级的三级管理制度，联邦政府虽没有设立专门、统一的非经营性国有资产的管理部门，各级行政部门自行管理各级资产，但各级政府都设置了本级政府资产的管理机构，实行统一管理、统一财政预算、统一政府采购、统一信息管理。联邦政府的资产主要包括国家级公共设施、军事资产、监狱资产、港口和机场等国家级资产，设立专门管理机构进行统一管理，联邦政府的资

---

① Olga Kaganova and James Mckellar, edited, *Managing Government Property Assets: International Experiences*, Washington, The Urban Institute Press, 2006, p. 26.

② GSA: federal management regulation 102-34. 50; 102-34. 325; http://www. gsa. gov/Portal/gsa/ep/channelView. do? specialContentType = FMR&file = FMR/FMRTOC. html&pageTypeId = 17113&channelPage = %2Fep%2Fchannel%2FgsaOverview. jsp&channelId = -24556.

产大多数为国家享有产权，有少数资产向社会租赁。加拿大实行层级制对资产的统一管理，并实行统一的处置方式，资产处置完全由政府指定的专门机构进行，依照法律的严格程序进行处置，有效地规范各部门的资产配置，提高了资产使用的效益，防止资产的闲置与废弃，实现资产的法律化、规范化和程序化。①

5. 新加坡的三级管理模式

新加坡的非经营性国有资产的管理体制可以概括为三个层次：政府部门—法定机构—国营公司。新加坡政府通过各主管部门设立的若干法定机构对社会公益事业国有资产实施管理，国营公司则在政府控股公司的控股下实现政府的宏观管理目标。②

(三)国外关于非经营性国有资产管理的典型事例

由于笔者掌握的资料有限，不可能全面了解各国非经营性国有资产管理的全面、具体的状况，但我们可以通过媒体披露的一些典型事件，了解各国是如何严格监控非经营性国有资产的实情。

1. 日本

日本是一个资源短缺的国家，有完备的非经营性国有资产法律制度来控制资源的使用，杜绝资产的浪费和滥用。为了节约资产，大多数政府机关和公共事务机关实行集中办公，办公用房有严格的面积限制，不允许搞特殊化，同一级别的公务机关和公职人员的办公用房没有差别，严守法律规定。在办公用品上，例如办公桌、办公椅等严格遵循勤俭节约和经济适用的原则，能够利用的绝不允许换新的，许多办公用品还是20世纪70年代购置的，对于办公用纸，规定必须是双面打印，空白纸张必须充分利用，其节约程度到了极致。日本政府的办公用品大多数是租赁的，实行招标制度，以降低办公成本。在使用公务用车上，严格控制，不得公车私用，即使行政长官可以由专车接送上班，但只能送至公交站，长官必须乘坐公共交通上下班。③

2. 印度

印度是世界人口大国，也是亚洲第二大国，近年来，印度的国民经济不断增长，经济水平显著提升。但是，印度的非经营性国有资产管理制度

---

① 马倩：《我国行政事业性国有资产管理模式研究》，2006年山东大学硕士论文。
② 方虹、徐璐：《美、澳、新非经营性国有资产的管理模式》，载《产权导刊》2007年第1期。
③ 金笛：《国外政府怎样节约行政成本》，载《新财经报》，2010年4月3日。

一直坚守节约与实用的原则，从不搞形象工程，印度政府的办公楼很简陋，一些基层政府办公楼简直可以用"破败"予以描绘也不过分。即使一些代表国家形象的政府机构的办公设施也不奢侈。即使印度夏天十分炎热，在政府办公楼里大多是吊顶电扇，没有空调设备。印度政府的公务用车有严格限制，只有相当于厅级行政长官才能允许配备专车，且配置车不能使用进口汽车。①

3. 美国

根据美国《联邦公务出行条例》（Federal Travel Regulation）规定，美国公务人员出行的首选便是火车、飞机等公共交通方式，若乘坐飞机则经济舱几乎是其唯一的选择。当然，规则并非如此死板，只有在极其特殊的情况下，官员可以选择乘坐商务舱或者头等舱。在美国，官员出差前，都需要由所在部门安排出具体的行程，《联邦公务出行条例》强调官员必须居住在达到美国联邦火险安全标准的宾馆中。差旅费方面，美国政府会按照出差地的平均生活水平进行报销。如果目的地的生活水平较低，可以向上级部门提出申请，政府将根据目的地的住宿、饮食价格等数据，酌情提高报销金额。同样，在特殊情况下，如果官员无法入住宾馆，政府也会根据细则予以报销。纵览整个条例，美国政府严格规定，官员出差的行程、所产生费用必须经由事先申报，再交由上级部门审批通过后方能出行。

4. 欧洲国家

欧洲各国对于公务消费和公务支出制度确立严格的法律制度，特别严惩那些利用职务之便进行公款消费的行政官员，不论利用公务消费金额多少，有可能因此被辞退，并追究法律责任。例如，俄罗斯对于公务消费的管理制度十分严格，以公务餐票报销为例，需要报销餐票的必须履行严格的事前审批与事后批准手续。

根据以上各国非经营性国有资产的管理模式和具体事例，尽管发达国家国情不同，采取管理措施不一，但对非经营性国有资产的监控制度大同小异，均具有如下共同特性：

一是政府财产监控的法制化。法制化是外国监控国家公产的显著特征，它保证了公产制度的规范化、制度化与公开化，明确监控目标，提高管理效率，做到物尽其用。各国不是一个行政法规或行政规章规制公产，而是制定各项具体的法律，使之法制化。例如，美国通过颁布《联邦政府资产和行政服务法》《联邦政府财产管理法》以及《联邦采购政策办公室法

---

① 金笛：《国外政府怎样节约行政成本》，载《新财经报》，2010 年 4 月 3 日。

案》等一系列法律，确立了联邦政府公产的管理制度和使用制度，规定了资产使用的方法、措施和监控机制，不因领导人的改变而变化，促进了公产的有效利用，防止公产滥用。日本以《国有财产法》作为规制公产的基本法律，明确规定了国有财产的范围，规定专门管理或监控资产的法定机关，负责资产的配置与处置的审批手续以及法律责任。此外，日本还确立了比较完备的资产管理法律体制，有效地监控了资产的滥用。此外，一些国家以法律的形式明确各种公务消费的报销标准和履行的审批手续，对于公务用车实行严格的监控措施。总的来说，为了防止公产使用与管理的渎职行为与腐败现象，世界各国都建立了严明的政府财产使用与管理的监督制度。

二是公产管理实行专业化。对公产实行专业化管理，也是发达市场经济国家在政府财产管理中较为普遍采用的先进方式。专业机构管理专业事务，专业人员从事专业事情，这是社会必须遵循的基本规则。例如，美国以联邦事务服务总局为联邦专业公产管理机构，它具有法律规定的权力，并承担相应的法律责任，职责分明，专业化程度较高，是政府总务和后勤服务部门，统一管理联邦政府的房产。加拿大联邦政府设立公产的建设和服务部，具体负责联邦政府的财产管理、政府采购、办公用房管理、物业管理等，实行资产的专业化管理。公产实行专业化管理有利于提高资产精确化使用效率，责任明确，确保资产使用公平，促进资产利用的最大化。

三是推行公产内部结算、商品化供应的租赁制度。用市场手段调节政府房产的结构和分配使用，鼓励用房单位节约空间，提高政府资产的使用效率，部分发达国家所尝试的政府部分内部结算、商品化供应房产的租赁制度，客观上也为节约和明晰政府的行政运行成本创造条件。如美国联邦政府的房产全部归联邦事务服务总局管理，其他部门使用房产要向联邦事务服务总局交纳租金，租金中包括房屋维护和日常清洁的费用。根据政府资产的预算定额，国会对租金标准予以审定。用于租房的经费，纳入各部门的预算中。一些国家对大多数的政府公产采取向社会公开招标的方式实行租赁制度，减少政府公务消费的支出，降低物业成本。

三、中国非经营性国有资产制度的改革思路

为发挥非经营性国有资产的效益，防止资产流失，实务界与理论界开展了有益的探讨，中央也出台了一系列的改革方案，各地也摸索了一些改革的措施。现有非经营性国有资产制度改革存在哪些问题，可行性和合理性有多大的成分，还有哪些需要完善之处？或者说，现有制度改革是否存

在着方向性的偏差和思维视角上的偏离？

　　理论是改革的先声，制度的改革依赖于理论的探索，并根植于实践。关于非经营性国有资产的管理理论，学者从不同的视角来研究和探索，提出了"公共选择理论""公共财政理论""公共产品理论""预算管理理论"和"委托代理理论""产权理论"等理论主张。①

　　理论上，前四种理论均是从公共财政与公共产品的视角揭示非经营性国有资产的管理本质，有异曲同工之处。公共产品是国家提供给社会大众的社会责任，私人产品与公共产品之间存在着根本上的差别性，"私人需求品的生产和提供尽管也可以由政府来进行，但直到目前为止，在已知的技术资源条件下，总体上说，政府的效率仍不如市场"②。公共产品与公共财政的理论意义在于，在处理私人产品与公共产品上，提供了市场和政府活动的原则界限。③ 非经营性国有资产是公共产品的物质基础，形成、维护、依赖于财政投入与财政补偿，离不开公共财政的支撑和支持，管理体系是一个持续供给的资金运动过程，由资产管理与财务管理、预算管理组成，它们组成了一个不可分割的整体，建立在资产管理与财务管理、资产管理与实物管理、资产管理与预算管理的基本框架之上。

　　委托代理理论的中心内容是研究在利益相冲突和信息不对称的环境下，委托人如何设计最优契约激励代理人。④ 该理论以契约理论为基础，面对非经营性国有资产的多层次的、复杂的管理体制，研究其委托—代理关系，以协调委托—代理关系，降低代理成本和监控成本。

　　非经营性国有资产的所有者是国家，占有和使用者是行政事业单位，国家作为抽象的主体不能直接行使所有权，只能通过相应的机构行使。在现行制度下，各级政府部门、上级行政主管部门和财政部门都是所有权的行使部门，一些学者也认为行政事业单位也是所有权的行使者，导致错综复杂的代理关系。其实，在公有制的国情下，国有资产的管理和使用必然存在着多层次委托—代理关系和监管成本的问题，这是一个客观存在且不

---

① "公共选择理论""公共财政理论""产权理论""委托代理理论"和"预算管理理论"的理论内容在此不再赘述，具体内容详见吴卫红：《非经营性国有资产管理研究》，法律出版社 2010 年版，第 109~121 页。

② PaulA. Samuelson, The Pure Theory of Public Expenditure, Review of Economics and Statistics, 1954, 36(4)：387-389.

③ Buchanan, J. M., An Econnolnie Theory of Clubs, Eeonomics, New Series, 1965, 32 (125)：1-14.

④ Ross, S., The Eeonolnie Theory of Agency：The PrinciPals' Problem, Ameriean Economic Review, 1973, 63：134-139.

可回避的事实。至于各部门之间的利益冲突如何均衡与制约，委托人与代理人之间的信息不对称等问题，并非委托—代理理论所能解决的，该理论仅是揭示非经营性国有资产管理和监控上的客观事实，指出部门在管理过程中存在的问题，但并没有实质上提出解决该问题的工具性价值。

产权理论与"科斯定理"密切联系，产权理论是从科斯定理阐发而来。1960 年科斯提出"产权的明确界定是市场交易的前提"的著名论断，其一经问世便引发经济学界的热烈讨论，从而诞生出产权理论。① 非经营性国有资产虽然不能通过资产交易达到其提供公共产品和准公共产品的目标，但存在资产的使用效率问题，在整个国家或者某个地区、行业的资产管理过程中存在资产共享与调剂的问题，在资源的合理配置与充分使用下，能够使资产最大限度地促进整个市场经济的繁荣。进而言之，优化资源配置，从宏观上说，就是把资源用到最需要的地方，为社会带来最大福利；从微观上说，就是资源掌握在最需要它且能给拥有者带来最大福利的主体手里。同时，国有资产的所有权与使用权之间的权利明晰，责任分明，可以建立适当的激励机制，从而降低运行成本和监控成本，促进资源利用的最大化。因此，明晰产权，界定权利义务关系，从而优化资源配置和资源充分利用，降低社会管理成本和提高资源利用率，产权理论和科斯定理在非经营性国有资产的监控体制之中应是可以适用的。

总之，"公共财政""公共产品"和"产权理论"等抽象理论应如何应用于非经营性国有资产的制度改革之中，是探索其完善监控体制的关键所在。此外，学界现有的非经营性国有资产监管机制的研究成果大多是从公共管理学或法经济学的视角探讨其管理和监督制度。因而，即使学者提出完善的非经营性国有资产监管机制，其学说的理论设计也只是从传统经济学的视野探讨非经营性国有资产的管理体制。

"上海模式""广东南海模式"和"南宁模式"的有益探索，为探索完善的非经营性国有资产管理体制提供了宝贵的改革实践经验。然而，这些模式只是从明确资产的管理机构，从实行统一管理的方式进行探索，还没有从资产的预算管理与财务管理进行改革，产权还没有明晰，管理的对象只是从资产实物上来说，而财政资金和经费支出方面还没有过多的涉及和深层次的改革，占有和使用单位的权利义务还没有明确，责任追究机制还没有确立，管理模式改革的社会效果有待观察。详言之，"上海模式"是以国资委作为行使国家所有权的机构，通过其与使用单位签订委托监管协

---

① ［美］科斯：《企业、市场与法律》，生活·读书·新知三联书店 1990 年版，第 83 页。

议，明确各自的权利义务，并通过组建资产公司，以此作为国有资产的出资人进行经营管理，这对于推进政企分开、政事分开和管办分离，实现事业单位的分类改革有着积极意义。此与经营性国有资产的管理模式殊途同归，只对一些事业单位实行企业化改制产生实质性的影响，但如何制约或者监管管理机构、财政部门与使用单位之间的配置、消费和使用上还显得乏力。"广东南海模式"，通过确立政府的财政部门作为统一管理、统一调配和统一运行的机构，实行集中管理、常规管理和信息管理的体制，此种模式在资产的统一配置、使用和调剂上起着重要的作用。但是，该模式赋予财政部门过大的权力，没有建立相应的制衡机制，使用单位的权责没有界定，只是从实物管理和使用上进行监控，财政预算和经费使用还没有建立起约束机制，改革的具体措施尚未完善。"南宁模式"是以国有独资公司的形式统一运营非经营性国有资产，基本解决资产配置苦乐不均的状态，有效地杜绝使用单位擅自将资产进行经营的情况，避免"非转经"导致的资产流失情形。但是，该模式仍是从资产实物上进行统一管理，至于使用单位如何使用，有什么权利和义务，财政预算和经费使用等问题还没有完全涉及。上述三种管理模式的改革，都只是从资产实物的统一管理进行探索，仍是强调资产所有权统一的行使问题，资产配置和经费管理及使用单位的权利义务还没有涉及，预算管理体制和产权制度的改革还没有充分体现。

在实践中，非经营性国有资产的配置不均、使用不当、重复购置存在多方面的管理原因，其中现行行政规范性的监控机制缺失，以及资产使用缺乏科学的评价机制，是两方面的重要原因。虽然行政规章规定各级政府的财政部门是非经营性国有资产的行政主管部门，负责资产的监控职责，但财政部门大多从财政资金进行监控，大多财政部门的日常工作是负责财政资金的拨付，以及审核资金的使用，核实账目票据等繁复事务，对于资产使用的监控业务难以顾及，造成象征性的资产管制，出现监控的真空。而且，财政部门、上级行政主管部门及机关管理事务部门，由于受到利益驱使，都行使相应的资产监管职责，造成多头管理的情况出现；但当无利益的情况下，对于资产的使用不当，又造成谁都不管的局面，这都严重地影响资产使用的效率。同时，现行行政法规对于资产的使用效益，缺乏有效的绩效评价机制，甚至资产使用效益的评估机制，又使得行政事业单位负责人，忽视资产的管理与监控，导致资产的闲置与浪费。只有建立起科学资产的法律监控机制，才能有效地堵住资产监控的漏洞。

至于各地实行的非经营性国有资产具体改革措施，虽然也推动着资产管理向着规范化的轨迹行进，但也只是临时性、局部性的举措，并没有从整个制度、体系上进行系统的改革，而且，一些改革措施还需进一步的完善。例如，"三公消费"公开，接受社会监督，是从中央到地方各级政府部门建设阳光政府、廉洁政府的一项重要内容。尽管各地各级政府相继晒出"三公"账本，但只有简单罗列的数字，也缺乏让人看得懂的说明解读，成了晒"三公"账的一个通病。行政事业单位集中办公，仅是对于新建的政府办公大楼起着作用，现实中各部门分散办公还是相当普遍；公务车的改革，实行全部取消公务车、辅之以货币补偿的一刀切方法也难以实行；"公务卡"的推行也仅是约束一般公务员的公务消费，对于一些行政领导的公务消费监控却无能为力；社会公益项目实行代建制的举措果然不错，问题在于"社会公益项目"的范围如何确定，能否全部推广至所有的楼堂馆所建设，不无疑问。各国非经营性国有资产的管理模式为我国构建非经营性国有资产的监控体制提供了有益的经验，实行资产的专业化、法制化管理和严格的责任追究制度、统一的资产管理体制、严格的财政预算制度，使得各国行政性资产做到充分利用、高效运行。此外，辅之以公开透明的监督制度，可监督官员做到廉洁奉公，厉行节约，杜绝奢侈浪费。据此，外国严格的资产管理体制可以为我国提供借鉴作用。

事实上，我国政府十分重视非经营性国有资产的改革，并着手财政制度的改革，实行财政拨款、自筹经费相结合以及自收自支的经费拨款形式；采取了中央财政和政府财政分离的税收制度，以及实行政府采购、强化支出管理、硬化预算约束、财政公开等一系列政策措施，取得了一定的成效。如何处理国家享有所有权或财产权利与行使国有财产、使用国有财产之间的管理关系，这个问题尤其重要。为此，国有资产管理体制的探索经历了艰难的漫长之路，从"统收统支""国家所有，分级管理"到"国家所有，分级行使出资人产权"的改革历程。但由于历史和管理体制多方面原因既使如此，非经营性国有资产管理体制的弊端依然难以根除，如何建立起适应市场经济的非经营牲国有资产管理体制依然是一项十分紧迫和重要的理论与实践难题。

无论是规范非经营性国有资产流失的问题，还是确立非经营性国有资产的管理体制，都是应实现非经营性国有资产制度改革的规范化和法律化。实践证明，由于行政事业单位缺乏内在的推动力，缺乏科学的绩效考评机制，通过行政事业单位的自我改革，难以达到防止资产流失的目标。其实，资产制度改革与机构改革风马牛不相及，实行政府机构改革，目标在于精简机构、提高效率，并不能从根本上起到遏制资产流失的作用。要说两者之间存在牵连，至多是在事业单位实行分类改革过程中应正确处置资产以防止资产流失。无疑，非经营性国有资产的制度改革问题是一个相当复杂的社会问题，涉及国家行政机构改革、事业单位分类改革、财政预算与决算、管理体制等诸多问题，需要一系列制度的配套改革，才能逐步解决非经营性国有资产的积习难题。非经营性国有资产严重流失的现象由来已久，只是随着中央坚定地推进政治体制改革的步伐而旧调重弹、沉渣泛起。

非经营性国有资产固然有属于其领域的特殊问题，而需要解决的问题就是其"呐喊"的音符。那么，非经营性国有资产的问题根源是什么？

法律是为社会提供行为准则的有效手段，非经营性国有资产的监控体制无疑应以法律作为其规范的理性工具。本质上，非经营性国有资产的流失问题成为行政事业单位改革的重大顽症，意味着法律监控机制存在着问题。各国政府之所以做到资产充分利用和资产高效运行，并少有出现资产流失现象，其根本原因在于有健全的法律制度和监督制度作为强有力的后盾。无论国家行政机构如何改革，事业单位如何分类改革，均涉及资产的监控问题，均需要解决资产的合理、正当使用问题，而解决这些问题的切实可行的办法，就是国家层面的立法。

一般来说，完善的国有财产监控机制一般有内外两层监控体系和追责机制：一是，建基于国有资产行政管制关系的内部监控体系和追责机制；二是，建基于国有资产使用上的外部监控体系和追责机制。法律责任则是监控机制的核心理念，法律责任包括刑事责任、行政责任和民事责任。国有资产的法律监控机制的本质是通过规范国有资产所有者和占有、使用者的行为，追究违法者的责任，达到防止资产使用不当或流失的一种法律监控机制。建立完善的法律监控机制是维护非经营性国有资产不流失、正当使用、有效利用的重要保障途径。法律制度的权威性和强制性、稳定性大大降低非经营性国有资产诸多环节的监控成本，降低一些滥用资产的机会主义风险，从而使资产监控措施更有力，减少资产流失。

非经营性国有资产的法律监控机制具有两方面的内涵，一方面，法律通过界定非经营性国有资产的归属和利用关系，为资产的有效利用提供法律制度上的保障，建立其法律监控机制分析的起点；另一方面，法律为非经营性国有资产的正当合理使用提供统一的法律规则，增加法律监控的确定性和强制性，保证资源的配置合理、使用充分，降低消耗，增进社会效益。事实上，西欧国家虽然实行私有制，其国有资产在国民经济中所占的总额较少，但也以法律形式确定其管理体制。美国以国会立法为核心确定国有资产管理体制，新加坡以法律形式确立法定机构作为监控其国有资产，日本也是从多方面的法律体制确立其国有资产的管理。因此，建立科学、完善的国有资产法律监控机制是世界的立法潮流，改革现行非经营性国有资产制度需从国家立法视角的高度进行认识，通过制定完善的法律规范，从资产的宏观监控到资产的微观使用，有步骤、有计划地从完善非经营性国有资产的监控体制入手，深化资产制度改革，进行立法规制，从而实现资产管理和使用的规范化、法律化。换言之，非经营性国有资产流失固然有历史、文化传统和社会条件等多方面的原因，但缺乏科学、有效和完善的非经营性国有资产法律监控机制是一个至关重要的原因，健全其法律监控机制是防止流失的基础和前提。

第二章　确立非经营性国有资产使用权的必要性和可行性

中国实行公有制为主体、多种所有制经济共同发展的基本经济制度。健全非经营性国有资产法律保护机制是现阶段公有制改革和完善的重大目标。然而，很多学者照搬外国立法例，认为中国财产法不应规范非经营性国有资产。中国财产法是否规范，又如何规范非经营性国有资产，是一个深层次、复杂性的基本理论问题，需要从多视角考究，才能得出合理性的解决路径。

第一节　民法规范非经营性国有资产的正当性

一、现行非经营性国有资产法律制度的检讨

法律是规范一切财产关系的基本准则，非经营性国有资产的监控体制无疑应以法律作为规范的理性工具。实践表明，任何资产制度的改革都必须通过法律制度的变革才能得以实现。西欧大陆国家国有资产之所以高效运行，本质在于具有健全的法律制度和有效的监督机制。非经营性国有资产的问题有其特殊性，理论上的争鸣和实践模式的改革对于问题的解决具有参考价值，但资产流失顽症的破除仍需借助于完善其法律保护机制来进行。中国非经营性国有资产形成于计划经济时代，在市场经济转型的制度变迁过程中，通常以行政管制为调整手段。在社会转型中建立完善非经营性国有资产的法律监控机制，需要认真反思、理性检讨其现行法律保护机制。

据笔者的不完全统计，1988—2011 年，针对非经营性国有资产严重流失问题，中央及各部委制定了 24 个政策规定和行政规章，涉及财务规则、公车配置和使用、差旅费开支、项目资助经费管理、楼堂馆所建设、

资产管理和使用、资产评估和财政违法行为处罚等多方面的内容。这些规定在特定的历史时期，起到了促进公共行政和社会事业的健康发展的作用，对于规范国家公权力与行政事业单位法人的管理职责、确保国家财政的持续供给，以及调节财产关系的公平与效率有不可替代的规范作用。对于维护资产配置的安全与完整，促进资产的合理配置和有效利用，具有一定的现实意义。十八大以后，中央高举反腐大旗，严格控制公务开支，制定了《党政机关厉行节约反对浪费条例》等一系列行政规范与政策文件，成果显著。然而，在现实生活中，非经营性国有资产流失依然严重，其主要原因在于现行法律监控体制存在弊病，表现如下：

一是规范非经营性国有资产缺乏国家立法层面上的法律。中国遵循大陆法系立法例，由行政法规制非经营性国有资产，但至今还没有统一的国家层面上的法律规范。现行的关于非经营性国有资产的管理规定，都是政策性规定和行政规章。党和国家的政策是国家活动的基本准则，但是，政策毕竟缺乏法律的强制性、稳定性和普遍适用性的特点。行政规章是立法层次较低的法律规范，具有短期性、临时性的特点，且一些行政规章缺乏行政法应有规范价值性。此外，行政规章的矛盾和重复现象不同程度地存在。总而言之，现行我国关于非经营性国有资产的管理规定缺乏国家层面上的立法，更缺乏科学性和体系性的立法。法律具有指引、评介、促进、制约的功能。非经营性国有资产缺乏完善的法律保护机制，难以杜绝资产流失。

二是现行一些非经营性国有资产政策性规定存在漏洞。现行关于非经营性国有资产的管理规定存在原则性规定有余、实践操作性不足、内容不科学的缺陷。非经营性国有资产的监控制度应当涵盖财政预算，资产配置、使用和处置，公务消费等各个环节。国家应当通过科学的财政预算编制和有效的资产配置，并以经济总量监控资产增减和变动，国家机关法人和事业单位法人应当确立正当、合理使用资产的基本原则。但是，现行一些政策性规定，缺乏财政预算，资产配置和公务消费，资产使用的基本规范，造成资产流失难以监控。例如，高校资产的配置与使用本应围绕培养社会人才和发展科研事业的价值目标而展开，重点监控固定资产的建设和管理，办公与科研经费的合理支出，教学、科研设备的使用和维护。但是，《教育部直属高等学校国有资产管理暂行办法》针对高校资产的特性却并没有如一般法规般做出有效的立法规范。例如，资产配置内容缺乏明确的配置依据和具体的配置标准，高校固定资产的维护与教学科研设备的使用缺乏具体规定，资产处置的规定比较模糊。因而，这些政策性规范缺乏调整高校资产的特有功能，难以达到行政法规范目的。

三是一些行政规章缺失行政责任，行政责任模糊。一些政策性规定没有处罚措施，也没有追责机制根本没有建立起来。一些政策和行政规章在处罚的力度上失之于宽、失之于软，惩戒力度刚中带柔。即使是比较完整地调整非经营性国有资产的行政法规，也仅是简略规定行政责任，比较笼统，如《关于党政机关厉行节约若干问题的通知》（中发办〔2009〕11号），仅是简略地规定依据有关法律法规追究有关直接责任人责任，缺乏实践操作性。关于楼堂馆所违规建设，滥用资产和浪费的问题，缺乏具体的法律责任规定。对于事业单位法人高额发放的各类福利，则完全缺乏处罚依据。十八大以前，由于行政法规和政策性规定存在行政责任调整上的漏洞，加之执法不严，导致滥用资产的行为没有得到惩罚。我国目前还没有一部关于公车配备及使用的法律，违反规定配置和使用公车的，只能按党纪政纪的有关规定处理，没有行政制裁措施。又如，一些行政规章没有规定具体的处罚规则，仅是依照《财政违法行为处罚处分条例》执行，而该条例本身的处罚处分依据较为模糊，也没有关于资产使用不当的规定处罚，即使一些行政规章有明确的处罚规定，其处罚也显得畸轻。在资产占有、使用和处置上出现违规的情况，本应据实列举各种行政责任，但现行调整非经营性国有资产的行政规章，仅是简单地参照《财政违法行为处罚处分条例》规定行政责任，该条例的责任条款具体行政责任不明确，操作性不强，弱化了行政规章的约束力和制约力，使行政规范的工具性价值大打折扣。总之，现行一些调整非经营性国有资产的行政规范刚性不足，柔性有余，欠缺有效的行政责任追责条款，难以在普遍的行政官员心中激起忧患意识和责任意识的涟漪。在国外，公车私用等资产流失的行为却是行政官员不敢越雷池一步的禁区。2009年7月，时任德国卫生部长在西班牙度假时公务车失窃，她公车私用的行为因此曝光，进而断送了政治前途。1995年，意大利西西里岛的墨西拿市市长朱塞佩·布赞卡与妻子外出旅行，私自使用公务车到达游船停泊的巴里市港口，2002年被判处6个月监禁。① 国外这些关于国家财产的行政规范可供我们借鉴。

四是一些规范非经营性国有资产的行政规范缺乏民事责任、刑事责任。大多法律规范仅是对违规者给予行政处罚，少有追究刑事责任的规定，而且几乎没有民事责任的追责规范。国务院2004年颁布的《财政违法

---

① 王涌：《三公消费是维系忠诚体制的对价》，网上资料：http://view.news.qq.com/a/20110413/000039.htm，来源：东方网。

行为处罚处分条例》，是一个非经营性国有资产的"口袋"型行政制裁规范，公款吃喝、楼堂馆所违规建造、公车违章配置和私用等一切非经营性国有资产的流失行为均可依该条例处罚，似乎国家完全可以通过这些行政处罚堵塞资产流失的黑洞。又如，《中央级事业单位国有资产使用管理暂行办法》第 39 条规定，违反该办法的，依照《财政违法行为处罚处分条例》执行，而该条例本身的处罚处分依据也较为模糊。完整的法律规范应当具有假定、行为模式和法律后果的逻辑结构。然而，该办法在法律后果上却简单以第 63 条规定，行政制裁显得弹性有余，刚性不足。除此之外，即使有比较完善的行政、刑事处罚机制，没有有效的民事制裁机制，也难以阻止非经营性国有资产的流失。

十八大以后，中央和国务院、相关部委制定了一系列关于规范非经营性国有资产的规范性文件，废止了一些过时、陈旧的规定，新的政策性文件适应了反腐倡廉的形势，规范全面，约束明确，简明清晰，具有针对性、操作性，有一定的规范效力，但仍然属于行政规范，不是法律。法律是国家立法机关通过立法程序制定的调整人们相应的权利与义务的规范，具有稳定性、强制性及定型化、规范化。非经营性国有资产，无论是预算内、外资金，还是公车、楼堂馆所等资产，本质上都是国家财产，涉及公共管理和社会经济，触及各项社会事务，深刻地影响着社会经济。国家立法机关应当制定关于非经营性国有资产的法律，规定使用者的权利和义务，并将监与控、权与责有机结合起来，以建立长期、稳定的法律约束机制。一言以蔽之，现行非经营性国有资产管理体制的管制和监督存在问题，在一定程度上国家层面上的在于法律的不完善。遏制非经营性国有资产的严重流失，本质在于法治的构建运作，因而，如何构建完善的非经营性国有资产法律监控机制是一个重要的理论课题。

总而言之，现行整个非经营性国有资产制度还没有一个清晰的改革战略和法律的定位，而是靠一种政策治理的方式。现行行政规范缺乏行政法的形式和要素，缺乏现代行政法的规范形式和效力，难以实现行政法调整的价值目标。非经营性国有资产法律监控机制不是简单的经济策略，而是国家的政治策略和经济策略，更是法律策略。若要解决时下难题，还需要我们以一种超然的勇气和策略来构建一种科学、有效的法律监控机制。

二、非经营性国有资产完全由公法规范的反思

建立完善的非经营性国有资产法律保护机制，首先应解决的是厘清非经营性国有资产的法律调整问题。我国非经营性国有资产与大陆法系国家

的"公物"或"公产"制度有相似之处。我国虽颁布了《事业单位国有资产管理暂行办法》《中央级事业单位国有资产管理暂行办法》等行政规章，但如何制定非经营性国有资产的法律规范，引发了学者的争论。对此，国内法学界的前期研究如谢次昌、秦醒民、屈茂辉、王全兴等主张将非经营性国有资产与经营性国有资产纳入国有资产予以统一立法，而张曙光、顾功耘则持相反观点，主张分别立法，从而存在"大国有资产法"与"小国有资产法"的立法之争，立法机关最终采纳后者观点，就经营性国有资产制定了《企业国有资产法》。本质上，各种国有资产的性质、功能不同，法律调整也有差别，非经营性国有资产应当另行立法规制，但如何科学立法应反思现行法律体制，采取合理的保护路径。近年来，行政法学者肖泽晟、刘丽萍、朱维究主张参照大陆法系立法例，以行政法规制非经营性国有资产。主流民法学者梁慧星、王利明、尹田与孙宪忠也认为非经营性国有资产的不动产与动产在物权法的国家所有权上作出宣示性和列举性规定即可，其他由行政法调整。非经营性国有资产属于国家所有，用途为公务目的，这是一些学者坚称非经营性国有资产的法律保护应由公法调整的有力盾牌。本质上，私法能否规范非经营性国有资产，取决于公法与私法的本质，取决于公私法的融合程度，取决于私法的宽容限度，也取决于社会经济条件和现实需要。质言之，探讨公法和私法的本质与关系是研究非经营性国有资产的法律调整方法一个不可回避的重要问题。

（一）公法与私法划分的本质及其发展[1]

自从罗马法学家乌尔比安提出公法与私法划分的学说以来，[2] 经注重概念形式的有效性和适用性的注释法学派发展，以精确的概念注入规范系统的法律结构，风靡欧陆各国，公法与私法的划分便成为大陆法系法律制度特有的立法方式。清末中国变法图强，摒弃"民刑不分，诸法合体"的法律传统，转而移植东瀛法律制度，并深受西欧大陆法律制度的影响，采取了分立公法与私法的草案。中华人民共和国的法律体系虽然前30年引进苏联法律，之后无不师承于公法与私法的分类。于是，教科书由此而阐明，法科学生因此而启蒙，法庭依此而设置，诉讼救济程序据此而生，公法和私法的划分不可不谓重要。

---

[1]　鲍家志：《非经营性国有资产的公私法调整分析》，载《广西社会科学》2016年第11期。
[2]　[意]彼德罗·彭梵得：《罗马法均教科书》，黄风译，中国政法大学出版社1992年版，第9页。

历代以来，关于公私法的划分标准仁者见仁，歧异纷呈，主要有"利益说""从属规范说""主体说"①，各学说主张各有所长，但绝非无漏洞，各说均未圆满解释公私法区分的界限。无论公法还是私法都是从实现社会正义出发，维护社会公正，都保护着公共利益和私人利益，"利益说"难以自圆其说。由于私法关系中，诸如社团组织、亲权关系也存在着一定的从属关系，私法应对此进行调整，而即使是公法主体为上下关系，也有以平等地位进行私法活动之时，"从属关系说"也存在纰漏。国家或机关作为法人，有时为了维持其机关日常运转，也以平等身份与其他主体参与民事活动，"主体说"难以避免界定上的疏漏。因此，以单一标准将公法和私法的精确划分，在大陆法系难形成通说，正如德国著名民法学者卡尔·拉伦茨说："在公法与私法之间，并不能用刀子把它们精确无误地切割开，就像我们用刀子把一只苹果切成两半一样。"②

公法与私法的区别不是纯粹的理论问题，而是法律源于社会经济生活的复杂性。法律调整利益主体和权利、权力的多种多样化，加之社会生活的错综复杂性，决定了以法律关系的任何单一标准试图区分公法与私法注定是难以圆满的。法律是高度抽象的技术产物，将千姿百态的社会政治、经济和生活定格于法律条文，从而规范人类社会，需要高超的立法技巧。由此推理，将浩瀚的法律以泾渭分明的标准划分为公法和私法的两大类，此确非易事。于是，学者曾质疑，公法与私法的"这种划分既不准确，也无必要，而且令人茫然"③；"公法和私法都是国家法……没有区分公法与私法的必要"④。但是，市民社会和政治国家的形成，市民自治和国家权力的区分，客观上需要一定的标准将法律分类，抛开理论上的划分标准又不能机械界定公法与私法之别，如果无法区别公法和私法，必然会造成国家机关和自然人、法人行使权力或权利的混乱。大陆法系推崇法律的抽象化、系统化以及概念精确化，法律是法学家抽象思维的产物，长期以来形成了公私法的分类方法，从而构造出系统化的法律结构，由此法学家、法科生与法官、律师形成了固有的法律思维模式。正如有学者指出，国家制定法律，如果没有明确首先制定的法律是属于公法或私法，就规定其法律

---

① 参见王泽鉴：《民法总则》，中国政法大学出版社 2001 年版，第 12 页。
② ［德］卡尔·拉伦茨：《德国民法通论》，王晓晔、邵建东等译，法律出版社 2003 年版，第 7 页。
③ ［美］约翰·亨利·梅利曼：《大陆法系》，顾培东、禄正平译，李浩校，法律出版社 2004 年版，第 96 页。
④ ［日］美浓部达吉：《公法与私法》，黄冯明译，中国政法大学出版社 2003 年版，第 7 页。

内容和效果，实不可能实现法律的制定。① 因此，大陆法系的立法史表明，虽说各种划分学说均有缺点，公法和私法的划分是基本的和必要的。

无论公法和私法都是国家制定的法律，均是规制主体之间的法律关系，都以国家的强制力作为后盾。无论是国家与市民之间的公权力关系，还是市民之间的私人关系，从法律本质上看都是一种权利和义务关系，这是公法和私法的共通性。任何国家都由政治阶层和市民阶层组成，政治国家的本质在于维持整个社会秩序，国家为社会提供相应的公共利益和公共设施，为市民社会的经济、生活创设一个安定的良好环境，而市场经济具有无序性，这决定了政治国家通过制定法律，以公权力形式保证国家的统制力来以维护经济秩序。社会结构的制度安排正是为了实现社会正义，公法无疑在其中扮演着非常重要的角色。② 为了有效地统治和管理国家，公法本身就具有相应的统治力，保证政府以一种命令和服从的关系处理公共事务。公法对私人的生活有着最密切、最持久和自始至终的影响，是个人和团体行为的环境条件。政治国家的公法是一种具有直接强制力的性质，不需要国家通过诉讼救济程序就具有相应的统治力，但行政相对人对政府行为不服，可以通过诉讼救济寻求正义。市民社会强调私法自治，由平等的当事人通过协商决定相互间的权利义务关系。详言之，市民社会的私人主体之间发生的法律关系，建立在平等地位的基础之上，经济生活和家庭生活中发生的一切权利义务关系的设立、变更和消灭，均取决于当事人自己的意思，国家不作干预。基于私法关系之间不存在服从或被服从的关系，市民社会主体之间产生的纠纷一般通过协商解决，只有协商不能解决矛盾，才能通过诉讼救济程序以国家强力来处理，"要有国家的保护，私法才能确切地保持法的效力"③。本质上说，公法和私法在违反义务上，法律主体之间处理纠纷存在差异性，这种差异是根本的，它决定着法律内容和效果上的不同。④ 由于法的规范作用不同，法的主体之间的区别，法的实施过程中具有的强制性就有所区分，一种是纵向的强制性，即公法的作用；另一种是横向的强制性，即私法的作用。因此，公法和私法上的根

---

① [日]美浓部达吉：《公法与私法》，黄冯明译，中国政法大学出版社 2003 年版，第 3 页。

② [美]约翰·罗尔斯：《正义论》，何怀宏、何包钢、廖申白译，中国社会科学出版社 1988 年版，第 54~55 页。

③ [日]美浓部达吉：《公法与私法》，黄冯明译，中国政法大学出版社 2003 年版，第 35 页。

④ [日]美浓部达吉：《公法与私法》，黄冯明译，中国政法大学出版社 2003 年版，第 117 页。

本区别在于法的强制性不同，以及权利保护方法的差别。

（二）公私法的分离与融合①

法律是人类社会历史发展的必然产物，法的划分是与社会历史条件相联系的结果，公私法关系的发展轨迹有似历史风浪而潮起潮落。总的来说，公法和私法的关系因时代的不同而有所变化，经历了分离、融合、再分离、再融合的循环往复的立法趋势。

罗马法是维护"以私有制为基础的法律的最完备的形式"②。在罗马帝国时期简单商品生产特别发达，这需要法律调整商品经济的一般规律，由此催生了调整私人活动的罗马私法。为了维护皇权统治，加强国家对商品经济和家庭生活的干预，出现了包括宗教祭祀及国家的组织、机构等方面的法律制度。③ 这样需要在国家权力和私人活动之间确立一条明确的法律界限。于是，罗马法学家首先提出了公法和私法的划分学说，《法学阶梯》和《学说编纂》在世界法律发展史上首次明确了公法和私法的内涵，并详尽规定了罗马私法的内容，从而引发法律第一次分化为公法和私法。

法的形成和发展总是与历史阶段密切相连。公元 476 年，随着罗马帝国的灭亡，欧洲进入封建黑暗时期，日耳曼人在罗马帝国的废墟上建立了许多国家，以日耳曼习惯法为封建法典占据主导地位，罗马法的光芒被掩盖。公元 9 世纪，欧洲的教会法开始占据着统治地位，统治阶级借助基督教和伊斯兰教会的权威，宣扬宗教的公平、正义，论证其神圣性和永久性的效力。中世纪的东方，除中亚受到伊斯兰教教会法影响外，为维护中央集权和君主专制，始终以刑法作为统治的主要法律工具，以刑法处罚民事纠纷，造成刑民不分的法律状态。罗马帝国灭亡至中世纪时期，各国法律处于不同的立法状态，难以拥有像罗马帝国法律的影响力，但是各国法律强调专制王权和刑罚统治，没有了公权和私权的分立，形成了封建时期公法和私法的融合。

真正近代意义上的公法和私法的分离，是 19 世纪欧洲大陆在宪政主义和法典运动的历史产物。中世纪以后，历史车轮运转至 16 世纪的欧洲大陆，地中海经济和城市商业的高度发展，在经历几个世纪腥风血雨的封

---

① 鲍家志：《非经营性国有资产的公私法调整分析》，《广西社会科学》2016 年 11 月第 11 期。

② 恩格斯：《反杜林论》，《马克思恩格斯选集》第 3 卷，第 143 页。

③ 江平、米健：《罗马法基础》，中国政法大学出版社 1991 年版，第 9 页；梅夏英：《当代财产权的公法与私法定位分析》，载《人大法律评论》2001 年第 3 期。

建专制镇压后，人类社会翻开了新的篇章。之后，经历近一个世纪的社会暗流变动，伴随工业革命机器的轰鸣、文艺复兴运动的勃发、宗教改革运动的如火如荼、古典自然法学和理性主义的复兴和影响，驱使人们冲破封建专制等级的枷锁，推动国家法律向着"身份到契约""所有权绝对化"的平等化、普世化的发展转变。法国启蒙思想家孟德斯鸠、卢梭关于"分权制衡""主权在民"等理论，主张制定国家权力的运行规则，引起社会强烈反响，最终催生了 1689 年英国的《权利法案》和 1776 年美国的《独立宣言》以及 1789 年法国颁布的宪法性文件《人权宣言》。宪政制度在有效控制政府权力起到不可估量的作用，从而立宪运动席卷欧洲各国，揭开了近代资产阶级法律体系的序幕，于是法学家重新审视罗马法关于公私法划分理论。这一时期，法哲学家重新审视古典自然法思想，近代自然法思想以一种完整而系统的理论横空出世。在个人自由和权利思想成为人们追求的首要价值目标，契约自由得到宣扬，财产私权的理念充分发展，私人活动和商品社会的规范需要，推动了罗马私法的复兴。基于"罗马法本身只是作为一种法律上的补救办法和程序规则而发展起来"①，经过注释法学派和历史法学派的改造，以权利本位为核心的私法制度成为民事立法的目标，市民社会和国家正式开始分离，最终催生了 1804 年的《法国民法典》和 1894 年的《德国民法典》。同时，在孟德斯鸠的三权分立学说和亚当·斯密古典经济学的影响下，客观上需要一整套行政程序规范公共领域的行为，以管理国家和维持社会秩序，近代行政法从而产生。加之历代以来形成的刑法法典，公法成为一个与私法相对独立的法律体系。自此，公法与私法的划分有了明确的界限并为人们所普遍接受，公法与私法的完整分离在 19 世纪末终于形成。

　　20 世纪初一场空前深刻和剧烈的资本主义世界经济危机，宣告了亚当·斯密主张"经济自由主义"的失灵，取而代之的是凯恩斯主张的国家干预主义，国家干预主义占据世界经济理论的统治地位，并深刻地影响着各国的立法活动。到了 20 世纪 70 年代，在凯恩斯主义面对"滞胀"局面而束手无策，欧洲大陆又纷纷兴起了新经济自由主义，并在"社会连带法学派"推动下，自 19 世纪至今原界限分明的公法与私法出现了互相渗透与融合的趋势，从而"公法私法化"和"私法公法化"的思潮泛起。

　　虽然在微观层面上，公法和私法的功能各有不同，但在宏观层面上，

---

　　①　[法]莱尼达维：《英国法和法国法》，潘华仿等译，中国政法大学出版社 1994 年版，第 10 页。

公法和私法的利益是一致的，都是为了维护国家的社会秩序，保护国家的整体利益。在根本上说，公法上的利益和私法上的利益是辩证统一的关系。换言之，公法和私法的划分不是人为地制造出一种对立的法律领域，公法和私法的关系并不是一对对立矛盾的关系，而是一种法律领域的层次分类，或者说是统治阶级为实施法价值的必然结果。公法上的公共利益可影响私人利益的发展，私人利益的活跃可以促进公共利益的改善。社会环境纷扰复杂，公共利益与私法利益的矛盾，公权与私权之间的冲突，需要法律规范的立法走向多元化，才能实现法治目标。法的局限性决定了某一领域的法律对社会生活的调整都不是万能的，这就需要不同领域的法律之间动态、良性共同作用于社会生活，需要公法和私法的共同规范才能合理调整社会秩序和私人利益，现代公私法融合是历史发展的立法潮流。总之，虽然公法和私法划分依然是现代立法的基础和根本，但其完全分离的壁垒已经打破，公法和私法的独立体系结构逐渐松散，公法和私法完全分别立法的传统倾向正在受到冲击。法学家总是在一定社会历史条件下，考究法律制度的统一性和有机性，实现法律结构完整的系统性工程。立法者应当在明确公法和公法的独立意义下，意识到其相互作用。换言之，公私法融合趋势，应在中国进行公有制改革和完善、建立社会主义市场经济的环境下，为我们研究国家财产的法律问题提供了"立法路径"。

（三）公法调整非经营性国有资产的检讨

建立完善的非经营性国有资产保护体制本身就是一个复杂的具有挑战性的系统工程，需要充分论证，也需要审视和质疑其现行法律体制。非经营性国有资产果真可以由行政管制完全胜任？财产法真正与非经营性国有资产没有关联？非经营性国有资产完全实行行政法调整，能证明在调整非经营性国有资产的问题上，行政法之强而民法之弱吗？

西欧大陆国家的法律发展史表明，国家公产制度是公私法划分理论衍生出的重大成果。根据罗马法关于公私法划分的粗朴学说，精明的法国法学家 V. 普鲁东敏锐地意识到国家享有的财产权与民法上的财产权在性质、功能上有所不同，从而提出了国家公产和国家私产及其法律调整方法的系统理论，经大陆法系国家完善、发展从而形成了完整的国家公产理论。[①] 因此，西欧大陆形成国家公物由公法调整的定律，与其说，是 V.

---

① 刘丽萍：《行政法上的物权初探》，载《政法论坛》2003 年第 3 期，第 119 页；王名扬：《法国行政法》，中国政法大学出版社 1988 年版，第 303 页。

普鲁东发现了国家公产与国家私产的根本差别，不如说，是大陆法系公私法划分理论的经典结晶，也是西欧大陆几百年来私有制经济条件的本质反映。严格说来，传统大陆法系国家的公产制度完全由行政法调整是与其社会经济条件相适应的。

公法在功能上维护社会整体利益，保障国家和政府的社会管理机制正常运行，维护社会秩序，保证私人利益和个人自由不受侵犯。"缺乏任何真正公法学的真实理由，只能到专制主义时代的政体制度里去寻找；警察国家的行政不可能为一种系统的公法孕育材料；公法理论需要法治国家的诞生。"①现代社会条件决定了公法对私人经济生活的规范，既不能放任自由，实行无为而治；又不能对私权过多干预，施行全面的干预模式，而应探索出一种适度、合理的规范模式。国家与公民之间不是单纯的命令与服从的关系，法治社会需要国家与公民之间是一种服务与被服务的关系。为了维护国家和社会的整体利益，公法的本质决定了公权力机关有完全的公定力。公权力是一把"双刃剑"，政府高效运行需要公权力维护，而公权力的不当行使又会导致权力寻租，带来公权力的专制与腐败，其后果是过度侵害私权利益，明智的做法就是规范公权适当导入的私法内容，适度控制公权力的过分强大。

现代社会关系复杂多样，私法关系有时不是自发而生，而是基于公权力行为而生，私法公法化应运而生。于是，一向标榜"私法自治"和"私权神圣"的私法领域不断受到公法的侵入。例如，公序良俗和禁止权利滥用嵌入私法原则，契约自由受到限制过失责任得以矫正强化企业的社会责任，公司法、保险法和著作权法渗入公法内容，私法加进关于主体资格的公法规范。为了维护公权力的高效运行和保护私人利益，需要公法与私法良性的契合性，以实现社会公平，公法私法化是实现这一价值目标的有效途径。在公法中适当加入一些私法的内容，"一方面实现了私法的公平正义，另一方面也借私益实现的诱因，减轻国家管制的执行负担，提高管制的效率"②，国家可以实行管制兼顾自治的政府行为。"公法私法化"的趋势表现为，政府转变行政管理职能，实行私法原则向公法渗透，放松政府管制而加大市场自我调节，例如，将一些政府垄断项目引入市场机制，转到市场竞争领域；政府采购、行政合同和行政指导广泛应用于公共领域；

---

① ［美］艾伦·沃森：《民法法系的演变及形成》，中国政法大学出版社 1997 年版，第 198 页。

② 苏永钦：《民事立法与公私法的接轨》，北京大学出版社 2005 年版，第 9 页。

国家财产引入市场经营，实现国家财产的充分利用和增值效益。基于公法或者私法的保护方法各有侧重，强调或偏颇一方都可能导致财产权保护的桎梏，财产权立法应当在公法和私法融合中寻找合理的切入点，进行妥当的规范立法。中国国家财产在国民经济占据主导地位，民事立法不能缺失规范国家财产。理论上，中国民法嵌入国家财产的内容，可以实现国家财产的最大效益化，私法规范可以减轻国家管理中的负担和成本。

中国国有资产管理体制的变革随着社会条件和法律观念的发展而不断演变，催生其法律制度的嬗变。中国国有资产形成的主要成因是高度集中的社会积累和国家直接投资，最早形成的国有资产是各地实行公私合营经济积累的资产以及人民政府相继没收和接管的官僚垄断资本，它是社会主义改造基本完成以后长期高度计划经济体制的发展结果，"在经济体制改革前，我国的固定资产投资中的84.33%来源于国家投资。国家通过指令性计划指标按照行政管理的方式对人、财、物进行资源配置"①，产生的体制效应一直演绎至市场经济转轨时期。

非经营性国有资产主要依赖于国家预算拨款，具有非运动性、非流通性和非营利性的特性，因而被认为纯属一个行政法的调整问题，从而与私法丝毫不沾边，这是一个流行久远的重大误解。事实上，法律作为一种上层建筑，"根源于物质的生活关系"②，其作用"只表明和记载经济关系的要求而已"③。同样，立法机关不是创造法律或者发明法律，而是根据社会经济条件制定法律，社会经济条件是决定非经营性国有资产法律调整的本质因素。

非经营性国有资产主要是由国家财政通过预算拨付经费给国家机关法人和事业单位法人所形成的财产，此成为其由行政法调整的法理基础。由此，我们毋庸置疑行政法调整非经营性国有资产的合理性。毕竟，行政法强调的是在国家或政府机关的参与下，以服从关系为其内容的法律关系，注重法治行政，规范与制约行政行为的恣意。由行政法调整非经营性国有资产，规定国家公权力机关与占有、使用人的行政管理职责，确保了其正常有效的供给和保障机制，有利于实现公共财政的目标，维护国家财产之间相互转化的正当性，为公共行政部门的持续供给、保证政府对公共行政利益的控制作用，发挥着无可比拟的作用。如果没有行政管制机制作为坚

---

① 国务院国资委"非经营性国有资产监督管理研究"课题组：《非经营性国有资产监督管理研究》，载《经济研究参考》2005年第3期，第2页。

② 《马克思恩格斯全集》(第2卷)，人民出版社1972年版，第82页。

③ 《马克思恩格斯全集》(第4卷)，人民出版社1958年版，第122页。

强后盾，难以达到国家重点扶持教育事业的目的，因而我们无可否认行政监控的作用。非经营性国有资产是维持国家机器正常运转和公共事业发展的物质保障，公产此特性决定了其必须通过国家的财政预算拨款才能保证供应，而实施此任务必须通过行政管制措施才能完成。

毋庸置疑，非经营性国有资产完全由行政管制调控有一定的现实意义，然而防止非经营性国有资产流失的成败利钝皆出自行政管制机制。非经营性国有资产的行政管制是一种自上而下的规制方式，即使存在行政法的行政处罚规定，公款吃喝是否处罚，也很大一部取决于上级的意志。更何况，即使"三公"消费者受到政纪处分，若没有民事赔偿，资产的损害仍然没有得到弥补。如果以经济法调整非经营性国有资产，经济法却没有对应的责任形式，其规制方式如同镜花水月，又如何处罚？又如，虽然刑法设置了挪用公款罪、贪污罪、私分国有资产罪等刑事罪名规范非经营性国有资产的滥用行为，但"三公"消费、资产配置失当等隐形资产流失的行为却没有相应的刑事处罚，没有法律确认的民事责任。更何况，贪污、挪用和私分非经营性国有资产的行为，轻者追究行政责任，重者追究刑事责任，虽然刑法的贪污贿赂罪规定了没收财产和罚金的刑罚，但除了犯罪嫌疑人或其亲属在判决前主动或代为缴纳的，实际执行率几乎为零，① 国家财产的损失仍竹篮打水，非经营性国有资产的流失仍然无法有效地堵住。再有，资产闲置，无故废弃，如何追究责任？资产配置不当，不正当、不合理使用资产，行政规范性文件难以控制其隐形流失。在以前，虽然《民法通则》第 117 条明确规定损害国家财产者应当依法承担民事责任，但在司法实践中，法院依此实施民事制裁又有多少？由于缺乏健全的非经营性国有资产的民事救济机制，保护非经营性国有资产的公益诉讼存在立法缺位。又如，《中央级事业单位国有资产管理暂行办法》和《中央级事业单位国有资产使用管理暂行办法》就非经营性国有资产的配置、使用、处置、评估以及界定产权做出了详尽明确的规定，赋予财政部门、主管部门相当大的资产配置审批、审计和监督的权力。这些行政规章规定的行政行为都是通过公权力机关甚至具体的官员做出的，难免有部分官员以行资产配置合理之名，谋取本位利益甚至个人私利之实，随意拨付或配置过多、低估资产给该官员关联法人。由此说来，非经营性国有资产单纯由行政法调整，弊端在于过于强化公权力机关的权力，忽视了占有、使用人的财产

---

① 文青、李雪晴：《西安近三年财产刑判决及执行情况调研报告》，载《中国审判》2007 年第 12 期。

私权，社会监督机制缺乏，造成权力的监督失控，从而滋生了腐败的土壤。换言之，我国非经营性国有资产的管理体制，纯粹强调行为违法者的行政责任和刑事责任，偏重内部监控体系和追责机制，缺乏外部的社会监督机制，缺乏民事责任，造成内外监控体制的失衡，非经营性国有资产的问题丛生就成为一种必然。总而言之，非经营性国有资产由行政法保护，虽强化了资产依法行政，对滥用资产者起到了一定的阻止作用，但并不能使资产流失得到有效的弥补。

　　中国坚定不移地高举公有制的旗帜，非经营性国有资产数量庞大，占国有资产净总额的 1/3 以上，所发挥的特殊作用深刻地影响着中国的政治、经济和社会生活。此与西方的国家公产忽略不计，在国民经济中占有的份额少，不能同日而语。西方国家经过 100 多年的坎坷发展，市场经济已发展成为一种完全成熟的状态，其国家公产主要在公益性的事业发挥作用，完全由公法调整足可以发挥法律规范的功能。即使如此，近年来，西欧大陆法学家虽然坚守公法与私法泾渭分明的堡垒，固守民法典不渗入公法因素，但在特别立法上已经突破了此界限，国家立法以社会经济条件出发，实行公私法的融合。西欧大陆国家为了提高使用效率，还适当引入市场竞争机制，适当引入公私法规制的法律调整方法，从而打破了传统完全由国家公产调整的模式。[①] 西方大陆公产制度的法律调整，在中国只是一种参照物，而不是照搬复制，正如美国学者哈罗德·J. 伯尔曼所说，"如果法律不能及时地回应社会中正在发生的变化，可以认为这种法律就是一种失败"。

　　实践表明，非经营性国有资产的行政管制问题，是一个静态保护关系，引进行政法规制无可厚非，但也存在一定的缺陷。实际上，占有、使用财产关系是一个动态的复杂性过程，这才是监管体制需要解决的核心问题。否认非经营性国有资产的私法监管，就给公权力机关或渎职官员侵害其使用人的财产权提供可乘之机，行政机关的一切行为都可能在公共行政的幌子下侵害财产权，使用人就没有正当的私权对抗政府以及第三人对非经营性国有资产的侵害。中国非经营性国有资产的形成、性质和功能及其在国民经济生活中的重要地位决定着其采取的法律调整方法有别于大陆法系国家。据此，为解决行政法调整非经营性国有资产所带来的消极影响，为缓和公权力引发矫枉过正的利益冲突，我们应当理性检讨非经营性国有资产的"私法"保护问题，以构建完善的法律监控机制。

---

　　① 王永生：《我国公用事业民营化的法制建设》，载《求索》2007 年第 1 期。

三、非经营性国有资产的公私法综合保护

(一)民法调整非经营性国有资产的法理依据①

在大陆法系上，"公法和私法的区别，是现代整个法秩序的基础"②。法国与德国师承罗马法，创制的民法典是公法和私法划分的经典结晶，在民法典以定义方式规定民法调整对象。法国和德国的民法教科书一般开宗明义地说明公法和私法的界限，但教学科书上并不阐释民法调整对象，究其原因在于："其成熟的市民社会理论实际上就是其市民法调整对象理论。许多人认为西方不研究市民法调整对象问题，这是将西方的法律理论与社会科学理论之整体分割看待的结果。"③社会主义法系国家民法典深受苏联的法学理论影响，认为在生产资料公有制下法律不存在私法的法律关系，但又需要民法调整计划经济时代下的经济和家庭生活关系，故在各部门法中规定法律的调整对象。④ 中国在制定《民法通则》时受苏联的法律理论影响，明确规定民法的调整对象。本质上，中国民法调整对象理论实质上是大陆法系国家的公私法划分学说的翻版。为避免发生立法错位以及法律适用上的方便，民法调整对象理论既是公法与私法划分的标准，也是区分公私法体系下各部门法的依据。因此，在我国现有国情下，如何科学、合理地界定民法调整对象显得尤为重要。

中共十一届三中全会确定了经济体制改革的伟大决策，当时中国正处于一个十分关键的十字路口。以历史的眼光，看待中国当时计划经济时代末期的云谲波诡，翻阅当时论争的资料，我们依稀感受到当年论战的"硝烟"。民法学派的卫道运动领导是佟柔教授，他在论战初期以民法调整对象为工具展开斗争，在总结历史经验提出了民法调整对象为商品经济关系的"商品经济说"⑤，主张"民法的本质特征和主导作用是为商品经济服务的"⑥。他揭示的是中国经济和社会发展模式问题，否定了社会主义国家

---

① 鲍家志：《运用民法保护非经营性国有资产》，载《人民论坛》2015 年 12 月(中)。
② 龙卫球：《公法和私法的关系——"现代立法理论"研究材料之五》，载《研究资料》2004年第 17 期。
③ 徐国栋：《市民社会与市民法》，载《法学研究》1994 年第 4 期。
④ 田夫：《对民法调整对象法定化的政治社会学检讨——以学术与政治的关系为中心》，《比较法研究》2008 年第 3 期，转引自[苏]谢列布洛夫斯基：《苏联民法概论》，赵涵兴译，人民出版社 1951 年版，第 2 页注 1。
⑤ 杨立新、孙沛成：《佟柔民法调整对象理论渊源考》，载《法学家》2004 年第 5 期。
⑥ 杨立新、孙沛成：《佟柔民法调整对象理论渊源考》，载《法学家》2004 年第 5 期。

奉计划经济体制为圭臬的陈旧观念成为捍卫民法地位和尊严的有力论有限，法学家们为了中国的民主与法制建设呕心沥血、披肝沥胆地探求调整社会经济的法制道路，为此，经济法学界与民法学界开展了一场长达 7 年的理论论战，几乎所有的老一辈民法和经济法学家投入这场事关民法和经济法"生死存亡"。[1] 杨振山教授提出："民法是统治阶级根据自己的意志制定的，用以调整平等主体之间的财产关系和人身关系的法律规范的总称。"[2]他认为，经济法调整以国家权力为中心的经济关系，这种关系体现了权力和服从的特点。[3] 此观点一方面捍卫了"商品经济关系说"的基本地位，还鲜明地提出了民事主体所应具有的相互平等关系；另一方面清楚地划分民法与经济法之间的界限，因此受到经济法学派和民法学派的普遍认可，并经过立法机关的认可，使《民法通则》最终得以通过。[4]

"平等主体关系说"的民法调整对象理论是当时民法学派最终得以占优势的重要法宝，是中国民法学界论战胜利的辉煌成果，是我国《民法通则》得以颁布的重要理论基础，对于廓清民法理论的迷雾，奠定中国私权意识，在新中国的立法史上具有划时代的意义。

历史沧桑变化，时代滚滚向前。在现代公私法日趋渗透下，随着"西法东渐"成为一道亮丽的风景线，国际法学理论日益交往频繁的今天，无论"商品经济关系说"还是"平等主体关系说"，均有值得商榷之处，学者不断反思、质疑占据中国学界 30 年统治地位的"平等关系说"的合理性。

随着社会经济条件的变化和民法理论研究的深入，民法调整对象的"平等主体关系说"存在着不少难以解释的理论问题，不断遭到学者的质疑和抨击。一是，自然人或法人本身就存在着诸多具体不平等的情况，《民法通则》第 2 条以假定存在平等主体之间的社会关系为基础，是以民事主体由民法调整的结果作为民法调整的前提，"平等主体"应是一个描

---

① 江平：《新中国民法的发展与佟温柔先生》，见《佟柔文集》，中国政法大学出版社 1996 年版，第 600 页。

② 杨振山、土逯起：《中华人民共和国民法讲义函授教材》，中国政法大学出版社 1983 年版，第 2 页。

③ 中国社会科学院法学研究所民法经济法研究室编：《经济法理论学术论文集》，群众出版社 1985 年版，第 379 页。

④ 田夫：《对民法调整对象法定化的政治社会学检讨——以学术与政治的关系为中心》，载《比较法研究》2008 年第 3 期；转引自龙卫球：《点滴的追忆，无限的怀念——遥祭杨振山老师》；载周春梅编：《杨振山纪念文集》，中国政法大学出版社 2006 年版，第 205 页。顾昂然："我国社会主义法制的主要奠基人——纪念彭真同志诞辰 100 周年"，载《求是》2002 年第 21 期。江平：《〈民法通则〉起草和目前民事立法的指导思想》，载《江平讲演文选》，中国法制出版社 2003 年版，第 351 页。

述性概念而非规范性的概念，有倒果为因、本末倒置之嫌。① 二是，基于民事主体存在身份、地位和机会、结果的不平等，平等主体是不存在的。基于存在民事主体广泛不平等的现实，力图以民法的调整方法将民事主体调整至全部平等的社会关系，民法难以能及。"平等"应当分别作为民法调整的人身关系和财产关系的限制语。② "民法调整对象应当遵循世界大势变革，这种大势首先体现为要承认民法具有公法性的成分，它对于主体和客体的确认都是公法性的，以新平行线说取代老平行线说势在必行，为此要去掉'平等主体'的限制语，从民法私法论的迷梦中惊醒过来。"③"民法确定人、财产并调整人之间的关系。此等人之间的关系包括亲属关系、继承关系、物权关系、知识产权关系、债权关系。"④三是，如果坚持民法调整平等主体的财产关系，则物权法不能规范国家所有权，因为这是公法调整的范畴；而坚持物权法调整国家财产所有权关系，则民法不再是私法，而是集公私法于一身。⑤

任何理论都是在一定的历史条件下提出来的，也在特定的历史时期内发挥过效力，理论应当随着社会生活条件的变迁而变化，社会经济环境决定着理论的生命力。"平等主体关系说"的民法调整对象理论，是基于中国特定的历史时期提出来的，在当时具有重大的立法价值，但随着社会变化，其局限性渐显。绵延两千多年的中国封建史，熔铸出民刑不分、诸法合体的法律传统，封建专制制约了中国古代民法的发展。中华人民共和国成立后的三十年里，"公有制加计划经济，这两项因素抽空了市民社会的两个基础——个人所有权和契约制度。个人所有权为公有制所否定或限制；契约制度为计划经济所否定或限制"⑥，根本无法形成与西方国家相

---

① 蔡立东、张临伟：《"平等主体关系说"评判——兼评〈民法典草案〉第二条》，载《南京大学法律评论》2005 年秋季号。

② 樊明亚、赖声利：《民法"平等主体"辨正》，载《上饶师范学院学报》2004 年第 5 期。

③ 徐国栋：《"平等主体"民法调整对象限制语研究综述》，载《北方法学》2009 年第 3 期。徐国栋：《民法典草案的基本结构——以民法的调整对象理论为中心》，载《法学研究》2000 年第 1 期。徐国栋：《苏式民法调整对象定义的沉浮》，载《中国法学》2008 年第 5 期。徐国栋：《再论民法中人格法的公法性——兼论物文主义的技术根源》，载《法学》2007 年第 4 期。徐国栋：《再论人身关系——兼评民法典总则编条文建议稿第 3 条》，载《中国法学》2002 年第 4 期。徐国栋：《商品经济的民法观源流考》，载《法学》2001 年第 10 期。

④ 徐国栋：《民法调整对象理论比较研究——兼论〈民法通则〉第 2 条的理论坐标和修改方向》，载《厦门大学学报(哲学社会科学版)》2008 年第 1 期。

⑤ 尹田：《民法调整对象之争：从〈民法通则〉到〈物权法〉——改革开放 30 年中国民事立法主要障碍之形成、再形成及其克服》，载《法学论坛》2008 年第 5 期。

⑥ 徐国栋：《市民社会与市民法——民法调整对象研究》，载《法学研究》1994 年第 4 期。

似的市民社会，民法的理念又从何谈起？在 20 世纪 80 年代初期，如何发展国家经济，如何建设社会主义法制，在中国处在历史的转折时期由老一辈法学家提出"平等主体关系说"，为国家在特定历史阶段的民事立法指明了方向。学者批驳"平等主体关系说"的观点虽然具有一定的依据，从法人或自然人均具有抽象的平等性来说，即平等的权利能力、平等的法律地位和平等地受法律保护，再从调整民事主体之间的财产关系和人身关系的内容来看，"平等主体关系说"并非空穴来风。"平等主体"应是指民事主体参与民事活动具有平等性，即平等协商、平等地设立、变更民事关系。摒弃调整方法何谈法的调整对象？质言之，调整方法即是调整对象的题中之义，但民法目标并非分配正义，其调整结果并非一律具有平等性，单纯依靠民法调整也难以达到人人平等的价值目标，故称"平等主体关系说"为"倒因为果"难免夸大其词。由此观之，民事主体均应具有抽象平等性和平等法律地位，"平等主体关系说"着实有其存在的合理性。但是，"平等主体关系说"所指的《民法通则》第 2 条，从语义上分析，确实令人产生费解，令人产生民法调整的民事主体均是平等主体的意义。除了自然人或法人存在着广泛的具体的不平等的关系外，其也难以解释法人组织与成员之间、亲权关系和公权力机关与其具有隶属关系法人签订的民事合同。充其量说，民法原则上是调整平等关系。徐国栋教授长期致力于民法调整对象的研究，也感叹论及民法的调整对象，舍弃或保留"平等主体"的限制语，均处于两难境地。① 基于"平等主体关系说"其意旨是调整具有抽象平等性的民事主体平等地参与民事活动，故其修改为"民法调整以当事人的平等为基础的财产关系和人身关系"②，更明确、妥当。

　　近现代西欧大陆发展成为成熟的市民社会阶层，公法与私法的立法界限分明，民法虽然作为典型私法的地位无法撼动，随着现代民法理论研究的深入，民法没有限于调整流转的财产关系，民法是否为纯粹的私法不断受到质疑。按现代学者的研究，在罗马法中只有关于国家结构方面的法律才是公法，除此之外是私法。③ 据徐国栋教授考证，德国的两位著名民法学者萨维尼和温得沙伊得在界定民法定义时，都没有确定民法调整的是平

---

① 参见徐国栋：《"平等主体"民法调整对象限制语研究综述》，载《北方法学》2009 年第 3 期。
② 徐国栋：《民法典草案的基本结构——以民法的调整对象理论为中心》，载《法学研究》2000 年第 1 期。
③ 徐国栋：《再论民法中人格法的公法性——兼论物文主义的技术根源》，载《法学》2007 年第 4 期。

等主体之间的社会关系，也没有确定民法调整的必然是流转的财产关系。根据 1867 年《葡萄牙民法典》第 3 条的规定，基于公民与国家在所有权和个人权利上具有相互关系，所有权关系和人格关系看成纵向关系，仍由民法调整。① 由此可见，大陆法系的民法虽然其主要部分是属于市民社会关系的范畴，其调整的对象是财产关系和人身关系，并不限于平等主体之间发生的私人利益关系；虽然其内容调整流转的财产关系，但其不限于契约和流转的财产关系。而且，民法仍然有相当部分属于公法的内容，例如，关于国籍和人格的规定；亲子关系的规定；继承法关于继承人顺位的规定、特留份的规定，等等，都是公法。正如有学者指出，民法"证明了复杂的实际生活与追求纯粹的理论之间的紧张关系"；"民法并非纯粹的私法，而是具有公私法混合的性质"。②

在生产资料实行公有制的社会主义法系国家，民法不可避免地存在公法的内容，民法调整对象不限于流转的财产关系。按照马克思和恩格斯的理论，民法与经济关系紧密相连，无论所有制发展到哪个阶段，民法都调整财产关系。苏联在否定公私法的划分理论下，《苏俄民法典》规定了民法调整的是商品经济关系的财产关系和人身非财产关系。本质上，苏联实行公有制的高度计划经济，强调国家在社会经济中的干预关系，强化国家财产所有权，废除了私有制下的民法观念，整个民法实为公法化的民法。苏联解体以后，《俄罗斯联邦民法典》确立了平等、意思自治的原则，一定程度上匡正了私有制下的传统民法理念。但是，由于俄罗斯是从苏联的公有制经济基础上建立的，《俄罗斯联邦民法典》力图强化民法的私法性质，但调整保留了一定的公法性质。例如，其第 3 条存在着语义上的不确定性，法典内容又涵盖相当的公法内容，规定国家财产制度和国有单一企业的经营权和经营管理权，故《俄罗斯联邦民法典》应是公私混合法。③ 发生社会制度变化后的东欧国家并不完全移植俄罗斯国家民法典，而是从本国的实际情况出发规定其调整内容，特别是在主体平等和财产关系上，并非绝对限于民法的平等主体和财产关系的流转内容。④

本质上，民法调整对象理论与公私法划分学说一脉相承。公私法划分

---

① 徐国栋：《民法调整对象理论比较研究——兼论〈民法通则〉第 2 条的理论坐标和修改方向》，载《厦门大学学报（哲学社会科学版）》2008 年第 1 期。
② 徐国栋：《再论民法中人格法的公法性——兼论物文主义的技术根源》，载《法学》2007 年第 4 期。
③ 徐国栋：《苏式民法调整对象定义的沉浮》，载《中国法学》2008 年第 5 期。
④ 徐国栋：《苏式民法调整对象定义的沉浮》，载《中国法学》2008 年第 5 期。

理论在资产阶级革命时期是私权神圣和个人自由的有力武器，成为近现代法典运动的理论工具。民法调整对象是一个国家的经济生活关系在上层建筑的反映，调整内容决定于国家的特定历史阶段和市民社会成熟程度、所有制的性质。在现代经济生活日趋复杂多变的今天，在以公有制为基础的国家立法，要做到公、私立法泾渭分明只是一厢情愿而已，强化民法调整单纯的私法关系也仅是一种纯粹的理论追求。实践表明，民事关系并非完全是平等主体的关系，平等主体参与民事行为，只是民事活动的主流，并非全部。人格关系和人身关系是市民社会的社会关系，在当今世界尊重人权、发展人权的背景下，民法必须涵盖其内容，才能维护人与人之间的正常伦理关系。财产关系是市民社会赖以生存和发展的物质基础，但民法调整的财产关系并非完全是为了商品交换，强调保护私人而非完全流通的私有财产关系乃是传统民法的神圣使命。总体而言，近代以来，西欧大陆国家200多年的发展是私有制下市场经济的成熟过程，民法典的制定与完善归因于市民社会阶层的形成，归因于以人格自由、契约自由和私权神圣的确立。近代民法典具有体系完整、逻辑严密的显著特征，但仍是强化平等私人关系的基石。即使如此，民法并非纯粹的私法真空地带，依然带有不可或缺的公法内容。中国民法典颁布之前，学者就民法调整对象产生的"人文主义"和"物文主义"理论之争，不是民法调整的理论问题，而是民法体系编纂的逻辑关系。中国民法如何规范庞大的国家财产，这是一个重大的理论问题，事关中国民法典的逻辑结构和体系安排。中国市场经济脱胎于公有制的高度计划经济，承载着社会主义的历史文化传统。社会主义的市场经济体制属于政府主导型而非自发型的"模拟市场经济体制"。"国家权力的运行规律和扩张本性，常常使国家恣意地进入市场主体的自由领域和侵犯市民社会的自治空间，国家和社会、干预与自由、公域与私域之间的合理界限常被打破。"①实情决定了中国民法调整对象的复杂性。事实上，公有制财产在国家机关运行、文化教育、医疗卫生的发展过程中起主导作用，并与人民的经济生活息息相关。质言之，自然人与法人的生存与发展与国家财产存在着不可分离的关系，如果排除这些国家财产在民法的地位，民法虽然成为一种维护私权的纯粹民法，但与中国社会经济生活的实情严重不符，也难以梳理国家财产关系。

---

① 单飞跃、杨期军：《中国民法典生成的文化障碍——西方民法文化的反衬》，载《比较法研究》2005年第1期。林毅夫等：《中国的奇迹：发展战略与经济改革》，生活·读书·新知三联书店1994年版，第191~193页。

中国民法调整对象的确定，固然可以回归公法和私法划分维度下进行探讨，公有制国情的复杂多样性也决定着中国民法调整对象争论的分歧性。民法调整对象的"商品经济关系说"存在着民法调整的不完整性，"平等主体关系说"难以说明社会经济生活存在的不平等主体之间的民事行为。公有制在中国政治与经济的特殊意义决定了中国民法调整国家财产应成为必不可少的重要内容，科学、合理界定中国的民法调整对象应是中国民法学界的一项重大的理论课题。本书在借鉴、参考学者和外国的民法调整下，① 所定义的中国民法调整对象为：民法确定人、财产并调整人之间的关系，并确定民事主体的平等法律地位，调整民事主体之间发生的人身关系和财产关系，其中财产关系包括国家所有权和他物权的发生根据和行使的方式。

(二)非经营性国有资产的公私法调整分析②

现行非经营性国有资产法律监控体制过分注重行政管制，忽视民法规制，这就是最大的法律问题。在行政监控机制难以取得显著实效下，应由财产法规制非经营性国有资产，从而建立一套更科学、更有效、更完善的法律监控机制，这是法律调整的基本问题。一些民法学者在迷恋于研究经营性国有资产的物权理论之余，考究物权法应否及如何规范非经营性国有资产，同样是横亘在民法学界面前的重大理论课题。

现代法治社会，公法和私法的理论划分只是具有一种纯粹的学术研究意义而已，社会经济条件决定了公法和私法之间日益交融渗透的态势，并汇聚成既有部分合流，亦有深层次分流的浪潮，从而有机、紧密地调节社会经济生活，由此催生了"公法私法化"和"私法公法化"的现代立法趋势。国际的立法潮流和中国的经济状况总是深刻地影响着中国的立法活动。实践证明，任何法律的演进并不是按照法学家的逻辑思维行进，而是根据社会现实的变迁而嬗变。

社会利益冲突的解决本身就需要一个公权和私权适度平衡的法治环境。实践证明，规范非经营性国有资产，需要建立完善的行政监控体系以防止官员的专横和恣意，但也需要设置相应的民事权利抗衡公权力机关的侵害，以保证监控制度的畅通。我国社会正处于整体性、结构性的转型时期，一些学者认为凡属于非流通性的国有财产都是由行政法调整，这实际上

---

① 徐国栋：《民法调整对象理论比较研究——兼论〈民法通则〉第 2 条的理论坐标和修改方向》，载《厦门大学学报(哲学社会科学版)》2008 年第 1 期。

② 鲍家志：《非经营性国有资产的公私法调整分析》，载《广西社会科学》2016 年第 11 期。

是将国有财产的财产权和公权力合二为一，使之成为滋生权力腐败和专横的制度性因素。中国的非经营性国有资产的形成、性质和功能及其在国民经济生活中的重要地位决定着其采取的法律调整方法有别于大陆法系国家。

非经营性国有资产本质上是一种财产，这是无可争辩的性质定位。按照马克思主义理论的观点，"财产"不过是人与人之间的一种关系。法律区分为公法与私法固然具有深厚的社会背景和理论依据，但不能成为某种财产单纯由行政法或民法调整的公理性原则。私有财产权强调财产自由和意思自治，但并不排斥行政法的调整，同样受到行政法的保护，其受到侵犯完全适用刑法的侵犯财产罪。① 调整非经营性国有资产的法律也应是反映一种人与人之间的财产关系，只不过是基于其质的规定性需要一种特殊的法律调整方法。非经营性国有资产来源于财政拨款只说明需要行政法确立其内部行政主体之间的财产管制关系，保证其款项到位，监督其贯彻实施，以实现公共行政目的；具有公益性和非增值性，彰显其处于一种相对静态的财产状况，表彰其与私有财产存在性质上的不同，但不能作为否定其由物权法调整的根本依据。如果国家对非经营性国有资产没有确认适当的私法调整，使用者也就没有正当的权利来源，就难以对抗公权力机关的恣意妄为。其实，任何形式对非经营性国有资产的妨害、侵占，非法占用、无故损耗以及挥霍浪费、故意闲置都构成承担民事责任的构成要件，都应承担返还原物、恢复原状、赔偿损失的责任形式。民事责任最具有震慑力的是强制责任承担者赔偿损失，这是一切损害非经营性国有资产者的致命伤，对于侵害者或者滥用职权者具有强大的杀伤性，最大限度地挽回国家财产的损失。中国有着庞大的非经营性国有资产，如果仅由行政法调整，恐怕难以达到学者主张的"配置合理、使用充分、讲求效益"的管理目标。②

非经营性国有资产的归属和利用关系本身就是一种混合性的法律关系，蕴含着公权和私权的一种混合法律关系。"在其为对待的意思主体而付对方的限度内是私汰的，但在其发动优越的意思力的限度内却是公法的。"③详

---

① 参见方世荣：《论私有财产权的行政法保护》，载《湖北社会科学》2005 年第 1 期；石佑启：《论私有财产权公法保护之价值取向》，载《法商研究》2006 年第 6 期；石佑启：《论私有财产权的私权属性及公、私法保护》，载《江汉大学学报（社会科学版）》2007 年第 3 期；石佑启：《私有财产权的公法保护研究——宪法与行政法的视角》，北京大学出版社 2007 年版。

② 国务院国资委"非经营性国有资产监督管理研究"课题组：《非经营性国有资产监督管理研究》，载《经济研究参考》2005 年第 3 期。

③ ［日］美浓部达吉：《公法与私法》，黄冯明译，中国政法大学出版社 2003 年版，第 134 页。

言之，国家财产交由国家机关、事业单位法人或国家出资企业，是通过行政划拨或财政拨款的方式交给使用者，国家是居于一种公权力的行为，使用者所取得的国家财产是国家的行政许可行为，是一种公法的法律关系，即"内容上具有财产的价值的公法关系"①。国家行政机关的财产是国家通过财政拨款所取得，就取得方式而言是一种公法关系，但行政机关可以享有该财产的权利，同时又具有保护该财产不受侵害的义务，以及充分、合理地利用国家财产为社会提供公共产品的义务，使用者在取得国家财产后与国家、第三人之间是一种平等的民事关系。这一方面可以对抗国家行政主管部门的不法干预，另一方面可以对抗第三人侵害国家财产，即是以平等的身份对抗公权力或第三人的法律关系。

非经营性国有资产在公共管理和市民经济生活中具有举足轻重的作用，这是任何西方大陆法系国家无法比拟的(美国联邦政府经营管理的企业80多个，产值在美国经济中仅占1%②)。在公私法日益渗透的形势下，民法的调整对象不应强调以存在平等主体关系为前提。我们不应认为非经营性国有资产不属于市场交易配置来完成而否认其在民法上的地位；限制它在民事领域自由交易，只是表明国家非经营性国有资产的客体与私人财产所不同。当它遭受公权力机关或第三人侵害时，其与私人所有权都应平等地受到公、私法保护。退一步而言，即使非经营性国有资产应由行政法调整，在现代法律出现私法公法化的潮流中，只说明立法者基于中国国情和立法政策，在私法中更多地注入了公法的因素，但将非经营性国有资产完全排除在民法之外调整是值得商榷的。

本质上，在规制财产权方面，公法与私法交相作用于社会财产关系。健全的国家财产法律体制，国家财产权制度应根据一国的社会经济生活状况，实现公权与私权的立法整合，公法既不能越位，私法也不能缺位，否则将形成一种病态的法律规范体系。然而，如何实现非经营性国有资产的有效法律调整，在确定其财产归属为国家所有的前提下，利用权利的性质及定位是重塑其法律调整和权利构建的关键问题。公权与私权的根本区别在于主体之间法律地位和行使方式的差别。非经营性国有资产的来源是国家行使政治权力的行为，这种拨付行为具有公权性质，应属无疑。就国家与行政事业单位之间的隶属关系而言，涉及国家如何有效地控制和管理行

① ［日］美浓部达吉：《公法与私法》，黄冯明译，中国政法大学出版社2003年版，第150页。
② 国务院国资委"非经营性国有资产监督管理研究"课题组：《非经营性国有资产监督管理研究》，载《经济研究参考》2005年第3期。

政事业单位的政治行为，是一种上级与下级、控制与被控制的关系，是典型的公权关系。当国家将非经营性国有资产划拨至行政事业单位后，国家只能以一种行政监控手段，在规定资产使用的基本原则下，由使用权人依法自由使用资产，使用权人就有权占有、使用资产，对资产行使一种支配性权利，非经法律规定和法定程序，不得随意调拨和挪用，第三人不得侵害。因此，国家与使用权人之间在资产划拨行为和监控行为上是一种公权，使用权人占有、使用资产是一种私权，从而可以将非经营性国有资产存在的公权与私权关系泾渭分明地区分。一些学者被非经营性国有资产是由国家划拨形成和国家与行政事业单位存在管理与被管理关系的外部形式所迷惑，从而影响到行政事业单位占有、使用资产的权利的性质界定，错误地认为是一种公权关系。同时，在资产使用关系上，也误解国家与使用权人、使用权人与第三人之间也是一种公权关系，这是一种形而上学的思维模式。一些学者认为公法仅仅调整公权，私法单纯调整私权。理论上，法律规范表明公法也可以调整私权，私法也可以调整公权，两者之间并不是相对应的法律调整关系，如果认为非经营性国有资产仅由公法全部调整，也就错误理解了法律调整的基本原理。

　　总之，非经营性国有资产应当由公法和私法综合调整，合理界定国家或国家公权力机关与占有、使用国家财产者之间的法律关系，明确其相互权利义务。通过公法和私法的相互调整才能寻找到一种平衡公权力和私力的接合点，一方面可以保证国家公权力的正确行使，另一方面确保占有、使用者的权利和义务，从而最大限度地做到资源的社会配置和保护国家财产。私法法与行政法应各司其职地规制非经营性国有资产，这就需要在非经营性国有资产的制度构建上，统筹兼顾公私法的调整方法，实现公法宏观调控机制与私法财产权制度的耦合。这可以成为探索其法律保护机制的新尝试，在现有法律机制难以破解非经营性国有资产的困境下，从而开辟一条新的理论探索路径。

第二节　设立非经营性国有资产使用权的必要性

一、财产法调整非经营性国有资产的正当性

　　财产法是民法的重要组成部分，具有固有性。中国是实行公有制的基本经济制度，国家财产在国民经济中占有重要的地位，据财政部门统计，

中国现有国家财产总量约 10 万亿元人民币①，面对庞大数额的国家财产，原有的《中华人民共和国物权法》几乎全部纳入《民法典》物权编，那么《民法典》是否调整以及如何调整国家财产？超越时空，回顾历史，剖析国家财产的起源及法律调整是探讨此问题的理论基础。

从历史的观点来看，原始社会中，人们为了与自然界和其他族群作斗争，财产属于共同所有。根据西方学者关于国家起源于战争的观点，社会发展到一定阶段，统治者为了开疆辟土，采取"先占"宣示主权，基于军事征服而形成统一国家，财产归国家所有取代了氏族公社所有和氏族集团所有。随着简单的商品经济发展，奴隶贵族或家长享有土地耕作使用权，并发展到国家土地私有化，这就需要一个法律术语来明确土地所有人的地位，便催生了罗马法上"Dominum"（所有权）的诞生。古罗马法的私人所有权，客体主要是动产，不动产仍为国家享有主权，到了罗马后期，国家土地已逐渐私人化。因此，"Dominum"（所有权）的出现，实际上是罗马土地公有制与在经济发展中不断成长的土地私有所有制的斗争过程。②"成熟的罗马法律以及随着它而发端的现代法学认为共有制度是财产权中一种例外的、短暂的状态。"③罗马法时期的财产制度经历了共同共有、国家行使主权到私人所有的漫长过程。私有财产所有权是家长对于财产的一种近似支配性、排他性的权利，权利保护仍然处于不稳定，远没有形成近代意义上的绝对所有权，罗马法的权利观念是以一种含糊、默示的形式出现，私有财产所有权也仅是一种合法性行为的指引意义，也就不存在现代意义上的公权和私权的明确划分。国家财产起源于罗马法的"公用物"和"公有物"，前者为罗马人公共使用，后者为"由城邦共有的物"，还有国家的自有财产和"市有物"。④基于公用物和公有物属于非交易物，只是受国家对它们行使的保护，不是所有权的客体，应属于国家行使主权的客体，是与所有权平行的概念。⑤当时，罗马法的国家财产以国家主权的形

①《中国国有资产总量已接近十万亿元人民币》，中国新闻网：http://finance.sina.com.cn/g/20010726/87336.html，2001 年 7 月 26 日。
② 王利明：《国家所有权研究》，中国人民大学出版社 1991 年版，第 2、43~45 页。
③ [英]亨利·萨姆奈·梅因：《古代法》，中国社会科学出版社 2009 年版，第 199 页。
④《物与物权》（民法大全选译），范怀俊译，中国政法大学出版社 1993 年版，第 22 页。[古罗马]优士丁尼：《法学阶梯》，徐国栋译，阿贝特鲁奇、纪蔚民校，中国政法大学出版社 2005 年版，第 113 页。
⑤《物与物权》（民法大全选译），范怀俊译，中国政法大学出版社 1993 年版，第 22 页；[古罗马]优士丁尼：《法学阶梯》，徐国栋译，阿贝特鲁奇、纪蔚民校，中国政法大学出版社 2005 年版，第 113 页；[意]彼德罗·彭梵得：《罗马法均教科书》，黄风译，中国政法大学出版社 1992 年版，第 187 页。

式管理财产。罗马国家还存在国库和金库，国库属私法调整，金库属于公法调整，到了后期国库纳入公法调整，但仍可代表国家参与民事关系。① 由此可见，罗马法仅是列举了公有物和公有物的种类，明确了共有使用者，不能成为个人所有权和用益物权的客体，也没有界定"所有权"法律意义的权利享有者，也没有规定现代意义上的"国家所有权"和"公共财产所有权"；经过特权批准，国家私产也可以参与民事流转活动。罗马法的公用物和公有物，国库与金库的划分及法律调整，为后世创制公产制度奠定了基础。

在经历了 16 个世纪风云变幻的社会大变革后，古典自然法思想在资产阶级启蒙运动时期重放光芒，并注入全新的思想内容。法哲学家将财产权和个人自由作为"天赋人权"加以阐释，为资产阶级革命的宪政制度奠定了坚实的基础。私有财产神圣不可侵犯确认为宪法原则，为了将国家财产与个人财产相区分，在公法和私法划分理论的影响下，基于国家财产是为了维持公权力正常运行的物质基础，私人财产是维持市场经济运行的物质条件，个人财产由私法调整，将国家财产分为国家公产和国家私产分别列入公法和私法调整，形成了完整的国家财产法律制度。《法国民法典》第 538~541 条界定了个人所有的财产和公有财产，从第 537 条第 2 款规定的内容看出，公有财产由民法典以外的法律调整。"法国法律把行政主体的财产区分为公产与私产，前者受行政法支配，后者受私法支配。"② 此后，比利时、瑞士、西班牙、智利、墨西哥等国家的民法典均将全民财产分为公共财产和国家私有财产进行了列举和规定。③ 德国和日本没有遵循法国在民法典中规定和列举公共财产和国家财产的立法体例，而是将之全部纳入行政法进行调整，国家只是以国库的名义参与民事活动。④ 由此可见，在大陆法系国家也存在着国家财产制度，私有制宪政制度决定国家财产仅是少量，由于市民社会和政治国家的分层明显，加之公法和私法分离运动的推进，造就了私法调整私有财产、公法调整国家公产的法律制度。但是，随着社会经济发展，国家加强对自由经济的宏观调节，现代国家财产出现公私法综合调整的立法趋势。

---

① 高富平：《建立国有资产分类规范的法律体系》，载《华东政法学院学报》2000 年第 5 期，第 32 页。

② 王名扬：《法国行政法》，中国政法大学出版社 1988 年版，第 301 页。

③ 梁慧星：《中国物权法草案建议稿》，社会科学文献出版社 2000 年版，第 219~224 页。

④ 王名扬：《法国行政法》，中国政法大学出版社 1988 年版，第 301 页。[日]盐野宏：《行政法》，杨建顺译，法律出版社 1999 年版，第 288 页。

　　国家所有权是社会主义公有制的历史产物，是社会主义私法适应社会主义高度经济计划时代的法律产物。"二战"结束后，世界形成了资本主义国家和社会主义国家的两大对立阵营，社会主义国家认为公法和私法划分是资本主义的私有制产物，社会主义生产资料实行公有制，商品经济应是在国家计划指导下运行。民法作为维护国家商品经济的法律，应为国家利益服务，国有财产在国民经济中享有至尊地位，"国家所有权"的概念应运而生，它是社会主义民法财产法体系的中心概念。"国家所有权"被称为"社会主义法系中最具有典型性的制度"①。苏联 1922 年的《苏俄民法典》和 1964 年的《苏俄民法典》均规定了三个所有权的形式，一是国家财产的国家所有权；二是合作社财产的合作社所有权；三是个人财产的个人所有权。国家企业和国家组织对拨款给它们的财产，享有经营管理权，而且强调国家所有权的特殊保护，民事契约交易实行国家计划优先和指导原则，此后，东欧国家匈牙利、波兰、捷克斯洛伐克和德意志民主共和国纷纷仿效 1964 年的《苏俄民法典》的国有财产制度和内容。1991 年年底苏联解体成多个国家，俄罗斯作为苏联的国际意义上的继承国呈现在世人面前。自 1994—1996 年《俄罗斯联邦民法典》的三个部分颁布，从社会主义公有制计划经济向私有制的市场经济过渡时期的民法典以特有的形式规定了苏联的国家财产和个人、法人财产，明确规定了个人、法人的财产所有权，国家财产所有权和自治地方所有权制度，并摒弃了《苏俄民法典》以所有制形式确定的所有权，即不再以"合作社""集体所有制"等形式确立所有权，而是以"共有"或"法人所有权"的概念整改苏联的法人财产制度，并确定了完整的物权体系，除所有权外，规定了土地的终身继承占有权（第 265 条），土地的永久使用权（第 268 条），地役权（第 274 条、第 277 条），规定了国有或自治地方所有单一制企业对其享有的"经营权"（第 294 条）和联邦国有企业及机构对划拨给它们的财产享有"业务管理权"（第 296 条）。② 随着冷战思维的终结、社会经济的变革、国家经济体制的转换，国家所有权作为一个历史性的法律制度在公有制国家仍具有法律意义。

　　国家财产法律制度经历了从罗马法共同享用、公共享有、城邦自治公产和国家财产的历史演变，法国和德国等国家财产分为国家公产和国家私

---

① [德]K. 茨威格特、H. 克茨：《比较法总论》，潘汉典、米健、高鸿钧、贺卫方译，法律出版社 2003 年版，第 376 页。

② 黄道秀、李永军、鄢一美译：《俄罗斯联邦民法典》，中国大百科全书出版社 1999 年版，第 125~136 页。

产分由公法和私法调整，社会主义法系国家开创地确立由私法调整国家财产的发展过程，公私法划分理论起了不可忽视作用，决定因素是社会物质条件。历史表明，国家政体的性质决定法律制度的构建，国家的经济生活条件决定法律制度的设计，法律的调整方法和立法技术仅是在国家政体和经济生活作用下的逻辑因素。质言之，国家宪政制度是建立国家财产和私有财产制度的基本依据。正如张里安教授指出的："所有权制度的制度价值和功能并不是由民法决定的，而是由宪法决定的。它是一个国家的根本抉择，不是一个单纯的法律技术问题。"①我国《宪法》明确规定，中国实行公有制的基本经济制度，实行社会主义市场经济的基本国策。我国的国家财产异常庞大，种类繁多，结构复杂，既有经营性国有资产，又有非经营性国有资产，还有自然资源国有资产，其表现形式也多种多样，既有有体物，也有无体物。西方国家财产份额在市场经济中的份额和作用很少，无须确立国家所有权的制度，由公法调整国家公产，由私法调整国家私产，足以合理规范国家财产。中国面对规模宏大的国家财产，如果参照西欧大陆法系国家的法律制度调整国家财产，宪法确立的国家所有制和集体所有权制将成为虚置制度。有学者认为，"私有财产制度是市场经济之基础"②。1992 年中国实行社会主义市场经济，完善的财产法律制度是市场经济发展的法治基础。维护中国市场经济运行的财产法律制度应当以社会主义制度和社会经济条件作为基本依据。然而，中国市场经济体制脱胎于国家计划经济，公权力对市场经济的干预十分盛行，市场经济的各种制度与国家财产的联系千丝万缕，如何界定现实中公权力和国家财产权利的法律界限，这不是完全依靠公法解决，也不是单纯依赖于私法调整，而是在公私法中确立一个合理的平衡点进行合理、科学地规范。

总体而言，我国《民法典》物权编并没有充分调整非经营性国有资产。详言之，《民法典》第 246 条确认了非经营性国有资产的国家所有权，只是为了实现经济关系所有制的一种法律表述和制度宣示，非经营性国有资产的利用关系似乎蕴含着应由行政法调整。非经营性国有资产的归属权利和利用权利没有规定合适的分离，难以实现非经营性国有资产法律监控的预设目标。质言之，物权规范没有完善调整非经营性国有资产的根本原因

---

① 张里安：《所有权制度的功能与所有权的立法》，载孟勤国、黄莹：《中国物权法的理论探索》，武汉大学出版社 2004 年版，第 169 页。
② 高富平：《国家所有权实现的物权法框架》，载《理论前沿》2007 年第 8 期。

在于，民法的调整对象在定位上的错位。因此，在非经营性国有资产配置结构不合理，运行效率低下，流失极端严重的情况下，在以行政监控机制规范非经营性国有资产未见显著成效的状况下，我们应当将非经营性国有资产纳入民法调整对象的范围，并考究如何在财产法中完善地构筑其利用权利机制。

早在制定中国《物权法》之初，争论的问题主要在于所有权的种类上：一是主张财产所有权制度分为国家所有权、集体所有权和个人所有权三种，理由在于，中国实行公有制，现实经济生活中是由国家财产、集体财产和个人财产组成，应当分别界定，实行平等保护；[1] 二是强调《物权法》的私法属性，实行平等原则，所有权主体不因主体的区别而有所不同，反对实行所有权的差别对待，坚持财产所有权种类的一体化。[2] 在这场民法学界内部尚未见分晓之时，随着 2005 年《物权法》(草案)向社会公布、征求意见之际，一场波及全国乃至最高领导层的"物权法草案违宪风波"汹涌而来。攻击"物权法草案违宪"的学者认为，我国《宪法》明确规定："国家财产神圣不可侵犯"，《物权法》(草案)的内容没有明文规定该原则，也没有体现该原则的实质内容，此与我国实行公有制的基本经济制度不符；国家财产与个人财产不应具有平等地位，物权法草案实行国家财产与个人财产同等保护，即构成违宪。这两场学界关于物权法草案的争论，归根结底都是围绕物权法的调整对象问题展开，只是各自出发点的不同。此外，物权法草案违宪风波的始作俑者还存在对宪法与民法关系的错误理解问题；所有权的"三分法"之争还存在物权法要不要规定国家所有权的问题，此争论的根本问题在于：中国物权立法是遵循私有制国家建立起来的物权体系，还是反映中国公有制的物权立法。本质上，主张物权法草案违宪是对宪法和物权法的误解。所有权名称反映所有权主体的差别，并不影响其法律地位的差别性，也不影响物权法对其实行平等保护的原则。"国家财产神圣不可侵犯"仅是宪法的一个宣示性规定，标榜中国实行公有制经济制度，国家财产利益与个人利益同等重要，并不存在宪法就国家财产、集体财产和个人财产在法律地位上的差别性。质言之，中国物权立法是否规定国家财产的问题，这是一个大是大非的问题，这是事关中国公有制的基本问题。中国民法学界对主张"物权法草案违宪"的学者作出了广泛的回

---

① 王利明：《中国物权法草案建议稿及说明》，中国法制出版社 2001 年版，第 16~17 页。
② 梁慧星：《中国物权法草案建议稿》，社会科学文献出版社 2000 年版，第 16、19、20 页。

应，最终经过最高领导层和最高立法机关的认可和审议，《物权法》终于坚持了所有权的"三分法"，规定了国家所有权的内容，实行国家财产、集体财产和个人财产平等保护的原则，确立了国家所有权、集体所有权和个人所有权分别调整、平等保护的法律制度，并详尽规定了国家所有权的各种客体和法律保护，用益物权制度是以国有土地和集体土地建立起来的不动产用益物权。中国物权立法将大陆法系传统物权体系和社会主义法系的国家所有权制度加以融合、整理，从而基本确立起了国家财产制度。这不是"物权法草案违宪"攻击者和所有权三分法批判者的失败，也不是所有权"三分法"主张者的胜利，而是中国物权立法的胜利，是中国人民智慧的结晶，中国物权立法在建构中国特色的物权制度上迈出了坚实的一步。

虽然物权法论争的硝烟已散，《民法典》物权编尘埃落定，但在构建中国公有制下的现代物权立法还有更远的路可走。物权法的功能在于定分止争、物尽其用。"定分止争"，就是确定财产主体的所有权问题，保护所有权者的合法权益，避免发生争议；"物尽其用"，就是保护财产的利用价值，社会资源得到的合理分配，充分发挥财产的经济效益和社会效益。如果完全借鉴大陆法系国家财产的立法模式，中国国家财产将不能发挥国家财产在市场经济中的资源配置作用，不能实现国家财产与私有财产在市场经济中平等的自由流转和建立统一、有序的经济体制。中国在计划经济向市场经济转型中，如何实现国家财产在市场经济中起到资源的配置作用，这是一个重要的法律问题。国有出资企业，依西方国有资产理论是属于国家私产的范畴，依法可流转交易，由私法调整，学者已达成共识，但以什么原理解释、构建企业经营国有资产的权利体系，学者的解释始终与大陆法系的物权制度相左，也就难达成一致意见。对于非经营性国有资产、自然资源国有资产仍然没有在物权法中进行充分反映，而是交由公法调整。这些国有资产虽然存在一定的特别性质，但就资源配置和资源的充分利用上，却是财产法调整的范畴。倘若完全交由公法调整必然造成公权力过分干预资源的分配，也没有相应的民事责任机制约束利用人，利用人没有正当权源阻止第三人对国家财产的侵犯。如果仅在财产法中以国家所有权的身份监督，由于国家所有权人的代理成本和代理手续繁琐，法律保护效果不能尽如人意。科学的方法就是非经营性国有资产等国有资产应由公法和私法相结合调整，设计一种用益物权制度构建其民事权利机制。

二、用益物权的本质与非经营性国有资产利用关系①

非经营性国有资产是中国公有制下形成的历史产物。所有制属于经济基础的范畴，所有权属于上层建筑的范畴，它们之间的法律规范问题必须通过财产法才能实现制度上的连通和法律调整上的接合。非经营性国有资产的本质决定了国家对其行使归属权利的基本准则，决定了其必须通过财产法上的所有权制度才能在法律上确认其归属权利。但是，仅仅通过规范财产归属上的权利就能解决非经营性国有资产上出现的问题吗？与用益物权毫无沾边吗？这需要从用益物权的本质及其功能予以考察。

传统物权制度集中归纳为财产归属和财产利用两种制度。财产归属的核心是所有权制度，以表明物在法律上的静态归属，自罗马法肇始以来，所有权制度已发展成为一整套成熟完备的规则，各国民法典就所有权制度的立法近乎遵循着一脉相承的内容。财产利用权利体现为用益物权和担保物权，前者被解释为支配物的使用价值，后者被诠释为支配物的交换价值。② 全球经济的一体化催生担保物权制度的国际化趋势，演绎着各国担保物权立法的趋同性。用益物权制度的根本价值在于通过创立用益物权的种类，体现权利设置在私法中的特殊作用，"通过建立一种利益确定和保障机制（在法律上表现为权利机制），来实现和促进物的有效利用的目的"。最为本质反映各国物权法的特色制度是用益物权制度。现代物权法以所有权为中心转向以利用权为中心的发展趋势，客观上需要构建科学、合理的用益物权制度以与一国的社会财产制度相衔接，以体现物的利用秩序。用益物权的本质功能是确定一国用益物权的基础和依据，一国的财产关系是确定其内容和种类的决定性因素。用益物权制度经罗马法创立，经法国和德国民法典发展，各异其趣，大放异彩，编织着近现代物权制度多姿的斑斓色彩。中国用益物权是否充分反映中国财产关系，需要以一种科学和理性的态度予以探讨，为重构中国用益物权制度寻找一个恰当的技术定位。

从大陆法系用益物权制度的历史源流和发展，我们可以从林林总总、纷繁复杂的用益物权种类及其蕴涵的内容中抽丝剥茧出其演变的发展规律。首先，无论各国用益物权如何形式多样，用益物权的发展与一国财产

① 鲍家志：《中国用益物权制度的反思与创新》，载《江西师范大学学报（哲学社会科学版）》2016 年第 2 期。

② 谢在全：《民法物权论》，中国政法大学出版社 1999 年版，第 50 页。

关系紧密相连。在古罗马，以耕作地役形式存在的役权和永佃权早已存在，在共有财产分裂后形成的土地私有制，以"我拥有什么"表述简单的所有权观念初步形成，罗马私法用益物权的种类也随之蓬勃发展。日耳曼法在团体主义本位之上形成了总有的法律制度，确立了以利用为中心确立的物权体系。用益物权制度是"政治权利与经济权利的结合，也即管理的权利与使用处分土地的权利的结合"①。法国民法典、德国民法典直至现代的魁北克民法典，建立在私有制的经济基础上，强调个人的绝对所有权，用益物权以私有财产为客体。实行公有制的国家，诸如越南民法典和阿尔及利亚民法典，用益物权设立在公有财产之上。其次，无论用益物权的种类如何演化发展，用益物权的客体与财产的性质、构成无关，均可以设立在不动产、动产和权利之上，也可以在单一物、结合物和集合物上设立。综观各国民法典的用益物权制度，关于用益物权的客体范围各有不同。大体来说，西方大陆法系国家如法国、德国、意大利的民法中，用益物权的客体包括不动产和动产，甚至权利。这些国家的地上权、永佃权、地役权、土地负担就是以土地作为用益物权的客体的，以动产或权利为客体的用益物权主要是用益权。本质上，德国法的用益权是以将来确定的物的所有权为基准或目的来设立用益物权。这应是解释德国法的用益权设立在权利和财产之上。权利上的用益权就多数设立在集合物上，如特别财产、企业和遗产②。俄罗斯民法典的"经营权"和"业务管理权"也是设立在财产综合体的企业之上。这样，是否与一物一权原则相违背，德国学者机灵地解释道，"虽然可以使某人负担在财产总体上（比如遗产上）去设定用益权的义务，但是在每个财产标的物上都要分别进行设定"，其"不过就是在遗产（财产[集合]的各个标的物上被设定的用益权的联合）"。③ 然则，若在财产整体上分别设定却带来了手续上的繁琐，提高了设立的成本；俄罗斯人却睿智地将财产综合体视为不动产，免得与一物一权原则相冲突。在东方，如日本等国家和地区民法，用益物权均设立在不动产之上。最后，无论用益物权制度如何嬗变，各国国情决定了各国的用益物权各有千秋。各国用益物权的客体大多建立在不动产上，整体体系和主要种

---

① [美]伯尔曼：《法律与革命》，贺卫方等译，中国大百科全书出版社1993年版，第381页。

② [德]鲍尔·施蒂尔纳：《德国物权法》，张双根、申卫星、王洪亮译，法律出版社2004年版，第725页。

③ [德]鲍尔·施蒂尔纳：《德国物权法》，张双根、申卫星、王洪亮译，法律出版社2004年版，第726、732页。

类大同小异，如地上权、地役权和永佃权等用益物权，各国均有规定，仅是存在着名称上的差异，但其内容和本质并无二致，均是为了土地上的利用、收益和便利而设立。虽然我们不能否定用益物权制度的继承性和移植性，但是，由于一国的经济制度、文化传统和风俗习惯等因素对用益物权制度有着十分深刻的影响，各国的用益物权体系的构造和种类上又存在一定的差别，这些迥然不同的差异正是各国用益物权的特色所在。例如，法国法的居住权，德国法和瑞士法的土地负担，日本法的入会权(利用权)，加拿大魁北克民法典的永租权，越南民法典的占有权和企业、机关法人的经营权和使用权，等等。质言之，各国根据本国财产所有制和财产利用的特点，可以设置出反映本国国情的用益物权，是法律对现实财产社会的客观反映，符合法的本质特征，也是用益物权的历史使命和题中之义。

用益物权的基本功能在于"通过确定权利义务关系的模式、公示既有用益物权和规制用益物权变动来实现其维护物的利用秩序的功能"[1]。用益物权的立法意义在于物的所有人因精力有限或出于情势所致，将物交由非所有人使用、收益甚至处分，以获得相应的利益。它以连续、动态地占有物为核心的使用过程，用益物权具有独立性的权利，[2] 并承载着物的使用、收益和创造社会效益的作用。值得注意的是，在学者眼里，似乎用益物权只有促进经济发展和调节资源分配的功能。其实，物权法的目的不仅在于维护社会经济的交易秩序，更重要的是维护社会的整体利益秩序。用益物权作为财产法的特有制度，在确保正常的物的动态利用的秩序下，依然承担着维护社会利益的功能作用。正如郑玉波先生所说，物权法"在使其利用，而不在使其所有，亦即法律所以保护所有权者，乃期其充分利用，以发挥物之效能，而裕社会之公共福利"[3]。详言之，一方面，用益物权以调整物的使用价值来激励资源的有效利用，促进财产在不同的主体之间进行流转，整个社会的资源效益就会得到充分发挥，社会整体利益从而也会得到不断的提高。另一方面，物权法通过用益物权制度为调整社会关系提供了精巧的法律技术，努力维护社会的整体利益，缓和社会矛盾，实现社会的和谐。因此，本质上，用益物权还有两个更重要的功能——"维护社会公益"的功能，这两个功能总被忽略，有似"深闺人未识"，锁

---

① 梁慧星：《中国物权法研究》(下册)，法律出版社1998年版，第587页。

② 有学者认为用益物权是具有独立性的权利，参见房绍坤：《用益物权基本问题研究》，北京大学出版社2006年版，第12页；房绍坤等：《用益物权三论》，载《中国法学》1996年第2期。

③ 郑玉波：《民法总则》，中国政法大学出版社2003年版，第17页。

进尘封的"深宅大院"。一是，配置社会资源分配的功能，这是用益物权的特有功能。法律作为国家的上层建筑具有调节社会资源功能，"法律界定资源分配的手段就是财产权，法律保障财产权的方式，是设计不同的机制去促进或限制人民利用资源的方式"[①]，用益物权就是通过调整财产的归属和利用之间的矛盾，以权利机制的方式，确立所有权人与用益权人之间的权利义务关系，最大限度地平衡资源分配和利用之间的运作机制，做到人与物可持续发展，实现社会公平。在法国、德国和日本等国，就是通过设立地上权解决在土地上建造建筑物的方式来实现社会资源的分配。德国还通过设立土地负担的方式解决农民的土地分配和利用问题。《民法典》物权编通过设立建设用地使用权、土地承包经营权等方式缓解土地资源的分配和利用问题，改善居住条件和实现"耕者有其田"的功能。我国是公有制的国家，除了国有土地和集体土地外，国有资产数量庞大，存在着国有资产调配不均和利用效益的问题，如何在物权法中设置相应的用益物权是一个重大的理论问题。二是，维护社会利益的功能，这是用益物权的社会功能。一些用益物权类型体现的不是一种直接的经济效益，而是一种隐形的社会公益。例如，作为传统的地上权就是通过让与土地的方式在之构筑建筑物，既可以为人所营业所用，并通过转让地上物实现财产增值，又可以遮风挡雨、供人居住，改善人民生活和居住条件，从而保证社会秩序的稳定。此是用益物权通过物的充分利用，促进经济发展，以间接维护社会利益的一种社会功能。西欧大陆国家通常设立人役权，如用益权、居住权；《魁北克民法典》规定用益权的最长期限可以达到 100 年，并将财产的表决权规定为其权利内容。《阿尔及利亚民法典》《越南民法典》和我国《民法典》物权编通过确认宅基地使用权或土地承包经营权，解决农民的基本生活需要，为农民的抵抗生活和居住风险提供了坚实的屏障，具有强烈的社会利益色彩。《越南民法典》和《俄罗斯联邦民法典》通过设立国家机构或国有企业的用益物权制度（越南法的国有财产使用权和经营权，俄罗斯法的经营权和业务管理权）通过国有资产的有效利益来创造社会的效益。这些用益物权是为了保障特定人的生存和福利利益而设立，不仅财产得到了有效利用，而且人的自由、秩序和公平也得到了连续性的保障，具有保障人权的功能，充分体现了维护社会公益的价值功能。

　　用益物权制度的发展不仅是一个历史过程，也是社会经济关系的缩影，是一项私法权利动态发展的过程。大陆法系民法是以权利为脉络构

[①]　王文宇：《民商法理论与经济分析》，中国政法大学出版社 2000 年版，第 2 页。

筑，权利客体是划分民事权利的逻辑要素，为了区分债权客体，物权体系是以有体物构筑起来。用益物权是从私人的所有权形式向"社会的与个人的"所有权形态转变。近代以来，强调私权神圣，以所有权为母权的用益物权制度坚如磐石，为调整商品经济关系提供了十分精巧的法律工具。但是，受限于以农耕为主的社会经济，地上权、永佃权、人役权、地役权、用益权、先买权和土地负担、居住权等大陆法系用益物权以不动产为客体，折射出"土地是财富之母"的光辉灿烂。

我国《民法典》物权编规定了土地承包经营权、建设用地使用权、宅基地使用权和地役权、居住权五种典型用益物权类型，也确认了海域使用权、探矿权、采矿权、取水权、养殖权和捕捞权等非典型用益物权。我国用益物权制度在充分注重中国历史习惯和文化传统的基础上，以德国物权法为蓝本，经过整理、归类和甄别过去分散、粗犷的用益物权，确立了比较完整的用益物权体系，对于培育国民的财产权意识，维护财产的利用秩序，有着深刻的社会意义。例如，土地承包经营权和宅基地使用权、地役权，增进了广大农民的社会福利，为稳定农村土地关系提供了法律保障。建设用地使用权规范了国有土地的有序流转，为实现国有土地的增值，保护私有房屋的有序流转，提供了法律保护。我国用益物权体系基本反映了我国土地归属特色的资源利用关系，以一种物权观念强化财产利用上的独立效力，促进了我国以土地为中心的财产支配关系的稳定和发展，为市场经济的发展提供法律上的财产规则。自清末以来，中国民法师承德国民法，从体系编排和具体种类来看，对照一百多年前的德国物权法，中国用益物权着实没有多少的突破性和创新性，没有充分反映公有制和现代社会的财产利用关系。新颁布的《民法典》物权编在编排结构上，依然是以有体物为主轴而制定，用益物权在调整中国社会财产关系上，缺乏了周延性和完整性。中国的国家财产数量庞大，兼之存在着国有资产调配不均和利用效益的问题，追求国家财产的最大化利用和社会效益是公有制改革和完善的核心问题。中国用益物权制度虽然基本反映了中国的社会经济制度，但没有完全反映中国公有制的国家财产内容。

各国物权法规定所有权和他物权的内容，这是自罗马法以来一直遵循的物权理论，即使前社会主义法系国家的民法也概莫能外（笔者注：1922年的《苏俄民法典》实行国家所有权的特殊地位，否认他物权的存在而没有规定他物权制度）。在中国物权法的起草过程中，典型用益物权类型的确定，无不令民法学者发人深省。基于大陆法系传统的物权法在用益物权制度上均规定的是不动产的用益物权制度，在中国物权立法上以国有土地或集体土地上建构用益物权的体系，这一点上主流学者几乎达到默契。私人所有权是自罗马法至近现代大陆法系国家发展成熟的财产制度，其法律制度的设计和运行机制与资本主义自由经济相辅相成。国家所有权、集体所有权是社会主义的特有法律制度，这与私人所有权在主体、客体和内容上存在根本上的差别性。中国在计划经济向市场经济转型中，如何实现国家财产在市场经济中起到资源的配置作用是法律技巧问题。中国物权法已部分地实现了这一个法律技术的衔接，如在不动产上设计用益物权制度，此与大陆法系传统的用益物权体系相当接近。国有出资企业，依西方国有资产理论是属于国家私产的范畴，依法可流转交易，由私法调整，学者已达到共识，但以何什么原理解释或构建企业经营国有资产的权利体系，学者的解释始终与大陆法系的物权制度相佐，也就难达到一致意见。非经营性国有资产是否完全可以通过物权法以国家所有权形式来保护，而无须再确认其财产利用权利进行物权保护？不可否认，我国《民法典》物权编明确列举并规定了属于国家所有权内容的财产客体，以国家所有权的形式对非经营性国有资产进行了物权保护，但只是国家所有权的在公有制度下特有的法律表达形式。要知道，中国实行公有制，规定国家所有权制度是中国物权法最基本的价值功能，但明确国家所有权的性质，并授权行政法调整非经营性国有资产，并不等于实现其监控目标。国家所有权产生在公有制条件下的社会主义国家，掺杂着公权和私权性质，国家所有权行使的主体总是需要落实到具体的多层次权力机关。更为重要的是，国家所有权行使主体和利用主体分属于两个不同的主体，利用关系是发挥国家财产效益的重要甚至唯一的途径；基于国家所有权主体来源于公权力机关，容易滋生腐败。如果仅在财产法中规定国家所有权制度，由于国家所有权人的代理成本和代理手续繁琐，法律保护效率也就很低。非经营性财产在国民经济和社会公益中起着举足轻重的作用，一些主流观点认为其不具有营利性和流通性而否定在它之上设置其用益物权，这是对用益物权的重大误解。

三、物权法规范非经营性国有资产利用关系的反思①

追本穷源，财产属性决定着相应主体享有财产权的内容。"财产权不仅是经济自由之源，它们也是政治自由之根。"②财产权是一项蕴含着丰富

---

① 鲍家志：《非经营性国有资产与用益物权制度》，载《河北法学》2016 年第 2 期。

② Friedman, M. (2002) Preface Econonic Freedom bedind the Scenes In J Gwartney and R. Lawson, Economic Freedom of the Word 2002 Annual Report Fraser Institute V ancouver, B, C Xvii.

内涵的综合性权利,是革命、人权和社会发展的有力武器,它既可以由私人享有,也可以由法人享有;既可体现为一项公权,也可体现为一项私权;既可由财产法调整,也可由行政法调整,或者由公私法综合调整。作为私法鼻祖的罗马法,并没有禁止在公有物上不能设立财产权。意大利和瑞士民法典就对公有物和公用物采取了行政法和民法两个层面进行法律调整。英美法是以公共信托理论规制国家财产,开创性判例是美国联邦最高法院 1892 年在伊利诺伊州中央铁路公司诉伊利诺伊州案(Illinois Central Railroad v. Illinois)的判决,[1] 有学者根据此判例,认为大陆法系的公物制度具有公权和私权的二元产权结构。[2] 与此相似,国有资产的财产权应由财产法诠释。首先是确认国有资产的归属和利用关系之后,方能决定由谁以什么方式监管的法律问题。不认识到这一点,也就违反了法律调整的基本方法,藐视了国有资产在国民经济中的地位,模糊了用益物权的本质属性。

非经营性国有资产是国家政治、文化和经济正常运行的物质保障,承载着提高人民生活文化水平的重要任务,在国民社会经济中占有重要的地位。多年来,我国非经营性国有资产存在配置不均、使用低效、流失严重等问题,固然有历史、管理等多方面的原因,但国家层面有效法律监控的立法缺失更是重要的原因。中国财产法的最大问题在于国家财产利用权利的定位上,没有外国立法例可供借鉴,没有现成的理论可资参考,回避问题的争论不是明智之举,直面中国财产法的基本问题,探寻一条中国特色的财产法理论乃是正确选择。

资产的有效运行不仅在于资源的配置,更在于资源的有效利用。和平年代,"物权制度的本质功能并不仅仅甚至主要不在于定分止争,而在于资源的分配"[3]。"对于行政公产而言,所有权不是问题的关键,行政主体的实际管领才是关键。行政公产重在研究公产的使用关系(利用关系)而不是所有权关系。"[4]"只有通过在社会成员间相互划分对特定资源使用的排他权,才会产生适当的激励";"排他权的创设是资源有效地使用的必要条件"[5] 这些观点表明,合理界定非经营性国有资产利用权利至关重要。许多事例表明,资产流失总是在占有与使用过程中滋生,若不清楚界

---

[1]　Illinois Central Railroad v. Illnois, 146 U. S. 387(1892).

[2]　肖泽晟:《公物权法研究》,法律出版社 2009 年版,第 75 页。

[3]　孟勤国、张里安:《物权法》,湖南大学出版社 2006 年版,第 23 页。

[4]　江必新、梁凤云:《物权法中的若干行政法问题》,载《中国法学》2007 年第 3 期。

[5]　苏永钦:《走入新世纪的私法自治》,中国政法大学出版社 2002 年,第 249~250 页。

定资产的实际管领关系，就不能从根本上解决问题。非经营性国有资产虽不能实现增值，但财产是否能够流通不是设置用益物权的必要因素，其为维护国家正常运转，为社会提供公共产品与准公共产品，体现着维护社会公益的用益物权功能。正如西欧大陆的地上权、用益权以及我国的宅基地使用权和土地承包经营权不能自由流转，但也可以设定用益物权。非经营性国有资产是为市场经济提供公共产品和准公共产品的间接要素，如果没有健全法律保护机制，谈论其具有社会公益功能也成为一句空话。因此，做到资源的合理配置、充分利用与防止资产流失，应当考究财产法确认非经营性国有资产利用权利。

在构建非经营性国有资产法律监控机制上，需要发挥财产法对非经营性国有资产利用关系的调整功能，需要学者根据国情革故鼎新，研究出一项财产法保护机制。客观地说，面对复杂多样的财产关系，中国财产法不可能解决全部的财产问题，但哪些应当由财产法解决，哪些应由行政法调整，立法应当事先做出统筹安排。如果单纯制定有关"非经营性国有资产管理法"的行政法，也仅是规定行政主管部门和使用人之间的行政管制关系，而赋予使用人的利用权利不是行政法所能解决的。非经营性国有资产属于全民所有，人民并不直接行使财产权利，国家只能监控资产效益，具体交由行政事业单位法人占有、使用，界定国家所有权行使主体与利用主体之间的关系，应是财产法的基本功能。当然，现实中发生的资产流失问题不完全是一个财产法能够解决的，但如何界定归属和利用关系的财产关系，应是财产法的重要任务。

中国国家财产法律制度的构建必须以公有制作为立足点和出发点，大陆法系国家的立法例只是一种"参照物"。非经营性国有资产的基本属性是一种财产，这决定了其必须通过财产法予以调整。《民法典》物权编规定非经营性国有资产的国家所有权，是移植社会主义法系与立足中国公有制的客观反映，这是中国物权法固有属性的彰显，是对生产资料公有制的法律化，也是规范其归属关系的必然选择。毋庸置疑，中国《民法典》物权编确认非经营性国有资产的国家所有权是规范其法律监控机制不可或缺的。毕竟，国家所有权承载着担负实现中国公有制的历史重任，确认国家所有权是中国财产法不容置辩的立法责任。明确其国家所有权，从而确认国家的民事主体地位，当其进入流通领域时，遵循市场经济的交易规则，有利于确保私有财产与国有财产的平等保护，有利社会经济运行机制的有序发展。如果财产法没有确认非经营性国有资产的国家所有权制度，就违背了法律调整的基本原则。理论上，行政法与财产法应当泾渭分明、各守边界，但在公有制下的非经营性国有资产，保护国有资产不受侵犯，不仅是行政法的"应尽义务"，也是财产法的价值目标。财产法没有确认国家财产利用权利下，行政事业单位法人对国家财产具有公权力与财产权合二为一的权利特征。这样不利于行政权力和财产权利的适度分离，会变成非经营性国有资产运行效率低下和滋生隐性流失的诱致性根源。但是，国家所有权制度并不是大陆法系的物权制度下所有权的理论范畴，它仅是在公有制法律制度下衍生出的一种新型的所有权类型。所有权是基于民法从个人主义哲学、理性思潮和概念法学而衍生出一项私人主观性的民事权利，强调个人财产的绝对所有权观念，主体为私人，客体限于有体物，此有异于国家所有权主体的抽象性、客体的广泛性以及国家财产归属和利用的天然分离性。

从法律规范方面分析，我国《民法典》物权编第246条确认了非经营性国有资产归属于全民，由国家行使所有权，但又模糊规定了非经营性国有资产关于占有、使用人国家财产的权利性质，未定位非经营性国有资产的利用权利问题。详言之，我国《民法典》物权编第255条和第256条规定的非经营性国有资产也只是规定使用人享有占有、使用以及依照法律和国务院的有关规定收益、处分的权利，非经营性国有资产的利用关系似乎蕴含着应由行政法调整。这样规定，至少没有解决如下三个问题：一是，根据我国《民法典》物权编第240条与第246条的规定，就私人所有权与国家所有权难以实现法律上的衔接和显示出两者的区分性，国家所有权制度的内容规定与私人所有权在概念上的逻辑不相符合。二是，确认非经营性国有资产的国家所有权，只是为了实现经济关系所有制的一种法律表述和制度宣示，并没有将所有权的法律内容转化为具体的物权规范，缺乏具体操作的法律规范，且没有规定具体的利用权利；归属权利和利用权利没有规定合适的距离和角度，难以实现法律监控的预设目标。三是，难以落实《民法典》物权编与行政法在非经营性国有资产法律调整上的连通问题。这样，《民法典》第255条、第256条与第240条之间在逻辑体系的协调上就存在悖论问题。此外，第259条对国有资产的特别保护条款并没有明确规定适用于第三章，而是规定侵权人"依法承担法律责任"，但如何承担民事责任却语焉不详，既失去法律规范意义，又缺乏实践操作性。显然，《民法典》第255条和第256条的规定，一方面使国家所有权的主体虚位状况得以延续，另一方面则又制造了一些权利内容残缺不全的"新型物权"，非经营性国有资产的归属与利用关系变得混乱不堪，由此滥用与流失在这里生成，闲置与废弃也在这里酿造。无奈之下，国有资产的利用关系在物权法上活生生地表现出立法和现实之间的犹豫与彷徨，正确和谬误之间的迷惘与徘徊，导致出现权利性质模糊的法律表述。

从实践上分析，《民法典》物权编单纯规定非经营性国有资产的国家所有权制度并没有解决非经营性国有资产所产生的社会问题，并没有根除其衍生流失的积习。因为国家作为一个抽象的主体，国家不可能对每一项非经营性国有资产直接行使所有权，只能通过实行"国家统一所有，政府分级管理，单位占有、使用"的管理体制，从而造成中央政府与地方政府、各级政府与国有资产管理部门，以及国有资产管理部门与财政部门、事业单位主管部门之间的权利职责不明，造成它们之间的所有权和利用权关系存在混乱的问题，导致法律规范链条缺乏衔接，难以建立起有效的责任追究机制。而且，国家所有权的行使也好，行政法的执法也好，都是一种静态的法律保护，是公权力起着决定性的作用，而完全依靠公权力的调整难免出现权力寻租的现象，也难以实现有效公共行政的目标和维护资产的有效使用。实践表明，国家所有权的主体极易虚位，国家所有权并不是一种十分有效的法律保护工具，它仅是一种财产归属关系的确认制度，多层次的委托代理关系削弱了它的保护功能。

第三节　确认非经营性国有资产使用权的可行性[①]

一、财产法确认非经营性国有资产使用权的理论依据

中国公有制财产制度的改革和完善，本质是合理地处理国有财产的归属权利和利用权利之间的关系。理论上，建立完善的非经营性国有资产监控体制，寻求对其进行有效保护是不容回避的现实问题，需要超越传统物权的藩篱，选择和建构何种利用权利是开展此项研究必须考究的重要内容。

法国是公产理论发源的国家，法国关于公产的所有权问题，曾出现理论与司法的观点不调和，甚至最高法院与最高行政法院的判决相异的现象。19 世纪时占支配地位的理论认为公产不能作为所有权的标的，20 世纪占支配地位的理论是承认行政主体对公产的所有权。其最高法院与最高

---

① 鲍家志：《物权法应当确认非经营性国有资产使用权》，载《宁夏社会科学》2016 年第 2 期。

行政法院都认为国家具有这种权力，但二者所持的理论不同。法国最高法院判决认为，"全部公产的所有权是统一的，只有一个所有权，以国家所有者，但公共使用设定的权力分别由国家和其他行政主体行使"①。法国最高行政法院在 1909 年的一个判决中认为，"国家、省和市镇都是各自公产的所有者。公共使用的使命是所有权以外的一种役权，国家是这个役权的最高决定者"②。据此，法国最高法院的判决实行公产所有权统一的理论，实际上取消了国家以其他行政主体对公产的所有权；而最高行政法院认为，公产的公共使用的使命，是所有权以外的一种役权。学界批评称，法国最高法院判决的主张与现实的法律情况不符合，最高行政法院的观点混淆公法上的所有权和私法上的所有权，认为公产的公共使用的设定和废除，显然是公法上的所有权。德国对于公产的法律属性，学界也存在争议，"从其对行政和大众的意义来看，公产不能只适用私法规范，否则，公共目的的执行就可能受私法权利人意志的摆布"。有学者主张采用修正的私有财产权解释公产制度问题："（1）适用私法制度的原则。根据修正的私有财产权理论，公产应当适用民法典中有关所有权的规定。在可能的范围之内，行政财产、设施财产和一般使用的财产是私法财产权的客体。（2）公法支配权的确立。公产同时处于特殊的公法支配权之下，公法支配权与私法支配权相对应并且交叉重叠。公法支配权建立在公法上的公务目的的基础之上，具有双重意义：产生于支配权主体和第三人的使用权和公法管理义务，并且在此范围之内排斥私法支配权。（3）所有人、支配权人和管理义务人之间的区分。"③另有学者认为："为了避免私法和公法的双轨制或者双轨制理论的缺陷，应当建立独立的公共财产权制度，主张行政机关根据法律或者法理应当拥有一些不可替代的进行日常活动的公产，这些财产受专门的行政法规和高权性相邻权的限制并且与公产的目的相一致的范围之内才能适用私法制度。但是，财政财产、行政财产以及一般使用的财产都属于私法支配权的范围，属于被行政法目的修正了的私法财产权。"④根据法国和德国公产的理论与实践，公产用于公务目的或公众直接使用目的，这一点是明确的，关于公产制度的所有权问题，但到底由公法

---

①　王名扬：《法国行政法》，北京大学出版社 2016 年版，第 251 页。

②　王名扬：《法国行政法》，北京大学出版社 2016 年版，第 251 页。

③　[德]汉斯·J. 沃尔夫，奥托·巴霍夫，罗尔夫·施托贝尔：《行政法》（第 2 卷），高家伟译，商务印书馆 2002 年版，第 474~475 页。

④　[德]汉斯·J. 沃尔夫，奥托·巴霍夫，罗尔夫·施托贝尔：《行政法》（第 2 卷），高家伟译，商务印书馆 2002 年版，第 476 页。

调整还是由私法调整，公产的所有权主体归属等问题，学界仍存在争议。法国公产理论，主张公产归属于统一所有权，所有权者是国家是明确的，但行政主体是否享有公产所有权，则持不同观点，持肯定或否定说法都难以无法自圆其说。如果说，行政主体享有公法上的所有权，则国家所有权属于什么性质，国家所有权的法律地位及法律规范如何设置？行政主体在公务目的之外，是否享有私法上的所有权？主张行政主体对公产享有的是一种所有权的役权，其性质与内容是什么？这一系列的问题都难以解释。德国公产理论主张的公产公共财产权说，实质是法国主张的公共支配权，公产的所有权主体依然尚未明确，但其主张蕴含着由公法和私法共同调整的内涵。无论主张为公产所有权的一种役权，还是公共财产权，都是国家财产权利制度衍生出的理论，都是关于行政主体利用公产所衍生出的财产利用权利，只是由于公产财产权与私人所有权的不同性及其本身的复杂性，难以从理论上作出令人信服的解释。法国、德国与中国国情不同，从非经营性国有资产的数量与财产意义上，我们应当正视这些现实问题，构造出合乎国情的非经营性国有资产利用权利制度。

大陆法系奉行法典化立法模式，权利类型化是大陆民法调整社会生活的最基本工具。权利设置和民事责任是私法的基本规范功能，是私法中互相关联的重要制度。有救济须有权利，否则法律救济就是"无源之水"。物权是以权利为中枢构筑起来的所有权和他物权的法律逻辑。就非经营性国有资产而言，要创建完善的私法监控机制，就应是要使非经营性国有资产的损害者承担民事赔偿责任，这就需要在私法上确认使用人具有正当的权利来源，而确认其利用权利，应是财产法的基本任务。推而广之，非经营性国有资产虽应为财产法调整，并明确其国家所有，但资产的有效发挥，在于资产的利用效率，在于使用人的财产自由，在于使用人享有绝对地排除第三人不当干涉的权利，这需要定位其利用权利的属性。

理论上，财产的问题首先由财产法解决。在大陆法系上，财产法主要分为债权法和物权法，债权法规范财产流转的关系，物权法规范财产的归属和利用关系。物权法是调整一个国家财产关系的基本法律，是一国的基本财产制度在法律上规范化的综合反映。非经营性国有资产与经营性国有资产一样，均是一种财产，这决定了非经营性国有资产利用关系必须由物权法调整的法理基础。非经营性国有资产利用关系必须在物权立法做出明确的规定，否则就是立法上的一种渎职。发挥资产的社会效益，需要使用人在法律框架内自由使用财产，排除不必要的干涉，这在法律上需要确立国家所有权行使主体与占有、使用主体之间的平等关系，以私权的形式确认使用主体的财产权，维护一种归属和利用主体的平等法律关系，达到在维护公权力的正当行使和保护使用权利的张力之间达到平衡。因此，在构建非经营性国有资产法律监控机制上，需要学者根据国情推陈出新、革故鼎新，建构非经营性国有资产利用权利制度，从而探索出一条科学的路径，以实现制度与标本、传统与国情之间的耦合。理论上来说，非经营性国有资产国家所有权的主体内部关系属于隶属关系，除了由民法典物权编确立国家所有权制度外，其余应由行政法调整。国家所有权的主体外部关系属于平等关系，主要是解决其利用关系，应由民法典物权编作出原则性规定，再由行政法细化。民法典物权编确认国家所有权制度是一种立法的客观要求，但治理国家财产的根本问题，不可能完全通过国家所有权实现。财产法的调整对象并不必然限于交易财产，国家所有权的客体可以跳出有体物笼子般的束缚，国家以价值利益的观念性监控国有资产。发挥国有财产的增值或社会效益，需要使用人在法律框架内自由使用，实现资产的有效利用，赋予国家机关法人、事业单位法人和国有企业法人的财产使用权，进而调整国有资产的利用关系。国家所有权作为民事主体的抽象性，完全可以通过法律技术，将其公权力主体的权力角色与使用财产的主体角色相分离。因此，中国物权法应当考究如何确认国有资产利用关系的用益物权，并做出合理的制度安排，而政策选择和制度创新是解决此问题的基础和前提。

　　国有资产存在着归属和利用关系的天然分离，这种归属权利和利用权利的构建，也只能在财产法的视野下才能得到科学、完善的制度安排。国家是所有人，但国家是一个抽象的主体，财产总是掌握在具体的部门或个人手中，国家必须交由国家机关法人、事业单位法人占有、使用，物权法必须对这利用关系做适当、科学的制度安排，这是破解其严重流失问题的明智选择。质言之，财产归属和财产利用是非经营性国有资产的本质属性，这本质特征既是资产问题丛生的温床，也是构建其监管体制的切入点，更是财产利用关系所引申出的权利设计的法律逻辑。换言之，非经营性国有资产的所有人与使用人的天然分离，表明使用人具有一定的物权性质。使用权人对非经营性国有资产享有的占有、使用权利和有限的处分权，此权利内容与用益物权没有根本上的差别，都是使用人使用他人财产的一种他物权，本质上是一种用益物权。能否或如何赋予使用人的财产利用权利，大陆法系物权法没有立法例可遵循，能否以及如何将国家作为国家所有权行使主体的角色与国家机关法人、事业单位法人作为财产权主体的角色进行适当的区分和分离。事实上，如果民法典物权编合理界定非经营性国有资产的利用关系，不仅防止其流失，还可以起到规范正当、合理使用资产的作用。实践表明，非经营性国有资产的核心问题总是出现在管领环节上，换言之，民法典物权编必须对占有、使用非经营性国有资产的权利性质进行合理界定，使非经营性国有资产使用人的财产权有明确合理的权利定位，形成一种独立而完整的权利制度，从而使用主体名正言顺地行使其救济权。因而，未来修改的民法典物权编正确合理界定利用关系，规定其所有权人与使用权人之间的权利、义务和责任，清楚地界定行政法的规范，资产的配置合理和有效利用才得以实现。如果说，对非经营性国有资产使用人的权利性质置若罔闻，虚置其应有的私法权利，固守大陆法系公产的法律传统，也未尝不可，毕竟立法者的意志在法律制度的选择上具有决定性的作用，但这样的用益物权制度缺乏中国物权特色的灵魂和活力，其配置合理、高效使用更无从谈起。总而言之，非经营性国有资产的所有人与使用人的天然分离为其设置他物权提供了权利构造上的法理依据。

从用益物权的渊源和本质来看，考察一项财产关系能否设置为用益物权，取决于三个基本要素：（1）是否存在非所有人使用他人财产的一种本质属性。（2）财产能否确定为"一物"。（3）非所有人占有、使用财产的权利性质是否具有确立为一种独立民事权利的立法必要。第一个要素是确认用益物权的本质要素，第二个要素是其法律逻辑的技术要素，第三个要素是其法律政策的考量要素。本质要素是关键，政策要素取决于国家的立法，而技术要素与法律技巧相关。针对非经营性国有资产与私有财产的特殊性，非经营性国有资产使用关系能否构建为一种用益物权制度，上述三个因素是必须考虑的前提条件。

非经营性国有资产利用关系的权利构造与物权客体的认识有重要关系。国有资产如何在物权法规范是一个争议的话题，国有资产的物权问题一直是困扰中国学界20多年的理论难题，仅是国有企业的经营权问题就使得学者们争论不休，有的学者干脆称之为"无法论证"的物权问题，[①] 而如何将国有企业的经营性国有资产认定为"一物"是横亘在学者面前的深层顽症。同样，非经营性国有资产应否设置成为用益物权的客体？其证成的关键是如何将其与物权客体相衔接的问题。质言之，"一物"的科学界定，非经营性国有资产是否看做"一物"，是破解该问题的症结所在。如果国有企业或事业单位的财产解释成物权客体，以有体物为物权客体的思

---

① 尹田：《物权法理论评析与思考》，中国人民大学出版社2004年版，第96页。

维惯性，此与传统物权格格不入。毋庸置疑，物权客体限于有体物，有着维持概念法学的价值和地位，具有民法权利体系的工具价值，但随着社会经济的革新化，现代财产形式的多样化，其引起的权利冲突和出现过多的"缓冲地带""中间地带"，固守于财产社会形态的僵化思维，以有体物为基点，绞尽脑汁地研讨如何以传统物权理论例外解释现代财产的种类繁杂、形态迥异，只能陷入模糊混沌的泥潭，其正当性正受到学者不断的质疑。其实，不管社会经济生活如何发生变化，也不论财产形式如何变幻，唯一不变的是财产总是蕴含着经济价值因素，具有一定的财产利益，这是财产之所以称为财产的根本所在。由此，冲破传统物权的窠臼，创新出一种符合时代财产变化的物权客体理论显得弥足珍贵。理论上，非经营国有资产具有独立物和特定物的特性，可以作为一个整体看待，这不影响其构建为用益物权的理论障碍。① 更何况，《俄罗斯联邦民法典》第 132 条规定，"作为财产综合体的企业在整体上是不动产"。理论上，也可以将非经营性国有资产在整体上确定为"一物"，可以财产价值界定其财产利益的整体性，社会观念上也可以视为"一物"，此问题将在本书第三章第二节中详细考究。简而言之，非经营性国有资产的利用权利能否设置为用益物权，只是法律技术层面的问题，与财产的性质与构成无关。非经营性国有资产的利用权利是否是一种独立的民事权利，能否设置用益物权，固然取决于立法机关的意志。但是，藐视这种用益物权，至少说来是一种忽视中国公有制财产制度利用权利的一个表现。为此，我国物权法应当确认一种新型的用益物权——"非经营性国有资产使用权"。

二、非经营性国有资产使用权与相关权利的对比分析

我国学者已就经营性国有资产主要由民法调整达成共识，只是在法律具体调整的方法上还存在分歧。囿于传统物权理论的束缚，学界就经营性国有资产的财产权性质进行了经久不衰的论争，其中很多学者主张通过设立"经营权"或"用益权"等形式确立其用益物权制度，最终《民法典》物权编以第 257 条轻描淡写地作出规定。非经营性国有资产与经营性国有资产在性质上虽有不同，但均存在所有人与使用人天然分离的客观事实，既然学者主张可以在经营性国有资产上设置用益物权，为何厚此薄彼，对非经营性国有资产的利用权利视而不见？或许根本理由在于其不具有流通性与

---

① 鲍家志：《论非经营性国有资产的范围——兼论〈物权法〉第 2 条关于物权客体的规定》，载《学术论坛》2010 年第 7 期。

权利主体的界定问题。

理论上，非经营性国有资产所有权与使用权分离的产权结构与建设用地使用权、宅基地使用权反映出的财产归属和利用权利没有本质的差别，权利客体都为国家所有，使用权为非所有人，非所有人对集体土地或宅基地与非经营性国有资产一样都是有限制的处分权，区别只在于前者是动产、不动产与无形性资产的集合物，后者为不动产的土地。物的形态、单一物或集合物均不是设置用益物权类型的决定性要素，物是否具有流通性或增值性也是不是设置用益物权的必要条件，西方大陆物权法存在的用益权和居住权就不具有营利性和流通性，用益物权也可以因社会公益的目的而设立。

有人认为，非经营性国有资产具有行政管理性质，不宜以之设立用益物权，这是对用益物权本质的误读。我国生产资料实行公有制，此实情决定了我国用益物权的设定、行使带有浓厚的行政色彩。王泽鉴先生也认为，公有制的财产形态，并不影响用益物权的设置。① 俄罗斯民法典在国有企业和机构的国有财产上确认"经营权"和"业务管理权"等用益物权。② 这都为确认非经营性国有资产利用关系为用益物权提供了理论依据和立法参考。就非经营性国有资产而论，是国家机关法人、事业单位法人占有、使用国家赋予的财产，客观上需要物权法赋予其占有、使用非经营性国有资产的权利，明确为一种独立的民事权利，从而以法律上赋予他们相应的权利与义务，并提供其法律救济。在此，必须将政府的行政行为与国家机关法人、事业单位法人的财产管理与财产使用行为分开，国家对国家机关法人、事业单位法人的行政管理包括人、事、物和业务上的管理，而对财产实施的行政管制，是一种行使所有权人的行政管理，与国家对土地管理的性质是一样的。理论上，在非经营性国有资产上，国家所有权行使主体与使用人之间的行政管理性质，并不影响所有权人与使用人，使用人与第三人之间发生的私法关系。虽然非经营性国有资产在取得方式上具有行政色彩，较多地受公法规范的约束，但行政许可也是产生民事权利的一种方式。而且，国家依照《土地管理法》和《城市规划法》《矿产资源法》对土

---

① 王泽鉴：《物权法上的自由与限制》，载梁慧星：《民商法论丛》(第19卷)，金桥文化出版有限公司2001年版，第236~237页。

② 实行私有化的俄罗斯，苏联公有制的历史痕迹仍然无法消除。《俄罗斯联邦民法典》对于行政、事业单位法人的财产赋予他物权的地位，称为"经营权"和"业务管理权"(第216条和第294条)，并规定了使用人具有占有、使用和处分的权利。"他山之石，可以攻玉"，与此相似，在我国，非经营性国有资产在国有资产中占有重要地位，《俄罗斯联邦民法典》对非经营性国有资产作出的他物权规定，可以为中国物权法借鉴。

地、矿产资源实施的行政管理，并不影响建设用地使用权、宅基地使用权和土地承包经营权、矿产权等用益物权类型的设立。由此，国家机关法人、事业单位法人使用非经营性国有资产的行为不能简单地称为一种行政管理问题，不能完全交由公法调整。简而言之，国家所有权行使主体与使用人之间的行政管理关系并不影响在非经营性国有资产上设立用益物权的理论障碍。

基于国家作为一个抽象性和统一的主体，不可能行使其所有权的权能，只能委托于一定的机关行使。这决定了国家所有权在行使主体和使用主体界定上的复杂性和困难性，而主体不明确或者主体界定出现不科学性，必然导致行政权力和民事权利的混同。非经营性国有资产作为一种国有财产，归属与利用和关系具有财产权利的内涵，客观上需要主体在财产归属和财产使用的平等性，确认这些财产关系，只有平等主体的权利设置和安排，才能确保非经营性国有财产使用的公平和效率，确立起使用权利在对外关系的私法救济秩序。这就需要讨论如何科学确定非经营性国有资产利用关系的国家所有权行使主体与使用权主体的问题。

主体权利的平等性是财产权的外在要求，科学界定非经营性国有资产国家所有权和使用权主体，是防止公权力干预和有效使用的有力保障。非经营性国有资产国家所有权的内部关系，包括资产的拨付和预算、决算，是一种服从与被服从的行政隶属关系，因而，其国家所有权主体内部关系应是一种公法的性质，它们之间的行政管理关系包括资产拨款、财政支出由行政法规定，交由非经营性国有资产管理法调整；非经营性国有资产国家所有权的外部关系，涉及非经营性国有资产的所有人和使用人以及第三人之间的使用关系，包括下级政府和上级政府、事业单位与其行政主管部门之间在国有财产的使用关系上，是一种平等的民事法律关系。

由于非经营性国有资产在性质和功能上的特殊性，在实践中，如果不界定非经营性国有资产国家所有权行使主体和使用权主体的关系，会产生公权与私权的混沌问题，出现公法人格和私法人格的混同。依照《民法典》物权编第 246 条规定，政府作为国家所有权行使主体，国家所有权行使主体与使用主体集于一身，又如何区分其行使公权和私权的内容呢？所谓国家所有权的行使是指国家授权特定的主体，在法律规定的范围内，代表国家支配特定的国家财产，并行使所有权的权能，使国家财产符合其国家财产属性和国家利益、公共利益的一种国家财产监控行为。在管理学和经济学而言，国家所有权的行使主体就是国家国有资产的监控主体。国家所有权行使主体如何确定，不应千篇一律，而应当根据各类国有财产的性

质和特征来确定。在相关物权法规颁布之前，关于应由何种机关作为国家
所有权的行使主体问题，学者仁者见仁，主要有"全民说"，"国家说"，
"国家与地方分级所有说"和"中央与地方分别所有说"等学说的争论。①
《民法典》物权编第 246 条规定，国家所有的财产由国务院代表国家行使
所有权，以法律的形式确认了国家财产所有权的行使主体为国务院。不可
否认，基于国家和国有企业之间可以实行政企分开，国务院作为国家最高
权力机关的执行机关，代表国家利益和公共利益，且在法律授权范围内由
地方政府依法分别代表国家履行出资人的职责，防止部门所有和地方所
有，维护了国家所有权的统一性和完整性。因此，就经营性国有资产而
言，法律确认国务院作为国家所有权行使主体，具有一定的积极意义，但
在非经营性国有资产领域，此未必具有科学性。非经营性国有资产是一种
公益性和非营利性的国有资产，其用途在于政权建设和社会事业的发展，
其占有、使用人是国家机关法人和事业单位法人，这决定了其不同于经营
性国有资产的国家所有权行使方式。而且，非经营性国有资产的形成和拨
付几乎由国家财政预算和决算的方式进行，并由政府财政部门执行完成，
此与国有企业自主经营和自负盈亏、利润上缴有着根本性的差别。由此情
况决定着，如果由国务院或地方政府代表国家行使国家所有权，监控主体
与使用主体相同，造成"裁判员"与"运动员"兼于一身，非经营性国有资
产焉能不流失？监控主体与使用主体必须分离，此是非经营性国有资产有
效监控的基本前提。关于非经营性国有资产的国家所有权行使主体与使用
主体的问题，将在本书第三章第一节进行探讨。

三、确认非经营性国有资产使用权的立法价值

理论上，在国有资产上确认用益物权，大陆法系没有立法例可循，这
涉及物权体系逻辑以及物权客体的确定等重大理论问题，是一项浩大的理
论工程。用益物权的类型应由一国的基本财产关系决定。充分发挥社会财
产价值，做到物尽其用，必须根据国情确认相应的用益物权，不应囿于财
产客体、传统模式而缩手缩脚。在解决非经营性国有资产流失的迫切需要
下，建立完善的资产监控体制，需要超越传统物权的藩篱，而通过物权制
度寻求对其进行保护的有效途径是不容回避的现实问题。

---

① 参见张建文：《社会转型时期国有财产领域中央与地方关系之重构——以国家所有权主
体的论证为中心》，载《郑州大学学报（哲学社会科学版）》2007 年第 6 期。张建文：《社
会转型时期国家所有权问题研究》，西南政法大学博士学位论文（2006 年）。

非经营性国有资产客观上存在国家所有权的行使主体与使用人之间的天然分离，依一定的法律技术在社会观念上又可视为"一物"，并可以进行相应的技术方法公示，只不过需要一定的法律技巧设计其在私法中的地位而已。在非经营性国有资产监控机制的制度构建上，应当需要公私法统筹兼顾的调整方法，注重公法宏观调控机制与私法财产权制度的耦合，而要完成上述的衔接应是确认非经营性国有资产使用权。基于设置非经营性国有资产使用权具有理论上的证成性，设置一种新型的用益物权——"非经营性国有资产使用权"就应成为构建非经营性国有资产法律监控机制的立法设想。

所谓非经营性国有资产使用权是指国家机关法人、行政机关法人、事业单位法人作为使用权人依法对非经营性国有资产享有占有、使用和依法处分的一种用益物权。

《民法典》物权编第 323 条规定了用益物权制度的一般条款，这是一条用益物权制度概括性的法律规定，为立法机关适应社会经济发展和现代财产的变化制定新型用益物权提供了弹性空间。虽然传统物权制度固守物权法定原则，但随着时代的变迁，各国就物权法定原则趋向于一种缓和的立法动态，并引领现代国家物权立法的潮流。由此，《民法典》物权编第 323 条为在法理上确认"非经营性国有资产使用权"提供了法律依据。基于我国《民法典》颁布不久，并规定了比较完善的用益物权制度，而非经营性国有资产作为一种特殊的物权客体，有别于不动产用益物权，如果修改物权法以确认非经营性国有资产使用权为用益物权，需要寻找一个恰当的价值与技术定位，这样一来，还需要深入研究物权法的制度设计及其体系安排，耗费时间太久，立法成本也过于庞大。但是，"非经营性国有资产使用权"在监控机制中具有中枢性作用，非经营性国有资产的法律监控机制又需要迫切构建，据此，为了维护法律上的稳定性和统一性，缓和立法矛盾，可以通过国务院行政法规或最高人民法院的司法解释先确认非经营性国有资产使用权为用益物权，待条件成熟后再从中国民法典予以正式确认。

财产法确认非经营性国有资产使用权，使用人便享有一种独立的民事权利，成为一种长期稳定的财产权利，而在非经营性国有资产上设置用益物权制度即是实现其法律保护机制的题中之义。据此，行政法可以根据财产法的原则性规定，具体规定非经营性国有资产的国家所有权行使的职责，并明确使用权人相应的权利和义务，从而建立起一套完整的权利设置和保护机制。非经营性国有资产的国家所有权与使用权构成一个地位上相互平等、功能上相互促进、权利上相互制约的法律监控机制，为实现非经营性国有资产的优化配置、财产权利的合理分配、资产有效利用提供一个法律制度的秩序框架，资产维护、合理使用和遏制流失均可在这一框架下实现，从而使非经营性国有资产由公法和私法共同地调整，并行不悖，构筑起双重的法律保护机制。质言之，非经营性国有资产正当、合理利用，防止其不流失，不受侵害是根本，是目标，体现的是价值理性；物权法确认非经营性国有资产使用权，为其提供私法监控法律机制，以行政法规范非经营性国有资产的依法行政，是路径，是方法，体现的是工具理性。

　　具体来说，财产法确认非经营性国有资产使用权，具有重大的立法价值：首先，充分体现物权法立足宪法，坚持公有制的基本经济制度。合理地诠释了非经营性国有资产的归属和利用关系，从而设计出有效的权利机制以平衡财产归属和利用权利之间引起的冲突，缓和了因非经营性国有资产的复杂关系所引起的社会内部矛盾，从而间接地驳斥了一些学者声称中国物权法违宪的论调。其次，明确国家所有权行使主体与使用主体及其权利界限。无论私有财产还是国有财产，维持公权和私权的适度平衡是社会财产秩序有效运行的根本保证。民事权利是私法无可争辩的核心概念，权利制度是法律实现调整社会生活的法律表现形式。在非经营性国有资产管理失当、流失严重的状况下，如何防止行政管理的漏洞，如何制止流失严重的倾向，协调国家所有权行使主体与占有、使用人之间的关系，如何调和政府管制和使用自治之间的矛盾，立法上确认"非经营性国有资产使用权"可以缓和这些矛盾的激化。而且，清楚地界定国家所有权的行使主体与使用人之间的法律关系。非经营性国有资产财产归属和财产利用的分离事实，使得所有人与非所有人之间存在着错综复杂、千丝万缕的利益关系，国家所有权主体的抽象性和财政部门、行政主管部门的介入，加速了财产利用关系的纷繁性。基于非经营性国有资产存在着财政预算和决算问题，国家机关法人又是使用人，为避免所有权行政主体既是"运动员"又是"裁判员"，有利于社会大众参与监督，规定全国人民代表大会和地方各级人民代表大会为国家所有权的行使主体，行政机关法人、事业法人作为使用权人，从而明确了资产归属和利用关系的主体，合理界定了他们之间的权利义务。再次，明确非经营性国有资产使用权的内容，确立使用权人资产使用的原则。"没有无义务的权利，也没有无权利的义务"，私法的基本特征是通过创设权利类型，配置主体的权利和义务，使权利和义务贯穿于私法的运行和操作过程，从而实现法的价值。确认非经营性国有资产使用权的法意义，就是通过设置使用权人的权利和义务，实现物尽其用的目标。最后，确立非经营性国有资产的民事救济机制。"有权利须有救济，否则犹如无刃之刀。"①民事救济机制就是由原权和救济权有机结合而形成的权利链条的私法制度。虽然通过国家所有权保护的方式也能够达到一定的救济目的，但国家所有权主体的抽象性，通常会出现相互推诿、人浮于事，如果强化了使用权人的财产利用权利，可以促使其积极行使救济权利，如使用权人享有救济权利，享有物权请求权，等等。非经营性国有资产使用权的立法价值就是通过规定其相应的民事救济机制达到有效地保护非经营性国有资产的目的。通过确立相应的民事责任，达到填补公法监控出现的民事问责真空，并以民事赔偿责任的形式制裁损害非经营性国有资产的责任主体，最大限度地防止资产流失，并弥补流失的损害。

---

① 王泽鉴：《民法物权（1）：通则·所有权》，中国政法大学出版社 2001 年版，第 67 页。

第三章 非经营性国有资产使用权的法律要素

民事法律关系的基本要素包括主体、客体和内容，依法理非经营性国有资产使用权作为一种用益物权，当然包括主体、客体和内容三个法律要素，需要具体分析这三个要素，方能阐释其权利构造。此外，非经营性国有资产使用权的取得、变更和消灭也应符合物权变动规则。

一、关于非经营性国有资产使用权的取得

非经营性国有资产是国家实行政治保障的物质基础，政府接受人民的委托以之实施政治秩序，正如卢梭在《社会契约论》中所说："政府的成立不是基于契约，而是由主权者的意志即法律产生；政府只不过是接受人民的委托行使行政权而已，所以不能是人民的主人，政府的功能在于执行法律及维持政府的、社会的自由，只是人民和主体之间的中介体。"①市场经济时代，"大社会、小政府"的理念成为当今世界各国倡导的政府运行模式。让市场资源自由调节，国家实行资源的宏观调控，精简机构，提供优质的公共产品和准公共产品，是现代国家的社会责任。国家机构、政府职能部门和公益事业单位的设置终归为人民的幸福和自由而定，反映着国家政权运作的基本框架，决定国家财产的资源配置，折射出非经营性国有资产使用权的社会意义和政策考量。非经营性国有资产使用权的取得，不是通过协议设立，而是为了政权建设和公共管理的需要，通过财政拨付资产或经费至依法设立的国家机关法人或事业单位法人，非经营性国有资产使用权随即设定。据此，非经营性国有资产使用权的设定不是按照"合意+登记"的传统用益物权模式而设定，而是具有行政设定色彩。行政许可是我国民事权利包括用益物权取得的形式之一。财产权利不限于协议设立，

---

① 何勤华：《西方法学名著述评》，武汉大学出版社 2007 年版，第 83 页。

"行政特许产生一种财产权利"①。财产权利,其客体无论私人财产还是国家财产,都是政府授予的一种私权,私人财产权无非是利用国家社会环境取得的一种权利,法律规定其享有财产权,体现国家赋予国民的社会福利。广泛地说,任何财产权都是由国家依法授予,只不过是国家财产权利的设置,表现出较多公权而已。财产权"其设立行为的性质为公法上的行为,并由此导致此类权利在权利存续条件、权利转让、变更及消灭等诸方面的公权力控制"②,但并不影响我国财产法将这些财产权利确定为用益物权。非经营性国有资产使用权与宅基地使用权、建设用地使用权的设立方式并无二致,都是由行政许可而设定。基于社会公共利益,在公有制下的国有财产上设定用益物权是一种立法选择。

二、关于非经营性国有资产使用权的公示

本质上,物权公示的目的是表明物上权利,公示的目的在于使人"知"其物权的存在,彰显其物权的存在意义。"就物权人而言,他向外界表明的是他对何物拥有何种权利,使相对人负有不作为的义务,并不需要向外界表明这一物权得失变更的行为。因而物权公示是对物上权属状况的公示……物权得失变更的方法和效力都是物权法定的内容。"③换言之,物权公示的首要价值在于透明物权关系,宣示物权归属状况,使其公之于众,以维护财产安全秩序;明确使用人的他物权状态,以稳定财产利用关系。质言之,物权客观上为公众知晓才存在为义务人或交易第三人提供公开、统一和法定的信息。"从法学技术层面来考察,公示原则于物权变动中维护着物权排他性、对世性等基本特征。"④物权公示彰显其物权属性以及所表现出来的一种客观存在。因此,物权公示和公信在于表明物权的存在意义,是物权本质特征的外部表现形式。

非经营性国有资产使用权作为一种用益物权,应当符合物权的公示和公信原则,否则物权的排他性和支配性就无法体现,权利人享有的物权状态就无法为外界所认知。非经营性国有资产使用权是立法机关对客观存在

---

① Lawrence M. Friedman, The Law of The Living The Law of The Dead Property, Succession and Society. 1966 Wis L. Rev. Vol. 29, 1980.

② 尹田:《论海域使用权与准物权的立法分界——海域使用权与准物权在〈物权法〉上并列规定的意义》,载《海洋开发与管理》2008 年第 1 期。

③ 江帆、孙鹏:《交易安全与中国民商法》,中国政法大学出版社 1997 年版,第 772~776 页。

④ 孙毅:《物权法公示与公信原则研究》,载梁慧星:《民商法论丛》(第 7 卷),法律出版社 1997 年版,第 464 页。

的物权状态的一种法律认定。一方面，非经营性国有资产使用权的取得之时已经进行了公示，国家通过拨付财政资金或财产转至国家机关法人和事业单位法人，这些交付或登记就是一种公示方式。非经营性国有资产由国家机关法人和事业单位占有、使用，这些客观事实本身就表明了其物权的公示，彰显其享有物上权利，有权排除一切义务人的不当侵犯。另一方面，基于非经营性国有资产是一种比较零散的集合财产，其涵盖的种类繁多，零散琐碎，国家为了便于监控，要求使用权人对非经营性国有资产进行登记造册，以会计报表登记为资产的公示方法，在价值上反映其财产的变动状态。简言之，国家划拨给国家机关法人和事业单位法人一定的财产，就是一种财产的交付行为，非经营性国有资产使用权的取得应自交付之时起成立。

三、非经营性国有资产使用权的消灭

基于使用权人是国家机关法人、事业单位法人和社会团体法人，这些法人的设立、终止与非经营性国有资产使用权的取得、消灭紧密关联，法人的变更牵涉到非经营性国有资产使用权的变动。因此，非经营性国有资产使用权的消灭原因与法人终止的原因基本一致。一般来说，非经营性国有资产使用权因下列特殊原因而消灭：(1)非经营性国有资产使用权因行政事业单位法人基于法定原因被撤销而撤销；(2)因使用权人合并或者分立而消灭；(3)因全部非经营性国有资产转为经营性国有资产而消灭；(4)因国家征收全部资产而消灭；(5)因不可抗力的原因导致非经营性国有资产全部灭失而消灭。非经营性国有资产使用权消灭的法律后果为：国家根据法律、行政法规或国家需要对使用权人进行撤销、合并、分立，或者对资产征收或征用等而导致非经营性国有资产使用权消灭的，其权利义务由新使用权人承受。但是，使用权人仍负有对资产注销、办理产权变动和进行财务核算、核销的义务，并协助国家有关行政主管部门做好人员的安置工作。

第一节 非经营性国有资产使用权的主体

非经营性国有资产国家所有权的行使主体和非经营性国有资产使用权的使用主体如何界定？基于非经营性国有资产使用权主体与公权力密切相关，客观上又需要以平等的法律地位参与民事法律关系，这需要廓清国家

财产权利在公权与私权上的界限，适当地界定非经营性国有资产国家所有权的行使主体和非经营性国有资产使用权的使用主体。"法人享有独立财产是法人具有独立人格的前提和基础"，这貌似一个坚不可摧的原则，在传统民法理论里闪烁着耀眼的光彩夺目，一直为学者津津乐道。我国《民法通则》第 37 条关于法人成立条件的经典规定由此而生。学者据此著书立说，有推导出"无财产即无人格"的论断。① 依此论断，非经营性国有资产使用权的权利构造，非经营性国有资产为国家所有，使用权人没有财产所有权，非经营性国有资产使用权的使用权主体的法人人格也就无从谈起。果真如此吗？因此，厘清法人人格与财产关系是讨论非经营性国有资产使用权主体的逻辑前提。

一、法人人格与财产的关系

非经营性国有资产使用权作为一种用益物权，那么，谁是非经营性国有资产使用权的主体？国家机关法人和事业单位法人是使用权主体吗？如果说持肯定态度，以传统民法理论解释，国家是非经营性国有资产的所有权人，国家机关法人、事业单位法人本身就是一种法人，此表明此种法人自身没有独立财产，还是法人吗？自 20 世纪 80 年代中期开始，中国民法学界为解决国有企业的独立主体地位与国家财产所有权之间的冲突，上演了一场场激烈的争雄局面，各种观点纷呈异彩，各路学者为此想出各种灵丹妙药设法破解。有诠释为"法人所有权"之说②，亦有主张地方政府享有国家所有权，③ 更有后来蹿红的"法人财产权说"。依上述关于法人与其财产关系的观点，国家对于公法人的财产是否享有所有权？如果答案是肯定的，则违背"一物一权"原则；如果答案是否定的，则变成公法人享有所有权，国家所有权不复存在。"法人财产权"，只是学者为了解释国家出资企业享有的一种综合性财产权而创制出的名词术语，但在传统大陆法系民法理论并没有相对应的概念。"法人财产权"并不是一种具体、确定的民事权利，它是一种抽象、概括的权利，包括物权、债权以及知识产权等

---

① 尹田：《无财产即无人格》，载《法学家》2004 年第 2 期。

② 孙宪忠：《中国物权法总论》，法律出版社 2009 年版，第 7 页、第 45 页、第 92 页、第 131 页、第 182~183 页、第 203~205 页；孙宪忠：《中国财产权利制度的几个问题》，载孙宪忠著《论物权法》，法律出版社 2001 年版，第 197 页；孙宪忠：《我国物权法中所有权体系的应然结构》，载《法商研究》2002 年第 5 期。

③ 参见张建文：《社会转型时期国有财产领域中央与地方关系之重构——以国家所有权主体的论证为中心》，载《郑州大学学报（哲学社会科学版）》，2007 年第 6 期。张建文：《社会转型时期国家所有权问题研究》，西南政法大学博士学位论文（2006 年）。

综合性财产权利，只能表彰法人对财产所享有的总体财产权，但依然无法合理解释国家所有与法人使用之间的财产关系。享有独立财产是作为法人成立的必要条件？换言之，法人独立人格与独立财产之间是否存在必然的联系？此应是破解其中理论困惑的切入点和关键点。

　　法人的独立人格必须以其享有独立财产作为必要条件？从人格观念的起源和发展可窥探此命题的真伪。

　　在罗马法上，"生物意义上的人和法律意义上的人不是一个概念"①。奴隶虽为生物意义上的人，但不能称之为人格，一个生物意义上的人，必须具备自由权、市民权和家族权，才具备"人格"要件，成为权利主体。罗马帝国中后期，在希腊自然法哲学影响下，个人的主体价值得到彰显，罗马法从家族、家庭（父权）主体制度逐渐演变为以自由人为权利主体。罗马法中的人格学说造就了生物意义上的人与权利主体的分离，为近代赋予团体组织的法人人格创造了条件，构成了现代人法的核心和基石。在罗马帝国后期，生物意义上的人，拥有完全的人格，同时又享有私法上的身份权。人格表现出主体与国家之间的纵向关系，国家赋予生物意义人的人格。因此，罗马法中的人格是公私法因素的混合物。② 人格是国家赋予法律主体的地位或资格。一种法律上的权利义务承受者的代名词。法律主体具有人格，即拥有现代意义上主体之间的独立平等的法律地位。因此，"人格"事实上是国家赋予法律主体的一种实在意义上的权利。

　　罗马法如何界定社会组织团体的人格呢？随着"社团"（Associazione）的产生和发展，罗马人认识到这种集合体由数人组成的不依单个人及其交替变化为转移的真正的现实存在，罗马法赋予它们以主体资格，享有独立承受法律关系的能力。③ 在罗马法上，并没有"法人"一词，最初只有"Universitas"一词，即团体含义，种类包括国家和地方政府、宗教团体、士兵团体以及丧葬团体等，但并不具有人格。基于社会政治和经济的发展需要，"罗马法学家比照公法人创造了民事的权利义务主体，使各种私法人陆续产生"④，从而催生了合伙组织，为德国法学家创制"法人"概念提供了理论基础。据此，法人制度的起源是根据国家与地方政府作为独立主体与其成员相分立的事实，承认国家和地方政府具有团体含义而享有独立

---

① 江平、赵旭东：《法人制度论》，中国政法大学出版社 1994 年版，第 3 页。
② 徐国栋：《寻找丢失的人格——从罗马、德国、拉丁法族国家、前苏联、俄罗斯到中国》，载《法律科学》2004 年第 6 期。
③ 龙卫球：《民法总论》，中国法制出版社 2002 年版，第 178 页。
④ 周枏：《罗马法原论》（上册），商务印书馆 1994 年版，第 290~291 页。

的人格，并扩及至宗教团体及其适应当时社会的各种团体组织。① 可以说，现代法人制度起源于罗马法上的团体制度，肇端于公法人，罗马法团体独立人格的确立最初是以成员组合作为基础的，与财产的多少并无牵连。

"法律人格的塑造实际上是一种政治运动的副产品"②，罗马法上自然人的不平等性和身份上的依附性，为封建法与寺院法的支配起着推波助澜的作用，浸淫和禁锢着欧洲大陆几个多世纪。生产力的发展和经济的需求，驱使法律从"身份到契约"的转变，促使了法律人格向着平等化、普世化的嬗变。加之，哲学思潮的碰撞，宗教改革的勃兴，政治制度的革新，契约关系的发展，为法律人格的重塑提供了重大机遇。在古典自然法学说和理性主义思潮的影响下，17 世纪的欧洲大陆开始了公私法分离的法典运动。《法国民法典》将自然法所倡导的无差别的"人类理性"作为实定法上人格的取得依据，使得"生而平等"的价值观念在法典上得以落实。《法国民法典》第 8 条关于"所有法国人均享有民事权利"的规定，以法律形式实现了生物人（Man）与法律人（Person）在外延上的统一，开创了平等的人格观念，民事权利主体理念从此确立。随着法典运动的发展，萨维尼开创的学说汇纂学派，强调实定法的系统化、抽象化和逻辑性，造就出结构完整、逻辑严密、概念演绎的《德国民法典》。思维严密的德国人，在如何将自然人与社会团体的实行联通的问题上，创制出"法人"一词，以概括那些具有人格的社会团体和组织。民法应是以权利为中心构筑的法律体系，作为权利主体的自然人与法人也应当以权利的概念作为法理基础，把权利作为整个法律体系的枢纽，缔造出"权利能力"的一词以取代"人格"，从而在自然人与法人之间构筑了一条桥梁，精巧地构筑了民事主体制度。法人之所以具有权利能力，"因为人格是一种法律上的意志或者说一种法律上的权力在主体上表现出来的那种可能性"③，是为了使法人组织能够代替幕后的成员而成为独立化团体，由法律赋予主体资格的一种法律技术化。据此，无论是"法人"名词的诞生还是"权利能力"概念的创制，德国学者关于法人人格的独立性与法人财产的联系却没有过多的法理诠释，法人的独立性与其财产之间并无必然的联系。对此，可以从自然人和

① ［意］彼德罗·彭梵得：《罗马法教科书》，黄风译，中国政法大学出版社 1992 年版，第 50~51 页。
② 参见马俊驹：《人格和人格权理论讲稿》，法律出版社 2009 年版，第 39 页。
③ ［德］罗尔夫·克尼佩尔：《法律与历史——论〈德国民法典〉的形成与变迁》，朱岩译，法律出版社 2003 年版，第 64 页。

法人的人格两方面的固有内涵进行诠释：从自然人的人格而言，《德国民法典》从人格观念将人格内涵创造出"权利能力"一词，是基于民事法律关系是以主体、客体与内容为轴心缔结的逻辑体系。人是调整法律关系的主体，民法是以调整人与人之间的法律关系，权利能力是确立"人之所以为人"的法律内涵。从法人人格而言，"人格"首先代表着自然人的主体法律地位。历史发展至德国法典运动之时，团体组织在社会经济的地位日益彰显，为了解决法典逻辑体系上的需要，使团体作为一个整体承受权利义务，并在生物人与团体之间抽出共同的逻辑基础，依照罗马法"生物人"与"人格"分离的原理，创制出"权利能力"，民事主体终于以形式上的"人"横空出世，"法人人格"应运而生。"人格"成为"权利和义务的载体"或者"权利和义务载体的能力"的代名词，有学者称之为"权利义务驻足集散之资格"①。据此，即使是"人格"被"权利能力"替代，团体是否享有人格，财产因素并不具有决定性意义，法人人格的享有决定于能否将团体与其成员在权利义务上作出独立的区分，取决于团体是否作为一个整体承载权利义务。财产只能是以团体开展事业目的的物质条件，而不是法人人格的条件。

通过探知人格的历史演变，本书认为，人格与财产并无必然的联系。人格与财产是一对既有相互独立而有紧密联系的理论范畴，人格与财产是一种迥然不同的关系，人格是主体创设或取得财产的前提，财产是主体创设或行使的结果。民法通过调整人与财产的关系进而规范人与人之间的财产秩序。某些人格要素具有与主体不可分离的人身性，如姓名、肖像和隐私。诚然，拥有财产才会提升人格的品位，但人格品位只是人格的表象，并不是其实质内容。大陆法系公司法规定公司的资本制度仅是基于经济信用和经济秩序而设计，一些英美法规定成立公司仅是一元钱，是因社会信用发达，为了维护经济自由而作出的一种立法选择，公司人格的成立不需要以相当资本作为必要条件。现代公司法人的发展，依靠的是优良的管理制度、良好的团队精神和员工的敬业精神，而不取决于公司财产的多少。以财产权保障为中心而构建的民法体制，维系社会财富的增长和财产秩序。但是，我们不能漠视人格的平等性，不能忽视私法的根本价值，无论自然人还是法人在参与民事活动时，所表现出来应是一种自由平等、意思自治的公平交易，社会经济才能有序、稳定和健康发展。如果将财产作为取得人格的条件或前提，将导致人格与财产的混合。如果以是否拥有财产

① 曾世雄：《民法总则之现在与未来》，中国政法大学出版社 2001 年版，第 92 页。

或拥有多少财产作为取得人格的前提，必然导致结果人与人之间的伦理性与平等性不复存在。如果市场经济竞争主体的力量对比取决于财产的多寡，必然导致人格平等的日式渐微，加剧社会的不公和法治的退化，人格与财产之间的界线将不复存在。如果以财产的多少作为决定人格的存在或价值，必将导致民事主体沦落为一种拜物主义。鼓噪以财产作为人格的前提、以财产作为法人存在的基础，会形成一种手段与目的倒置的"异化"现象，导致法人置社会责任于不顾，成为唯利是图的法人。"人"与财产关系上，"人"不应该被异化为一个抽象财产的交换价值符号，民法始终以"人"作为主体进行规范和支配着财产，民法总是通过人格平等的"人"构筑富有逻辑设计的体系，为创造财产提供法律条件。总而言之，一定团体或组织之所以由法律授予法人资格，是基于法人能够享有自然人所不能达到的事业目的，是因为法人可以集合法人的财产或成员的意志而成为众合力量一致地去推动目的事业，但并非所有的团体或组织都可以具有此功能，授予一定团体或组织以法人资格，本质在于能否对外以权利义务的统一集合者而论。因此，人格概念无论如何演化、推进，最终无法改变法律关于国家授予的本质特征。法人人格的取得实质上是国家法律授予的资格，法人人格的独立性与财产多少没有牵连。在中国国家机关法人与事业单位法人因公共利益目的而设立，由国家法律而赋予，法人资格因行政许可而取得，不以财产的取得或财产的多寡作为法人人格取得的依据。事业单位法人和营利性法人的法人资格取得也与财产无联系。

基于非经营性国有资产使用权是以非经营性国有资产作为客体而设置的法律制度，财产法作为规范财产关系的基本法律，义不容辞承载此法律调整的时代使命，理应正确界定非经营性国有资产的国家所有权行使主体和非经营性国有资产使用权的主体。但是，国家所有权与传统所有权的差别性，决定了国家所有权行使主体和非经营性国有资产使用权的主体在界定上的困难性。中华人民共和国成立后的 30 年，非经营性国有资产的管理体制沿袭前苏联的行政管理模式。1986 年颁布的《民法通则》确立了国家所有权由公、私法调整的立法例，是国家所有权的法律调整由公法一元转化为公私法二元的突破，第 73 条规定"国家财产属于全民所有"，国家所有权从此确立为一项独立的民事权利。2007 年颁布的《物权法》本应规范非经营性国有资产使用权的主体，但在第 1 条却以"权利人"规定物权主体，在第 53 条和第 54 条以"国家机关"和"国家举办的事业单位"界定物权主体，中国《民法典》物权编沿袭了此规定。据此，国家所有权的行使主体与非经营性国有资产使用权的主体没有明确，滋生公法主体和私法主体的人格混同，主要表现为：在处理国有资产的归属和利用关系上，国家所有权行使主体和占有、使用资产者兼有行政权力和民事权利，甚至使用权主体本身就是行使着公权力的机关。在处理非经营性国有资产的归属和利用关系上，如果说政府作为国家所有权行使主体，其又是资产的占有和使用者，由此产生的问题是：国家所有权行使主体与非经营性国有资产使用者的主体集于一身，如何区分其行使公权和私权的内容呢？又如何将其行政权力主体与民事主体相分离？只有平等主体的权利设置和制度安排，才能确保非经营性国有财产使用的公平和效率，确立起使用权人在对外关系的财产秩序。正如有学者指出，现代财产的归属和利用的分离趋势，需要财产法日益强调因财产差别而带来的财产权利主体地位的尊重和平等，在一定程度上，又是从"契约到身份"的回复。① 我们应当从财产性质和内容出发，确定主体的法律地位，不因主体身份的差别而设立不同的法律制度。法律应根据财产的发展和社会关系的变化作出调整，实行"从身份到契约"和"从契约到身份"的动态平衡。如果国家财产的归属和利用主体关系过分强调公权的法律关系，不仅不利于市民社会的形成，反而成为市场经济发展的障碍。基于法人独立人格与独立财产之间并无必然联系，在处理财产归属和财产的关系上，应剥离国家所有权主体的公权力成分，分离非经营性国有资产使用权主体的行政权力内容，从而正确界定财产法上的国家所有权行使主体和非经营性国有财产使用权的主体。

二、非经营性国有资产国家所有权的行使主体

在界定非经营性国有资产使用权的主体时，国家所有权的理论是一个绕不开的话题。所有权是大陆法系国家财产法的核心性权利。传统所有权制度肇端于罗马私法，完善于近代大陆法系民法典，是个人主义和自由观念哲学思潮的结晶。传统所有权内涵的经典表述是："近代私法上的绝对所有权是指一个具体的、实在的主体对一个具体的有体物完全的占有、使用、收益和处分的权利。"②详言之，所有权的主体必须是一个具体的、实在的法律上的人，无需借助他人既可支配物，强调主体独立的直接支配性。国家所有权是公有制国家最具有特色的财产权利，其与传统所有权相比较有诸多的差别性。

---

① ［美］伯纳德·施瓦茨：《美国法律史（中译本）》，中国政法大学出版社 1991 年版，第 209~213 页。
② 高富平：《中国物权法：制度设计和创新》，中国人民大学出版社 2005 年版，第 59 页。

　　一是权利主体上的不同。在权利主体上，与传统上的私人所有权相比，国家所有权的主体是国家。国家不是一个具体的法律人格，具有抽象性和虚位性，这决定了国家所有权的行使需要借助于代理人或代表人。新制度经济学理论认为，同一种财产由不同类型的权利人所有，会产生不同的利用效率；而不同的财产客体在同一种主体手里，也会导致不同的效用实现。① 由于国家与代理人或代表人之间存在利益上的不同和信息上的不对称，代理人或代表人不一定按照国家的意志行使，导致国家财产监控的困难性。如何控制和约束代理人的正当行使权利和节约代理成本，是国家所有权行使上的重大难题。

　　二是权利内容上的不同。国家之所以能成为国家，是承载着维护社会公共利益和国家经济生活持续发展的崇高使命，以实现国家的政治目标和经济目标，国家兼有政治人和经济人的双重身份角色，身份角色决定权利内容。国家所有权是国家关于国有财产在法律上行使政治权力和经济权力的权利内容，一方面，国家通过拨款或划拨资产的方式形成国有财产。国家必须通过行政命令方式实施，国家所有权表现为公权力内容。另一方面，国家发展经济，需要对外投资与贸易，需要发行国债、参与民事活动。国家所有权是国家作为民事主体参与私法关系的法律基础和权利表现形式，在此角度而言，国家所有权又体现为一种私权内容。其实，国家作为一个特殊的民事主体参与民事活动，是以国库作为私法中的人格表征。"不是所有个人与国家之间的法律关系都是公法关系，因为国家不能仅以统治者的姿态面对我们，而且还要作为国库（Fiskus）来和我们平等地交往。"②罗马法规定国家以国库名义参与一些民事法律关系。③《德国民法典》第46条也规定了"国库"的概念，以此确定国家的民事法律地位。《意大利民法典》以私法形式规定国有资产的内容，在第11条、第282条、第828条、第826条以及第829条等大量的条文规定国有财产的内容，并界定主体的财产关系和使用关系。因而，国家并非一贯以公权身份出现，其以国库为名义除了表明国家的民事主体外，还表彰以平等的观念参与社会经济活动，树立平等的私法价值观念，形成契约平等和财产平等、国家责任的社会理念。

　　我国《民法典》第246条第2款规定，国家所有的财产属于国家所有

---

① 周林彬、王烨：《论我国国家所有权立法及其模式选择》，载《政治论坛》2002年3期。
② ［德］拉德·布鲁赫：《法学导论》，米健、朱林译，商务印书馆1997年版，第57页。
③ 陈朝璧：《罗马法原理》，法律出版社2006年版，第66～68页。

即全民所有。"国家所有"与"全民所有"是什么关系？"国家所有"是指国家对于国家所有的财产享有国家所有权，这是不容质疑的。"全民所有"是一个政治经济学上的术语，具有概括性和抽象性的内涵，不是法律上的权利概念，它描述的是公有制发展到一定程度的高级经济形态。① "全民所有"的内涵是指国家依法律规定对国家财产享有一切财产权（包括国家所有权、债权、知识产权和其他财产权利）。依体现财产法论，国家所有权仅是全民所有的一部分内容，国家所有权是全民所有制的表现形式和法律体现之一。"全民所有"本身也是一个不确定性和模糊性的概念，"全民所有"应指"全体人民所有"，但"人民"不是一个具有法律人格的民事主体，具有历史范畴的集合性概念，内涵不同于"自然人"和"法人"，每一个自然人或者一部分自然人均不能指代"人民"的意志。一般来说，表达全民所有的整体意志，只能通过法律程序，以选举产生代表表达或表决人民意志。无论国有财产属于国家所有还是全民所有，均存在以什么主体代表国家或人民行使其所有权或财产权的问题。就国家所有权而言，国家作为财产所有者，要行使其所有权，参与民事法律关系，必须落实到法定的相关部门，国家的意志才能够得贯彻落实。这就需要讨论如何科学确定国家所有权行使主体的问题。

所谓国家所有权的行使是指国家授权特定的主体，在法律规定的范围内，代表国家支配特定的国家财产，并行使占有、使用和处分的权能，以符合国家利益和公共利益的一种国家财产监控行为。

基于国家机关法人和事业单位法人都是非经营性国有资产的占有、使用者，为了保证非经营性国有资产的国家所有权主体的权威性和中立性，应当将非经营性国有资产的监控职能在政府机构中剥离出来，统一组成一个新型的非经营性国有资产所有者代表机构，在全国人民代表大会设立该机构，即非经营性国有资产监督委员会，在全国人大闭会期间受全国人大常务委员会领导；地方各级人民代表大会设立各级非经营性国有资产监督管理委员会作为国家所有权的行使主体，对本级人民代表大会和上级人民代表大会负责并报告工作。主要理由如下：

一是体现"分权制衡"的原则。根据非经营性国有资产归属权利与利用权利天然分离的属性和"分权制衡"的原则，以此确定国家所有权的行

---

① 尹田：《评我国〈物权法〉对国家财产权利的立法安排》，载《浙江工商大学学报》2008 年第 1 期；尹田：《论国家财产的物权法地位——"国家财产神圣不可侵犯"不写入物权法的法理依据》，载《法学杂志》2006 年第 2 期。

使主体，具有法理依据。确定非经营性国有资产的归属权利和利用权利，以及国家所有权行使主体的界定是落实这归属权利的重要基础。合理界定非经营性国有资产的国家所有权主体，目的在于分清非经营性国有资产归属和使用关系之间的权利界限，明确其归属和利用主体的权利义务关系，维护主体在归属权利与利用权利的平等性，避免行使主体干涉使用权主体，以保证国家依法配置资产，避免资产调拨的随意性，维护使用权人在法律规定范围内有效运用。此外，非经营性国有资产的国家所有权和非经营性国有资产使用权作为一种独立的民事权利，应当保持权利均衡和权利制约的法律平衡机制，行政机关法人和事业单位法人不能既是国家所有权的行使主体又是使用权主体，将其归属主体和利用主体分离是归属和利用权利分离的必然体现。

二是体现公平与正义的原则。由全国性议会机构行使国家所有权的主体，在世界上并非没有先例可循。美国的国有资产监控模式就是以国会立法为主体对资产进行立法和监督，国会掌握财政预算和决算大权，并负责各项财政拨款支出的决策权。① 非经营性国有资产的监控机构应当坚持公平、正义、效率和秩序的原则，需要一个代表全体人民大多数意志的机构来行使国家所有权，才能充分体现财产价值和社会价值。作为国家所有权的行使主体应当体现全体人民的意志，表达人民的愿望，国资委应当隶属于全国人大，这是人民主权和民主代议制原理的根本体现。全国人民代表大会和地方各级人民代表大会是我国法定的权力机关，是人民的代表机构，对于国家的一切国有资产的重大事务享有最高的决定权，由其行使国家所有权，实至名归。全国人大的最高权力除了人员任免外，还应包括财产和事务的决定权。全国人大虽然是权力机关而非执行机关，但是对于关切全体人民的重大利益的特殊性事务，应当由其行使和执行。只有这样，资产的监控才能得到有效的监督和科学的决策，财政预算和决算才能具有科学性和权威性，从而避免各级地方政府的不当干预，有效地监督非经营性国有资产的使用动态，并在全国范围内有效地进行资源配置和资源共享。

三是避免地方保护主义和公权力滥用。如果国家所有权的主体隶属于国务院及地方各级人民政府，难以保证国资委维护全体人民的公共利益和国家的整体利益。国务院作为国家最高权力机关的执行机关，直接对全国

---

① 方虹、徐璐：《美、澳、新非经营性国有资产的管理模式》，载《产权导刊》2007年第1期。

人民代表大会负责和报告工作，由其代表国家行使国家所有权，公正性和执行力，无可置疑。政治学有此相关理论：只有代议机构或者国会(在我国为全国人大)才能代表国家的权力，政府(在我国为国务院)只是行政管理者，并没有代表国家的权力。① 地方各级人民政府有权代表国家行使非经营性国有资产所有权，欠缺法理依据。地方各级政府及其所属行政机关属于非经营性国有资产的占有、使用者，即使隶属于政府的国资委也是政府部门的内设机构，由其代表国家行使国家所有权，公正性值得质疑。因为地方各级政府也是经济人，是维护地方经济的利益主体，在行使非经营性国有资产过程中，会存在地方利益和国家利益的利益差别和利益分化。"政府由人来管理的，政府的行为最终也只能是追求最大个人利益的人们相互作用的结果。"②

三、非经营性国有资产使用权的使用权主体

机关法人、事业单位法人和社会团体法人是我国特有的法人分类方法，依其性质也可以归类为公法人、公益法人和中间法人。机关法人包括各级政府及其所属部门，公检法等政法部门。事业单位法人是指从事教育、科技、文化、卫生等活动的非营利性组织，包括以捐赠财产设立的事业单位法人、国家机关举办或其他组织利用国有资产举办的事业单位法人和民办非企业单位法人。③ 国家举办的事业单位法人，涵盖那些国家设立的、依靠(或者部分依靠)财政拨款的事业单位，如公立学校、公立医院、科研院所、福利机构、社会团体科等，此类法人以社会利益为目的，依照法律或者行政命令而设立，经费来源于国家预算拨款，也有事业收入(包括补偿性、生产性和服务性收入)。这些法人均以非经营性国有资产为社会提供公共产品和准公共产品的物质基础。一般而论，机关法人和事业单位法人依照法律或行政命令成立，国家举办的社会团体法人经国家主管部门许可而成立，从而具有法人资格，经费来源列入国家的预算支出，由法律赋予其职权，成为权利义务的承受者，以统一的意思能力对外实施法律行为，承担责任的财产保证也来源于国库。可见，这类法人人格的取得，并不以享有独立财产为前提。在德国，各种公法法人对自己的财产的权利

① 陈旭琴：《论国家所有权的法律性质》，载《浙江大学学报(人文社会科学版)》2001年第2期。
② [美]Y. 巴泽尔：《产权的经济分析》，费方城、段毅才译，上海三联书店1997年版，第142页。
③ 葛云松：《中国的财团法人制度展望》，引自中国民商法网，2011年12月5日。

都是私有权，而且各公法法人的所有权都是独立的，上下级政府之间的行政关系与各级政府自己的财产所有权无关。公法法人的所有权的取得、行使等的主要法律依据是公法而不是私法，但其与一般自然人或法人的权利本质并无二致。① 德国形成此法理依据在于为维护私法统一的所有权规则、维护民法体系的逻辑性和结构性。我国机关法人、事业单位法人和社会团体法人，不同于传统大陆法系关于法人的分类，但在本质上均是一种法人，名称上的不同并不影响其法人的本质。在事业单位改革过程中，一些已经改制为营利性质的事业单位，可按照企业形式确立为营利性法人。

总而言之，作为非经营性国有资产使用权主体的机关法人、事业单位法人和社会团体法人，兼具公权主体和私权主体的双重属性。一方面，这些法人如从事公共管理事务、行政管理职能、政府宏观调控事务、实施行政许可、行政处罚及行政强制措施等行政事务，则是公权主体，担当着管理者的角色，行使对行政相对人的行政管理职权。另一方面，就非经营性国有资产的利用关系而言，这些法人在资产占有、使用和政府采购、资产维护，或者以资产作为客体从事民事活动，又是私权主体。当其为私权主体角色时，对其占有、使用的非经营性国有资产享有利用权利，有权排除上级国家机关和政府机关、主管部门的不法干预，同时承担合法、正当、合理利用资产和维护资产不流失的义务。在占有与使用非经营性国有资产期间，非经营性国有资产受到侵害，非经营性国有资产使用权主体有权提起侵权之诉。当物权受到侵害时，由物权人行使物权请求权，这是基本的物权法理，这与建设用地使用权、农村土地承包权的法律救济，并无本质区别。但是，非经营性国有资产使用权也体现着公权与私权的属性，由公法与私法分别综合调整。除了由私法规范外，仍由行政法规制，这与建设用地使用权在行政法由《土地管理法》、土地承包经营权由《农村土地承包法》调整，其原理有异曲同工之妙。这些法人享有非经营性国有资产使用权是对非经营性国有资产行政管理的根据，体现着这些法人应当本着公共行政和公共目的占有与使用国有资产，对法人内部实行资产的维持和改善。在法国，"行政主体对公产享有行政法上的所有权……最高行政法院认为公产的所有权是公产管理行为的根据"②。国家作为国家所有权主体，全国人大常委会设立的国有资产监督管理委员会及地方各级人民代表大会国有资产监督管理委员会是国家所有权的行使主体。机关法人、行政事业

---

① 孙宪忠：《德国当代物权法》，法律出版社1997年版，第23页。
② 王名扬：《法国行政法》，北京大学出版社2016年版，第248页。

单位法人和社会团体法人就是非经营性国有资产使用权主体。国有资产监督管理委员会作为国家所有权行使主体，对非经营性国有资产使用权主体行使资产监控权力，依法行使管理职权，依法制定和颁布关于国家财产管理的基本法律，行使对国家财产的宏观监控权，包括对非经营性国有资产使用权的设定、废除和变更，以及对国家财产资产净值和财务会计进行控制。地方各级国有资产监督管理委员会有权根据本地区实际情况，依据资产基本法律规定颁布相关的地方性法规，并对各级非经营性国有资产使用权主体行使管理职权。

值得注意的是，上述界定非经营性国有资产使用权的使用主体，是从广义上来理解。狭义上，为了正确区分侵权人，要从非经营性国有资产的特性考察，不能局限于机关法人、事业单位法人和社会团体法人。基于非经营性国有资产构成的复杂性和多样性，资产虽然在会计报表上表现出一个整体利益，但具体到资产的各个单一物，对单一物的具体占有和使用，或者说是对财政预算资金的公务消费，需要由公务人员具体使用，即由公务人员依职务占有和使用单一物，非经营性国有资产使用权的使用主体，在一定程度上也延伸至公务人员或依法定使用资产的人员。这需要从资产使用是否符合单位法人意志和是否符合资产正当使用的目的性确定。

第二节　非经营性国有资产使用权的客体

一、非经营性国有资产使用权客体的表现形式

根据我国现行非经营性国有资产的具体情况，根据不同的分类标准，非经营性国有资产有不同的类型。按照行政管理层次不同，可以分为中央非经营性国有资产和地方各级非经营性国有资产；按行政事业单位法人使用的性质，分为国家权力机关、政府机关、事业单位、社会团体占有和使用的非经营性国有资产；按经济学上关于资产的构成划分，可以分为流动资产、固定资产、无形资产和其他资产四个部分；按资产的用途上划分有两类，第一类是为国家行政机关正常运转和履行职能需要而购建、配备的办公用品、办公设备等各类资产，此类资产的范围与大陆国家的公有物相同；第二类是为社会提供公共产品和准公共产品的，而由科、教、文、卫、体等事业单位占有、使用的资产和项目经费。在经济学中，非经营性

国有资产表现形式为国家机关、事业单位管理的流动资产、固定资产、一些无形资产、长期投资和其他资产等以货币计量的经济资源，包括国家机关和事业单位的建筑物、办公设施、办公用品、公务用车、办公电脑、通信工具、仪器设备、装备文献、手稿、图书资料等办公实物，国家机关、事业单位内的食堂，政府财政拨款、政府补贴、福利资助、科研经费等预算内经费。

二、物权客体与非经营性国有资产使用权的客体

自罗马法出现以来，民法以客体为区分构造物权和债权二分法的系统结构，近现代民法权利的扩张和拓展也是以客体作为坐标。由此，在民法体系关于权利类型的划分，决定性因素是权利客体。非经营性国有资产利用关系的物权设计连接点仍是以权利客体为核心。非经营性国有资产的财产关系能否以及如何在非经营性国有资产上设置用益物权，郭清物权客体理论是关键。

(一)传统物权客体的考源与反思

"天地渺渺，众生芸芸；然天地何以长存不灭，众生何以繁衍不息?"其答案就在于人与物的相互依存。人类社会始终是在理性和物性的矛盾中存在与发展，不管社会如何变革，制度如何更迭，物是人类生存与发展的基础资料，人的理性和智慧总是催促物的变革。"按照自然而生活"；"取法人际，天道归一"。构筑合乎时代发展的人与物和谐发展的法律制度，当为法治的最高思想境界。物的私法内涵随着社会经济的发展而演变。"人与物的区分是近代民法典得以确立的基本要素。"①社会的革新、科技的创新、经济的繁荣，深刻影响着人和物的关系。合理确定物的内涵以及合乎自然规律地对人与物的制度构建，是财产法得以发展和完善的基石。考察法律，应超越地域、时空和民族，以发现与创造人与物的和谐关系。社会主义制度的完善是建立在物质为公有制为主的基础之上，企业化或集合化的物质财产正推动社会主义市场经济稳步前进，研究中国财产制度，构造用益物权，需要重新审视、反思物的内涵和功能及物权客体，以寻求一条适合时代、经济和国度发展的法律创新路径。

从广义上说，自然界客观存在的一切东西，均可称为物，物的范围包

---

① 参见[日]大村敦志：《民法总论》，江溯、张立艳译，北京大学出版社 2004 年版，第 34 页，转引自常鹏翱：《民法中的物》，载《法学研究》2008 年第 2 期。

括古代的水车、马车、水磨、城墙、城门、祭祀物、河流等，包括现代的光、电、热、原子、分子、微生物，也包括脱离人体的胚胎、受精卵等细胞以及人的尸体等。但是，自然界存在的一切物质实体并非均由法律来调整，日月星辰，宇宙空间，人类无法控制，法律对之调整没有现实的意义。作为法律规范的物必须满足社会经济生活的需要。根据古罗马巨著《法学阶梯》中的规定，再结合学者的研究成果可以看到，罗马法上的"物"，有广义和狭义两种意义，广义上的"物"指除了人之外，自然界上的一切东西；狭义上的"物"包括有体物（动产和不动产），并用"财产"一词统称"物"的内涵，范围包括有体物（动产和不动产）、无体物和权利，以物的取得方式不同区分为"财物"和"债"。① "罗马法最早出现的财产概念是 Familia（主要指奴隶）和 Pecunia（主要指羊群等财产）。物在民法理论中具有独特的法律意义，或称财产，或称权利客体，或称有体物、无体物，或称有形财产、无形财产。"罗马法曾存在'对物法'和'对人法'的概念"，"中世纪的注释法学家在解释罗马法时创造出了物权一词的概念，他们从罗马法的对物之诉和对人之诉中，引申出'物权'和'债权'的概念"。② 德国历史法学派创制出以法律关系为轴心的民法体系，以物为内容，创造出与人身法相对的财产法，以此构成民法的两翼。"物为一切财产关系最基本的要素，不仅为物权之客体，且涉及一切财产关系。"③综观民法内容，庞杂纷繁，法典千条，头绪迷乱，唯以法律关系为主轴方可廓清。"物归属于客体范畴"；"人与物在主体和客体意义上的划分，是民法整体构造的基础"。④ 物在民事法律关系中的地位无可撼动。自然人和法人的主体资格制度，虽自然人的人格取得与财产无关，但自然人的人格自由和人格利益，遭到侵犯却会通过赔偿金方式弥补。自然人在没有任何物质作为其生存的条件下，依然享有受救济的权利，寻求政府的最低物质保障。法人设立与法人财产的多寡也无关联，法人依靠成员或财产的集合以此承载组织的权利和责任，集合体的权利义务的享有和承担便由法人来完成。基于纯粹的有体法物权理论难以规范多变的社会关系，法国学者奥布里和劳根据《法国民法典》关于"财产"立法的理念抽象，创制出"广义财

---

① 参见［古罗马］盖尤斯：《法学阶梯》，黄风译，中国政法大学出版社 1996 年版，第 80、82 页。［英］巴里·尼古拉斯：《罗马法概论》，黄风译，法律出版社 2000 年版，第 102 页。周枬：《罗马法原论》（上），商务印书馆 1994 年版，第 276 页。
② 王利明：《物权立法：采纳物权还是财产权》，载《人民法院报》2001 年 8 月 27 日。
③ 梁慧星：《民法总论》，法律出版社 2007 年版，第 145 页。
④ 常鹏翱：《民法中的物》，载《法学研究》2008 年第 2 期。

产"的理论。虽然《德国民法典》在物权编排除无体物的适用规范，但在其他编以及《德国民事诉讼法》和《德国破产法》中，我们仍然可以看到以某一主体的全部财产作为规范对象的法条，甚至还存在广义财产概念在企业所有权中的适用。① 此外，《德国民法典》第 88 条以及第 89 条还规定了公法上的法人关于"对机关的责任"和"支付不能"。法国"广义财产"理论认为，"主体拥有的具有经济价值的权利义务的总和亦即'财产与债务'的总和（或积极财产与消极财产的总和）"；"广义财产系于主体的人格，广义财产为人格的表现，体现了人格与外部事物的联系"。② 法国"广义财产理论"的理论意义在于"揭示民事主体财产的整个状况，将当事人拥有的个别财产以及承担的具体义务抽象概括为一个法律上的整体单位，从而使构成一个当事人之'财产'的积极财产和消极财产相互之间结合严密、协调一致。一个当事人的财产以积极财产和消极财产严密、协调地概括为一个法律上的整体单位，解释了债务清偿的一般担保现象及概括继承"③。广义财产理论为尹田教授迸发出丰富的想象力提供了良好的素材，其主张的"无财产无人格"论断，在中国民法学界泛起轩然大波，引起学界的质疑。④ 不可否认，广义财产理论本身是具有民法价值的，它将财产的法律意义连结至遗产的概括继承制度、自然人的破产制度、法人的清算制度和民事诉讼的执行制度，这对于揭示超越个别财产和债务而对当事人财产所作出的整体性观察、合理解释法人财产制度和国家财产权有着重大的理论价值。在发展人的个性和自由上，在促进法人创造社会财富的增长上，人格与财产着实具有密切的牵连性，但尹田教授引擎出"无财产无人格"的断言，乃属偏激之论，有将民事主体沦为一种拜物主义之嫌，形成一种手段与目的倒置的"异化"趋向，不足可取。可以说，法国的广义财产理论以及无体物的理论在德国民法典及其他法中仍然存在适用的余地。有学者认为，构成民法中的物应具有技术性、伦理性和经济性。⑤ 理论上，技术

---

① 参见孙宪忠：《德国当代物权法》，法律出版社 1997 年版，第 220 页。参见尹田：《法国物权法》，法律出版社 1998 年版，第 13 页。

② 尹田：《物权法理论评析与思考》，中国人民大学出版社 2004 年版，第 9~12 页。

③ 参见尹田：《物权法理论评析与思考》及注释，中国人民大学出版社 2008 年版，第 9~13 页。

④ 尹田：《无财产即无人格——法国民法上广义财产理论的现代启示》，载《法学家》2004 年第 2 期。尹田：《再论"无财产即无人格"》，载《法学》2005 年第 2 期；薛军：《"无财产即无人格"质疑》，载《法学》2005 年第 2 期。马俊驹：《人格与财产的关系——兼论法国民法的"总体财产"论》，载《法制与社会发展》2006 年第 1 期。

⑤ 参见温世扬：《财产支配权论要》，载《中国法学》2005 年第 5 期。参见常鹏翱：《民法中的物》，载《法学研究》2008 年第 2 期。

性只能说明运用物构建民法体例应当讲求法律技巧和法律逻辑，物是非生命体，其本身不应具有伦理性。"物"之所以在私法中具有如此独特的法律魅力，根本的决定作用在于物具有经济因素。不管物的表现形式如何嬗变，从深层次来说，物质生活资料的生产是人类赖以生存的基础，社会发展和国家昌盛有赖于以物质为基础的市场经济的高度发达，私法是以财产法为基础的法律制度。正如西方学者认为，财产应定义为"对价值的权利而非对物的权利"①。洛克在《政府论》中认为，"广义的财产则为，它不仅指物质财产，或者说一般意义上的财产和地产，也包括人的身心、生命和自由，甚至包括了人的劳动及行为规范"②。此虽对财产的意义有夸张和溢美之词，但人的自由发展和人权、私权的扩张，除有政治和伦理上的因素外，"物又形成了完整而有扩张力的概念链条和意义网络"③，需以物质作为其存在和发展的基础。由此可见，物是一个具有历史范畴的法律术语，以其饶有趣味义富有弹性的法律含义，衍生出不同的法律术语。以"物"与"财产"构建出不同的财产权制度，并勾画出蔚为壮观的民法历史长卷。

在罗马共和国末期，罗马法学家开始使用所有权（Dominidm）一词，并营造出地役权、抵押权等概念。在罗马法，一直将所有权及其他物权与各种物等同对待，统称为物（Res）或财产（Proprietas），有时也称为财物（Bona）"④。罗马学者赫尔莫杰尼安在（Hermogenianus）《法律概论》第 2 卷指出："'财产'一词不仅包括现金，而且包括像动产和不动产、有体物和权利这样的所有的物"⑤。在罗马法上"物"与"财产"内涵基本相同。从优士丁尼前的罗马法将物区分为要式移转物与略式移转物两种，再从罗马法上所有权、用益物权的客体而论，都是落脚于是渔棚、斗兽场、土地、家畜、嫁妆等实物。有学者经过考察认为："可以说，尽管罗马人提出了有

①　吴汉东：《财产的非物质化革命与革命的非物质财产法》，载《中国社会科学》2003 年第 4 期；[美]肯尼斯·万德威尔德：《19 世纪的新财产：现代财产权概念的发展》，载《社会经济体制比较研究》1995 年第 1 期。

②　吴汉东：《财产的非物质化革命与革命的非物质财产法》，载《中国社会科学》2003 年第 4 期；梅雪芹《关于约翰·洛克"财产"概念的一点看法》，载《世界历史》1994 年第 6 期。吴汉东：《财产的非物质化革命与革命的非物质财产法》，载《中国社会科学》2003 年第 4 期；[美]肯尼斯·万德威尔德：《19 世纪的新财产：现代财产权概念的发展》，载《社会经济体制比较研究》1995 年第 1 期。

③　常鹏翱：《民法中的物》，载《法学研究》2008 年第 2 期。

④　See Gyorgy Diosdi, Ownership in Ancient and Preclassical Roman Law, p. 21.

⑤　罗马法大全选译：《物与物权》（桑德罗·斯奇巴尼选编），范怀俊译，中国政法大学出版社 1993 年版，第 24 页。

体物与无体物的划分，但物权客体主要是体现为物质财富的有体物。"①由此可知，罗马法上的物最终落脚于有体物。这是由于罗马帝国为简单的商品经济时代，还没有产生股票、提单、知识产权的现代财产形式。然则，罗马法又为什么认为无体物也是物呢？究其原因，"罗马法重实际而不专尚理论，当理论与实际发生矛盾和冲突时，罗马法总是舍弃纯理论的要求而致力于满足实际的需要"②。为了能够保证债的履行，在规定抵押权、质权时，由于不是权利人对物的一种直接支配，而是一种间接支配。当权利质权、债权质权作为债的担保时，便认为是以权利而不是以有体物权作为客体，在难以解释此种特殊法理依据，无奈之下，将权利（包括债权）也视为一种物。另外，罗马法上实体法与程序法不分，程序法上为了规定债的标的、遗产，便以"财产"表示债的客体（即给付的物）、遗产（所包括的一切有价值的财产及债务）。换言之，罗马法是以现实生活出发制定适用于商品经济的法律规则，不必考虑物权与债权在逻辑上如何区分，在界定物时也就不分析其体系上的合理性。由此，罗马法关于"物"的概念确立了一个创造性的理念，"财产"一词与私法上的"物"意义基本相同，不论是有体物还是无体物，凡是为人有益、能以金钱估价的财富，统称为民法上的物，并将人法物分为共用物、公有物和公法人物。这对于后世民法典分为财产法与人身法，确立财产法体系，奠定了理论基础，也为民法调整公法人财产提供了理论依据。

《法国民法典》以罗马法为衣钵，采用罗马法上的广义物的概念。财产，指一切有金钱价值的权利的总称，包括物权、债权、继承权、知识产权。其第 2092 条以及第 732 条规定了广义财产。③ 虽然第二卷和第三卷名称为"财产以及所有权的各种变更""取得财产的各种方式"，未采用物权概念，形式上未建立完全独立的物权体系，但后世仍将《法国民法典》所有权及其他物权概括为物权编。"物权"所指之"物"仅指有形财产（动产与不动产），其有关物权理论被纳入"财产法（Les bians）"之更广泛的领域。《法国民法典》未明确物权客体限于有体物，逻辑上解释"质押""优先权"以及"抵押权"置于第三卷，作为债的一种担保方式，有着其编排的合理性。《法国民法典》第 537～542 条列举了国家财产，并对公共物和公用物做出了规定，为后世社会主义法系民法规定国家所有权做出了立法先例。

---

① 吴汉东、胡开忠：《无形财产权研究》，法律出版社 2005 年版，第 5 页。
② 周枏：《罗马法原论》（上册），商务印书馆 1994 年版，第 10 页。
③ 参见尹田：《法国物权法》，法律出版社 1998 年版，第 12～14 页。

《法国民法典》以财产作为编章名称，以调整财产关系，开创了财产法的立法先河。虽然囿于社会经济，未将物权客体扩展为无体物，但是从其编章结构而论，财产是对具有金钱价值关系的非物质性权利和物在法律上的一种概括。德国崇尚概念法学的"法律的逻辑形式理性"，强调民法体系化与技术化，为避免权利与权利客体不分而出现的债权的所有权、用益权的所有权，甚至所有权的所有权之类的逻辑混乱，将物权客体限于有体物，构筑出经典的潘德克吞式民法体例。应该说，从当时的时代背景和生活实践出发，德国潘德克顿学派将财产概念摒弃而改之以物并限于有体物为物权客体，而缔造物权体系，是一种经验发展的产物和逻辑思维的结晶。因为《德国民法典》制定之时，西方工业革命隆隆的机器声刚刚响起，价格形态的无体物鲜有出现，绝大多数人沉迷追求土地、房屋、自行车等重要的有体物、风车、水磨、马车仍是人们基本的生存物质。民法学家们只能就现实发生的生活实践、富于直观的有体物作出合乎逻辑的物权规定，一般不会凭空臆断出世上没有出现的无体物的物权调整规则。即使意识到无体物的民法调整问题，"但德国人没有完全想明白无体物（权利）作为财产时如何命名以权利为客体的财产权利"，"如果物权的客体不限于有体物，该如何表述和界定'物'"，① 于是断然将物定为有体物。总的说来，基于《法国民法典》体系的抽象逻辑性，《德国民法典》物权中的"物"与"财产"的意义有别，物权客体限于有体物。

物权客体是物权研究的逻辑起点，物权客体的确定是物权制度得以创建的理论支柱。大陆法系民法关于物权客体的确定限于有体物，对于公有财产、公用物和公共物仅作出原则性或列举性的一般规定。我国《民法典》界定的物权客体虽然没有规定为有体物，但综观物权编的体例结构和权利设置，完全是一个以有体物为物权客体的物权规范。我国是生产资料以公有制为主的社会主义经济制度，物权编对国有资产作出原则规定，对于法人财产和政府、事业单位的财产仅是作出模糊的权利界定，难以规范国家财产合理充分利用。毋庸置疑，自罗马法始，有体财产法理论是大陆法系民法富于抽象逻辑的辉煌成果，可以精确解释近代财产关系，但时代发展至今，在最为反映财产本质的物权法，将物权客体限于有体物又造成了物权发展的桎梏。这一切的内在矛盾，迫使我们不得不质疑传统物权关于物权客体界定于有体物的合理性。

---

① 孟勤国：《有体财产法还是财产的基本法》，载《物权二元结构论——中国物权制度的理论重构》，人民法院出版社 2004 年版，第 291～292 页。

以有体物为物权客体是大陆法系物权制度的基本论纲，罗马法和法国民法典以生活习惯规则出发，以有体物为生活物质财富的基本方式，德国民法典则是以逻辑思维为轴心；限定有体物为物权客体，构建了物权与债权的两大体系。质言之，这是生活经验与逻辑推理的产物。随着现代工业、信息科学、生物工程以及微电子技术的降临，新型财产形式不断涌现，以有体物为樊篱的物权制度日显封闭与落后，再顽固维持有体物之物权架构显得不合时宜，出现的内在矛盾也就难以调和，以有体物为基础支撑的传统物权体系正岌岌可危。随着现代市场经济和信息技术的发展，物的范畴日益膨胀，固守于有体物，限定动产与不动产的狭窄范围，必然导致传统物权体系的窒息。我国构建物权体系体现为有体财产法，对于如何规范国有资产的无形财产，诸如政府补贴、福利资助、特许权、营业许可、许可证、频道、排污权、收费权、航道经营权等无形资产，① 只能望洋兴叹，如果超越了有体物之边界，就被认定为离经叛道，而如果再多以例外规定或者有体物之延伸，就喧宾夺主而偏离物权客体为有体物之本质。基于传统物权的封闭性、保守性，以传统物权理论调整现代财产形式难有作为。历史的车轮已经驶入 21 世纪的信息时代，知识经济的发展，新型财产的涌现，需要创新出一种新的物权客体以涵摄现代财产，以适应物权制度的新发展。因此，可行办法，就是另辟蹊径，重新考究物权的逻辑起点，即物权客体到底能否容纳无形财产，也许能寻找合理地解决此问题的路径。

孟勤国教授提出的物权二元结构理论为解决中国国有资产问题提供了一条全新的物权思维轨迹。他认为以"财产利益"涵盖物权中的"物"作为物权客体，以所有权与占有权相互依存、相互作用、平等共处调整物权的财产归属与财产利用的关系。② 这为中国破解公法人和国有企业的独立主体地位与国家所有权之间的冲突问题开辟了一条崭新的物权思维理念之路，为中国学界探索中国公有制财产法的道路上带来了一缕光明的曙光。

罗马法将物划分为有体物与无体物："有体物是能触摸到的物，如土地、衣服、金、银及数不胜数的其他物。""无体物是不能触摸到的物，如权利，比如遗产继承权、用益权及以任何形式设定的债权。"③也就是说，有体物与无体物是以物是否存在实体为依据所进行的分类，具有实体存在，可以由触觉而认知的物就是有体物；反之，没有实体存在，由人们拟

---

① 参见宁红丽：《私法上"物"的概念的扩张》，载《北方法学》2007 年第 3 期。
② 参见孟勤国：《物权二元结构论——中国物权制度的理论重构》，人民法院出版社 2004 年版。
③ 罗马法大全选译：《物与物权》（桑德罗·斯奇巴尼选编），范怀俊译，中国政法大学出版社 1993 年版，第 12 页。

制的物，即权利，就是无体物。事实上，此分类是将"物"分类出"物"和"权利"两大类，说前者的"物"与后者的"物（指光、热、电等无体物）"属于种与属的关系，这也合乎逻辑。但是，前者的"物"与后者的"权利"之间说什么也不扯上关系，"物"依照何原理分出"权利"来？依照潘德克吞学派的逻辑，"物"属于物权的权利客体，与权利之间不存在对应的类别关系？"质权"的权利客体属于权利，但在大陆法系有些国家民法也视为有体物，便出现有体物与无体物的交叉关系，造成不伦不类的混乱逻辑。再有，以是否"触摸到的物"为基准划分两者关系，本身就是一种模糊的界线。"声""光""空间"人无法触摸，却也生吞活剥地视为有体物调整，这是一种牵强附会的逻辑设计。以有体物为基石的潘德克吞物权体例就是建立在不动产与动产的区分之上的。不动产与动产，这种分类是以物理作为标准划分，而不是从民法原理作为出发点，必然导致物权法上内在的缺陷。分类本身的目的是为了物权的公示方法树立一个似乎合理的标准，但却在登记问题上产生了矛盾的做法，将一些重要的动产不以占有和交付作为公示原则，把它作为不动产予以登记。不动产与动产以"是否影响物的经济价值和性质"确定其内涵，动产与不动产的内涵镂刻着财产价值的痕迹，却在名称上没有反映其本质特征。难怪乎，学者不得不承认"在现代社会中，区分不动产与动产的理由正在日益丧失其重要性"①。"依现今之通说，物之概念已不限于有体、有形，凡具有法律上排他的支配可能或管理可能性，皆得为物"②（注：此"物"为物权调整的有体物）。依此，现实生活中的股票、出租车营运车牌、电信执照和路桥收费证等都可以存在观念的排他性和支配性，却不列入物权客体。当然，法律的创设源自于立法者的意志。但是，对于现实客观存在的现代财产和无形资产、国有资产，有体物权理论却不说明任何理由、不申述任何理论基础而加以抛弃，这恐怕是一项霸气十足的逻辑推理。

从罗马法关于物的内涵以及调整物的规范意义上，我们可以寻找到构思新的物权客体的思路。"罗马法既以财富作为物的主要标准，原则上必然将物视为可用金钱估价的东西。"③有学者认为，财产根本不存在什么"有形财产"，因为一切财产都是无形的。"物和权利具有完全不同的性质，将之放在一起比较和分类是毫无道理的。从逻辑上讲，不应将物视为

---

①　梁慧星、陈华彬：《物权法》，法律出版社 2007 年版，第 37 页；转引自［日］松坂佐一：《民法提要（总则）》，有斐阁 1980 年版，第 167 页。

②　梁慧星：《民法总论》，法律出版社 1996 年版，第 88 页。

③　周柟：《罗马法原论》（上册），商务印书馆 1994 年版，第 299 页。

财产，因为具有经济价值的是物所包含的'财富'因素而非物本身，物仅是权利的标的。无任何人享有权利的物根本就不是财产。"①有体物与无体物仅说明物的物理状态，不表明财产的内在本质，作为物权法中的物本质满足于人的办公、生产生活、经济交往的需要，都是价值与使用价值的反映，都体现着价值与使用价值的内在属性，都能够以金钱价值估价，否则就不是物权法中的物而是自然界中的物，也不能称之为财产。有价值和使用价值的物，不仅表现为实物表现形式，也表现为价格形态，实体表现形式一般以动产与不动产的形态存在，价格形态表现形式一般以无形形式或者虽以实物形式表现，但该实物仅是依法定格式所做成的载体，所蕴含的价值可以通过相应的载体表现出来。例如，城市出租车营运车牌，实物仅为一张铁皮铸成的经营资格许可牌照，但却是行政主管部门赋予的一种垄断经营权利，出租司机要支付相应的对价取得，蕴含着价值不菲的收益。民办高中的办学许可证，虽然是一种用纸张制成的教育主管部门办学执照，但拥有它表明民办高中拥有收取学杂费的权利。这都是公共事业、公共服务的稀缺性、垄断性而形成或拟制的一种公共资源，表现为价格形态的物。这些公共资源等无形财产，被学者以不属于有体物为由排除在物权法调整范围外，这造成法律上没有完整规范国有资产，保护这些国有资产因此从无谈起。我国《民法典》第115条规定："本法所称物，包括不动产与动产。法律规定权利作为物权客体的，依照其规定。"以上规定冲破了物权法中物为有体物的枷锁，这是可喜的立法动态，但没有明确无体物为物权客体，立法显得遮遮掩掩、缩手缩脚。基于此，为了适应社会经济发展，在反思大陆法系有体财产法的前提下，以传统物权体系的框架为起点，"物权二元结构论"创新确定物权客体。"物是能为特定民事主体直接支配的以实物形态或价格形态存在的财产利益，包括实物，资产，货币、存款、票据、提单，自然资源、拟制资源；其他可由物权人直接支配的财产利益"②。财产利益是法律认可的享有财产权利的法益。财产利益仅是一个抽象概括的表明具有财富价值的物的概念，并不表明任何财产利益都可以成为物权客体，能否成为财产利益的物必须符合物权的本质特征。"对物的直接支配"是物权的"质"的规定性特征，而"对物的直接支配"不再局限于一种对物实施支配的现实性权利，也可以是在物与现实之支配分离后对物的支配

---

① 尹田：《物权法理论评析与思考》，中国人民大学出版社2008年版，第17页。
② 孟勤国：《中国物权法草案建议稿》，载《物权二元结构论——中国物权制度的理论重构》，人民法院出版社2004年版，第258页。

的一种观念性权利。股票、票据、提单等有价证券以及存款等都是财产利益，人对其拥有的财富的计算不再以对这些实际支配的物质载体作为标准，而是以其物记载的价值作为依据。虚拟财产以及公共资源都是物的价值化的表现形式，是现代经济社会的物化表征，这与实实在在的有体物没有根本上的区别，而这能否以物权法调整？学者界定此新奇现象为"物权债权化"，但对于传统民法理论碍于其封闭性特征无法解释的民法中间地带，作出貌似公允、不偏不倚的调和。于是，"灰色地带"学术思潮甚嚣尘上，贯之以诸如"私法公法化""物权化债权""债权物权化""财产债权化"等"某某化某某"的例外情况已屡见不鲜。但是，物权与债权、权利与权利之间的区分泾渭分明、界限清楚，都具有质的规定，根本不存在权利与权利之间的"过渡区域"，人为地以一种折中调和的态度看待，只是一种学术上的巧辩，未免有故作玄虚之嫌。法律毕竟反映了立法机关的意志，法律源自于生活经济条件，又应服务于社会经济生活，法律当适应生活的变化而制定新规则。固守于传统有体物的物权客体，无视现实财产形式的新变化，只能造成传统理论的日渐式微，而不得不采取移花接木、修修补补的手段去掩盖其结构性坍塌。以"财产利益"作为高度概括性表现物权的"物"，在外延上具有涵摄性，撇开人们的直观感觉、超越物质的物理形态，上升到一种更高的层次描绘物的本质，体现了形式上、内容上相互不同的财产共性，符合现代财产发展的特征。

财产利益作为抽象概念，在民法中广泛存在，债权、知识产权也表现为一定的财产利益性质。那么，如果以财产利益界定物权客体，物权中的"物"如何具体表现的"直接支配"特性，如何与债权、知识产权相区别？实际上，作为物权客体中的财产利益，也可以"实在性""确定性"以及"特定性"来界定"一物"。"实在性，即财产利益已经存在而不是以后可能存在"；"确定性，即财产利益的价值是可以确定的，能客观量化为一定的金钱价值"。"特定性，即对财产利益能以法律上的观念或标准区别为独立的单元，从而成为'一物'。"[1]作为物权中的"物"具备此"三性"，可以将之与债权、知识产权相区分。虽然债权、知识产权是财产权，但它是一种权利，而物权客体中的财产利益是一种权利客体。"权利永远不能成为物权的客体，能成为财产的只能是权利中的财产利益而不是权利本身。"[2]

---

① 参见孟勤国：《有体财产法还是财产的基本法》，载《物权二元结构论——中国物权制度的理论重构》，人民法院出版社2004年版，第295～296页。

② 参见孟勤国：《有体财产法还是财产的基本法》，载《物权二元结构论——中国物权制度的理论重构》，人民法院出版社2004年版，第294页。

其一，权利与权利客体是不能相提并论，债权、知识产权应与物权才处于同一层次上分析，如果将债权、知识产权与物权客体中的财产利益混为一谈，未免存在偷换概念之疑，必然造成逻辑上的冲突。其二，债权的客体是行为，债权人享有债权仅是表明可取得、可实现的一种财产利益，能否实现债权取决于债务人的履行情况或者债务人有否财产可供执行。也就是说，债权虽具有财产利益的性质，由于这种财产利益的取得飘忽不定，不存在现存的财产利益，不能特定化，债权与财产利益不能同日而语。其三，知识产权与物权均是对世权，知识产权的客体是智力成果，也可以估价为货币价值，即使如此，知识产权的客体也不能视为物权的财产利益，因为知识产权的客体难以确定其特定性。"股票无论怎么抽象，它的价值总能体现在那张相应的纸上。持有那张纸，就象征着持有人享有了某种财产权。而知识产权则与代表着它们的相应的'纸'也往往是分离的。持有文字作品手稿的人，未必享有复制权。"①财产利益总是表现为一定的物、一定的载体，通过这个载体可以衡量它的价值，具有确定性；而知识产权即使落脚在一定的物上，也不定确定它的权利与价值，因为"知识产权的许可或转让，除法律或合同另有规定外，不意味着相关信息的有体介质（载体）的转移；相关信息的载体的出租、出售及其他转移，除法律或合同另有规定外，也就意味着知识产权的许可或转让"②。知识产权的财产利益也就难以特定化，倘若说知识产权的客体也是物权中的"物"（指财产利益），就与物权的直接支配性不符。③ 有学者认为，基于传统物权关于一物一权、动产交付、善意取得等规则，都是建立在有体物上，无形财产之上很难产生支配性和排他性，也很难产生出物权的追及效力，所以，无形财产不能规定为物权的客体，应由特别法调整。④ 这是出于一种维持传统物权逻辑性体系的历史惯性，而不是基于现代民法权利观念而作出的一种理性选择，也是一项毫无道理、霸气十足的逻辑推理。"谁说物权必须以有体物为标的？为什么某些无形财产就不能成为所有权的标的？"⑤任何财产是自然力产生或人类创造的，都可以依照法律规定确定其归属，所有

---

① 郑成思：《知识产权、财产权与物权》，载《郑成思文选》，法律出版社 2003 年版，第 392 页。

② 郑成思：《民法典（专家建议稿）知识产权第一章逐条论述》，载《郑成思文选》，法律出版社 2003 年版，第 456 页。

③ 参见孟勤国：《有体财产法还是财产的基本法》，载《物权二元结构论——中国物权制度的理论重构》，人民法院出版社 2004 年版，第 294 页。

④ 王利明：《物权法研究》，中国人民大学出版社 2007 年版，第 78 页。

⑤ 参见尹田：《物权法理论评析与思考》，中国人民大学出版社 2008 年版，第 19 页。

权并不是非得建立在有体物之上。当现代财产观念重心已经从有体化转向无体化时，当财产归属与利用相互分离才能充分发挥财产价值时，固守以所有权为中心的自物权与他物权的物权体系而已不适合时宜。只要开动脑筋，以相应的法律识别技术和方法，特殊财产也可适用一物一权、物权公示等物权规则；能否适用善意取得以及物权的追及效力等权利保护方法，这并不能决定权利的性质。实际上，有些有体物也不能完全适用传统物权规则，如赃物不适用善意取得、抵押权不适用返还原物、经登记的不动产所有权不适用取得时效、空间利用权及权利质权不适用占有，等等，以之苛求财产利益全部适用物权规则，难免有点厚此薄彼。大陆各国物权法均视的电、热、声、光以及空间、无线电频谱为物，民法典物权编规定有价证券、股权、应收账款也可以作为质押，如果以财产利益的无形性否定其能够成为物权客体，也就没有充分的逻辑理论。德国的一些法律表明，非有体物也可纳入公物的范畴，如《德国长途公路法》第 1 条第 4 款规定，公路上方的空间属于交通道路的组成部分，置于公共用途之下。[①] 公权性质的国家财产虽然不能进入市场交易，也不适用于物权公示原则、善意取得与占有保护原则，但"物权是权利人直接支配某一个物的排他的权利"[②]，这些原则的不适用并不影响国家所有权在物权法中的规定，更何况物权的一些制度也不能全部适用所有的物权规则，要求国有财产适用全部物权规则难免有点苛刻？质言之，对于以财产利益表现的物权标的，与其含糊其辞，不如堂而皇之，明确规定其为物权客体，方显示出中国财产法与时俱进。因此，以财产利益为物权客体也是合乎事物发展规律的，只要有着开放的观念、标新的意识，自我整合的勇气和能力，以之构建富于现代气息的物权制度也是可行的。

（二）集合物与传统物权客体的解读

非经营性国有资产是一个集合性的财产概念，涵盖动产、不动产以及一些无形性财产等财产，属于集合物。非经营性国有资产具有财产的聚合性、品种的多样性、构成的复杂性、组成的分散性等特点，这需要论证在非经营性国有资产上设定用益物权的可行性。集合物指"数个独立物为同一目的而相互结合并发挥其效用时之整体"[③]。非经营性国有资产具有集

① Wilfried Erbguth/Joachim Becher. Allgememeines Veraltungsrecht（Teil 2），Veriag W. kohlhammer，2 Auflage 1987，S17.

② 孟勤国、张里安：《物权法》，湖南大学出版社 2006 年版，第 10 页。

③ 尹田：《物权法理论评析与思考》，中国人民大学出版社 2008 年版，第 89 页。

合性和概括性，财产法确认非经营性国有资产使用权为用益物权，需要证成非经营性国有资产能否成为"一物"。

现代单一物、结合物和集合物的区分肇始于罗马法。① 在罗马法上，为了表达羊群与单一的羊区分以及羊与遗产、嫁奁和家属等特有产的区别，② 后世学者以经济—社会标准为根据，创造了单一物、结合物与集合物的法律术语，并深刻地影响着后世的物权立法。根据集合物的财产构成不同，将集合物分为事实上的集合物和法律上的集合物，前者是"由多数有体物组成的聚合物"，如羊群、图书馆等；后者是"由有体物与无体物组成，在法律上被视为一物"，包括遗产、嫁奁和家属等特有产，"这三者都是包括有体物和无体物在内的概括的财产，各受同一法律关系的支配"③。有学者认为罗马法区分单一物、合成物和聚合物的法律意义在于："合成物和聚合物同单一物一样，可以作为权利义务的标的。"④笔者通过认真分析和考察罗马法的相关资料分析认为，罗马法上，合成物的所有权不可分割，集合物的所有权与其组成部分的单一物的所有权是可以分离的。⑤ 根据乌尔比安《论萨宾》第 17 卷："显然如果羊群或畜群的用益权被遗赠，用益权人必须以它们生产的幼仔补充它，即必须以新生之幼子代替死亡之牲畜。"根据彭波尼《论库伊特. 穆齐》第 4 卷："在一群羊的用益权被遗赠后，当其头数减至它不再被视为一群羊的程度时用益权消灭"。同时，整体上债权可以特定财产充当质物。⑥ 由此可以看出，罗马法上的集合物是可以设立用益物权和担保物权的。

法国民法理论将财产分为独立物和集合物两种，独立物为单一存在之物，集合物为物的总体，又称为特定的或不特定的"全部财产"，集合物也有事实上的集合物和法律上的集合物之分。事实上的集合物可以由相同性质的财产构成，如畜群、一批图书，也可以由不同质的财产所构成，如由设备、商品等有形财产与商业名称、发明专利等无形财产所构成的"营

---

① ［意］彼德罗·彭梵得：《罗马法均教科书》，黄风译，中国政法大学出版社 1992 年版第 188~189 页；周枏：《罗马法原论》（上册），商务印书馆 1994 年版，第 310 页。

② ［古罗马］优士丁尼：《法学阶梯》，徐国栋译，阿贝特鲁奇、纪蔚民校，中国政法大学出版社 2005 年版，第 171 页。

③ 周枏：《罗马法原论》（上册），商务印书馆 1994 年版，第 310 页。

④ 周枏：《罗马法原论》（上册），商务印书馆 1994 年版，第 310 页。

⑤ 罗马法大全选译：《物与物权》（桑德罗·斯奇巴尼选编），范怀俊译，中国政法大学出版社 1999 年版，第 168 页。

⑥ 罗马法大全选译：《物与物权》（桑德罗·斯奇巴尼选编），范怀俊译，中国政法大学出版社 1999 年版，第 131~132 页、168 页。

业资产"，根据《法国民法典》第 615~616 条以及司法实践、理论，事实上的集合物可以作为用益物权整体财产出卖、设定质押。① 《法国民法典》第 1401 条、第 1409 条、第 1526 条作出规定，法律上的集合物包括积极财产和消极财产（债务），如企业财产、破产财产、共同继承财产、合伙财产和夫妻共同财产。② 由此可见，《法国民法典》的独立物包括单一物和结合物，即单一物和结合物合二为一为独立物；事实上的集合物是财产的整体，不包括债务，且可以作为一体财产设立用益物权和担保权。法律上的集合物的财产范围广泛，涵盖一切财产权利，而且包括债务在内，将经济实体或家庭财产等积极财产和消极财产视为一体，视为一般广义财产。

德国民法理论上也存在相似于单一物、结合物和集合物的分类，但其在名称上有所不同，将单一物称"单一的物"，结合物称"独立的物"或"统一的物"，集合物称"总和物"③。《德国民法典》以物的重要成分（第 94 条）、从物（第 97 条）以及工商业和农业的附属物（第 98 条）规范社会经济、生活中的结合物。在第 92 条虽也有集合物的术语出现，在结合物和集合物的整体上不能设定用益物权，企业的财产只能准用第 1085 条有关某项财产上设定用益物权的规定，对整体上的财产的各个单一物，依据动产或不动产的规则进行处分。此外，在第 1922 条、第 2033 条就遗产继承的问题，也没有作出一个概括性的财产权利规范，而是具体落脚到遗产的各种具体财产的权利进行确定，但其中有许多条文规定是以一个人的财产为调整对象的。④ 基于德国民法理论存在物权、债权和知识产权的严格区分，"法律意义上的物，仅为有体的标的"（第 90 条），基于夫妻财产、法人的财产和遗产中存在着动产、不动产、无形资产甚至劳动力的集合财产，为了固守概念化的精确性和逻辑上的严密性，不能再以一个财产性的权利作为上位概念概括这些集合性的财产，只能以这些财产的各个部分的各自权利规则来规范，维护民法体系上的逻辑严谨性。因而，在德国物权理论上，集合物不能设定他物权。

《俄罗斯联邦民法典》于 1995 年颁布实施，在物的分类上与传统民法有其特别之处，最为特色的是规定了"企业"作为一种权利客体，把"企

---

① 尹田：《法国物权法》，法律出版社 2009 年版，第 110 至 111 页。
② 尹田：《法国物权法》，法律出版社 2009 年版，第 111 页。
③ ［德］卡尔·拉伦茨：《德国民法通论》（上册），王晓晔、邵建东等译，法律出版社 2003 年版，第 384 至 385 页。
④ ［德］迪特尔·梅迪库斯：《德国民法总论》，邵建东译，法律出版社 2001 年版，第 889 页。

业"作为财产性的综合体的物权客体看待(第 132 条),出现了"复杂物"的新类型(第 134 条),除了规定传统类型的不动产和动产、不可分物、主物与从物外,还规定了"果实、产品和收益""动物""知识产权"和"职务秘密和商业秘密"等关于物的形态(第 136~141 条)。① 富于特色的是以企业和复杂物作为物权客体,在企业的整体财产上可以设立用益物权,称为"经营权"(第 294 条)和"业务管理权"(第 296 条),企业的经营权人有权将企业的财产作为抵押(第 334~336 条、第 340 条)。《俄罗斯联邦民法典》在保留德国物权体例的基础上,创新出有特色的物权制度,这是从社会主义计划经济向市场经济过渡时期轨迹的必然反映,并以"企业"和"复杂物"作为集合物,此整体性财产包括不同的权利客体在内的财产,将之拟制为"不动产",以之构建用益物权和担保权制度,解决了国有企业经营者的物权属性问题,而这一切的创立基础在于:将物权的客体落脚于财产,所有权的客体是财产,涵盖了有体物、无体物和权利;"在规定法人的概念和种类时,明确界定了发起人对法人'独立财产'的不同关系类型"②。

从罗马法到法国、德国以及俄罗斯民法典的立法路径来看,集合物在私法规范整体财产上具有不可或缺的作用。罗马法和法国民法典从生活经验出发,基于集合物能够发挥特定的整体功能,在事实上的集合物可以设立用益物和担保权。俄罗斯民法典为了适应社会主义遗留的法律痕迹,确立所有权的客体是财产,规定在企业的总体财产上可以设定经营权和业务管理权,也可以作为抵押标的。德国民法典为了维护法典的系统性体系,将物权客体确立为有体物,作为企业、遗产或夫妻财产的集合物可以整体性财产看待,但在其设立的用益物或抵押权只能依据各自权利确定其处分的规则,不能作为定限物权的客体。质言之,集合物在各国财产法的法律地位取决于物权客体,取决于如何认定"一物"。物权客体必须是特定物,具有特定性和独立性,这是物权的本质要求,也是物权的客体区分于债权根本性标志。如何区分物为特定物,如何认定"一物",既是法律技术的需要,也是现实生活的需求。详言之,"一物"的确定,是此物与彼物的区分需要,须与社会生活和经济交易的观念相符合。如一粒米、一滴酒,

---

① 黄道秀、李永军、鄢一美译:《俄罗斯联邦民法典》,中国大百科全书出版社 1999 年版,第 70~71 页。

② 余能斌、程淑娟:《经济转型时期物权立法的一面镜子——以俄罗斯的国家所有权立法为鉴》,载《现代法学》2006 年第 5 期,第 173 页;张力:《社会转型期俄罗斯的公共所有权制度——兼论公共所有权与私人所有权的制度关系》,载《法律科学》2009 年第 2 期。

虽不失为客观现实的物，但不具有经济价值或社会意义，但一斗米、一斤酒却具有现实意义，可以成为物权客体。单一物和结合物可以确定为"一物"，简明易懂。① 集合物能否成为物权客体而界定为"一物"，尚需深层次地考究。

物的"特定性"如何表现出来？单一物和合成物能够直观地表现出物的一体性和紧密性，容易为人直接管领和控制，为"一物"的典型特征。集合物由单一物和合成物组成，数量繁多，分散零碎，人们难以理解如何表现物的特定性。集合物是否视为"一物"取决于立法者的意志。证成集合物能成为"一物"，是在其之上设立用益物权和担保物权的正当性基础。在多数学者看来，单一物理所当然成为特定物，但结合物只能在抵押物上设立，且只能在财团上设立抵押物权。对此，学者辩称认为，"物的独立性应以社会交易观念为判断"②。集合物成为一物，其原因在于形成总体上的交换价值，只有在作为交易的对象时，集合物作为物权客体的价值才能表现出来。③ 日本学者川岛武宜教授的两段话被视为金科玉律，"当集合物的交换价值成为现实性的东西时，集合物的统一性存在于法的世界就变成了现实性的东西"；"使近代法中的集合物成立的时机，是该组成物之间的交换价值的关联，集合物的近代性格正是存在于这一点上"④。尹田教授补充认为，"抵押权为价值权（抵押权非为对抵押物物质形态的支配，而是对抵押权交换价值的支配），其设定于一物或者设定于数物，并不影响抵押物的归属，可以通过抵押权设定之技术上的操作来加以解决"⑤。学者在论证集合物成为财团抵押的客体，具有一定的合理性。毕竟，物的独立性存在于人的观念之中，社会交易观念也应当成为物的特定性的判断标准，集合物的交换价值促成集合物的统一性和独立性。但是，学者在论证在集合物上可以设立抵押权，那么，为什么在集合物之上就不

---

① 笔者注：单一物指形态上独立成为一体的物。"单一物"客观地、独立地形成"一物"，而且具有独立的形态和物理的性能，符合生活实践，为人所主观判断，最重要是具有直接支配的实用价值，成为物权客体当无疑义。结合物指由数个物结合而成之物，结合物虽然是由数个单一的物组成，各个物之间并未丧失个性，但它由各个物紧密结合组成一个有机整体而共同发挥作用，法律规定为"一物"，符合物的支配秩序和实用效益，因而结合物成为物权客体顺理成章。

② 梁慧星主编：《中国物权法研究》（上册），法律出版社1998年版，第38页。

③ 参见王利明：《物权法论》，中国政法大学出版社1998年版，第125页。

④ 尹田：《物权法理论评析与思考》，中国人民大学出版社2004年版，第89~91页；参见[日]川岛武宜：《所有权法的理论》（日文版），碧波书店1987年版，第170页，转引自王利明：《物权法论》，中国政法大学出版社1998年版，第125页。

⑤ 尹田：《物权法理论评析与思考》，中国人民大学出版社2004年版，第92页。

能设立用益物权，原因是什么？难道仅是用益物权和担保物权存在差异性？用益物权与担保物权处于同一位阶的地位，都是他物权。用益物权支配物的使用价值，担保物权支配物的交换价值，但不能以此理由否定集合物不能设定用益物权。虽然用益物权在一般情况下存在着对实物形态的支配，但在一定的情况下，仍可由权利人间接占有而取得利益，这是一种观念上的使用价值支配。正如法人财产交由经理层直接经营一样，法人并没有直接经营财产，此与担保物权的价值权没有本质区别。集合物的构成无碍于用益物权人享有的物权内容。再者，集合物在确定所有权前提下，既可以设定担保物权，通过支配物的价值权而实现交换上的财产利益，也可以设定用益物权，通过支配物的使用价值而取得财产利益，何乐而不为？更何况，一物的归属和确定是他物权设定的基础和前提，各国物权法已明确规定财团抵押权，既然担保物权在集合物上可以设立，那么否定其设定用益物权，岂不厚此薄彼？

(三)非经营性国有资产与物权客体的创新

法律来源于生活实践，法律的生命与活力在于适应变化了的生活条件，固守于僵化的概念体系，必然加剧法律的滞后性。自工业革命以来，以法人财产形式的集合资产在社会变革中起着不可磨灭的作用，集合物在当今全球一体化的时代仍占有重要地位。[①] 法人的本质功能在于运用集合资产进行资源配置，催生着职业经理阶层的形成，出现了法人财产所有人与利用人的分离。现代公司为了实现担保融资，也需要以法人财产为一体，即使非法人组织的集合资产也在社会实践中发挥着调配社会资源的作用。物权法承担着分配社会资源的调节作用，对集合资产作出调整和必要的回应实属时代之必然。但是，如何合乎逻辑地调整，却是一个费解的理论问题。

罗马法物权制度和法国财产法的体例虽然缺乏精密逻辑，限于农耕社会，物权客体最终依然限于有体物，亦只能规范为以有体物为中心的集合物。以潘德克吞体系构筑的物权体系，囿于概念化的保守，不能对集合物作出统一的规范，制约了法律对集合物的整合效用。德国民法之所以将集合物排除在物权体系之外，桎梏在于将"一物"的范畴限制为有体物，"物"的范畴显得狭窄而保守。为了适应现代财团融资的发展需要，日本

---

① 笔者注：英国崛起背后是工厂的力量，美国、德国崛起背后是巨型公司、多国公司及跨国公司的力量，日本和东亚新兴工业化国家崛起背后是网络型公司的力量。

民法将企业财产作为一个集合有机物拟制为"一物"作为财团抵押的权利客体，但在物权法上的"一物"落脚于有体物，此与财团抵押的"一物"，在内涵、外延上不相协调，不伦不类。《俄罗斯联邦民法典》将物权的客体规定为财产，创造出"复杂物"一词，将企业作为"一物"看待，虽然可以为集合物开辟理论上路径，但物权客体所指的"财产"却蕴含着财产权利的各项内容，难以区分债权、知识产权和无形财产，逻辑体系上难免矛盾。

　　在公有制体制下，非经营性国有财产是复合型财产，本质是集合物。机关法人和事业单位法人使用的非经营性国有资产与传统物权客体不相符，财产法如何调整？寻求调和矛盾的切入点是探索解决方案的主旋律。公有制与经济生活的需要要求冲破传统以有体物的物权体系，从理论上考究物权客体的创新，需要以调整财产利益为轴心，构建财产权与集合物有机地结合一起的财产法逻辑体系。换言之，物权客体的确定是公有制与传统物权进行搭线建桥的有效路径。物权客体的选择应当着重反映与调整公有制财产，注重展望和规划现代财产，在传统和现代的私法理念下做出调和，创新出适合的理论路径。这是一项艰巨、复杂的系统工程，需以缜密、充分的基础理论研究为前提，且其论证周期长、立法成本大，但可以先确定物权客体的规定性。笔者认为，孟勤国教授主张的"以一定的财产利益"为物权客体，[①] 可以成为规范中国国有财产利用关系的一条理论思路。"财产利益"是抽象概括各种表现为实物形态或价格形态的物，符合现代"物"的本质特征；以"直接支配"作为限制语修饰"财产利益"，是确定相应财产为"一物"的理论基础，也是界定"一物"与债权、知识产权相区分的根本标志。[②] 同时，以"一定的财产利益"作为物权客体清楚地界定了资产、存款、票据、提单以及拟制资源等，由有体物作为物权客体所难以解释的财产现象，为合理解释中国国有资产与使用人之间的物权问题提供了一种理论设计的途径，也为在非经营性国有资产上设置一种新的用益物权提供了理论的基础。"一定的财产利益"[③]为物权客体，是反思传统物

---

① 参见孟勤国：《物权二元结构论——中国物权制度的理论重构》，人民法院出版社 2009 年版，第 43 页。

② 鲍家志：《论非经营性国有资产的范围——兼论〈物权法〉第 2 条关于物权客体的规定》，载《学术论坛》2010 年第 7 期。

③ 孟勤国教授主张，物权客体是指"物是能为特定主体所直接支配的财产利益"，为行文方便，本书简称为"一定的财产利益"。参见孟勤国：《物权二元结构论——中国物权制度的理论重构》，人民法院出版社 2009 年版，第 43 页；孟勤国：《有体财产法还是财产法的基本法》，载《物权二元结构论——中国物权制度的理论重构》，人民法院出版社 2004 年版，第 291～292 页。

权客体理论的得失体会，是解释现代财产形态的思维模式，也是解决中国公有制重大物权问题的一种理论尝试。据此，我国《民法典》第 115 条规定物权客体的规定是对该学说的间接回应，在我国民法立法史上具有划时代的重大意义。

理论上，"物权客体财产利益论"①也可以"一物"的"特定性""确定性"和"实在性"将各种财产权之间的客体界限泾渭分明地区别。非经营性国有资产内的债权和知识产权应属于经营性国有资产的范畴；债务并不是权利而是义务，不能视为财产利益，除此以外的非经营性国有资产均表现为一定的价值和使用价值，整体性可以通过会计报表表现出一个确定的价值总量，因其在社会经济观念上视为"一物"，可以物权客体"财产利益论"界定其为"一物"，从而为法律赋予其物权客体提供一种理论上的思维模式。以"为特定主体所直接支配的财产利益"界定"一物"，可使集合物具有清晰、识别的特定性，而以有体物作为物权客体则只能作出牵强附会的解释。此处首先涉及一个重要的问题，那就是集合物的构成不同，关系到逻辑上的合理性。集合物应当包括除债权、知识产权的客体外的财产利益，但不包括债务，即包括土地、楼房、机器设备、办公设备、现金、货物及其他动产和不动产等财产利益。这些财产均表现为一定的价值和使用价值，通过财产利益表现出一个价值量，以会计报表计算出一个总的价值量，在一个法人或组织中通过有机结合表现其整体性，具有特定性，在社会经济观念上可以形成"一物"。这种通过权利主体对集合物的整体价值的支配，揭示了人与物之间更为本质的经济和生活关联，从而强调了人对物的观念支配，不同于传统的对物的实体支配关系。事实上，正如学者指出，对"物的特定性"的理解，不应苛求物的外部形态或构成是否具有同一性，而应以物在经济或社会观念上是否具有确定性为标准。② 法人的集合财产均可以表现为财产利益，而财产利益可以表现为一种财产上的概念，界定"一定的财产利益"为"一物"，但并非一切的财产利益均是物权客体，而是以特定性、确定性和实在性界定财产利益才能成为物权客体，此三性可以将物权与债权、知识产权相区分的。在一个权利主体的集合物中，集合物总表现出为一个资产值，完全可以通过会计核算予以特定化而视为"一物"。如果将集合物涵盖债权和知识产权，虽表现为财产利益，

---

① 笔者注：孟勤国教授将物权客体界定为"物是能为特定主体所直接支配的财产利益"，为行文方便，称为"物权客体财产利益论"。

② 温世扬：《物权法要论》，武汉大学出版社 1997 年版，第 39 页；李景丽：《物权法新论》，西苑出版社 1999 年版，第 46 页。

但变成债权、知识产权和动产、不动产设立一个所有权，会造成财产权逻辑体系上的混沌。如果将债务也包括在内，因债务是一种义务，不能视为财产利益，所以也会出现债务上成立所有权的问题。日本民法将集合物视为抵押权的客体，其范围包括债权和知识产权，这与民法结构体系不符。一言以蔽之，国有资产事实上的集合物可以确定为"一物"。

当论及法人使用国有资产享有的财产权利，传统物权理论需要落脚到具体的客体才能说明这些权利的性质，也即对国有资产进行"物的分裂"方能做出符合国家财产权利的诠释。德国法律没有将集合物视为一物，原因在于没有抽象出财产集合物系统性的概念。[1] 为了调整单一制企业的国有财产利用关系，俄罗斯民法典有将"企业"和"复杂物"拟制为不动产，突破了有体物客体的羁绊，确立"财产的所有权"而非"物的所有权"之理念[2]俄罗斯联邦民法典关于用益物权客体的立法模式，为我们创新界定用益物权客体提供了参考。本质上，国家所有权客体的特殊性决定其与私人所有权不同。国家作为一个抽象的主体，必须通过赋予具体法人才能创造效益，这就是国有资产存在着归属和利用关系普遍分离的制度根源，但国家作为所有权主体必须对使用主体进行资产监控，监控的方法不是必须对各个具体财产权进行监管，这就需要一个具体的集合性操作标准作为衡量因素。国有资产无论表现为何种财产形态，归因为何种财产权的客体，均具有价值和使用价值，具体概括为一定的财产利益。理论上，国有资产作为集合物也可以整体性、观念性地视为"一物"。据此，以"一定的财产利益"界定法人资产为"一物"并非不可能，但国家所有权主体可以通过价值总额予以控制，可以在个别和整体的客体之间得到协调并存，且其公示的方式可以通过会计报表的形式完成。因此，以"一定的财产利益"可以拟制国有资产作为物权客体，由国家通过控制价值利益以实现国家所有权的行使，监控使用人的利用权利，从而合理地诠释国家所有权和非经营性国有资产使用权客体的特殊性，其法权意义在于，一方面，以特定客体、特定权利维护公有制的国家财产秩序；另一方面，使国家财产的利用价值得到最充分的实现。质言之，它以一种特有的物权客体最大限度地诠释了归属和利用的财产权利。

---

① ［德］卡尔·拉伦茨：《德国民法通论》（上册），王晓晔、邵建东等译，法律出版社2003年版，第411、413页。

② 余能斌、程淑娟：《经济转型时期物权立法的一面镜子》，载《现代法学》2006年第5期。

三、非经营性国有资产使用权客体与一物一权原则

机关法人、事业单位法人的非经营性国有资产可以确定其为"一物"，基于其存在众多的单一物，需要讨论的是，这是否与一物一权原则相违背？

在罗马法中，在集合物的整体上可以设立所有权，当单一物分离时，单一物的所有权与集合物的所有权并不发生冲突，单一物的所有权人可以从集合物上取回其单一物。① 根据历史资料考察，《法国民法典》第616条规定，可以在事实上的集合物上设立用益权。② 例如，共500只的羊群，其中一只因病而死，这时并不影响已经在整体羊群上设立的用益物权，可以在以后出生的小羊内补充。德国否认集合物之上可以设立用益物和担保物权，其法理依据在于：集合物是一种财产，财产本身即是各权利总和，并与特定权利人相联系，如果将财产当成物，就不能将物与对物持有的关系相区分，导致逻辑混乱。正如有德国学者指出："任何财产的直接的组成部分都不是属于财产的权利的客体；财产是指权利人对他所有物的所有，财产并不是物本身；财产是指债权，而不是他人根据债权可以提出请求的给付标的。"③质言之，物权、债权和知识产权均是财产性的权利，集合物本身是一种财产的集合（即权利的集合）。在此情况下，集合物是否是一个处分行为的客体，如果回答是肯定的，就必须创设一个高于各个具体权利的总体权利。在德国似乎没有这个总体权利术语，《德国民法典》第1922条、第2033条第1款和第1416条第2款规定，财产虽被"作为一个整体"进行统一的处分，但仍可以通过各种具体权利的法律规定进行处分才能实现，整个财产的转让以及对这个财产设定用益权都不需要通过一个单一的处分行为。④ 即使集合物是事实上的集合物，在如何处理集合物的所有权与其组成部分的单一物的所有权的关系上，难以解释合乎一物一权的逻辑关系：如果说，集合物上有一个整体的所有权，那么，单一物上的所有权还存在吗？若单一物的所有权还存在，则是一物两权；如果不存在，则单一的所有权何在？这些问题，都难以通过潘德克顿民法体例的概

---

① 参见周枏：《罗马法原论》（上册），商务印书馆1994年版，第310页。
② 罗马法大全选译：《物与物权》（桑德罗·斯奇巴尼选编），范怀俊译，中国政法大学出版社1999年版，第131~132、168页。
③ ［德］卡尔·拉伦茨：《德国民法通论》（上册），王晓晔、邵建东等译，法律出版社2003年版，第410页。
④ ［德］卡尔·拉伦茨：《德国民法通论》（上册），王晓晔、邵建东等译，法律出版社2003年版，第411页和第413页。

念结构作出合理的解释。因此,《德国民法典》意义上的集合性财产只是一个对人所有的全部财产权利的综合标志,它不是一个统一处分行为的客体,在逻辑上也没有必要设立一个整体权利客体作为处分行为的客体问题。① 继而,德国民法不承认在集合物上可成立一个所有权,因为如果认为集合物存在一个所有权,则组成其部分的物也存在一个所有权,即是一物二权,这就与一物一权原则相违背。这种蔑视集合物的做法,受到一些学者的强烈批判,德国学者基尔克②与日本学者川岛武宜提出了修正的方案,认为"当集合物作为交易的对象时,集合物作为客体的价值才能表现出来"③,集合物也可以成立一个所有权,日本为此确认了"企业担保"和"财团抵押"。但是,此主张似乎认为集合物能够成为一物,完全取决于交易需要,而不在于物的确定性。依此主张,非经营性国有资产不具有流通性,不应成为"一物"。然而,川岛武宜明确指出,"构成集合物的各个物的所有权与对集合物的所有权同时存在是可能的。因为物的支配秩序,完全由物的利用决定"④;还有学者认为,集合物只要具备三个要件:集合物与构成集合物的各个物具有不同的利益;不悖于物权特定原则;合于物权公示原则,则可将其视为经济上的"一物"而成立单一的物权。⑤ 据此,"一物"显然又不是物的交易性质决定其成为"一物"的根本要素,而是以集合物的利用价值为要素。因此,日本学说主张在担保物权上确立集合物的"一物"而否认其成为用益物权客体,难以自圆其说。

有学者认为,集合物之上成立财团抵押,并没有解决或者说明集合物的所有权与构成集合物的各个独立物的所有权的重叠问题。对此,该学者认为,抵押权为价值权,"因此,集合物之抵押权与集合物之所有权,是两个完全不同性质的问题。法律承认一个抵押权得设定于集合物,不等于承认集合物上得设定一个单独的所有权"⑥。其下之意,基于抵押权为价值权,确认集合物为抵押权的客体无须再在集合物上设定一个总的所有

---

① [德]卡尔·拉伦茨:《德国民法通论》(上册),王晓晔、邵建东等译,法律出版社 2003 年版,第 414 页。

② 参见王利明:《物权法论》,中国政法大学出版社 1998 年版,第 124 页。

③ 参见[日]川岛武宜:《所有权法的理论》(日文版),碧波书店 1987 年版,第 170 页;转引自王利明:《物权法论》,中国政法大学出版社 1998 年版,第 125 页。

④ 参见[日]川岛武宜:《民法总则》,东京有斐阁 1980 年版,第 150 页;梁慧星:《中国物权法研究》,法律出版社 1998 年版,第 39 页。

⑤ 陈华彬:《物权法原理》,国家行政学院出版社 1998 年版,第 55 页,转引自[日]铃木禄弥:《物权法讲义》,东京创文社 1994 年版,第 349~350 页。

⑥ 尹田:《物权法理论评析与思考》,中国人民大学出版社 2004 年版,第 92 页。

权。他物权的本质决定了先必须存在或者确定所有权的前提下，才能谈用益物权或担保物权的设立；没有确定所有权，或者物的归属不清，又何谈在物上设立用益物权或担保物权，至多只是一种占有或者先占的问题。理论上，集合物的所有权的成立并不取决于交易方式和交易内容；"交易的目的和作用仅在于使所有权发生变动，所有权先于交易而存在，而交易本身并不能创设所有权"；"集合物上是否成立一个所有权，与交易之成立毫无关涉"①。质言之，离开物的所有权，在之设定用益物权或担保物权无从谈起。因此，在集合物上，无论设定用益物权或担保物权必须确定集合物的所有权问题。尹田教授认为，"法律承认一个抵押权得设定于集合物，不等于承认集合物上得设定一个单独的所有权"，完全颠倒了所有权与他物权的基本关系，在逻辑上不能自圆其说。因此，集合物理应成为物权客体，客观上存在着整体性的所有权，在其上设立用益物权和担保物权成为必然，只不过需要一定的法律技术来设计其逻辑体系。

机关法人、事业单位法人的非经营性国有资产作为集合物，整体上的集合物与其构成部分的单一物之间反映的利益具有差别性，前者是从整体观念上观察，具有整体利用的实用价值；后者是从单一物的存在价值考察，只有个别利用时才具有物的存在意义。但是，集合物的所有权与其构成集合物的单一物各个所有权之间的重叠问题，不影响从整体上考察集合物的所有权。国家作为所有权人对非经营性国有资产进行监控是从每个行政事业单位资产的总体控制，不可能是对每个单一物进行监管，非经营性国有资产作为集合物与其组成部分的单一物反映着不同的财产利益。关于非经营性国有资产是否具有特定性的问题，笔者认为，基于"物权标的'特定性'指的是物权标的物的现实、具体和确定的客观存在，其与债权法上的'特定物'具有完全不同的含义"②。质言之，物的特定性不是物理性质上的特定，而是一种能够为人所控制或衡量的社会观念或经济观念的特定。基于非经营性国有资产均能通过行政事业单位的财务会计报表反映价值利益，使用权人总是通过物的变化表现出对特定价值利益的占有和使用，因而机关法人、事业单位法人的非经营性国有资产应具有物的特定性。此外，一物一权原则并不排斥一个物上设定数个内容相容的他物权。同理，在非经营性国有资产集合物上设定使用权，并不影响在其土地上设立建设用地使用权，因为两种用益物权之间并不排斥。

---

① 尹田：《物权法理论评析与思考》，中国人民大学出版社 2004 年版，第 93 页。
② 尹田：《物权法理论评析与思考》，中国人民出版社 2008 年版，第 80 页。

　　一物一权存在的理由在于："其一系在确定物权支配客体之范围，使其支配之外部范围明确化。其二系因社会观念认为在物之一部分上，或数物之集团上成立一物权，并无必要且无实益。"①"一物"必须具有独立性和特定性。但是，判断物的独立性和特定性，应依据人的社会生活和经济交易的观念判断，正如有德国学者指出："物的外在组成形式并不是特别地重要，尽管它们也起着一定的作用，更重要的是统一使用的目的，或一个物在一个大的统一物中的事实的使用。"②集合物在社会生活的作用决定了法律规范其价值性。至于现实生活中起着社会作用的集合物是否与一物一权原则相符，应是观察问题视角的区别，而不是以一物一权作为事先度量的标准去考察。民法规范集合物的意义在于：由数个独立物相互结合，整体地发挥共同效益，在社会观念上具有一体性、独立性和关联性。理论上，既然集合物可以成为一物，可以运用集合物的强大优势组织社会经济资源创造财产利益，则集合物之上也应具有所有权。理论上，剔除债权、知识产权，集合物可以成立一个总的所有权。所有权调整财产归属关系，但也是一种动态中的静止关系，考究所有权也应当是一种动态的观念，应根据特定时空而确定。质言之，在考究集合物上的所有权与其组成部分的单一物所有权，应当依据特定的事实而定，在集合物的整体上进行考察，而不应拘泥于已有单一物的所有权。简言之，考究集合物是否存在所有权，是否为"一物"，不应考究集合物与其各个单一物之间的所有权关系，因为总的所有权与单一物的所有权之间是一种内部关系。一个私人的法人或组织的总体财产，所有权本身就是法人所有，这是一种物的整体的归属问题。"承认物的集合之上存在物权不违反一物一权原则，单个物之上的物权和集合物之上的物权并不冲突，所有权人对单个物享有所有权的同时对于若干物的集合享有权，后一个所有权包含前一个所有权，是前者的复数相加，并非两个所有权，因此不违反一物一权原则。"③集合物并不因交换需要而设立一个所有权，而是本身就已存在一个所有权，集合物存在交换上的可能，这是所有权本质属性的表现形式，无须因交换而再创设一个所有权。质言之，集合物的所有权在其形成集合物之时就已经创立了一个集合物的所有权，各个单一物在尚未形成集合物之前仅是单一所有权，当把集合物看成一个整体，集合物就表现出为一个所有权，这时候就无须再

---

① 谢在全：《民法物权论》(上册)，中国政法大学出版社 1999 年版，第 19 页。
② ［德］卡尔·拉伦茨：《德国民法通论》(上册)，王晓晔、邵建东等译，法律出版社 2003 年版，第 384~385 页。
③ 孟勤国、张里安：《物权法》，湖南大学出版社 2006 年版，第 40 页。

考究各个单一物的所有权。集合物的所有权在宏观上就表现为一种抽象性和观念性，在微观上就表现为一种具体性和实在性。

集合物作为现代财产，具有创造财产利益和调节社会资源的重要作用。法律是社会生活的映射，法律表现为立法者的意志，法律可以将集合物拟制为不动产，但这会人为造成集合物与不动产不分的局面，无法准确地表达集合物在社会作用的规范意义。在"物权客体财产利益论"的视角下，集合物成为"一物"，可以成为用益物权的客体，并不违背一物一权的原则。"物的支配秩序，完全由物的利用决定。"具体来说，非经营性国有资产通过整体财产的有机结合发挥利用效益，为社会提供公共产品或准公共产品，财产整体性可以通过会计核定的净资产值而表现为"一物"。这种通过权利主体对集合物整体价值的支配，揭示了人与物之间更为本质的经济关系，强调了人对物的观念支配。在集合物上设立用益物权是否与一物一权原则相符，衡量的标尺是如何界定或解释集合物与其内部单一物之间的所有权关系。在考究集合物的所有权与其组成部分的单一物所有权，应当依据特定的事实而定，以在观念上集合物是否为"一物"作为考察依据。从"物权客体财产利益论"的原理出发，可以将集合物的资产总值抽象为一个确定的数额，在观念上视为"一物"。集合物的所有权与单一物的所有权符合一物一权的基本原则，因为当把集合物看成一个整体时，并不需要考虑单一物的所有权问题，一物一权的原则总是在特定的时空和特定的地点上考察物的所有权状态。基于事实上的集合物由相同性质的有体物组成，可以组成一个整体为特定的目的发挥社会和经济作用，把整个集合物当成一个财产整体作为用益物权的客体发挥作用，即使集合物的某一或其中单一物减少或丧失，而集合物作为整体仍发挥作用的，不影响在集合物上设立用益物权。集合物具有"一物"的性质和功能，在集合物之上设立用益物权和担保物权，就适应了现代集合物的发展趋势，从而发挥集合物的整体效益，也有利于从整体上监控集合物的变动状态，以促进资产的优化利用。在"物权客体有体论"看来，如果说集合物与其单一物的所有权存在两个所有权，从而称此与一物一权原则相悖，这本身就是一个伪命题。一物一权的存在理由在于确定物权支配客体的范围，集合物与单一物的所有权之间关系仅是一种组合上的内部关系，当集合物在观念上视为"一物"，再分别考究集合物、单一物与"一物"的关系，显然是两个理论问题。"物权客体有体论"总是纠缠于具体的实物形态，基于权利人对集合物分别行使所形成的支配关系，钻进集合物与单一物形态关系的死胡同，影响了人们思维的视角，当然难以解释集合物与单一物之间的所有权关系。

　　机关法人、事业单位法人非经营性国有资产作为集合物能成为"一物"，法律以之设置用益物权便有正当性的依据。当然，这仍需要一定的技术方法进行公示。在非经营性国有资产上设定用益物权可以通过会计报表在政府主管机关进行登记公示。物权公示是维护物权的归属秩序和利用秩序的重要物权制度。如果没有公示规则，势必造成集合物不为第三人知悉；倘若集合物的物权关系没有表征显示，外界也无法辨认其变动；若集合物的价值额度没有公示方法，所有权人也难以掌握其动态，集合物的归属和财产利益的保障就成为一句空话。但是，集合物分散零乱、种类繁多，无时无刻不处于变动之中，如何采取公示的方法，这需要一定的识别和公示方法，需要相应的法律技术作为识别。事实上，集合物作为物的整体集合，无论如何凌乱不堪，都具有一定的财产利益，且可以通过财产价值的层面来判断，以会计核算报表来反映其的价值额度。即使集合物处于不断变动过程中（包括交易、损耗、损坏、灭失等减损过程，也包括增值、拨款、受赠和利息所得等增加过程），也可以从一种实物到另一种实物，从实物到货币再到实物，呈现出不同的物质形态；但在特定的时间内都可以通过会计报表表示出来，这样不论所有权人还是他物权人均可以通过会计核算报表的查阅得知集合物的变动形态和价值状态。法律的技术服务于法价值，并为社会观念所认识。集合物的公示方法完全可以通过以会计报表存放法定机关的进行公示登记。又，基于集合物总是存在于一定的组织或实体之中，集合物之中的动产、不动产和其他财产存放在法人或组织之内，也都具有围墙栏杆阻隔，为法人或组织占有，占有本身就是一种公示，对于一些实物也可以采用标示的方式解决公示问题。

第三节　非经营性国有资产使用权的内容

一、非经营性国有资产使用权人的权利

　　用益物权的核心思想就是通过确立一种财产权利，促进社会财产的公平配置与有效利用。法律确认非经营性国有资产使用权为用益物权，以法律形式规定使用权人的权利和义务，以保障资产利用的利益平衡，维护使用秩序，依此，使用权人便享有占有、使用和收益的权能。所谓占有权能，就是使用权人对资产享有事实上的管领力。国家通过财政拨款，由使

用权人购置(一般通过政府采购)办公设施和办公用品、办公设备，国家机关法人和事业单位法人便事实地占有资产。占有资产是使用权人享有使用和收益权能的前提，没有占有资产，根本谈不上使用和收益。所谓使用权能，就是使用权人对占有的资产加以使用的权利，有权依照公共行政和社会事业的目的充分、有效地利用资产。除法律和行政法规规定外，任何机关、法人、其他组织或个人无权干涉使用权人的权利，即使国家所有权的行使主体也无权非法调拨、挪用使用权人的资产。

　　非经营性国有资产使用权具有占有、使用的权能，那么，其是否具有收益权能？这是必须澄清的理论问题。探讨此问题首先要明确，传统的用益物权是否兼具使用权能和收益权能？对此，学界仁者见仁。有的学者认为，用益物权兼具使用和收益两项内容；① 有的学者认为，用益物权不必同时兼有使用和收益两项内容。② 在德国民法中，用益物权在法学中的直接意义就是使用权，即以使用为目的而利用他人之物的物权。③ 一般来说，使用权是用益物权的本质属性，没有使用权就不能称之为用益物权，至于是否必须具有收益权，应具体问题具体分析。理论上，收益权能是用益物权价值的根本体现，设立用益物权的根本目的就是为了使非所有人充分利用他人的物，以最大限度地追求物的使用价值和利用价值。物的使用和收益相辅相成，使用的目的是为了收益，没有使用，收益便成为无水之源；收益依赖于使用，收益是使用的直接利益表现。一些用益物权种类表现出来的收益权能相当显著，可以表现为实物的收取利益，如国家将建设用地使用权出让给房地产开发商，开发商建造商品房出售给市民，开发商以建设用地使用权建房出售获得收益。但是，一些用益物权种类有持续性、稳定性和排他性的特征，实物收益不能充分地以物理属性体现出来，但长期地、稳定地利用物的权利，本身就应是一种收益权。换言之，一些用益物权类型，表现出来的收益权不是一种实物收益，而是一种长期性、稳定性的利用权利，通过持续性的利用，本质上蕴含着对物的收益权利，它是一种无形性的收益或观念性的收益，据此，用益物权应包括收益权能。例如，地役权和居住权、宅基地使用权，权利人享有利用土地的权利，满足了使用人的某种实在利益需求，这也是一种收益，但它不是实物性的收益。如果一味强调存在实物收益，才能称为收益权能，这就曲解了

---

① 张俊浩：《民法学原理》，中国政法大学出版社1991年版，第347页；房绍坤：《用益物权三论》，载《中国法学》1996年第2期。
② 屈茂辉：《用益物权论》，湖南人民出版社1999年版，第5页。
③ 参见孙宪忠：《德国当代物权法》，法律出版社1997年版，第30页。

用益物权的本质。机关法人和事业单位法人利用非经营性国有资产为社会提供公共产品和准公共产品，对于社会秩序的稳定，经济效益的增长，生活水平的提高，产生了巨大的社会效益。国家机关法人、事业单位法人长期、稳定地利用资产，满足了国家、政府和社会事业的各种需要，本身就是表现为一种收益的内涵，苛求其产生实物收益，就违背了非经营性国有资产利用目的性。此外，非经营性国有资产使用权人是否具有处分权？这涉及用益物权是否具有处分权的问题。对此，理论上有不同的认识。一种观点认为，用益物权的权利内容只包括使用和收益的权能，不包括处分权能。① 另一种观点认为，就法律处分而言，用益物权人对用益物只有对物的事实上处分内容，没有移转所有权的处分权，但权利人有权利处分权。② 还有一种观点认为，在一定的情况下，用益物权人也可以享有一定的处分权。③ 传统物权理论一般认为处分权是所有权的核心权能，似乎只有所有权才具有处分权的权能，用益物权与处分权能毫不沾边。笔者认为，用益物权是动态权利，处分权能并非所有权独有。在处分权上，法国、瑞士民法典规定未经所有权人同意可以对用益权让与，《德国民法典》规定自然人的用益权不得转让但可由他人行使。理论上，用益权的使用价值在物的利用、收益和处分或有限处分的过程中完成；处分作为直接支配物的一种具体表现形式，不应为所有权独占，他物权也应当享有处分权，只是所有权人与用益物权人应如何合理、恰当地分配处分权的问题。依理，应通过法律规定和协议界定它们的处分权。对物法律上的处分，一般包括三种情况：一是对物的处分；二是对权利的处分；三是对权利设定负担。一般而论，用益物权人享有事实上的处分行为，用益物权人对物进行利用，目的是更好地充分发挥物的收益效益。在一些特殊情况下，对物的处分表现为对物的利用，如土地承包经营权和建设用地使用权，必须对土地施加事实上的处分(如种植粮食，打造地基和建造房屋)，只要不改变土地的性质和用途，权利人应享有处分权。用益物权人是否享有法律上的处分权，这取决于法律规定与协议约定。如果放任用益物权人的法律处分，所有权人的财产权完整将得不到切实的法律保证。除此之外，如果用益物权人一律没有处分权能，事事请示或者征求所有权人的同意，必然会影响物的利用效率。"用益物权是一种非专属的财产权，通过处分用益物

---

① 参见王利明：《物权法研究》，中国人民大学出版社 2002 年版，第 412 页；房绍坤：《论用益物权的法律属性》，载《现代法学》2003 年第 6 期。

② 参见钱明星：《论用益物权的特征及其社会作用》，载《法制与社会发展》1998 年第 3 期。

③ 参见尹飞：《物权法·用益物权》，中国法制出版社 2005 年版，第 27 页。

权可以实现用益物权人设定权利的目的。处分权的缺失有悖于用益物权的支配属性，会影响到物的使用效率。"①因此，在没有违背法律、约定或者物的性质和用途情况下，用益物权人应当享有处分权；法律应当设计具体规范调整用益物权的处分权能，包括如何规定或约定用益物权对物的处分和设定负担，同时又要限制权利人的任意处分行为。非经营性国有资产使用权是否享有处分权？基于非经营性国有资产是为公共利益提供物质基础，使用权人应着眼于资产的有效利用，以最大限度地创造社会效益，但非经营性国有资产的形式种类比较分散琐细，涉及资产的微细处置，如果事无巨细地请示法定部门的审批，耗费资源，大可不必。例如，细微办公用品的报废和处置，废弃物品的变卖，办公室的简单修缮以及办公设施的轻微改造，等等，对于这类无足轻重的处分，作为使用权人应有处分权。但是，对非经营性国有资产的重大处分，如固定资产或一定限额财产的出租、转让、对外担保、对外捐赠、报废等，权利人应当依法呈报法定部门审批，法律应规定处分财产的法定限额。

根据财产权原理，非经营性国有资产使用权人享有如下权利：第一，法定的使用权。除国家依法律、行政法规撤销该使用权人外，使用权人永久享有使用权，资产部分灭失不影响使用权效力。第二，物权请求权。使用权人利用资产的圆满状态受到妨害时，行使物权请求权。具体而言，依妨害形态的不同，有三项请求权，在使用权人丧失对资产的占有时，可以对侵夺的人行使返还请求权；在非经营性国有资产使用权的圆满状态受到妨害时，可以行使妨害除去请求权；在其圆满状态受到妨害之虞时，可以行使妨害预防请求权。第三，依法被征收，有权获得相应的补偿。国家为了公共利益可以征收或者征用使用权人的资产，依法应当给予使用权人合理的补偿。

二、非经营性国有资产使用权的权利限制

非经营性国有资产管理应以法律监控为根本途径。宏观上，非经营性国有资产固然通过公法和私法互相结合的综合调整，实现资产的配置合理和充分使用。微观上，非经营性国有资产归属和利用的天然分离，构造出二元财产权制度，形成国家所有权人与使用权人既互相平等又相互制约的财产权关系，但应将财产权的基本原理与非经营性国有资产管理体制相结合，才能有效地实现资产利用的效益最大化。非经营性国有资产是行政配

---

① 房绍坤：《用益物权基本问题研究》，北京大学出版社 2006 年版，第 193 页。

置、预算拨付、政府采购和收支两条线的管理体制，行政事业单位法人在一定的范围内享有财产的自主权。此外，如何厘清这种特殊的归属和利用关系？具体来说，这些关系存在着国家所有权和使用权的如何行使以及如何分离的问题，涉及使用权人如何服从国家所有权的监督，又如何与国家所有权行使主体相平等，以及对抗国家行使主体不法干预的问题。基于非经营性国有资产发挥效益不在于明确其归属权利，也不在于其资产的增值性，其利用目的在于通过消耗性或物化性的使用，从而转化为公共产品和准公共产品，并需要具有行使权利的正当性合目的性，核心在于如何规范其实际管领资产的问题，解决这问题才是监控其关键所在，这需要确立一些指导性的法律原则，为制定具体法律提供指引。总而言之，国家所有权和非经营性国有资产使用权应当通过具体的法律监控原则来表述，达到两种权利之间的适度平衡，实现其价值目标。根据非经营性国有资产制度的管理实践，"资产管理与预算管理相结合原则""资产管理与财务管理相结合原则""实物管理与价值管理相结合原则"等应是监控非经营性国有资产的基本原则，也是使用权人的权利限制原则。现分述之。

（一）资产管理与预算管理相结合原则

资产与预算管理相结合原则体现着国家所有权和非经营性国有资产使用权的财产关系。非经营性国有资产的配置与国家财政预算密切相关，资产形成主要来源于财政预算，资产存量和使用效益决定着财政预算的安排；资产使用状况反映出财政预算的规模，财政预算制约着资产增量。"预算管理是资产管理的前提，资产管理是预算管理的延伸。"①资产与预算管理原则相结合原则体现两方面的内涵：一是预算编排的完善和预算管理的低劣决定着资产配置的合理性和科学性。行政事业单位法人的正常运转和价值补偿依靠于财政预算，资产增量直接来源于国家预算。如果财政预算不科学、不合理，必然导致资产配置不均，资产闲置甚至浪费。二是非经营性国有资产的有效存量是核定行政事业单位预算的基本依据。资产的使用效益影响着财政预算的科学性和有效性。资产预算管理包括配置标准、预算编制、政府采购、收入监控、预算削减和追加，绩效考评，等等，国家法定部门只有在全面地掌握行政事业单位法人的有效资产存量，结合各事业的特有职能，科学地核定资产配置、资产消耗、使用效益、资金使用等，才能建立起科学合理的资产配置制度。确立资产与预算管理相

---

① 王宇轩：《论行政事业单位资产管理与预算管理的结合》，载《东岳论丛》2009 年第 2 期。

结合原则，从宏观上，通过规范资产配置预算编制和费用定额制度，以财政预算作为软约束，有效地实现整体性资产的宏观调控和统筹配置，促进资产充分利用，有效地对资产实行绩效管理，构筑起科学的激励和约束机制，从根本上转变传统上以资产投入监控为主的管制模式，实现以预算收支为监控重点的战略转移。例如，2009 年财政部通过核定存量和核定资产购置编制，实行严格审核，收到了显著的社会效果，核减 2009 年新增购置的财政性资金 21.5 亿元，占申请财政性资金的 20% 以上。① 从微观而言，减少重复配置，超编购置，资产低效运转，资产使用效率低下的局面，减少财政资金的铺张浪费，扭转了财政预算与资产配置、使用相脱接的弊端，最终形成资产监控和资产使用之间的信息互动，实现了国家所有权与非经营性国有资产使用权之间的有效制约。

(二)资产管理与财务管理相结合原则

非经营性国有资产的会计表现形式为固定资产、流动资产、无形性资产和对外投资等。实践中，有的行政事业单位只做资金账，不做固定资产账；有的单位实行财务与资产管理分开，不实行资金账与实物账互相核对的记账，造成财务记账与实物记账间互不连通的"两张皮"，滋生不少问题。一方面，资产存量的数据不实，难以为财政预算提供详尽的审核数据，无法做出科学的预算决策；法定部门无从依法配置与调剂，也就不能建立资源共享机制。另一方面，一些单位的资产出租、转让、预算外资金等收益故意不记账，造成行政事业单位家底不清，资产存量不实，账实不相符甚至严重脱节。如果有严格的财政预算制度，并有财务管理与资产管理的账目记载并且署名相关批准和经办人，也许减少如此奢侈之风。行政事业单位的办公经费具有消耗性和流动性、隐蔽性，购置资产没有入账，或者以其他形式账目冲销，造成这些现象源于内控机制失控和违规操作。例如，有的科研机构只注重课题基金的申请和设备购置，却忽视资产的使用效益或现有资产的优化配置。有的部门或研究室借各种理由购买小汽车、摄像机、照相机、手提电脑等流动性很强的设备，长期公物私用。有的部门仪器设备不重视日常维护保养，造成使用寿命缩短，还有的部门或课题组重复购置相同或类似的仪器设备，一旦课题结题会造成资产长期不使用而闲置、废弃的情况出现。

---

① 林翰文、林火平：《行政事业单位资产管理与预算管理相结合的思考》，载《求是》2010年第 5 期。

所谓资产管理与财务管理相结合的原则，就是详细地将单位占有和使用的资产进行清查核资，编制资产会计报表，将资产的存量进行分类记账、明细记账，实现资产账目的价值核算与财务账目的会计核算相一致，做到账实相符、账账相符，从而建立起完善的资产管理制度，严格规范资产管理行为，健全资产购置、资产使用、资产处置和资产报告制度。在进行资产配置时，应当明确配置标准和配置条件，涉及价值重大的资产购置需要进行可行性论证和使用效益的科学评估，严格规范购置和使用行为，实行购置和使用过程的全程监控，对使用失当行为要追踪问责。同时，建立起相关配套的资产登记制度，如资产来源登记、资产使用登记、资产保管和维修登记、资产核销和报废登记、资产出租和对外担保登记、资产评估和处置，等等，这些登记制度必须在资产账目和财务账目上得到充分和完整的反映，实行资产账目与财务账目相一致，总账和明细账相统一。同时，实行年终盘点、定期或不定期核查资产的存量与使用状况，并记载相关人员的管理情况，实行审批人、经办人与责任人的签名记录制度。这样，通过科学的、完善的会计账目形式对资产进行监控，将资产管理与财务管理有机地结合起来，使财务账目有效地反映其真实资产的存量和价值，违规者要依法追究。本质上，资产管理与财务管理相结合原则是国家所有权与非经营性国有资产使用权的财产关系在行政管制中的延伸，是使用权人行使非经营性国有资产使用权的基本准则和行为规范。

（三）实物管理与价值管理相结合原则

非经营性国有资产的形式大多表现为实物形态。实物资产具有折旧性和损耗性，但又可以通过财务账目体现为价值形态。据教育部统计数据，截至 2016 年，全国共有各级各类学校 51.2 万所，各级各类学历教育在校生为 2.6 亿人，各级各类学校校舍建筑面积总量达 32.6 亿平方米，学校教学、科研仪器设备资产总值为 8166.8 亿元。[1] 高校承担着文化传承、教育科研、科技创新的神圣使命，高校资产不能带来直接的经济收益，但为社会提供教育产品和创新产品。非经营性国有资产体现着两种形态的统一性，实物形态是价值形态的物质载体，价值形态是实物形态的货币表现。资产法律监控应兼顾两种形态，实行实物管理和价值管理相结合原则。所谓实物管理，是指使用权人为达到有效使用实物的目标，对于占有

---

① 《教育部介绍从数据看党的十八大以来我国教育改革发展有关情况》，教育部网站，http://www.gov.cn/xinwen/2017-09/28/content_5228177.htm#1，2019 年 8 月 1 日。

和使用的各类资产实物形态采取一系列的科学管理，使实物处于良性运行。资产实物随着科学技术的革新，又经常处于变动之中，存在着磨损、损耗、损毁、老化、腐蚀，价值随之降低。所谓价值管理，是指使用权人为了达到有效使用实物的目标，以货币为计量依据，对实物资产的预算、购置、核销以及对实物资产存量清查核准、分类统计、处置等采取一系列管理、监督活动。① 确立此原则的意义在于：有利于行政事业单位更新使用和管理理念，解决过去那种"重钱轻物""重置轻管"的积习，实现从资产预算、配置、利用、处置到核销等全方位管理，有利于国家对资产的动态监控，推进资产合理利用。理论上，实物资产属于非经营性国有资产使用权的客体，行政事业单位享有依法占有实物资产，并依法正当、合理使用的权利；非经营性国有资产管理委员会行使国家所有权，实行价值监控，实现所有权与使用权的合理分离。依照实物管理和价值管理相结合的原则，需要做好几个方面的工作：一是定期清查和核实非经营性国有资产的存量。全面盘点和清查实物，界定产权，科学评估，合理布局资产结构，做好实物记账，做到账物相符、账账相符，对实物使用和价值变动要做好记录。资产处置与损害、报废要核销记账。二是合理编制资产增量的预算方案。行政事业单位要根据本单位的年度计划、配置限额和资产使用情况，合理地编制需要资产的增量预算，但必须充分利用实物资产存量，发挥现有资产的潜在价值，坚决杜绝重复购置和闲置浪费。国家所有权的行使主体有权根据实际情况，结合资产使用效益和绩效评价机制，依法干预资产增量的预算方案。三是贯彻落实实物的科学管理，实行物尽其用。非经营性国有资产的根本目标在于合理、正当利用实物，发挥实物的使用效益，坚持以实物严格管理，以价值管理促进实物使用。行政事业单位应当健全资产利用制度，确立资产使用的目标责任制，保管好和利用好资产，修旧利废。同时，使用权人确立科学的绩效评价机制，从使用价值和社会效益方面监控资产。四是强化监控资产实物的处置机制。实物处置必须建立一套有效的严格监控机制，防止资产流失。在实物处置计划上，从严控制，逐级呈报，严格审批程序。在实物处置对象上，认真核查，区分不同情况，采取不同的处置方法，并做好技术鉴定和科学评估，杜绝以好充次、骗取配置。在处置收入上，做好出租收入、转让收入、置换差价收入和其他收入的记账，处置收益实行收支两条线，杜绝"小金库"。

---

① 李鹏鹏：《浅谈行政事业单位国有资产实物管理与价值管理相结合》，载《国有资产管理》2007 年第 11 期。

三、非经营性国有资产使用权人的义务

(一)遵守正当、合理使用的义务

非经营性国有资产使用权人应当按照法律和行政法规定，依资产用途和事业性质，正当、合理使用非经营性国有资产，防止资产闲置、低效运转和严重流失。利用非经营性国有资产的正当性、合理性和有效性，是抽象标准。"正当性"一般上说指符合道德原则、社会规范以及价值理念的行为，是一种积极肯定的评价。"有效性"是指行为产生相应的社会效益，具有一定的社会价值意义，通过一定的数据反映出某种行为的客观社会效果。但是如何理解"合理性"就复杂得多。① 合理性不是一个事实判断问题，而是一种价值判断原理，它不是描述某个现象如何，而对某个客观现象的理解与探究，衡量合理性的标准应是目的性与规范性。"正当性"是蕴涵真理性和合法性的概念，"合理性"是实践问题，是具体利用方法性和目的性，"有效性"则是通过"正当性"和"合理性"所产生的一种社会效果。质言之，正当性是合理性的前提，合理性是正当性基础上的目的性，有效性是正当性和合理性的结果。它们反映在非经营性国有资产使用权的行使上，正当性是建立在合法性的基础上，行政机关办公大楼未经批准用于出租就是不正当性使用，但办公大楼为行政机关发挥最大公共行政目的，就是合理使用问题，为民办事，造福一方，就是有效性。"非经营性国有资产的合理使用是在非经营性国有资产正当使用的基础上产生的问题"②，"有效性"利用是建立在非经营性国有资产合理使用上的社会效果。

非经营性国有资产使用权的行使问题在于如何界定其行使的正当性与合理性。"非经营性国有资产的合理使用，是保护非经营性国有资产的核心问题和根本环节"③，这是一条基本原则。2006 年出台的《行政单位国有资产管理暂行办法》是资产配置和使用的基本规范，从客观上解决了非

---

① 从黑格尔提出的"存在就是合理""理性就是合乎规律"，到马克斯·韦伯提出合理性基础在于目的性合理和价值性合理，再到哈贝马斯的合理性彰显着理性与人的行动密切联系，最后到马克思主义哲学阐发的实践理性理性理论，无不说明理性是社会科学发展的内在逻辑必然，同时也是法律得以存在的理论根据。

② 孟勤国、张淞纶：《非经营性国有资产合理使用的法律意义》，载《湖北社会科学》2009年第 12 期。

③ 孟勤国、张淞纶：《非经营性国有资产合理使用的法律意义》，载《湖北社会科学》2009年第 12 期。

经营性国有资产的一些制度性问题，但缺乏具体操作性标准。例如，虽然都是合法占有、使用资产，但占有、使用是否正当、合理，却有天壤之别。公车购置属于合法配置，但公车私用就是不正当使用。合法性占有与正当性、合理性使用不能画等号。实践中，就有人利用合法占有与合理使用的模糊性做文章，滥用国有资产，导致国有资产无形流失。公车私用，油费、路桥费拿回单位报销，就是不合理使用。还有器械闲置问题，虽然物在彼处，但没有充分运用，或者利用很少，此是否为有效利用？有人认为答案是肯定的，原因在于客观上医疗器械仍然存在，未被他人挪用或侵占，本质上就是使用资产不正当。一些行政事业单位可以在选择及考核上维持一个表面现象，但在具体运行上，就钻法律上的空子，造成资产无形流失。实践证明，非经营性国有资产存在的根本问题，错误之处在于利用权利上出现法律漏洞，劣根性在于利用手中占有资产的权利，不按目的性利用，现行行政法规难以根本上解决国有资产正当、合理使用的问题。问题在于使用权人如何占有、使用非经营性国有资产才谓之充分利用？所以，界定如何有效利用非经营性国有资产是非常重要的。有效利用非经营性国有资产，不是简单抽象的事实判断问题，应该有一个原则和衡量标准，一个法定尺度加以限定，具有规范性和可操作性。因此，根据非经营性国有资产的特性和用途，应当确立合理、正当和有效使用为非经营性国有资产使用权的行使原则。非经营性国有资产充分使用、有效使用是资产物尽其用的反映，只有充分使用资产才能确保资产价值的有效发挥，坚决杜绝资产的闲置浪费，防止闲置和自然损耗，这就需要行政事业单位负责本单位存量资产的有效利用，能够最大限度地利用可利用的资产，不给资产留下闲置的余地；能够通过修缮或整改措施仍然可以利用的资产，尽量利用起来，无须再重新购置。再看，要从整体上解决资产重复购置和使用效率低下的问题，突破单位之间的利益本位主义，建立资产特别是建立起大型仪器、设备等资产的共享机制。

(二)遵守特定使用的义务

非经营性国有资产的利用必须符合行政目的和公共事业目标，符合特定公务的需要和用途，不能挪作他用。特定用途的财政预算资金最容易被挪作他用。政府性基金预算编制应遵循"以收定支、专款专用、收支平衡、结余结转下年安排使用"的原则，无论是预算内资金还是预算外资金都有严格的使用规定。资金即是货币的表现形式，货币就是能够固定地充当一般等价物的特种物，故财政预算资金经常地被巧夺名目地挪作他用。

现实中，财政拨付维修办公大楼的资金被挪用为购置手提电脑，救灾资金被挪用为公务招待费，等等。此外，实物被违规挪用的事例更严重，办公大楼用于出租，培训中心被用作经营性宾馆，收益用于发放职工福利。资产被挪用就缺乏了资产用途的特定性和目的性，失去了合理使用的根据，必须严格控制。公车改革前，我国公车私用现象司空见惯，在外国公车私用却是官员不敢越雷池一步的禁区，法治之严明，后果之严重，令人惊叹。我国有关部门的审计工作对于财政性预算资金有账可查，但对于实物挪用的违规作法却难以监控，必须建立社会监督机制加以管制，并从严处理。因此，对于非经营性国有资产，无论是财政预算内、外资金，还是实物资产，要坚持特定用途和审批制度相结合一致的原则，实行审计监督和社会监督制度相结合的监控，并建立起完善的责任追究机制。

(三)遵守效益使用的义务

十八大以前，由于部分政府监管不严，造成少数县级办公大楼的建设标准超标；办公面积与事业职能不成比例。而控制公务费用成本，降低消耗，杜绝浪费，则是行使非经营性国有资产使用权的永恒主题。行政和公共事业成本是在行政职能和公共品的物质基础，任何国家都客观存在的，问题在于行政成本并非都是合理的。由此，我国非经营性国有资产的利用必须节约开支，讲求成本、效能与效益，在产生同等效益下实行最低消耗，创造最佳效益。非经营性国有资产作为一种消耗性和使用性资产，办公经费总是存在量的减少，实物资产总有损耗性和折旧性，开支资金和使用资产必须控制在规定的范围内，实行低成本购置、低能办公，避免成本虚耗，杜绝成本扩张和失控。例如，实行机构改革，精兵简政，清除冗员；强化国库集中收付制，严格收支两条线的财政制度，完善政府采购制度；避免文山会海，严格控制会议招待费的开支；实行电子政务，推行互联网的无纸化办公，并加强和改进因公出国(境)管理，建立外事审批责任制，严格控制出国考察团，严禁因公出访中公款旅游等不正之风。

非经营性国有资产是否合理使用必须以产生相应的社会效益予以衡量。由于资金或物质消耗只能转化为社会提供一种公共产品或准公共产品，社会效益不能以营物质收益予以判断，难以数学公式量化，但仍需要一定的标准衡量资产使用效率，需要一种科学的判断标识。如果没有任何标准界定使用效率，资产是否合理使用就失去了界定标尺，激励机制和责任机制也就无法衡量。以前，非经营性国有资产的利用效益缺乏完整和系统的绩效评价机制，是否增加预算或者资产配置取决于长官意志和关系网的编织，资产使用效益缺乏评价体系。① 资产滥用问题，需要有评价机制进行检验行政事业单位的资产情况，才能通过纵向和横向的比较产生整改的压力和动力。事实上，确立资产效益原则，是公共财政的发展趋势，是资产良性运行的关键。根据学者研究分析，资产使用效率可以采用定性和定量结合的综合分析法，从规模、结构和效益来判断。② 笔者认为，非经营性国有资产合理使用的标准应是"规模适应，结构合理，效益显著"。所谓规模适应，就是资产定量必须与使用的行政事业单位的行政目的或事业发展需要相适应，能够满足该单位的办公需要，满足人民对公共产品的客观需要。所谓结构合理，就是有机调整各种资产类型的比例结构，有差别地进行配置使用，既要防止资产浪费，又要避免资产过度短缺。所谓效益显著，就是非经营性国有资产的利用产生明显的社会效益，根据不同的行政事业作出不同的评价依据，有以提供社会的安全性为基准，有以群众提供文化水平的提高为依据，有以科研能力和学生素质的社会评价为判断依据，但都是以社会的认知度和认同感为基础。总之，以"规模适应、结构合理和效益显著"的原则，根据行政事业的性质与职能制定科学的评价机制作为衡量资产是否合理使用的基本依据，作为预算编制、配置资产和依法调剂的根本依据。

(四)遵守公开使用的义务

有位哲人指出，路灯是最好的警察，阳光是最好的防腐剂。在现代社会，信息公开制度是作为保障人权、落实人民主权的重要措施，也是作为落实宪法上国民知情权的一种重要制度。确立资产使用信息公开制度，对行政事业单位使用资产有一种潜在的推动，有利于提高资产利用的透明度，提升资产利用效率，减少暗箱操作。非经营性国有资产是否合理使用，固然需要完善的法律监控，需要上级对下级之间的监督，还需要外部监督作为其内在的助推器，将资产使用情况置于阳光之下，公开地接受群众的监督和质询。我国政府在2008年制定了《政府信息公开条例》，要求各级政府必须公开财政预算、决算报告。2010年74个中央部门开始集中"晒账本"，首次向社会公开了部门预算收支总表和财政拨款支出预算表，并推行中央部委部门公开"三公"费用。公开"三公"支出无疑具有一定的

---

① 国务院国资委"非经营性国有资产监督管理研究"课题组：《非经营性国有资产监督管理研究》，载《经济研究参考》2005年第3期。

② 国务院国资委"非经营性国有资产监督管理研究"课题组：《非经营性国有资产监督管理研究》，载《经济研究参考》2005年第3期。

标杆和示范意义，无疑对地方政府是一个极大的激励和促进，曝出问题，晒出破绽，但公布不是目的，只是手段，目的是要限制它、遏制它，防止特权腐败现象的蔓延。对于非经营性国有资产的预算编制和财政资金使用情况必须定期公布，详细列明支出情况，对于不动产，大型仪器设备等重要动产的使用情况及其使用效益出必须定期公布，接受群众的监督，建立责任追究制度。在使用和处置资产时，必须遵循公开、公正、公平的原则，遵守资产处置审批制度，通过规定的媒体上，公开招标、公开拍卖、公告收入，让群众监督全处置过程。

此外，非经营性国有资产使用权人还应当遵循如下义务：第一，服从国家依法调配和实行资产共享的义务。国家有权依照法律和行政法规，根据社会事业的发展需要，实行地区之间、部门之间和行业之间的资产调配和合理调节。国家有权依法对实行资源整合与共享。第二，建立资产和财务管理制度的义务。资产购置必须依法实行国家采购制度；服从资产监督部门的绩效监督；建立健全的资产配置、验收、保管、使用等内部管理制度，定期进行清查核资，做到会计制度的账账、账卡、账实相符。

第四章　非经营性国有资产使用权的
法律保护

非经营性国有资产使用权的制度构建是一项系统复杂的立法工程，建立起科学和完善的非经营性国有资产法律保护机制是实现其价值目标的根本保证。非经营性国有资产使用权的确立为建立完善的法律保护机制提供了制度构建的理论依据。非经营性国有资产使用权的法律调整方法决定了其应由何法律规范的重要问题。公法与私法调整非经营性国有资产使用权，不是简单的法律宣示，也不是简略的法律规范，而是针对各部门法的规范价值，一般符合"三段论"的法律结构，制定出完整的法律规范。"权利、义务为法律关系之内容，责任则是权利义务实现的法律保障。"[1]法律责任应当由法律预先作出明确规定，方有规则预设假定的法律效力，如果缺乏科学的硬性约束机制，则难以起到规范作用，因而非经营性国有资产使用权的法律保护机制的完善，最终关系到资产的合理使用和资产流失能否得到根本性遏制。

第一节　非经营性国有资产使用权的公法保护

一、非经营性国有资产使用权的行政法保护

行政法是国家行使行政权力，实施行政管理活动的各种法律规范的总称。行政法具有平衡总体利益和个别利益的特点，具有合目的性，能迅速有效率地调整社会关系的法功能。完善的行政法可以有效地引导和促成公共行政管理以一种良性的方式运行，如果行政法存在粗疏甚至缺位，缺乏行政规范的工具性价值，其作用将大打折扣。就行政法的功能而言，非经

---

[1]　梁慧星：《民法总论》，法律出版社 2007 年版，第 85 页。

营性国有资产兼具秩序行政与给付行政的行政公产制度，秩序行政调整其合理利用，给付行政规范其公平配置，两种行政规范互相补充、有机调整非经营性国有资产。十八大以前，各种调整非经营性国有资产的行政规范起到了一定的行政规范作用。一般而言，行政法内容具有广泛性、复杂性和易变性、分散性的特点，非以统一行政法典表现出来，但是，这不等于行政规范之间缺乏层次性、逻辑性和位阶性。现行的非经营性国有资产的行政规范叠床架屋，缺乏统一性与层次性，重要原因在于现行的关于调整非经营性国有资产制度的行政法大多是行政性规章和规范性文件，欠缺系统性。因此，规范非经营性国有资产制度的行政法，对于非经营性国有资产使用权的法律保护尤为重要。

非经营性国有资产管理体制是新时代公共财政管理的有机组成部分，建立与市场经济体制相适应的公共财政管理和资产管理体系，是现代国家法治的根本要求。每一个国家的行政公产制度都是该国特定的法律传统和现实社会需求相结合的产物。行政法调整非经营性国有资产使用权的目的是维护资产配置公平与合理使用。非经营性国有资产范围广泛，主要分为有体财产、无形财产、财政财产、行政信息，资产种类不同决定其行政规范的差异性。但是，这些资产具有内在相同特征的财产，它们的共同之处在于：用于公共目的，作为行政法的一项专门制度，行政法调整其多种多样的表现形式应当立足于一系列共同的原则和完整的规则，向规范化、科学化和法制化的方向发展，因而非经营性国有资产的行政法规范应当有层次分明的法律体系，由基本法律、单行法、行政法规、地方性法规和部门规章构成，形成统分结合、阶位分明的行政法结构。

非经营性国有资产的管理体制是一项复杂的系统工程，必须从资产的具体运行和使用流程进行考究。非经营性国有资产的形成来源于资产配置，资产配置是行政事业单位法人消费和使用资产的基础，是获取资产的最主要渠道；公务消费与资产使用是资产的本质功能，资产作用于消费和使用的过程，资产处置是资产管理的最后一道防线。资产配置、公务消费和资产使用、资产处置是行政管制的四个重要环节，资产的配置与消费、使用、处分之间是相互统一、互相作用的资产管理关系，加强这三个方面的行政立法是有效监控资产的必由之路。

首先，非经营性国有资产的配置是指为了持续维持行政事业单位法人的公共管理和公共事业，依财政预算法和配置依据、配置标准拨付一定的办公经费、实物财产的资产行政行为。资产配置是保障行政事业单位正常运转和持续发展的物质基础，是财政预算的基本依据。资产配置是否科学、公平，关系到资产消费和使用的合理性。资产配置不公，必然导致资产闲置与资产浪费；资产配置不足，则削弱行政事业单位法人的公共职能。资产配置与财政预算密不可分，资产配置依赖于财政预算，财政预算为资产配置服务。资产配置合理的第一步就是实行资产财政预算的依法有据和公开透明。资产财政预算的法律依据是预算法。预算法是国家治理公产监控的重要支柱，其功能在于将政府对财政资金的支配权力关进制度的笼子里，用法律的形式规范政府的财政收支行为。科学的资产预算体制是优化资源配置、促进资产配置公平、实现国家资产稳定运行的制度保障。1994 年《中华人民共和国预算法》是我国社会主义市场经济确立之初颁布的法律，运行 20 年，积累了不少经验，但难以适应现代财政的社会和经济发展，存在不少缺陷，监管乏力。2014 年新修订《中华人民共和国预算法》的出台，实现从管理法向控权法转变，实行"全口径预算"为资产预算提供了有力的法律保障。资产配置必须与资产财政预算联结起来，以国家预算法作为法律依据，实行资产配置的法律化和制度化，遵循统筹兼顾、勤俭节约、量力而行、讲求绩效和收支平衡的原则，杜绝上级行政主管部门干预、领导批示以及"跑部进钱"的不良现象。实现资产配置的科学性与公平性、节约性，必须充分确定配置依据和配置标准，实行资产财政预算和资产配置的民主化和科学化、规范化，增加其公开透明度。资产配置是国家财政资金的投入，只要合理配置，就能节约财政开支，多办一件实事。资产配置必须破解行政权力决定资产预算和资产配置的官僚作风，行政单位法人的级别、单位人数、长官意志和领导批示，都不能作为配置的依据。资产配置必须有合法、合理的依据和标准。资产配置依据根源于单位的工作性质，工作职能和工作规模应作为法定的配置标准，资产配置的依据和标准必须事先公布，依法定程序公开。而且，资产配置的依据和标准必须与财政预算相结合，前者是编制资产财政预算的根本依据。各单位必须根据工作性质、工作目标和工作规模，列明配置的经费及办公物品，实行每年度明细公开，作为财政预算的依据，细化预算编制，细化到办公桌的维护费和办公用纸等费用，然后逐级上报，精准地编制预算，以此作为年度资产财政预算的根本依据。再有，资产财政预算必须坚持民主、公开原则，各单位的财政预算编制以后，上级财政部门严格核定资产配置的依据和标准，应当在规定时间内进行公示，听取群众意见，强化社会监督。唯有扩大公民与人大代表们的话语权，让他们有机会参与编制、审议资产预算，才能真正使涉及公众切身利益的财政开支不会成为一笔糊涂账，才能真正地检验资产配置是否科学与合理。政府财政管理部门汇总资产财政预算后，编制当地政府的总体预算计划，报最高行政首脑签署意见后，最后递交人大代会审议及表决。资产财政预算被人大审议批准后，必须不折不扣地严格执行，未经法定程序批准不得随意更改，否则视为违法，并追究其法律责任。总而言之，资产配置是资产消费与使用的基本前提，必须规范化、法治化，否则资产配置就存在不公平，资产利用秩序就混乱。

其次，非经营性国有资产的消费是指行政事业单位法人为履行公务活动而占有、使用、处分归其支配经费的行为。资产财政资金依法配置给行政事业单位法人后，他们便享有依公共职能和公务事务的目的使用和处分的权利。公务消费是财政资金的消费，经费使用具有隐形性消耗的特性，容易诱发权力滥用、挥霍浪费。2011年国务院常务会议规定部级行政机关实行"三公"消费公开，在一定程度下，起到了遏制公务消费增长的势头，引起了各级部门的高度重视，但只是部级部门的三公消费公开，基层单位的三公消费公开还未推行与落实，政府公开的信息较为简单粗略，难以查到实质的相关信息。高校和科研机构的课题经费，有的科研人员滥用，会议经费或专家咨询经费就是一项被乱用的现象，一些科研人员实际没有征询专家，没有开过讨论、论证等学术会议，制造或虚构会议凭证报销；又如课题的调研经费，实际没有到基层调研，而是利用经费到外地旅游，虚报经费开支。因此，三公经费作为资金支出，存在过多的漏洞，需要依靠健全的法律制度，透明的信息披露程度和强有力的社会监督力量。推进公共财政体制的制度建设，清晰界定各项公务经费的支出范围，严格规范其标准及额度，建立合理而规范的支出程序，层层落实责任制，强化支出的审批及监督机制。每年每项公务消费，都应编入预算，预算编制要具体化。杜绝"三公"消费奢侈的蔓延，必须考究中国实情，深入调查研究，重在防范，重在规范约束，制定专门公务消费法进行规范，完善各项公务消费的制度，加大具体规范的惩戒力度，以行为犯而非结果犯追究责任的依据；加大监督制度，定期审计，定期公开透明地列清明细，公务消费的财务开支要公开并接受各级人大和公众的监督。财政经费是维持其正常运转的重要物质基础，经费使用存在着流动性和难以监控性，单独制定公务经费法十分必要。

再次，资产使用是行政事业单位法人利用实物资产进行公共目的的根本途径，是实现公共管理事业的物质基础。行政事业单位法人总要利用办公室、办公用品及办公财产开展事业工作，资产使用是实物消耗或损耗的过程，资产使用是否正当、合理，关系到资产利用效率，关系到公共管理工作效率的高低。如办公用房的充分利用，办公用房的集中办公，体现了资产的高效运行；办公用房宽大、装修豪华，体现了资产的巨大浪费。办公室电风扇的普及使用，办公桌和办公椅的简约利用，体现了资产的节俭。打印机的综合利用，打印纸张的节省，体现了资产的效能利用；随意丢弃可利用的纸张，体现了资产的浪费。同类型事业单位法人的大型仪器与机械设备的共享，体现了资产的调剂利用；拒绝大型设备的共享与调剂，体现了资产的无形损耗；功能相同或相近的部门和单位之间资产缺乏共享性和平衡调剂，也是造成资产无形流失的重要表现。旧的办公设备与办公设施的维修使用，体现了资产的充分利用；可使用的陈旧办公设备，随意废弃，体现了资产的大流失。资产的动产主要表现是以权谋私使用公产，公产私用的情形，行政事业单位法人的照相机、摄像机和办公用品经常存在公产私用的现象，公物私用往往造成资产的损坏。不动产的使用不当主要表现在闲置或者违反功能使用，甚至擅自出租，设置小金库或者随意低价处置。总之，资产使用不当、公物私用、闲置废弃、擅自处置资产，等等，都造成了非经营性国有资产的流失。因此，强化资产使用的合理性和正当性，发挥资产的使用效率，防止资产流失是一项制度性建设。

最后，资产处置是资产管理体制的最后一道环节，健全的资产处置制度是构筑资产流失的"防火墙"。实践过程中，对资产的随意处置、无偿转让、低价处分，是资产流失的通常管道，在处置资产过程，没有经过法定程序的评估，或者低估、少估的现象大有人在，这些都是资产管制必须解决的问题。资产配置过多，造成资产闲置，需要依法调剂；资产损坏，或者因人为或不可抗力的原因造成损害，需要依法定程序核销报废，以此作为资产配置的依据。公务消费的年度预算开支，或者其他专项经费如科研经费，由于各种原因未能在规定的会计年度内支出，依理应收缴归财政，但有些可能被挪用，甚至以劳务费、奖金违纪支出。此外，一些行政事业单位法人没有按法定期限与程序，没有清产核资与盘存资产，不履行报废程序，只注重配置，忽视资产处置，造成资产账目不清，资产管理混乱。因此，建立完善的资产处置机制是资产管理体制的重要环节。

由于非经营性国有资产制度自身的内在差异性以及各种类资产客观上的独立性及整个管理体制上的系统性要求，需要制定非经营性国有资产管理法，作为资产行政管制的基础性法律，规定资产共同性的基本原则和规则，对于下阶位行政规范起着统率的规范作用。它是规范非经营性国有资产宏观性、基础性的基本法律。基于非经营性国有资产管理体制涉及的行政环节较多，牵扯到人大资产监控机关、行政主管部门和财政部门，需要理顺管理体制，对资产利用目的的设定、废除和变更，资产公共目的的维持、改善和保护，对配置、使用、消费、评估、登记、处置、监督等作出基本规定，为制定单行法提供指导方针和规范依据。就法律层面而言，一是制定非经营性国有资产管理法，即制定非经营性国有资产行政管理体制的基础性法律；二是制定单行法，主要制定非经营性国有资产的配置法、公务消费法和资产使用法、资产处置法。因此，完善的非经营性国有资产行政法律体制应当包括非经营性国有资产管理法和公务消费法、资产配置法和资产使用法、资产处置法以及下阶位行政规范所构成，具体说明如下。

非经营性国有资产法的主要内容包括非经营性国有资产的范围与种类，基本原则，资产监督机制及其职责，行政管理体制，管理机构及其职责，财政预算和资产配置的基本规定，公务消费与资产使用，政府采购，财务会计制度，产权登记，资产评估与资产清查，转让和处置、收入，法律责任，等等。

资产配置法主要包括资产预算编制，资产预算审批，资产决算审批，资产预算变更及其法定程序，资产调拨与调剂的法定程序，楼堂馆所建设的审批程序，公务车的配置，使用与审批程序，资产财务会计制度，资产共享平台的建构程序与批准，资产配置信息与动态反馈、保密机制，资产配置公开制度，监督机制与法律责任，等等。

公务消费法主要包括规范财政内外预算资金的编制和审批制度、"三公"经费的使用和开支审批制度、财政经费和专项经费的报销制度、公务卡的使用与开支规定、财务会计制度、监督机制和法律责任规则，等等。

资产使用法主要包括规范资产使用的基本原则、固定资产的合理使用规则、动产的使用规则、大型仪器设备和实验设施的使用规则、损耗资产的使用与保护、公务车的使用规则、资产调剂的法定条件、资产价值核查的规则、资产闲置和废弃的规则、监督机制与法律责任，等等。

资产处置法主要包括规范资产处置、处分以及公务经费开支的核销和回收制度，资产处置和经费收缴的基本原则，资产处置的法定审批程序，不动产出租的审批程序，动产报废的核销程序，办公经费被收缴的条件与程序，资产评估机构的选定，资产评估的法定程序，以及评估结论的审核，资产处置的公开程序，监督责任和法律责任，等等。

二、非经营性国有资产使用权的刑法保护

一般来说，法律制度对非经营性国有资产的法律保护分为两个层次，一是非刑事法律保护体制，主要是通过行政法、经济法和民法的规范形式保护。它是次级法律保护，目的是通过法律规范规制尚未构成犯罪的侵害

行为，预防和阻止国有资产遭受更严重的侵害。二是刑事法律保护体制，它通过最后的法律手段，制裁与惩罚严重危害资产秩序的行为，以达到打击犯罪、惩罚犯罪的目的，它还是国家机器的最强有力的法律措施。非经营性国有资产使用权的刑法保护是通过刑事责任的方式，确保非经营性国有资产的正当社会关系秩序不受侵犯，保证资产的安全和完整。虽然行政法与民法对资产的保护有着重要的法功能，但总有一些人为了谋取私利而以身试法，触犯刑律。刑法是保护国有资产的最有效手段，为惩罚侵犯资产的犯罪提供法律利器，达到保护资产的目的，并起到预防犯罪以及震慑犯罪的作用。刑事责任是最严厉的法律制裁，因为犯罪不同于其他违法行为，犯罪比任何违反行政法、民法的行为的社会危害性都要严重；对于一些特别严重的侵害资产行为，仅仅用行政处罚、民事责任的方式追究行为人是远远不够的。刑法通过剥夺罪犯的财产权利、政治权利、人身自由，通过惩罚犯罪，以维护社会秩序，它是保护非经营性国有资产的最后一道安全阀。刑法首要的基本原则是"罪刑法定"，有效地维护非经营性国有资产的归属与利用秩序，完善其刑事立法，以有效地遏制资产流失。

我国现行《中华人民共和国刑法》（以下简称《刑法》）并没有严格区分各类国有资产的犯罪客体，而是统一以对保护国有资产秩序关系实施犯罪的行为予以规制，采取了严格的刑事立法，配置了相应的刑事制裁，构建了国有资产的刑法保护体系。现行《刑法》关于对国有资产实施犯罪的刑事规范主要有下列四种类型：一是妨害国有资产管理秩序型犯罪。主要是《刑法》第 166 条徇私舞弊低价折股、低价出售国有资产罪，第 167 条规定签订、履行合同失职被骗罪以及《刑法修正案（一）》规定的事业单位人员失职罪、事业单位人员滥用职权罪。二是侵犯财产型犯罪。主要是《刑法》第 263 条抢劫罪，第 264 条盗窃罪，第 266 条诈骗罪，第 267 条抢夺罪，第 268 条聚众哄抢罪，第 275 条故意毁坏财物罪。三是贪污贿赂型犯罪，主要是《刑法》第 382 条贪污罪，第 385 条受贿罪，第 384 条挪用公款罪，第 396 条私分国有资产罪、私分罚没财物罪；四是渎职型犯罪。主要是《刑法》第 397 条滥用职权罪、玩忽职守罪，第 406 条国家机关工作人员签订、履行合同失职被骗罪，第 410 条非法低价出让国有土地使用权罪，等等。以上构筑了我国《刑法》保护国有资产的基本框架，具有重要的刑事规范作用。

基于国有资产与私有财产在保护方式、犯罪化的范围的不同，对国有资产进行了特殊的刑法保护，其关于国有资产的犯罪行为配置基本适应了社会主义市场体系的需要。但是，随着时代的变革与转轨时期引发的制度与观念的变迁，国有资产比私有财产遭受到的罪犯侵害更严重，侵害国有资产形式的多种多样性。国有资产存在着国家所有权与使用权的天然分离，行政主管部门、监管部门的多层次委托，造成主体责任不清甚至虚位，其与私有财产相比处于劣势地位，更容易被犯罪分子有机可乘，应当对其进行特别的刑法保护。长期以来，非经营性国有资产的利用体现为政治和社会利益，利用过程中表现出隐形性流失的特性，机关法人和事业单位法人一旦取得财政资金或资产配置，就具有隐性的占有和使用权能，难为外部所了解，难以从会计制度发现其滥用资产的行为，难以从外观上觉察其闲置与不当使用的行为，若是缺乏这方面的规制，往往成为犯罪分子可钻的法律漏洞。国家综合体制改革的巨舰已经抛锚，国有资产制度的纵深改革，国有企业的深化创新，行政事业单位改革的推行，政府廉政制度的不断完善，倒逼国有资产制度刑事政策的改良与完善。总的来说，刑法规范国有资产制度有一些商榷之处。

首先，刑法中对国有财产的界定模糊。一些条文将国有财产、公有财产和集体财产捆绑在一起进行保护，虽然这些财产具有共通性，但毕竟它们在性质与功能上存在区别，统一规范罪名则难以起到对各类财产进行规范的特殊效果。刑法中关于侵害国有资产的刑事惩罚，口径过大，难以规制各种国有资产犯罪的多样性与复杂性。刑法移植于大陆法系传统国家立法例，基于传统大陆国家公产甚少，刑法规范力度与深度不够，造成其对国有资产类型不加区分，一律以贪利型为犯罪主观要件，难以囊括各种类型国有资产的犯罪形态。例如，对资产的超标配置、公务经费的铺张浪费、资产闲置和废弃，以及利用国有资产送礼，这些情节严重，构成犯罪如何治罪，就缺乏相应的刑事规范。

其次，刑法与行政法、民法在规范衔接上缺乏协调。刑法是对行政法、民法规范国有资产的有效补充，刑法本质功能是以最严厉的国家强制力保障行政法与私法的规范作用，它们的法律规范之间应当相互协调衔接。刑法规范应当考究行政法、民法规范的规定，才能有机地发挥法律规范的整体调整功能。例如，《财政违法行为处罚处人条例》第 20 条规定："单位和个人有本条例规定的财政违法行为，构成犯罪的，依法追究刑事责任。"该条例规定了诸多的财政违法行为，但刑法在这些行为上均没有相应的罪名规范，一些行政违法行为无法上升至刑事责任，造成行政法与刑法协调上的脱接。

再次，刑法没有针对侵害各种国有资产类型作出有区别的刑事惩罚。各类国有资产的性质有别，责任主体不同，使用功能有异，法律规制方式应有区别。刑法对各类国有资产实行差别性规范应是现代社会主义国家刑法的发展趋势，符合公有制国家财产制度的本质特征。从法哲学而言，不同事物的差别性有其合理性，对不同类型国有资产实行法律调整的差别待遇是正义的要求。"从价值层面看，差别待遇的合理性体现为实质的合理性中的价值合理性。"①刑法对国有资产制度实行差别性规制，有利于法律规范的针对性，最大限度地以实质平等对形式平等的适度矫正。再者，当前国家重视对非公有经济的保护，但绝不能以削弱国有资产刑法保护为代价，国有资产的重要功能为促进非公有经济壮大与发展提供了坚实的保障。而且，我们更不能仅侧重保护营利性国有资产，而无视非经营性国有资产的刑法保护。非经营性国有资产的非增值性是实现公共管理目标的价值理性，但就其闲置与浪费，一律以营利性作为其犯罪的主观要件就难以作出科学的刑事规制。基于非经营性国有资产的非增值性，我们更应当研究对策，落实其刑法惩罚策略。

构筑非经营性国有资产使用权的刑法保护体系，就是完善非经营性国有资产流失犯罪的刑法规定。所谓非经营性国有资产流失犯罪是指"国家工作人员违背职责实施了有关违反自己法定职务的，直接或间接造成非经营性国有资产损害的，触犯刑法应受刑法惩罚的行为"②。该定义为追究非经营性国有资产流失的犯罪行为指明了立法方向。完善侵害非经营性国有资产的刑事规范，势在必行。一是将侵害国有资产的犯罪行为，上升行为类犯罪，适度增加侵害非经营性国有资产的刑事规范。在整体上，以公务人员为主体，以侵犯国有资产为犯罪对象，专章设置国有资产流失犯罪的类型罪，专节设置侵害各类国有资产的罪名。总结当代侵害非经营性国有资产犯罪的新态势，结合其责任主体，针对各种侵害非经营性国有资产的具体类型，设计相应的罪名。针对一些行政领导滥用职权，超标配置资产，超标达到一定的金额的，设立"非法配置资产罪"；针对公务消费的腐败，责任主体滥用公务经费，应设立"挥霍浪费罪"；针对一些公务人员采取非法手段欺诈取得津贴，情节严重的，设立"欺诈津贴罪"；针对一些公务人员随意闲置资产和抛弃资产，情节严重的，设立"资产闲置罪"；针对一些公务人员对于配置资产应登记入册，采取隐藏或侵占行为者，情节严重的，比照"贪污罪"论处。针对一些公务人员损公肥私，利用职务便利，将资产赠送给亲友，设立"非法赠送国有资产罪"。此外，

① 卢建平、杨子良：《国有资产刑法特殊保护的正当性分析》，载《刑法论丛》2009 年第 2 卷。
② 参见陈正云：《中国国资流失状况调查——国有资产流失犯罪及其法律惩治》，法律出版社 2000 年版，第 55~56 页。

规范各类国有资产犯罪的追诉标准，基于非经营性国有资产在某些犯罪上难以界定其损失数额，例如超标配置、闲置资产、废弃资产的犯罪行为，应引入抽象危险罪构成，通过法定评估机构鉴定，确定其犯罪标准，以扩大惩治的范畴。只有这样才能严格制定关于资产的刑法规范，严格执法，针对实践中出现的各种侵害资产行为立罪规制，以遏制屡禁不止的侵害资产之风，惩治侵害国有资产的"蛀虫"。

二是应当适度增加一些刑事罪名的罚金刑。罚金刑作为附加型的设立是一种特殊财产刑，是以剥夺或强制罪犯缴纳金钱为内容的刑罚方法，成为预防特定犯罪的惩罚手段之一，是针对犯罪分子的贪婪性和趋利性对症下药，切实触动犯罪分子的经济利益，起到弥补资产损害、最大程度地挽回损失的法功能。现行《刑法》一些侵害国有资产的罪名却没有规定罚金刑，例如，现行《刑法》规定的事业单位徇私舞弊低价折股、低价出售国有资产罪、滥用职权罪、玩忽职守罪，就没有规定罚金型。对于所有的国有资产获利型或造成资产损害的罪名，应增设罚金刑，并规定倍比罚金制或限额罚金制，使刑罚更有科学性。此外，现行《刑法》中一些侵害国有资产的罪名虽然规定了没收财产和罚金的附加型，但司法实践中，除了犯罪嫌疑人或其亲属在判决前主动或代为缴纳的，实际执行率几乎为零，[①] 故应完善刑事执行的立法措施，加强罚金刑的执行力度，确保罚金型必须不折不扣地执行。

三是专门设置侵害国有资产犯罪行为的刑事追诉机构。加强国有资产的廉政制度建设，针对公务人员的背信渎职，加大惩治侵害国有资产的刑事力度，强化其侦查与检诉制度，在全国各级检察机关成立专门的侵犯国有资产的刑事检察机构，作为专职负责的检察机关内设部门，完善侦查、起诉和监督侵害国有资产罪的刑事程序，以确保严厉地打击侵害国有资产罪犯，预防犯罪，切实地构筑国有资产的刑法保护体系。

第二节　非经营性国有资产使用权的私法保护

一、非经营性国有资产使用权的物权法保护

非经营性国有资产作为中国特殊财产，由财产法调整，应是题中之

---

① 文青、李雪晴：《西安近三年财产刑判决及执行情况调研报告》，载《中国审判》2007 年第 12 期。

义。非经营性国有资产的归属制度确定为国家所有权，这是法律保障的制度选择，因为公有制国家承载着财产公平分配和为社会提供财产福利的客观要求。但是，国家所有权制度只是解决财产归属问题，财产的根本功能在于利用，无视财产利用，不是财产法的精神实质。罗马法确立的用益物权制度为财产利用提供了权利构建模式，开创了财产利用权利的先河，为物尽其用提供了革新性制度。非经营性国有资产使用权即是财产权利制度构造的产物，符合财产法的立法意旨。财产法在保护非经营性国有资产使用权上大有可为，其界定与设定，国家所有权与非经营性国有资产使用权的分离，资产收益的规定，调拨、共享、处分的规定，监管机构和使用权人及其职责、配置、占有与使用的规则，监督制定以及法律责任，等等，都可以在财产法作出具体规定。

我国《民法典》第258条、第259条属于以物权规范形式规定国有财产的法律保护，凸显国有财产法律保护的重要性，但最终落脚于"应当依法承担法律责任"，显得笼统与模糊，仍需要行政法、刑法和侵权责任法落实其法律责任。严格地说，这两条是从概括性、综合性规定国有财产法律保护，但缺乏法律规则的完整要素，并没有起到真正的规范价值，属于宣示性的法律规范。真正落实国有资产的物权保护，首先应当从物权的效力进行考究。

权利的效力是指权利本身所具有的法律强制力，民事权利都具有其各自内容不完全相同的法律效力。[1] "物权的标志是其绝对性效力，任何人对物权都负有尊重义务。"[2]"物权，为对于客体之直接排他支配权。"[3]直接支配力是物权的基本效力，意旨在于使物权人得以完满实现其物权而为法律所赋予的各种具体的保障力，物权的全部制度均以其直接支配力为基点而展开。关于物权的具体效力，学者有不同的学说，"排他效力""优先效力""物权请求权效力""追及效力"等均有论及。笔者认为，物权的具体效力应为排他效力和物权请求权效力。物权之所以是物权，理由在于具有排他效力。"排他效力"是权利人直接支配物的法律效力，是物权人排除任何第三人不当干预的法律之力。一物一权原则是物权排他效力的最根本体现。一物一权原则，一物上只有一个所有权。"在定限物权中，一物一权原则决定了内容相同的用益物权不能并存，而不同种类的用益物权相互之间也不发生非此即彼的冲突。"[4]"物权请求权效力"是指物权人有排除

---

① 尹田：《物权法理论评析与思考》，中国人民大学出版社2008年版，第146~147页。

② ［德］鲍尔·施蒂尔纳：《德国物权法》，张双根译，法律出版社年2004年版，第8页。

③ 史尚宽：《物权法论》，中国政法大学出版社2000年版，第10页。

④ 孟勤国：《物权二元结构论——中国物权制度的理论重构》，人民法院出版社2004年版，第90页。

他人妨碍恢复物权圆满状态的权利，具体表现为返还请求权、除去侵害请求权、不作为请求权及基于占有的物上请求权。

本质上，物权请求权是由排他效力衍生出来，但为确保物权人的自力救济以及简便行使权利，作为一种特有制度予以规定，有其现实意义。物权效力极具抽象性与晦涩性，最大价值在于明确地提出和分类了的物权实用性效力，为物权人指明了物权保护的具体内容和保护方法。追及效力及优先效力不应成为物权的独立效力。追及效力是物权的直接支配力的必然效果，是排他效力衍生出来的内容，无论物辗转于何人何处，权利人均有直达追及效力，但基于物权效力与保护第三人交易安全上的取舍，私有财产的追及效力被善意取得制度切断。本质上，追及效力已为直接支配力所当然包含的内容，无须再多此一举列举。当然，在恶意取得物的情况下，为了直观说明追及效力，以之与善意取得制度进行区分，也无可厚非，仅在排他效力下讨论才有意义，但无论如何追及效力不应成为物权的独立效力。物权的优先效力是流行久远的伪命题，无论是"物权间优先效力"还是"物权优于债权"的说法，都难以自成独立的物权效力。物权相互间的优先效力，一般遵循"成立在先、权利在先"的规则，实质上是物权排他效力的直接效果。本质上，优先效力是重复述说物权排他性的内容。物权与债权为传统财产权的二元结构权利，两者本质是因客体不同而产生了根本性的区别，债权是请求权，债权永远不存在直接作用于物的权利，两者之间根本没有逻辑的交叉基点，不存在物权优于债权之说。例如，在同一物上，债权人对债务人主张债权，抵押权人主张抵押权，虽然实现债权的根本目的都落脚于同一标的物，但抵押权于债权优先受偿，这是抵押物权具有排他性效力的必然结果，债权人是对人权与相对权，债权与物权的指向对象不同，不能说是谁优先的问题，而是各自法律保障力指向对象的根本区别。取得时效是消除财产关系不稳定状态，确立财产新关系的特有时效制度，对于发挥物尽其用、重构财产归属秩序有一定作用。善意取得制度是平衡财产静的安全与维护第三人交易安全的利益矛盾，侧重保护交易安全的物权制度。非经营性国有资产是限制性流通财产，在公务人员尚未具有完全的高尚品格下，加之各项管理制度尚未健全，实践中，资产受到不同程度上的侵害，取得时效与善意取得不应适用于非经营性国有资产制度。

非经营性国有资产使用权是表述、概括行政事业单位法人对其财产享有支配、利用的用益物权。既然它是一种独立的物权，就具有相应的物权效力。物权保护有自力救济与公力救济的两种路径，物权人根据不同情况，由依法律与程序予以适用，以保护物权。物权的排他效力和物权请求权，为非经营性国有资产使用权的保护提供了制度性保障。排他效力系为保障权利人支配财产所产生的法律保障力，目的在于防御他人在既存物权标的上再设定与之相冲突的另一物权。物权的请求权效力旨在保护物权，其来自于物权的支配效力，目的在于使物权恢复完满状态。物权请求权是一种具有神奇功能的效力，与物权同命运。虽然学者间就物权请求权的性质存在争议，但其对于物权保护具有特殊作用，方便法律与实践适用，且其不以相对人的过错为条件，只要物权存在，则于物权受侵害时，物权请求权即行发生。具体来说，物权效力对于保护非经营性国有资产使用权具有十分重要的实践意义。

首先，明确规定这种新型用益物权，为保护非经营性国有资产提供了稳定的物权类型，避免《民法典》第255条、第256条规定残缺不全的权利性质。同时，阐明国家机关法人、事业单位法人是使用权主体，是适格性的物权主体，行使物权便有正当的权源根据，若资产遭到侵害无须国家所有权人的授权，直接可以行使物权与法律救济。其次，充分运用物权的排他效力保护资产。当非经营性国有资产被非法侵害，无论辗转到何人之手，行政事业单位法人均可追至其所在，要求其返还原物，避免国家所有权人因鞭长莫及或信息不对称而难以行使物权。最后，物权请求权是权利人保护物权的锐利武器，为物权保护提供了方便、快捷与有效的保护方式。物权请求权非所有权独享，他物权同样可以享有，只不过是依各个定限物权的法益内容，并斟酌物权规则而适用。一方面，当非经营性国有资产的圆满状态受到妨害或有被妨害之虞时，或者利用利益受到妨害或被妨害之虞时，无需考虑侵害人是否有过错，使用权人完全可以行使物权请求权，以恢复物权的圆满状态和支配力。另一方面，当遭到妨害或被妨害危险时，作为行政事业单位法人必须有义务有责任行使物权请求权，这是其作为物权主体必须承担的义务，否则就应承担相应的损害赔偿责任。物权法定和公示公信原则为稳定非经营性国有资产使用权，预防受侵害提供了制度性保障，从而有效地保护非经营性国有资产使用权。物权的公示原则在于透明物权关系，宣示物权归属状况，维护物权静的安全；物权的公信原则在于对第三人因物权公示的信赖利益予以保护，以维护交易安全。非经营性国有资产的物权公示有一定的特殊性，它以某种能够为社会公众所知晓的外部表现形式进行公示，以表明物权关系以及行政事业单位法人对资产的实际控制，是一种最具"物态形式"的权利享有方式。基于资产的非流通性，未经批准不得擅自转让，但转让须通过会计凭证等进行记载，这也是物权公信。总之，物权法对非经营性国有资产使用权提供了制度性的法律保护，使用权人具有稳定性、正当性的物权行使根据，为其提供了物权的直接支配力和排他力，享有物权请求权，确保物权的圆满实现，从而完整地保护非经营性国有资产。

二、非经营性国有资产使用权的侵权责任法保护

民事责任是行为人侵害民事责任、民事权益或违反民事义务，依法应承担的强制性法律后果，具有矫正不法行为和填补损害的法律功能。本质上，违约责任与侵权责任是民事责任的两种形式，缔约过失责任实质上是侵权责任。非经营性国有资产存在于庞大的行政事业单位，违约责任发生在政府采购合同而有政府采纳法调整并有相应机构监管，其外部性决定其容易受侵害的危险性与隐蔽性，因而强化其侵权责仟显得尤其重要。

我国民事法律关于国有资产的侵权立法经历了由《民法通则》到《侵权责任法》，再到《民法典》侵权责任编的发展演变。《民法通则》是特定时代的法律产物，是沿袭前苏联法律体制后的民法基本法律，从而在中国改革初期对于民法如何调整国有资产显得生硬与粗陋，规范侵害国有资产只能借助于一般侵权条款。具体来说，《民法通则》第73条明确了"国家财产属于全民所有"，蕴含着国家所有权制度的落实，国家所有权作为一种独立民事权利被学者诠释，成为中国民法制度的创新与突破。《民法通则》第81条与第82条规定了资源性国有资产和经营性国有资产的国家所有权与使用权、经营权，被认为是调整国有资产的物权性规范，受限于通则的局限性与非经营性国有资产的行政管制性，《民法通则》对非经营性国有资产没有作出明确性规范，从而对于非经营性国有资产的侵权条款，解释上应依照第106条的一般侵权责任规范。《侵权责任法》是适应现代侵权形式多样化的侵权民事责任法律，打破大陆法系传统民法典简略性侵权行为规范的桎梏，开创了侵权责任的专门立法，《民法典》侵权责任编几乎全部吸收了《侵权责任法》的立法成果，专章规定了一些典型侵权责任类型，但对于国有资产的侵权规范尚付阙如。虽然国家所有权和国有资产民事权益受侵害也可依《民法典》第1164条获得保护，对于侵害国有资产的行为没有作出具体规范，此与中国公有制财产的宪政制度不相称。本来，《民法典》物权编应当规定侵害国有资产作出一些原则性规定，然后通过转接条款经由侵权责任编予以具体规范，但由于未明确其财产权利，当其受到侵害时，行政事业单位行使其权利缺乏正当的权源，且由于没有明确

规定具体的国有资产侵权类型，该法条的转接条款缺乏具体落实内容。虽然《民法典》第 1164 条规定，行政事业单位法人在没有独立的使用权下，可以依照追究侵权人的民事责任，但难与国有资产的功能与地位相匹配。民事责任在法律责任中有其不能忽视的威力，《民法典》第 1187 条规定以侵权责任的财产执行优于行政责任与刑事责任，显示其无比的法律效用，主要在于其课以侵权人财产责任，最大限度地弥补损害，但在国有资产与非经营性国有资产的侵权责任上没有作出具体条款，显然有失中国财产责任的特色。现有国有资产的行政法规和规章重在内部管理制度和外部契约行为，对于其侵权问题缺乏足够的重视。

"保护民事权利的基本方法是责任，责任是连接实体法与程序法的桥梁。"①自《民法通则》颁布以来，中国民事法律制度创制出"民事权利-民事义务-民事责任"的立法模式，这是对德国民法上责任与债结合的借鉴与变革，亦成为侵权责任法得以单独立法与其在民法典中独立成编的理论基础。对于非经营性国有资产使用权而言，《民法典》物权编与侵权责任编都应加以调整与保护，如何解决物权请求权与侵权请求权的协调问题，是一个必须考究的理论问题。对此，有两种学说观点，一种观点认为，我国民法上的请求权体系从属于权利-义务-责任体系；侵权责任法的是侵害民事权利或民事权益的法律，绝对请求权变革为侵权责任请求权，停止侵害请求权、排除妨碍请求权和返还原物请求权，都是救济权请求权；物权请求权与侵权请求权一并规定在侵权责任法调整。② 另一种观点认为，绝对权请求权与侵权请求权是两个不同性质的权利，在法的功能上不同，不能相互替代，应当分别立法；侵权责任法为权利救济法，主要以损害赔偿为责任形式，不应将绝对责任请求权纳入侵权责任法予以调整。③ 笔者认为，中国民事责任的制度设计有别于德国民法，民事权利是产生责任的基础，对民事义务的违反是产生责任的前提，但并不是所有违反义务的都得通过救济权予以实现，自力救济也是保护权利的一种方式。特别是在中国历史文化下，打官司仅是当事人诉诸法律的最后方法。请求权在权利体系中居于枢纽的地位，请求权系由基础权利而发生，但请求权的内涵丰

---

① 魏振瀛：《民法》，北京大学出版社、高等教育出版社 2017 年版，第 49 页。

② 参见魏振瀛：《论债与责任的融合与分离——兼论民法典体系之革新》，载《中国法学》1998 年第 1 期。魏振瀛：《民法》，北京大学出版社、高等教育出版社 2017 年版，第 49~50 页。

③ 参见王利明：《我国侵权责任法的体系构建——以救济法为中心的思考》，载《中国法学》2008 年第 4 期。

富，请求权是债权的本质特征，并非所有的请求权都能通过债权请求权得以实现。原权与救济权是从权利发生的先后及其相互关系予以划分，侵权责任仅是救济权请求权承担法律责任的方式之一，而非全部。救济权请求权与诉权有本质的区别，诉权系私人请求国家予以保护的诉讼权利，存在于私人与国家之间，属于公权。此外，权利、义务、责任与请求权之间并非是高低间的概念层次，请求权本质也是权利之一，它们之间的法律牵连是一个深奥的理论问题，不能简单地以请求权与权利、义务、责任的立法模式有某种联系而成为一种必然的关系，因而如果一律以请求权意义诠释所有的民事责任问题，并不是灵丹妙药，以固有的请求权意义解释物权请求权就缺乏圆满性，即是例证。虽然我国民事责任的制度设计与民事义务、民事权利制度密切联系，《民法典》物权编与《民法典》侵权责任编对财产保护有不同的法功能，但物权请求权与债权请求权是两个不同的权利制度，有着不一样的规范效力，不应将之一并纳入《民法典》侵权责任编。《民法典》侵权责任编对财产保护以债权请求权为基础性权利，以填补损害为功能，以存在事实损害为根本，奉行"无损害无救济"的法理，强调行为与损害之间的因果关系，有时以过错作为要件，重在事后救济。《民法典》物权编对财产保护以物权为基石，以物权请求权为行使方式，功能在于预防可能发生的损害或恢复受侵害权利的圆满状态，不必以实际损害为要件，不以主观过错为要素，遵循"无权利无救济"的原则，具有简明易行的财产保护功能。一般而论，当物权遭受侵害或者可能遭受侵害时，物权人一般通过物权请求权行使，具有自力救济效用，以维护物权的完整性与圆满性；当财产遭受侵害，无法通过自力救济解决时才提起损害赔偿请求权。由此，通过物权请求权与债权请求权的两种方式保护财产，可以形成权利的聚合、竞合作用，两者并行不悖，共同构筑财产保护的防火墙。① 就非经营性国有资产使用权的私法保护而言，《民法典》物权编通过确认独立的物权，使用权人以物权请求权进行保护，匡正物权效力，起到预防和自力救济的作用，有力地维护资产的完整；《民法典》侵权责任编应以专门条款规制国有资产，强化归责原则和责任人，确立侵权条款，建立赔偿机制，有力地维护资产不受侵害，有效地填补资产损害，直接触动侵害人的经济利益，最终起到震慑作用。例如，行政事业单位配置给公务员的笔记本电脑，如果说用于私人聊天或者播放音乐，单位有权采取措施

---

① 参见王利明：《我国侵权责任法的体系构建——以救济法为中心的思考》，载《中国法学》2008 年第 4 期。

进行制止，这是物权请求权的功能；但当笔记本电脑被公务员因私使用发生毁损，则依《民法典》侵权责任编追究民事赔偿责任。因而，《民法典》物权编和《民法典》侵权责任编的法律各有功能，有机地保护非经营性国有资产使用权，切实发挥物权请求权与债权请求权的效力，为使用权人提供民事救济。

虽说《民法典》第 1164 条以统率性与总括性的条款涵盖民事权利和民事权益的侵权救济方式，但是国有资产的多层代理关系，难以防止资产受到侵害；行政事业单位法人作为民事行为的主体，倍受到侵权问题的困扰，以何者为起诉主体或被告主体不断受到挑战。"享有权益者自担损害"是损害赔偿法的基本法理，非经营性国有资产使用权的确认，为行政事业单位法人提供民事救济的正当权利，为完善资产的损害赔偿提供了理论依据，基于现有法律不圆满性，有必要完善国有资产的侵权损害赔偿问题。确立侵害非经营性国有资产的归责原则是首要问题，居于核心地位，决定着其构成要件，其适用于哪个归责原则呢？无过错责任的基本法理是"形成危险者应负危险责任"和"对于不幸损害的合理分配"，国有资产受到侵害，应当没有适用无过错责任的基础条件；过错责任本质是以行为人主观是否具有过错为要件，强调行为人的主观应受非难性，侵害国有资产与私有财产的侵权行为没有本质的区别，应当均适用过错责任原则，以体现不同性质财产的平等保护。但是，侵害国有资产又与一般私有财产的侵权在适用过错责任上有所不同，因为国有资产存在外部侵权与内部侵权的区别，应当分别适用不同的过错责任原则。外部侵权是指行政事业单位法人或公务人员以外的第三人侵权资产，与侵害私有财产一样，均适用过错责任原则；内部侵权是指行政事业单位法人公务人员利用职务之便侵害国有资产，为了严格追究公务人员损害资产的民事责任，应有利于避免内部责任人员逃避责任、转移或嫁祸他人，对内部的侵害资产行为实行过错推定责任。此外，关于内部侵权的主体问题，还要依实际情况确定侵权的责任主体。具体来说，如果按照法人的意志占有和使用资产的，反映单位意志，受单位意志支配，视为单位法人使用，这是一种占有服务关系；但不当使用所造成资产流失的，由行政事业单位法人承担责任。公务人员的资产占有人虽然根据单位意志使用，单位意志违反法律法规规定的，占有人明知违法或不正当使用，造成资产损害的，则应由单位法人与占有人负连带民事责任。公务人员的资产占有人虽然依据单位法人正当意志占有资产，但在具体使用资产时，违背法律法规和法人单位意志使用资产的，则占有人视为不当使用权主体，由此引发的资产流失由占有人承担法律责任。公务人员的资产占有人违反单位法人意志，擅自占有和使用资产的，占有人视为不正使用权主体，应当承担侵权责任。公务人员的资产占有人由于违反注意义务、忠实义务或谨慎义务，对资产保管不善或使用不善，导致资产损害的，应当承担侵权责任。公务人员的资产占有人由于过错造成资产损害，由于监管不善的，行政事业单位法人的主管人员或直接责任人员应与占有人承担侵权的连带民事责任。基于非经营性国有资产使用权的特殊性，为了避免上级机关法人或行政主管部门不法侵害，对于相关责任主体也应当承担民事责任，主要表现为：国有资产监督部门、上级机关法人、行政主管部门缺乏法定依据、违反法定程序非法截留、扣押、划拨或强令调剂行政事业单位法人资产，主管人员或直接责任人员应当承担侵权责任；上级机关法人、行政主管部门的负责人利用滥用职权侵害非经营性国有资产的，应当承担侵权责任；行政事业单位法人没有法定配置依据通过不法手段取得资产配置的，应当承担侵权责任，主管人员或直接责任人员承担连带责任；行政事业单位法人违反资产使用、处置、处分的法律、行政法规的规定，造成资产损害的，应当承担侵权责任，主管人员或直接责任人员承担连带责任。侵害非经营性国有资产使用权的构成要件为：一是行为人存在违法行为，即行为人的行为违反关于非经营性国有资产管理的法律、行政法规和行政规章的规定；二是行为人主观人有过错，行为人通过违反法定义务、忠实义务、管理义务的行为所表现出来的一种应受非难的心理状态；三是非经营性国有资产存在损害的事实；四是非经营性国有资产的损害与行为人的作为或不作为之间存在因果关系。关于侵害非经营性国有资产的承担责任形式，主要有停止侵害、排除妨碍、消除危险、返还财产、恢复原状、赔偿损害等。

第三节　非经营性国有资产使用权的法律救济

一、非经营性国有资产使用权的法律监督

长期以来，我国不断探索非经营性国有资产的管理体制和法律监督的完善问题，为了强化国家层面的行政控制，十届全国人大一次会议确立设立了"国务院国有资产监督管理委员会"，专司管理国有资产，加强中央集权对资产的有效控制，确定中央与地方的分权制度，取得了一定的成效。但是，由于国有资产数量庞大，种类繁多，分散到各部门与各单位，

功能不一,仅凭单一的国有资产监督管理机构难以协调资产统一管理,该机构几乎是对经营性国有资产的管理与监督,对于自然性国有资产、公用性国有资产和非经营性国有资产,依然存在一定的监督缺位。对此,一些学者提出两种非经营性国有资产的行使模式方案:一是公共财政体制下非经营性国有资产的监控模式;二是国资委体制下非经营性国有资产的监管模式。① 同时,不少地方政府也积极开展探索非经营性国有资产的监督模式,比较显著与有成效的是"上海模式""深圳模式""南海模式"与"南宁模式"。本质上,学者提出的上述监督模式与四个典型地方管理模式,在一定程度上触及非经营性国有资产监督模式的实质问题,明确了监控职责的主体与责任,有效地加强了资产的管理,提高了资产使用效果与社会效益,为探索科学的管理模式与监控体制提供了理论与实践的经验。在公共财政体制下的非经营性国有资产的监控模式,依然存在一定的问题,公共财政的监督模式纯粹是从财政资金的视角对非经营性国有资产的监控,一些实体物资产和无形资产难以监督;国资委体制下的非经营性国有资产的监管模式,又在一定程度上对财政资金管理的难以控制。此外,单纯依靠财政部门与政府国资委的监督与管理,难以避免地方保护主义和本位主义的影响,有失资产使用的公正与公平。理论上,非经营性国有资产的管理体制应当实行行政管理与资产管理相分离,实现资产的有效监督,构建科学的法律监督、社会监督和权力监督。

破解非经营性国有资产管理体制存在的问题,固然存在历史因素,原因是多方面的,综观起来主要有四个:

首先,非经营性国有资产管理体制存在的问题,凸显我国公共财政体制存在缺陷,财政支出缺乏充分的公开性,预算支出监督乏力。以前,一些地区没有完全建立起严格的预算监督制度,预算约束软化和预算外资金大量存在,财务报销和审计制度不够完善。预算是财政的核心,现代预算制度是当今社会财政制度的基础,是国家治理的重要内容,关系到优化资源配置和管理国有资产的现代化。预算法是财税领域的"龙头法",国有资产来源于财政资金,财政资金的有效监督是对资产科学管理的重要路径。1994年颁布的《预算法》,基于当时以市场经济为导向的经济体制改

---

① 国务院国资委"非经营性国有资产监督管理研究"课题组:《非经营性国有资产监督管理研究》,载《经济研究参考》2005年第3期。吕瑞云:《公法人财产所有权的法理解说》,载《广西政法管理干部学院》2011年第1期。刘剑文:《中央与地方财政分权法律问题研究》,人民出版社2009年版,第30~33页。文政:《中央与地方事权划分》,中国经济出版社2008年版,第157页。

革才刚刚起步，很多问题还看不太清楚，所以存在一定的局限性，缺乏预算内容的完整性、预算编制的科学性、预算执行的规范性、预算监督的严肃性和预算活动的公开性，而且政府集预算编制权与执行权于一身，也缺乏严格有效的问责制度，规制作用有限。财政是国家治理的基础和重要支柱，科学的财税体制是优化资源配置、促进社会公平、实现国家长治久安的制度保障。完善的预算法应当明确事权、改革税制、稳定税负、透明预算、提高效率，建立现代财政制度的法治型预算。2014 年《预算法》的修改，标志着其从管理法向控权法转变。"徒法不能以自行"，新修改的《预算法》最终执行效果如何，能否在制约财政资金、监督资产安全方面发挥法律功能，尚需时间考验。

其次，资产管理体制缺乏公开性和透明性，公众监督机制不完善。资产管理公开制度是实行民主监督、国有资产合理配置与公平运行的必要条件。《政府信息公开条例》第 9 条划定了政府主动公开的行政信息范围，其在第 35 条规定，行政机关不依法履行政府信息公开义务的，受到行政处分并追究刑事责任。但是，没有社会大众对各级政府部门对"三公"消费的参与讨论与监督"三公"经费的预算制定，没有公开具体的开支项目和明细，只是事后总的经费开支数字，难以深入监督"三公"经费预算的严格执行。此外，上级行政部门对资产配置与调剂的权力，也没有得到严格的社会监督，造成资产配置不均，一些单位资产过多，而一些单位却严重短缺。

再次，党的十八大召开以后，国家整饬吏治，严控经费，取得了成效，但仍然存在一定的问题。十八大以来，党和中央政府高举惩治贪官大旗，厉行节约；严控公务消费，中央政府直至各部委颁布一系列禁令，节约经费开支，严格国有资产管理制度，例如，强化科研经费开支，严格遵循预算开支，杜绝虚假报账；建立统一政府采购制度，实行财政资金监督；确立行政事业单位资产的清产核资制度，实物资产进行外贴标签；严格财务开支，禁止餐票报销。经过一系列的财政经费和资产管理制度的整治，资产管理和财政开支取得了显著的成果。2011 年中央行政单位"三公"经费合计 93.64 亿元。其中，出国（境）经费 19.77 亿元，车辆购置及运行费 59.15 亿元，公务接待费 14.72 亿元。① 2018 年，中央本级"三公"经费财政拨款支出合计 39.92 亿元，其中，因公出国（境）费 14.84 亿元；

---

① 《关于 2011 年中央决算的报告》，财政部，http://www.mof.gov.cn/zhengwuxinxi/caizhengshuju/201207/t20120711_665583.html，2012 年 7 月 11 日。

公务用车购置及运行费 22.33 亿元；公务接待费 2.75 亿元。① 2018 年的三公经费比 2011 年的减少一半以上。这说明中央的决策英明和政策执行效果良好。但是，由于问题积重难返，在落实政策上，在一些基层地区没有很好地得到贯彻执行，实践中还存在一定的问题。

十八大以前，公车超标、公车滥用、公车费用等问题的出现，在于各项政策措施一般是"碎片"式的管控，未把节约开支作为公车监控的必要性与合理性的坐标，缺失监督完善、约束严格的法律规范，社会公众更无从监督。2014 年中央关于车改的文件的隆重出台，掀开了"史上最严公车改革"的序幕，明确了公车改革的时间表，改革切中肯綮，让公众为之一亮。有学者称，依中央此两文件严格实行公车改革，国家每年节省近1500 亿元财政开支。② 据统计，中央和国家机关 140 个部门共取消车辆3868 辆，车改节支率为 10.5%。③ 各地行政机关和事业单位也基本如期进行了公车改革，公车改革取得了实质性成效。但由于一些地区监督措施不到位，各地实际情况有别，公车改革仍然出现一些问题。在限制"三公"消费上，财务制度推行了公务卡支付制度，对于增加财务公开的透明度，遏制凑票报销、虚开发票金额报销等腐败行为具有现实意义，但公务卡并不是包治百病的良方，也会衍生出一些问题。总之，无论是公车改革还是公务卡的消费改革，都是党中央推行惩治腐败的新政，是中央最高层以高压态势、刮骨疗毒式的新政。当今，之所以政策几乎都能认真贯彻落实，关键在于中央以反腐败的决心，认为反腐斗争是关系党与国家存亡之道，是输不起的一场斗争。然而，建立一种长期的公务消费体制，还需要完善的法律监督制度，而不是临时性的政策规定，应当依靠稳定的法律机制，建立公开、透明、完善的监督制度，借用社会监督力量，这才是长期有效治理的根本所在。

最后，法律监督制度尚未完善构建，管理资产的行政权力缺乏透明、公开的社会监督。权力好似一个充满活力的魔咒盒子，千百年来无数人为争夺它付出生命代价。古代有疆域战争、农民起义；现代有民族战争、世界大战；当代有科技战争、贸易大战，都是围绕权力而展开殊死搏杀。权

---

① 《关于 2018 年中央决算的报告》，财政部，http://www. mof. gov. cn/zhengwuxinxi/caizhengxinwen/201906/t20190627_3286107.htm，2019 年 6 月 27 日。

② 《车改后每年或可减支 1500 亿》，新京报，http://news.sohu.com/20140717/n402346543.shtml，2014 年 7 月 17 日。

③ 《中央车改办详解车改进展》，人民日报，http://www.gov.cn/xinwen/2015-12/07/content_5020640.htm，2015 年 12 月 7 日。

力是现代社会经济生活的核心。国家治理离不开权力行使，社会经济有序与权力实施密不可分，权力必须受监督与制约，如果权力滥用或异化必然导致腐败，人民深受其害。资产管理与经费开支总是掌握在一定权力的人手中，一些国家机关、行政机关和事业单位法人第一把手的权力过大，容易滋生腐败，对于资产的管理与使用及经费的开支，利用手中权力损公肥私，造成资产流失。此外，现行法规、政策对于资产管理与监控，缺乏硬性约束机制，干部考核很少考虑资产管理绩效和行政成本，失去了管理的内在动力和外部压力，这就成为资产流失的黑洞；如果没有健全的法律监督机制，仅凭高层领导的高压态势与重拳出击，难以长期根治。但虽然"三公"消费实行每年公开，由于没有公开具体的项目与费用，公众缺乏参与讨论"三公"消费的预算，仅是事后公开，又如何监督"三公"消费的合法性？

　　总体来说，非经营性国有资产出现的问题，缺乏完善的法律制度与监督机制是重要原因之一。"权力运行具有失控性、扩张性与腐蚀性，具有工具性与变异性。"①权力过分集中，缺乏制约与监督，往往成为私欲与犯罪的酵母。我国当前正处于经济发展速度换挡期、结构调整阵痛期、深化改革政策消化期的"三期叠加"的新形势，政府官员和社会大众的风气一新，要利用这些新态势，强化权力制约，将权力关进制度的笼子里，要树立权来民意，权为民用的意识，同时必须加强政策的清理与优化，加强立法、强化监督，以人民的权利监督、制衡权力。重视民意，深入群众，倾听人民呼声，依国情、实情与民情制定各项政策与法律。

　　政策是规制非经营性国有资产的短期性规定，是制定法律的最初依据；政策指导法律的制定，法的定型化、规范化、条文化、强制化是政策无可替代的。北宋政治家王安石有言，"立善法于天下，则天下治；立善法于一国，则一国治"。资产管理的问题千头万绪，大智立法，这是规范万物的基本规律；资产流失的问题，不仅是管理问题与经济问题，而是一个权力规范问题。深化改革的根本，主要在于改变利益博弈的结构，打破权力集中的体制，缺乏健全的法律机制，奢望收到实质性、长期性的成效是不现实的，临时性的措施、局部的改革、一时的严惩，这些所衍生出的改革成果与数据，是难以有彻底改革。现行非经营性国有资产的监控机制，制度设计存在一定的问题，各个监督系统之间缺乏的制约和监督的横向联系机制，监督渠道不畅通，监督标准不明确，其中没有明确规定使用

①　董云虎：《论权力的制约与监督》，载《人权》2006 年第 6 期。

权人如何正当、合理使用资产，容易形成"上级监督不到、同级监督不了、内部监督难落实，社会监督不现实"的局面。

此外，资产预算、拨付、配置与共享的权力过分集中，没有形成有效的监督与制约机制，导致资产管理的漏洞出现。长期、稳定地实施非经营性国有资产的制度改革，实现公共财政管理制度的法律建设，关键还在于加强资产的法律监督制度改革，实施资产预算、管理、配置、使用与占有的公开与透明，建立起多方位多层次的监督制度。具体来说，主要有以下几个方面的监督制度：

一是要健全以国家权力机关为核心的非经营性国有资产法律监督制度。人大的监督权本质上是人民的监督权。全国人大和地方各级人大都是由民主选举产生，对人民负责，受人民监督。国有资产出现的问题就是缺乏人大的有力监督制度，虽然每年两会都有人大代表提出关于国有资产的管理等问题，但也需要一个人大闭会后的常设监督机构，使得平时依照法律程序纠正错案难以贯彻落实。因此，必须专设监督机构，通过制定非经营性国有资产法，由全国大人及常务委员会和地方各级人大及常委会专设机构履行资产的监督职责，对人大负责。二是要理顺纵向监督与横向监督、内部监督与外部监督、事前监督与事后监督的关系，做到分工合作，协调一致。纵向监督与横向监督都要职责分明，各司其职，一般来说，上级行政主管部门对下级行政事业单位法人属于指导监督的范畴，政府部门对所属行政事业单位法人为领导监督的范畴，上级监督之间要相互协调，依法律规定和程序进行监督；内部监督要坚持党政第一把手负责制原则，奉行党政同责，不能推诿，外部监督渠道要畅通；事前要制定好规章制度，依法行事，依程序办事，事后监督要查明事实，调查取证，分清是非。三是要建立多种渠道的社会监督制度。非经营性国有资产的问题主要是社会公开与透明度不够而引起社会公众的非议，信息不对称，社会监督渠道不畅通是其中的原因。资产的预算、利用与效益，"三公"消费的开支，都要公开透明，公开要具体，公之于众，让人民监督，让纳税人知情，倾听网络民情与社会舆情，让大众有申诉与投诉的体制，完善公众举报与信访机制，依法及时处理群众的利益诉求，建立反馈制度，确立问责与追责制，等等。总而言之，非经营性国有资产的问题，只有通过制定完善的法律制度，健全各项的监督机制，实行公开透明原则，敞开社会监督渠道，对违规违法者"零容忍"，世上无难事，其衍生的问题就不再成为难以根治的"病证"。

二、非经营性国有资产使用权的救济途径

德国学者梅克尔认为，权利的本质是法律之力；权利由"特定利益"和"法律上之力"两个因素构成。① 这种主张破解了权利的意思说，无法解释无意思能力的未成年人及不具有辨别能力的成年人为何有权利的说法；亦突破了权利的利益说无法区分自然债、反射利益与法律权利的本质。权利的法律力说揭示了权利乃是法律所赋予，且受法律保障的一种法益，具有强大的说服力，故为现今主流学者主张的学说。然而，有权利就必有救济，没有赋予法律救济的权利不是真正的法律权利；即使实体法完善规定权利制度，如果没有相应的法律救济机制，则法律效力失半。理论上，法律救济是指权利人依据对权利冲突或受到侵害的法律解决程序。权利受到损害，就应当充分得到法律救济；法律救济是对受损害权利所寻求解决的路径，法律救济的根本目的是实现权利人对受损害权利的弥补，对侵害人的一种法律制裁，以更好以维护合法权利，维护社会安定。法律上确认非经营性国有资产使用权，为非经营性国有资产的法律保护提供法律救济机制的法理基础与权利依据。当非经营性国有资产使用权受到侵害之时，法律救济是不可或缺的，依法理有公力救济和自力救济两种法律救济，自力救济是指使用权人根据法律规定，以自己的力量维护或恢复物权的自我保护；公力救济是指使用权人根据法定程序，通过国家公权，以寻求国家法律强有力的法律保护。现分述之。

在现实经济中，自力救济的适用不甚突出，且总是受到质疑，这恐怕是其合法性及其限度不好掌握。自力救济包括正当防卫、紧急避险与自助行为三种形式，这些形式在一切侵权行为过程中，在紧急情况下，为了权利或法益免遭损害，权利人均可适用。它是法律救济的组成部分，目的是在公力救济危急时未能达的情况下，权利人所实施的重要救济路径。在财产权保护中，物权请求权是正当防卫与自助行为的直接体现和具体运用。物权请求权是物权的效力之一，本质上是物权人于其物权被防害或有被防害的危险时，请求回复物权圆满状态或防止防害的物权救济途径，这与正当防卫与自助行为的行为方式没有本质的区别。物权请求权是法学家根据物权效力引申出的法律涵义，为物权上的一种法律理论创造。由此推论，自力救济对非经营性国有资产使用权的保护具有十分特殊的重要现实意义。非经营性国有资产使用权的本质属性决定国家所有权人不可能直接支

① 梁慧星：《民法总论》，法律出版社 2017 年版，第 70 页。

配财产，只能由使用权人依法排他地支配财产，当其遭受侵害，国家所有权人远水救不了近火，这义务就落实到使用权人身上。当非经营性国有资产遭受侵害，使用权人均有权采取自力救济予以制止与阻挠，也不必经国家所有权人或上级行政主管部门的许可，无论是返还请求权、除去侵害请求权，还是防害请求权，均可直接行使，这也是财产法确认非经营性国有资产使用权的价值所在。试想，如果权利不清，职责不明，当非经营性国有资产遭受紧急情况下的不法侵害，行政事业单位法人来不及请示国家所有权人或上级主管部门，侵害危及之时，行政事业单位法人若没有正当权源，将处于极其尴尬的地位。非经营性国有资产的种类繁多，表现甚为细小繁杂，例如高校的一张办公桌、一个书柜，行政机关的复印纸张或办公物品，经常被一些贪心的公务人员占为己有，行政机关领导或公务人员完全可以采取自力救济进行保护。自力救济为非经营性国有资产使用权提供了必要的法律保护路径，同时，财产保护也应当从小事做起，从细节入手，对于一切侵害非经营性国有资产使用权的行为，都可以通过自力救济途径有效地阻止这些轻微的侵害财产行为发生，最终有效地维护非经营性国有资产的完整性与稳定性。如果说，没有从法律上确认非经营性国有资产使用权，行政事业单位法人实施自力救济就缺乏正当权源。确认非经营性国有资产使用权，一切的理论争议与理论难题均可以运用财产权理论得到几乎合理的诠释，不必掩盖、不必回避理论的难题，轻装上阵，理直气壮地承认其权利制度，不应成为立法上的阻碍。而且，这具有现实意义，一方面，可以明确其权责，促进其积极行使自力救济，迫使侵害人立即停止实施侵权，侵权行为能够有效地得到及时制止，最大限度地维护国有资产，防止资产流失；另一方面，自力救济本质就具有预防与紧急防害的强大法律威慑力，侵害人实施之前就打消侵害行为念头，有效地预防或减少侵害资产行为发生。

公力救济是权利人实现社会正义的最后一道防线，是寻求公权力机关解决纠纷的最后路径。根据司法最终解决原则，社会一切纠纷与解决，均应通过国家司法机关最终予以解决与执行。自力救济自人类产生起就存在，而公力救济是社会文明发展的必然产物，也是国家维护社会公平与正义、体现国家意志的诉权内容。非经营性国有资产使用权的公力救济主要包括刑事救济、行政救济和民事救济三种途径。

刑事救济是当非经营性国有资产遭受侵害，行为人的危害程度与社会危害性构成犯罪时，依法予以追究刑事责任的法律救济路径。刑事救济是保护非经营性国有资产使用权的最后保障，也是法律保护的最有强制力的救济途径，还是保护资产完整具有最有威慑力的最后防线。刑事救济是国家司法机关主动介入的救济形式，刑法规定各种侵害国家财产的罪名，为非经营性国有资产的刑事救济提供了法律依据，一切侵害国有资产的行为均应受到刑事责任的追究。非经营性国有资产的刑事救济，这是国家保护国家财产的根本体现，通过侦查、起诉、审判等程序，达到惩罚犯罪、打击犯罪、预防犯罪、维护国家财产秩序的目的。

非经营性国有资产使用权的行政救济，既包括行政受处罚人的法律救济，又包括使用权人对于上级行政机关、上级行政主管部门及其责任人员侵害使用权，而请求国家机关予以行政处罚的法律救济。对于前者而言，赋予公务人员侵害非经营性国有资产使用权的行政救济，既是对非经营性国有资产的法律保护，同时也是对国家行政处罚与行政程序的法律监督，目的是为受处罚人提供法律救济路径，维护行政处罚的合法性，维护法律正义。当使用权人的公务人员存在侵害国有资产的行为时，使用权人有权依行政程序对公务人员作出处罚，受处罚人有权提起行政救济，主要包括行政申诉、行政复议、行政诉讼等救济程序。对于后者而言，非经营性国有资产使用权除了受到外部的第三人侵害外，也容易受到上级行政机关或上级行政主管部门的不法干预及侵害，主要表现为非法配置资产、不法干预资产使用、不当调剂与使用，等等，这些属于使用权人的行政救济范畴，使用权人有权通过行政申诉、行政复议和行政诉讼的方式维护其权利不受侵害。为了保障行政救济的有法可依，需要在规制非经营性国有资产的行政法中确立相应的行政救济机制，作为行政法的有效补充。

民事权利是民事主体实现民事救济的基础；民事责任是义务人违反义务所承担的法律后果，民事责任是权利人通过民事诉讼程序请求司法机关对义务人实施的民事制裁。民事救济机制是权利人以民事权利为基础，对于侵害人或违约者，通过提起民事诉讼程序，经过审判或仲裁，裁判义务人依法承担民事责任的一种法律保护机制。对于保护非经营性国有资产使用权而言，使用权人的民事救济，表现为当义务人违反法定义务或约定义务，或者侵害非经营性国有资产时，使用权人有权根据民法典的相关规定，提起民事诉讼，依法追究义务人民事责任的救济制度。这里所指的"义务人"有三种类别国家所有权的行使主体、上级国家机关或行政机关、上级行政主管部门，称为第一层次的义务人；使用权人内部的公务人员，称为第二层次的义务人；除上述两种类别之外的第三人（可以是侵权者或违约者），称为第三层次的义务人。基于第一层次的义务人与使用权人存在管理与被管理间的行政关系，也存在着平等间的民事关系，基于使用权人与第三层次的义务人之间的复杂关系，行政关系由行政法规制，通过行政救济途径解决；民事关系由民法典规范，通过民事救济程序处理。对于第二层次的义务人而言，使用权人与公务人员有着行政关系，但是公务人员侵害非经营性国有资产，既可以行政处罚，也可诉诸民事诉讼，亦可行政处罚与民事责任并用。对于第三层次的义务人而言，如果义务人与使用权人之间存在合同关系，可以通过民事诉讼程序，请求义务人承担违约责任或缔约过失责任；如果义务人侵害非经营性国有资产，可以诉请承担侵权责任。民事救济对于保护国家财产而言，具有行政救济不可代替的法律价值，损害赔偿责任是驱动使用权人的内动力，也是震慑义务人的外部压力，它与刑事救济、行政救济共同维护国家财产。

三、保护非经营性国有资产使用权的公益诉讼

非经营性国有资产的损害来自外部与内部两个方面，如果行政事业单位本身就是资产的损害者，想让他们起诉自己，可能性程度相当低；如果行政事业单位不主动起诉，它的救济途径就相对比较弱。国有资产被侵害，直接损害的是国家利益，间接损害的是广大人民群众的切身利益，如果管理国有资产的主体不直接起诉，法律又不赋予代表国家的法定机关或一般民众提起公益诉讼，国家财产迟早被掏空殆尽。其实，在我国《刑事诉讼法》第99条第2款规定了检察机关对于侵害国有资产有权提起刑事附带民事诉讼，但实践中几乎没有多大的成效。为了改变这种救济难堪局面，对于国家财产遭受损害需要设立新诉讼制度进行破解，一是赋予国家专门机关代表国家以诉权；二是赋予相关法人、组织或者公民享有诉权，这个就是公益诉讼。公益诉讼是任何组织和个人根据法律授权，就侵犯国家利益、社会公益的行为提起诉讼，由法院依法处理违法的司法活动。① 公益诉讼制度，起源于罗马法，现代的西欧大陆诉讼法均有规定，"它具有形成社会政策、创设或扩展权利、制约公权以及促进社会变革的法功能"②。"借助司法的力量避免和救济因他人的违法行为对公共利益造成的损害，弥补政府失灵所带来的后果。"③公益诉讼分为民事公益诉讼与行政公益诉讼，两者的共同点都是通过特殊的诉讼模式旨在保护社会公共利益

---

① 颜运秋：《公益诉讼理念研究》，中国检察出版社2002年版，第52页。
② 江伟、苏文卿：《公益诉讼社会功能论》，载《政法学刊》2009年第1期。
③ 张卫平：《民事公益诉讼原则的制度化及实施研究》，载《清华法学》2013年第4期。

和国家利益，原告主体与被诉行为之间没有直接法律关系。根本区别在于民事公益诉讼以民事主体为被告，以制裁民事违法行为；行政公益诉讼以行政机关为被告，以纠正行政不当行为。

以前，我国诉讼法没有规定公益诉讼制度，公民的公益诉讼屡遭遇败诉，私权介入行政纠错与公益保护陷入于法无据的尴尬局面。由于国有资产流失是由内外勾结、恶意串通造成的，诉讼法将原告主体资格限定在有直接利害关系人的有限范畴里，使得资产损害在资产管理人的掩盖下无法进入诉讼程序，一些资产损害得不到有效的法律救济。据中国社会科学院对 2000 年以来媒体关注的 42 个公益诉讼案件进行调研，发现这些案件的胜诉率较低。① 近年来，随着学界推动以及民众对公益观点、权利意识的增强，《民事诉讼法》第 58 条及《行政诉讼法》第 25 条第 4 款分别明确规定了民事公益诉讼与行政公益诉讼，全国人大常委会的立法授权以及最高法、最高检的司法解释为公益诉讼的司法实践提供了法律依据，为公共利益、国有资产的公益救济机制打开了闸门，推动社会公众和有关机关、社会组织的公益热情，彰显国家利益与公共利益由社会各方共同治理，具有法治化的社会治理效果。自 2015 年 7 月起，山东检察机关办理公益诉讼诉前程序案件 571 件，向法院提起公益诉讼 101 件，其中国有资产保护领域共 41 件。② 在各地的公益诉讼过程中，环境案件居多，2018 年全国法院共受理检察机关提起的环境公益诉讼案件 1737 件，审结 1252 件。③ 然而，诉讼法关于公益诉讼的规定仅是原则性规定，谈不上制度性规定，其内容虽有规范的实在性，但仅能称为"立法的政治性作为"④。由于我国缺乏足够的理论支撑与实践积累，实体性规范与公益诉讼缺失有效的衔接性，造成司法实践在适用公益诉讼上存在不少问题。

从各地司法机关办理国有资产保护的公益诉讼案件来看，国有资产保护的公益诉讼占少部分，仅限于经营性国有资产的公益诉讼，非经营性国有资产保护的公益诉讼鲜有实例。如果法律确认非经营性国有资产使用权，虽然为使用权人为保护资产的法律救济提供了正当、合法的权源，但我们不要高估了行政事业单位法人及其领导人、公务人员的资产保护能

---

① 黄金荣：《一场方兴未艾的公益法实践活动》，载《中国改革》2006 年第 10 期。
② 《生态资源、国有资产保护……公益诉讼试点两年，哪些领域案件居多》，大众网，http://www.360kuai.com/pc/9c22c291097737b66? cota = 4&tj _ url = so _ rec&sign = 360 _ 57c3bbd1&refer_scene = so_1。
③ 《2018 年全国法院审结检察机关环境公益诉讼案件 1252 件》，新华网，http://www.xinhuanet.com/2019-03/02/c_1124185132.htm，2019 年 3 月 2 日。
④ 张卫平：《民事公益诉讼原则的制度化及实施研究》，载《清华法学》2013 年第 4 期。

力，而且他们的少数人本身就是资产损害者，对于资产损害的行为，总是充耳不闻或视而不见，更不可能花费时间成本与诉讼成寻求法律救济了。更何况，经营性国有资产的外部损害一般涉及交易第三方，其增值性又可以查知内部损害问题，比较容易查证。非经营性国有资产损害除了外部损害外，还有资产闲置、资产废弃的损害，其具有隐蔽性与隐形性，非流通性又增加了其查证的难度，即使检察机关其提起公益诉讼也有相当难度，因而非经营性国有资产保护的公益诉讼总被忽略，这究竟是制度原因，还是立法因素，抑或机关与民众的忽视呢？需要考究非经营性国有资产的管理制度与公益诉讼的立法策略，方能得出结论。

针对非经营性国有资产的基本特性和内部损害的隐形性问题，社会公众难以从外部查知，需要落实具体的公开制度，为公益诉讼提供可能。主要是完善行政事业单位法人的资产预算公开、资产使用公开及资产绩效考评公开，这是开展其公益诉讼的现实基础。资产预算公开，为社会大众衡量行政事业单位的配置是否合理；资产使用公开，为公众提供资产使用情况的信息资料，以确定是否使用合理的问题；资产绩效考评公开，为社会衡量资产使用效益的问题。通过立法将这些公开制度法定化，使行政事业单位法人在指定媒体官网公开，让社会大众知晓，界定资产是否受到损害，以确定是否提起公益诉讼。非经营性国有资产保护的公益诉讼，无论行政公益诉讼与民事公益诉讼都可以提起。有学者认为，非经营性国有资产的公益诉讼只能提起行政公益诉讼。① 此观点值得商榷，笔者认为，民事公益诉讼与行政公益诉讼均可适用。行政事业单位法人作为使用权人，对于资产管理与使用有过错，违法行使职权或不作为，致使资产受到损害，检察机关当然可以依法提起行政公益诉讼。此外，当非经营性国有资产存在外部侵害时，行政事业单位法人怠于对平等主体的第三人行使民事救济程序，如果撇开民事公益诉讼，资产必然受到损害而无法弥补。此外，还要完善公益诉讼制度，以确保非经营性国有资产保护的公益诉讼得到贯彻落实。

首先，《民事诉讼法》应当明确将国有资产保护列入公益诉讼的范畴。《民事诉讼法》第 58 条以"……等损害社会公共利益的行为"的限定词界定民事公益诉讼的范畴，说明立法者将民事公益诉讼的范围仅限定在环境权益与消费费权益，但不可避免的是，法官为了减轻办案负担，以主观性解

---

① 孙彩虹：《检察机关提起国有资产流失公益诉讼制度研究》，载《河南师范大学学报（哲学社会科学版）》2009 年第 2 期。

释该法条，将其限定在上述两种的公益诉讼，而将国有资产保护的公益诉讼排除在外。因此《民事诉讼法》应当通过国有资产保护等一些典型的社会公共利益类型案件列入公益诉讼的明确范畴，扩大公益诉讼的典型案件范围。其次，社会组织或公民应当作为公益诉讼原告的主体资格。就市民社会而言，公益诉讼的民间性是公益诉讼的应有之义，是维护社会公共利益的重要推动力量，也是公益诉讼生命力之所在。《行政诉讼法》第 25 条第 4 款和《民事诉讼法》第 58 条并未赋予社会组织和公民提起公益诉讼的主体资格，显然立法漠视了社会组织和公民在维护社会公共利益维护的监督作用，从而被学者鞭挞为"官方公益诉讼"①。众所周知，社会组织和公民作为市民社会和法治国家中的重要主体，无论在西方国家还是发展中国家，其与国家的利益密切相关，依然是国家利益和公共利益最具活力、最直接利害关系的社会主体。革命时代，"振兴中华，匹夫有责"的民族精神依然回荡在社会生活中间；和平年代，"富强中华，匹夫有责"的最强声音时刻回旋在社会大众之中。"群众的眼睛是雪亮的"，如果立法没有将社会组织和公民作为公益诉讼的主体，则公益诉讼的社会效果将大打折扣，这也与立法意旨相悖。立法将公民主体排除在公益诉讼之外，有学者将之归纳为三个原因，一是担心诉讼膨胀，浪费司法资源；二是担心公民提起公益诉讼带有私益成分；三是担心公民举证困难和难以支付诉讼费用。② 审判机关是国家公权力机器，是经济生活秩序的维护者，更是社会正义的守护神；"司法最终解决原则"确定了裁判两造纠纷是审判机关的天职，社会公共利益的法律保护是审判机关义不容辞的义务，不能以诉讼膨胀为由拒绝公民提起民事公益诉讼，更何况在提起公益诉讼前还可以适用"穷尽权利救济原则"，给侵害主体一定的缓冲时间。公民提起公益诉讼也不排除渗透有私益成分，但总的来说，大多是为了社会公共利益，我们不能因噎废食、因小失大，一律否定公民提起民事公益诉讼的积极作用。至于公民举证困难，可以通过申请检察机关协助调查取证或者活用举证责任倒置规则。最后，政府应当通过多种渠道设立公益诉讼的利益激励机制，鼓励提起公益诉讼，维护社会公共利益。政府也应当通过各种举措如设立公益诉讼基金会及奖励机制，以推动公益诉讼有效地开展。对于公民与社会组织，"通过当事人和律师的利益激励机制，如原告诉讼成本的

---

① 黄金荣：《公益诉讼制度构建中的进步与局限——评新民诉法第 55 条》，载《法治研究》2014 年第 4 期。

② 颜运秋、余彦：《公益诉讼司法解释的建议及理由——对我国〈民事诉讼法〉第 55 条的理解》，载《法学杂志》2013 年第 7 期。

补偿、原告胜诉的奖励制度和律师胜诉报酬制度，以激发法人团体和公民个人起诉的积极性"[1]。政府可以通过建立相应的公益诉讼激励机制，以扩大公民公益诉讼，这也是唤起公民参与国家管理、唤起主人翁的意识，最终有效地保护国有资产的较好方式。

---

[1]　银晓丹：《企业国有资产监管法律责任及其救济》，载《河北法学》2011 年第 2 期。

第五章　非经营性国有资产使用权与中国物权立法

　　"财产是政治社会的真正基础"，法国伟大的思想家卢梭精辟地指出了财产的社会意义。中国民法师承德国体系，力求法典的系统性与逻辑性是其建构的显著特征。就立法论而言，囿于大陆法系私法坚守概念化的法学架构，不论社会经济生活如何嬗变，任何一个不数典忘祖的大陆法系法学家都寻求在传统法典体系与现代国情的融合度与涵盖力。非经营性国有资产在中国社会具有广泛而深远的政治意义，本书构筑出"非经营性国有资产使用权"的旨趣基因，在于界定非经营性国有资产的财产关系上划定使用权人与其公权力的合理界线。或许，在固守传统民法的守道者看来，"非经营性国有资产使用权"是"异端邪说"，恐难以纳入传统的财产法体系。但是，"非经营性国有资产使用权"的横空出世，犹如初生婴儿，如果没有在中国财产法中谋得相应的席位，或者说与中国民法制度格格不入，犹如镜花水月，本书也将在著作涌如潮的时代中被湮没。因此，寻求"非经营性国有资产使用权"在传统私法体系内狭路生存，显得弥足珍贵。

　　非经营性国有资产使用权的调整亦公法亦私法，是为本书提倡的立法路径。非经营性国有资产由公法调整，移植大陆法系体例，将现行法律与行政法规依一定的逻辑编排，美其名曰"公物法典"或"公产法典"，无需劳神费脑，相对简单易行。论证非经营性国有资产由私法调整，因未见法例，尚需绞尽脑汁，颇费心机。换言之，"非经营性国有资产使用权"落实于财产法固然有其道，然于置于传统物权法框架，恐与一些原则与理论相排斥，若"另起炉灶"，恐涉财产法体系重构。此外，它的私法调整规范又如何与公法规制内容自然衔接？凡此种种，均联系至深层次的私法理论问题，颇为考究。据此，考究"非经营性国有资产使用权"的立法论说缘由此而展开，其立法路径分而述之。

第一节　非经营性国有资产使用权的立法安排

一、非经营性国有资产使用权的法理基础

法律不是凭空捏造，也不是空穴来风，而是源自于社会变革与经济生活。大陆法系法学家十分强调法律的"确定性"，考究法律追求的价值目标。① 法律概念的创新，注重构造法律概念的法理基础，并应具有实现法的价值功能。"为确保法律概念有效地实现其规范目的，其建构、适用与调整应当系于实现预设的价值功能。"②理论指导实践，又来源于实践。大陆法系的法律渗透着哲学思想，晚近以来，尤其是革命的思想意识深刻影响着法律模式的嬗变。16 世纪以来，正是大陆法系的哲学家与法学家虽九死其尤未悔的价值追求，将法哲学思潮以明丽光芒照亮人性角落，以法律形式回应大时代的脉动，使法律成为推动社会进步和经济发展的有利武器。当今世界各种思潮交汇与激烈碰撞，又催生法律的新颖格局。诸如，自然法思想衍生法律面前人人平等原则；国家实证主义排斥了宗教和地方势力对国家法律活动的干预；理性主义否认了封建司法的专横与擅断，彰显个人自由，随之开创中世纪的文艺复兴；个人所有权绝对原则和意思自治的确立了近现代民法典体系的基石；法学实证主义是学说汇纂法学和历史法学派的理论基础，并缔造出德国民法典；"三权分立"的思想则是美国的宪政基石；社会法学派在 20 世纪开创了社会法的新思维。

中国国家财产制度脱胎于苏联，在市场经济体制改革的冲击下，建立与市场经济改革相适应的国家财产法律制度，我们缺乏经验与传统，缺乏深厚的法制基础，大陆国家法哲学的精粹可以作为我们法律改革的理论基础，以重新考究国家财产制度的立法路径。

列宁说过，法律是一种政治措施，是一种政策。"非经营性国有资产使用权"不是凭空捏造的，而是站在学术巨擘的肩膀上，贯彻落实党的十八大关于"完善各类国有资产管理体制""降低行政成本""推进事业单位分类改革"的战略决策，以完善非经营性国有资产的行政法规制，其终极目

---

① ［美］约翰·亨利·梅利曼：《大陆法系》，顾培东、禄正平译，法律出版社 2004 年版，第 48 页。

② 黄茂荣：《法学方法与现代民法》，法律出版社 2007 年版，第 66 页。

标是打造其私法保护机制。"以变风俗，立法度为先"，北宋政治家王安石的法学思想在今天依然闪烁光辉。"非经营性国有资产使用权"只是概念性构建，最终仍需落脚于制定法。是故，探寻其立法基础与法哲学理论的契合乃是正道。笔者认为，非经营性国有资产使用权立法的法理基础有三，一是经济分析法学；二是权利理论；三是公私法融合论。现分述论之。

首先，经济分析法学是构造非经营性国有资产使用权的经济理论基础。

经济分析法学派是 20 世纪 60 年代兴起的法学流派，科理定理是其最具代表的理论之一，美国学者波斯纳的著作《法律之经济分析》发展并壮大该学派的学术思潮。经济分析法学派的核心思想是："效益"——以价值得以极大化的方式分配和使用资源，或者说财富极大化，是法的宗旨。所有的法律活动和全部法律制度，都是以有效地利用自然资源、最大限度地增加社会财产为目的。"法律制度本身——法律规则、程序和制度受到促进经济利益这种关心的强烈制约。指定财产权和确定责任的规则，解决法律纠纷的程序，对执法者的限制等都可以看作是促进有效分配资源的努力。"[1] 波斯纳指出，财产法和财产权具有重要的经济功能：刺激人们有效益地利用资源，从制度上保证资源配置的有效性。为了有效益地利用资源，创立财产权利体系是必要的。有效益的财产权利体系有三个标准：（1）普遍性（University）；（2）排他性（Exclusivity）；（3）可转让性（Transferability）。[2]

经济分析法学的核心理念以及波斯纳关于财产权体系的经济分析，对我们思考中国国家财产的制度改革与法律建设颇有借鉴意义。法律的创制，固然源自于社会经济生活经验，根植于国情与传统，但法律的各种运作，必须考虑效益与效率的价值因素，优化配置社会资源，创造社会财富，达到法的价值目标。正义、公平与效率是法永恒的价值目标。合理的法律制度就应当以社会"财产最大化"为目标，合理界定和分配人们的法律权利。非经营性国有资产的利用，虽然不存在交易成本的问题，但如果不求资产利用效益，则会造成闲置与废弃；倘若缺少科学的绩效评价，没有相应的法律约束，或者法律约束性不强，则法律的实效性将大打折扣，

---

① 张文显：《二十世纪西方法哲学思潮研究》，法律出版社 2006 年版，第 169 页。

② R. A. Posner, Economic Analysis of Law (end edition), Little Brown and Company, 1977, pp. 29～31.

最终也会削弱法律的权威。遵循经济分析法学的思想，运用法律技术，以简驭繁，构筑非经营性国有资产法律制度应是破解其流失与使用效益不高的思考方法。划清非经营性国有资产在财产关系上的公权力与私权利之间的界线，赋予使用者财产权利，明确其使用人的责任机制，乃是确认"非经营性国有资产使用权"的法律旨趣。

其次，权利理论是财产法确认非经营性国有资产使用权的法理依据。

"权利是私法的无可争辩的核心概念"，权利是对法律生活多样性的最后抽象。① 在大陆法系，权利的观念蕴含着神秘、晦涩而绚丽的色彩，以权利为核心的理论，是近现代私法发展的基石，具有指标性作用。"权利的本质就是参与法律的创立"，德国法学家凯尔森精辟地指出权利在法律中的核心作用。权利理论具有超凡的法律功能，是构筑民法体系的核心概念，是解释私法原理的中枢术语，撇开权利概念论私法问题会带来一片混乱。关于权利的内涵及意义，德国法学家耶林在《为权利而斗争》作出了深度的精彩论述："为权利而斗争是一种权利人对自己的义务。为权利而斗争，也是权利者对社会的义务。"②权利者主张自己的权利，不仅履行了对自己的义务，同时也履行了对国家、社会的义务，维护了法律的权威和国家的法律秩序。③ "法的生命在于斗争！之所以需要斗争，是因为总有人要妨碍法的实施，要千方百计地侵害法律所规定的权利。"④对于法律者而言，只存在着具体权利的内在要素，争执的不是抽象的制定法，而是具体表现在制定法中的形式，在一定程度上，具体权利是抽象制定法的照片，具体权利在制定法中固定下来，但自身不能直接触及到。⑤ 为权利而斗争同时是为制定法而斗争，在争执中，不仅关涉权利主体的利益，关涉具体的关系，制定法体现在这个关系中。⑥ 权利需要斗争，需要呐喊，权利主体享有权利的同时更要承担相应的义务，权利内应由制定法明晰性、坚定性和确切性予以规定。耶林在著作中详尽阐述了权利的本质和蕴含的

---

① ［德］迪特尔·梅迪库期：《德国民法总论》，邵建东译，法律出版社 2001 年版，第 70 页。
② ［德］鲁道夫·冯·耶林：《为权利而斗争》，郑永流译，法律出版社 2007 年版，第 12、27 页。
③ 梁慧星：《民法总论》，法律出版社 2007 年版，第 81 页。
④ ［德］鲁道夫·冯·耶林：《为权利而斗争》，郑永流译，法律出版社 2007 年版，第 13 页。
⑤ ［德］鲁道夫·冯·耶林：《为权利而斗争》，郑永流译，法律出版社 2007 年版，第 30 页。
⑥ ［德］鲁道夫·冯·耶林：《为权利而斗争》，郑永流译，法律出版社 2007 年版，第 31 页。

内在意义，提升权利理念的理论高度，唤醒了人们的权利意识，《为权利而斗争》实际上是 19 世纪最震撼的权利宣言书。

法权的价值在于安宁、秩序与和平，法权不仅表现在公法之中，更体现在私法的具体制度上。在公权中，权利人是国家机关，但也不能肆无忌惮，必须尊重私权，依法行政。权利在大陆法系的民法典里是最闪亮的坐标，权利将制定法与具体原理相衔接，把握和切中了两者关系的最深厚的基础。民法就是权利法，是以权利为主轴构筑的法律体系，整个民法体系不外是围绕人身权与财产权开展的逻辑系统。"权利自身不外是一个在法律上受保护的法益。"①"私法规范的实行和实际效力，只有在具体的权利中和依据具体的权利，才能表明其存在；正如一方面具体的权利从制定法中获得其生命，另一方面它又还制定法以生命。"②非经营性国有资产本质上是财产，行政事业单位法人对其享有占有、使用的权利，本身就享有一种法益。唯有赋予其财产权才能清晰和透彻地概括其权利属性，赋予其权利类型是非经营性国有资产法律制度的立法必然。至于以何为财产权客体或构成权利的对象则并不紧要，稳定的权利制度蕴含着权利内容的内在要素，表现为具体权利的实质要件。"非经营性国有资产使用权"破茧而出，其实也是当今国家提倡节约型政府和财产权在法律体系重要地位相叠加的结果。法律是反映国家意志的有力工具。优化财产资源，实现非经营性国有资产的最大利用化，最终有赖于制定法价值的实现，这需要以财产权利的思维构筑非经营性国有资产法律制度，需要立法的建构技术，将"非经营性国有资产使用权"置于法律整体的联系与互动中，以由制定法表现其内容。此外，虽然确立"非经营性国有资产使用权"的框架性概念，最终还要落脚具体制定法才能发挥其法律概念的功能，还要在实践中检验其是否实现法的价值功能，否则无异于单纯符号逻辑的推演，玩弄文字游戏。

最后，公私法融合理论是公私法综合调整非经营性国有资产使用权的应然选择。

大陆法系民法的法典化，自罗马帝国《国法大全》到 19 世纪的法国、德国和瑞士民法典，历经千年，始终蕴含着超越国度的永恒魅力，保持着严密的私法体系，其中缘由是法典的"形式理性"在起发酵作用。"正是由于把不稳定持久的公法排除在外，才使得民事法典历经时代和政治制度的

---

① ［德］鲁道夫·冯·耶林：《为权利而斗争》，郑永流译，法律出版社 2007 年版，第 19 页。

② ［德］鲁道夫·冯·耶林：《为权利而斗争》，郑永流译，法律出版社 2007 年版，第 26 页。

变迁而长盛不衰。"①19 世纪的民法典属于"纯粹自治的民法"②。在漫漫历史长河中，大陆法系公法与私法在理念、概念与原理的形成上，各守领域，各有脉络。历史车轮滚滚向前，现代经济生活打破公法和私法的僵化界线，驱动着公法与私法调整范畴的不断扩张，不断交错、渗透，甚至犬牙交错，催生公法私法化或私法公法化波段式拉锯的立法思潮。早期社会主义国家实行"纯粹管制的民法"，"东欧剧变"后推行市场经济体制，从而转换为"兼顾自治与管制"的民法。③ 这是适应社会经济的法律变革，也是私法公法化和公法私法化两股思潮共同作用的现代产物。在现代各国立法中，为了实现行政效率和给付义务，以行政管制介入私法交易的政府采购，公法也变成了调整私人经济的辅助工具。市场经济若完全实行意思自治，必然导致经济无序，需要借用公法规范，实行公法遁入私法。

日本学者美浓部达吉在他的名著《公法与私法》中认为，大陆法系并不存在纯粹的公法和私法，而是存在着一些混合的法律关系以及一些兼具公权和私权的混合的权利。"私法的法律关系有时因公法的行为而发生，而公法的法律关系却有时因私法的行为而发生。"④渔业权是典型的混合权利，一方面，渔业权是可以广泛地对抗一般私人的权利；另一方面，渔业权是国家所赋予的权利，具有国家公权的性质。⑤ 据此，混合性的法律关系需要由公法和私法共同调整。现代民法具有"兼顾自治与管制"的工具性价值，"一方面实现了私法的公平正义，另一方面也借私益实现的诱因，减轻国家管制的执行负担，提高管制的效率"⑥。"民商法在社会经济生活中得到广泛运用，将不仅使其真正成为经济生活的'宪章'，而且也必将成为制衡国家权力、保障人民权利的重要工具。"⑦国家为实现公共政策的目标，借助私法的特有功能，作为辅助管制的工具，具有制衡公权力

---

① ［德］迪特尔·施瓦布：《民法导论》，郑冲译，法律出版社 2006 年版，第 44 页。
② 参见钟瑞栋：《民法中的强制性规范——公法与私法"接轨"的规范配置问题》，法律出版社 2009 年版，第 141~150 页。参见［德］迪特尔·施瓦布：《民法导论》，郑冲译，法律出版社 2006 年版，第 298 页。
③ 郭明瑞、于宏伟：《论公法与私法的划分及其对我国民法的启示》，载《环球法律评论》2006 年第 4 期。
④ 参见［日］美浓部达吉：《公法与私法》，黄冯明译，中国政法大学出版社 2003 年版，第 150、153~159 页。
⑤ 参见［日］美浓部达吉：《公法与私法》，黄冯明译，中国政法大学出版社 2003 年版，第 150、第 153~159 页。
⑥ 苏永钦：《民事立法者的角色——从公私法的接轨工程谈起》，载《民事立法与公私法的接轨》，北京大学出版社 2005 年版，第 9 页。
⑦ 余能斌：《民法典专题研究》，武汉大学出版社 2004 年版，第 17 页。

的作用。构建市场法治经济，考虑到自治条件的不足，引进国家行政管制规范，以加速自治条件的完善。另一方面，建立私人的财产权，又需要引入国家监控和引导机制，以合理规范财产权的利益平衡。例如，物权法规定建设用地使用权，但也不排除由土地管理法、城市房地产管理法、城市规划法、物业管理条例等行政法律调整。又如，有些问题本身属于私人问题(如赌博、嫖娼)，但违反了社会公德和公共秩序，既需要民法的公序良俗原则规制，又需要通过行政法处罚。有些社会行为本属于行政管制范畴，但又必须通过社会交易才能体现公平合理，政府筹措资金、购置办公用品属于政府行为，必须通过私法方式实现。再有，市场垄断、环境保护、产品质量等问题，既需要公法规制，又需要私法调整。总之，公法与私法共同调整同一社会现象的事例比比皆是。非经营性国有资产使用权应是一种公私混合调整的法律关系。

非经营性国有资产使用权的立法意旨在于确立使用权人与所有权人以及其他第三人之间的公权和私权关系，达到有效充分使用非经营性国有资产的立法目标。质言之，就是合理确定国家所有权与非经营性国有资产使用权之间的科学安排，正确处理两种权利在公私法之间的界限，考究非经营性国有资产产权关系的监控机制，确定其所有权与使用权之间的关系，并实现产权法律关系在公私法之中的合理分配。一方面，通过公法规制以确保使用权人具有积极协助和配合国家行使法定的权利。国家作为非经营性国有资产的所有权人，具体落实到相应部门行使和维护国家所有权的职责，保证资产使用符合正当性目的，使用权人不能无理拒绝所有权人对使用权人的合法监督和干预。使用权人必须及时报告资产的购置和处置情况，提交相关资料和会计报表，落实和执行国家在法定权利范围内所作的决定。另一方面，为确保使用权人合理、正当地使用非经营性国有资产，保证非经营性国有资产使用权的行使具有合理性和合目的性，财产法应明确规定使用权人的使用权利和权利规则，以发挥资产使用效益，维护其利用关系秩序，实现私法的有效规制。这是使用权人占有和利用非经营性国有资产的基本准则。基于非经营性国有资产使用权的使用权人是行政事业单位，其又拥有相应的行政权力，在非经营性国有资产运行系统中，具有行政监控和资产使用的双重职能，从而非经营性国有资产使用权的行使又兼具公权与私权的因素，如果法律不做出明确的公权和私权的界限规定，极易造成行政职能和使用权相混淆，甚至合一的状态，不利于政事分开、政资分开。因此，除需要财产法明确使用权人的权利和义务之外，还需要行政法规定使用权的取得、权利行使的限制原则、资产调剂与共享机制。

二、公私法调整非经营性国有资产使用权的立法安排

在我国，宪法确定国家所有权制度是非经营性国有资产归属权利的根本性定位。国家所有权具有公权和私权因素，由公法和私法共同调整，私法调整国家作为平等身份参与民事活动的法律关系，公法调整国家对国有资产行政管制的社会关系，以体现国家对非经营性国有财产的最终控制权。非经营性国有资产的关键点在于有效充分利用，他物权的创设是其有效利用的必要条件。非经营性国有资产使用权作为一种用益物权，也具有公权和私权的因素，一是私法的法律关系因公法的行为而发生，非经营性国有资产使用权通过国家公法上的设立行为而产生。二是非经营性国有资产使用权具有广泛对抗私人的权利，这是国家所赋予的权利，也是为了公共利益目的权利。① 国家作为非经营性国有资产的所有者，政府作为使用者，既以公权身份义以私权身份行使财产权，其财产归属和利用问题应由私法调整，但国家和政府之间的行政划拨和行政监控关系又必须通过公法予以具体规范，这决定了法律调整的两方面属性，一方面，非经营性国有资产来源于国家财政的预算划拨，并受国家所有权行使主体的监督，而行政监管权力的行使需要借助于公法规范；另一方面，非经营性国有资产在占有、使用过程中，需要处理好使用权人与国家、第三人之间的平等关系，而调整这些关系需要财产法确立非经营性国有资产使用权。质言之，法律规范非经营性国有资产使用权，必须兼顾公法行政目的和私法的秩序。

法律对非经营性国有资产产权法律关系的调整目的，在于维护国家对其进行最终控制的同时，通过设置平等权利的运行机制，实现资产的有效调配。非经营性国有资产的利用关系作为一种混合的法律关系，由公法和私法共同调整是必然的。公法和私法各规定非经营性国有资产制度哪些内容，如何整合这些内容，必须厘清其相互协调的调整机制。考究非经营性国有资产所有权和使用权在公法和私法中的地位，就是合理界定其在公法和私法上的设置安排和具体内容，做到分工协作、有机协调，实现公私法的有机整合。换言之，为了避免出现交叉重复或者法律的真空现象，需要认真考究非经营性国有资产的产权法律关系在公私法规范上的调整内容和整合机制，并科学地辅设公法与私法的架设管道和转介条款。但是，构建

---

① 参见［日］美浓部达吉：《公法与私法》，黄冯明译，中国政法大学出版社 2003 年版，第150、153、159 页。

非经营性国有资产使用权制度，这不仅仅是简单地以用益物权构造法律的工具理性，而是关系到非经营性国有资产法律制度的价值理性，涵盖着公法与私法调整非经营性国有资产制度的具体设计及其公私法转介条款的连接关系，这是一项法律技术的系统工程，它囊括宪法和行政法以及民法之间的法律调整内容。从更深的层次上说，它反映着公私法的调和问题，体现着行政管制与私法自治内在的调和机制，是资源充分优化与资产利用效率的法律化。由此，立法者在考究非经营性国有资产使用权的法律设计时，必须追求其法律规范的最高合目的性，体现行政管制和私法自治的调整功能，并合理地调和公法与私法之间的法律规范，避免公法与私法调整内容的叠床架屋。

公法与私法本可以在调整社会关系上相安无事，但公私法划分本身就存在众说纷纭的学说，加之社会生活千变万化，法律规范不断膨胀，传统公私法各守界线的调整方法以及其所实践的分配和对等正义，难以满足社会经济生活的需要。德国社会学家韦伯创立的关于价值合理性和工具合理性的法学方法论，为公法私法融合提供了思考的路径。纯粹追求法的僵化形式合理性，并不必然实现实质合理性。法的实质合理性是根本性的，具有决定性意义。当法治框架内出现各种社会张力和秩序需要时，势必打破法的形式理性，而使法律与社会政治、经济生活相融合，以符合法的实质合理性。在此情况下，公私法对社会关系的调整方法需要重新检讨，同一法律规范之中调整的社会关系也需要公私法的调和。自20世纪初以来，劳工法修正传统民法的雇佣契约，经济法的兴起重新将传统平等主体的自然人和法人界定为企业和消费者的"经济人"，社会保险法的诞生赋予人民的社会保障义务，契约自由的修正和私人所有权的限制，无不如此。21世纪的新经济秩序下，公法与私法的坚固壁垒被打破，公私法渗透与相对融合不断呈现。公法需要借助于私法匡正义，间接作用于市场经济。当公法不是单纯对私法架构好的社会依分配正义原则进行一定的干预，而不时还必须以私法作为公法的辅助工具。私法需要公法弥补平等关系的不足，克服意思自治造成的缺陷。例如，我国《民法典》第153条关于民事法律行为效力的规定即是其例。我国《道路交通安全法》属于公法，却在第76条明确规定私法的交通事故损害赔偿责任。电子商务主要是由私法调整，但有效地规范电子交易、网络购物的经济秩序，仍需公法的介入。不同的法律规范在调整同一社会现象，由于处于不同法域的立法范畴，在内容或效果上存在相关联、连接，甚至冲突和矛盾在所难免。"公法与私法各有其独立意义，不能偏废却又相互为用，立法者必须在同一部法律里把这两种规范作政策理念上和规范技术上的缝合。"①大陆法系强调体系上的规范化和系统化，基于公私法各自调整同一社会现象不可避免，需要考究公法与私法调整同一社会现象的协调性与衔接性。

无论是公法与私法都是国家制定的法律，都是调整财产权主体的权利义务关系，都是以法的强制力作为后盾。正如日本法学家美浓部达吉指出的："直接对物的支配，并不限于私法上的所有权作用，以国家公权的作用去直接对物行使支配权，亦不是和公权的性质不相容的……当国家将其当作公物而供公共用或公用时，对那权利应视之为具有公法的性质。"②国家对非经营性国有资产的管理权，是直接作用于物上的权利，是公法上的权利，这种权利是支配方法上的差异，但属于物的支配权，这与私法上的所有权并无差别，学者称为"公法上的所有权"，只不过需要由公私法分别就其物的公权与私权调整。法国关于公产的所有权就存在争论，一种观点认为，"公产所有权就是民法上的所有权，只是由于供公共使用的缘故，受到行政法很多限制"；另一种观点认为，"公产所有权应当认为是和私法上的所有权不同的另一种形式的所有权，它是行政法上的所有权"③。但是，无论何种所有权，都具有确定财产归属的法律属性，渊源于传统所有权的理念，公产的所有权和公共使用或公务使用是一个不可分离的整体。公法与私法毕竟分处不同的法领域，在调整社会现象上，普遍定律是存在着"私法和公法的双轨制"。然而，财产权内涵丰富，公法、私法调整的界限，断不能似刀子切割一样清晰地界定，财产权的规范内容虽属于私法范畴，但又需要公法调整。国家财产虽然主要由公法调整，但仍需要私法规范。例如，法国公产的"公共支配权"，属于被行政法目的修正了的私法财产权，根植于私人的所有权。在德国，"司法界和学界的通说认为，州立法机关确立的公共财产权制度与《民法典》的法典化原则并不冲突"④。在中国，设计非经营性国有资产使用权的法律调整，关键在于控制使用权人利用财产的"度"，既不能偏颇，又不能过度；认可政府行政对财产行为的"驾驭"与"支配"，又赋予其财产自由权。权利类型化是规范非经营性国有资产的法律方式，提高利用效率，满足社会需要，

① 苏永钦：《民事立法者的角色——从公私法的接轨工程谈起》，载《民事立法与公私法的接轨》，北京大学出版社 2005 年版，第 10 页。

② ［日］美浓部达吉：《公法与私法》，黄冯明译，中国政法大学出版社 2003 年版，第 78 页。

③ 王名扬：《法国行政法》，北京大学出版社 2016 年版，第 246~247 页。

④ ［德］汉斯·J. 沃尔夫、奥托·巴霍夫、罗尔夫·施托贝尔：《行政法》（第 2 卷），高家伟译，商务印书馆 2002 年版，第 477 页。

这是由其财产性质及其内在逻辑所决定的目标追求。非经营性国有资产使用权，兼有公权与私权的内容，此是由公法与私法共同调整的法理依据，这不是说其在公权之外另有私权，而是兼有私权和公权的要素，一方面接受国家作为所有权的管理与监督，另一方面又有对抗一般私人的权利。为公法或为私法规范，其意旨均是界定权利义务关系，只是财产权衍生出的权利效力上的不同。非经营性国有资产本质在于维持社会安宁秩序的物质资料，为社会提供公共利益和公共产品、准公共产品，增进人民福利，为私人社会的经济、生活创设一个安定的良好环境。非经营性国有资产本质上是具有经济价值的资产，蕴含着财产权的法理，在某种程度内即当由私法规制。"所谓公物排除私法的适用而受公法的规律者，不过当其为着国家的目的之必要限度内为然。"①在调整非经营性国有资产使用权的内容上，究竟属公法或私法的问题，应当考察其立法意旨为何者，才能有定数。

　　非经营性国有资产蕴含国家财产权的法律意义需要宪政予以制度化。宪法规定国家财产权具有根本性的法意义，起着立法的指引意义。非经营性国有资产都是为着公共利益而存在，即使其财产关系上存在着服从与命令的内容，但其在使用财产关系上，仍然有私的法律关系，不能全部以公法关系调整之。如果某法规直接规定关于国家和公权力主体的行政权限，属于公法的范畴，内容上具有财产的管制关系，由公法调整。在公法关系上，国家的意思行为有决定该财产关系的权力，公法调整非经营性国有资产，能够确保行政效率和行政优势的价值目标。如果某法规直接规范关于主体对财产权的权利义务关系，具有财产价值的私法关系，由私法调整。非经营性国有资产来源于国家财政资金，由国家根据机关法人、事业单位法人的行政事业职能和公务需要，通过行政配置而形成。非经营性国有资产的行政关系，着重于行政作用与目的，涉及其资产配置、配置预算、资产管理与财产管理、处分审批等的行政行为，应由公法调整。国家所有权的实现和行使，以及非经营性国有资产使用权的内容，应当界定清楚。具体而言，使用权人什么情况下是公权力的主体，什么情况下是私权主体？如何将政府作为公权主体和私权主体有效地区别开来，以剥离其行政权力。当非经营性国有资产涉及私法秩序和财产利益，应列入私法关系调整。私法可以通过明确国家所有权的行使机构，区分国家所有权的行使主

---

　　①　[日]美浓部达吉：《公法与私法》，黄冯明译，中国政法大学出版社2003年版，第101页。

体和使用权主体，以解决所有者缺位的问题并防止公权力滥用。至于国有资产的管理机构及其权限的划分，则由公法调整。非经营性国有资产的财产归属应由私法规定其国家所有权的性质，以非经营性国有资产使用权切割使用权人的行政关系，赋予使用权主体的民事权利，明确其民事义务。诚然，确认非经营性国有资产使用权，公法与私法如何调整之，其立法分工如何界定，公私法的转轨如何衔接，需要进行深入的考究。

　　宪法在调整非经营性国有资产制度上，具有抽象整合公私法的价值功能。在宪政主义的体制下，位于法规规范体系顶峰的宪法对于公私法的调和，扮演着重要的角色。① 张里安教授认为，宪法的财产权保护规范包含着一种制度确立的立法意义，"所有权制度，首先是一种宪法制度"；"所有权制度的制度价值和功能并不是由民法决定的，而是由宪法决定的"。② 宪法是财产权确立的基本依据。非经营性国有资产属于国家所有，因此，我国宪法规定非经营性国有资产的国家所有权制度是必然的。但是，宪法规定国家所有仅是表明其归属关系，并未达到其根本规范价值，如何充分配置利用，如何实现资源的优化组合，发挥财产的最大利益功能，应是法律调整的最根本宗旨。宪法规定国家所有权的根本目的在于非经营性国有资产的资产配置和有效利用，而不仅仅是一种法律宣示，还需要宪法对其利用关系作出概括性规定，正如我国现行《宪法》第 16 条规定经营性国有资产的经营权问题一样，非经营性国有资产使用权也应由宪法作出抽象性的规定。理论上，宪法在界定非经营性国有资产产权法律关系上起到了引擎公私法调整非经营性国有资产制度的垂直整合作用。至于非经营性国有资产的国家所有权及其使用权在公私法的具体内容，这是法律调整方法的问题。

　　《民法典》物权编作为我国调整财产基本关系的私法规范，规制非经营性国有资产的归属和利用关系是其根本任务。如果财产法确认非经营性国有资产使用权，规范其权利效力，规范使用权人对资产的利用和消费秩序，以概括、表述和体现行政事业单位对使用资产的支配权。但是，非经营性国有资产来源财政资金，为了维持社会公共品和行政管理职能，必须依国家财政预算连续地配置。为了保证非经营性国有资产使用权的立法统一性，避免法律之间的冲突，可以仿照我国关于建设用地使用权统分结合

---

① 苏永钦：《民事立法与公私法的接轨》，北京大学出版社 2005 年版，第 103 页。
② 张里安：《所有权制度的功能与所有权的立法》，见孟勤国、黄莹：《中国物权法的理论探索》，武汉大学出版社 2004 年版，第 169 页。

的立法方式①。因而，构建非经营性国有资产使用权制度，首先在宪法规定其归属和利用的基本制度，在财产法中概括性地规定非经营性国有资产使用权的基本内容，通过行政法规定非经营性国有资产制度的行政管制关系，以刑法作为保护其最后的法律手段。具体来说，私法是财产权的保障，公法是财产秩序的规范依据。非经营性国有资产的财产权法律关系的构造需要公私法在各自法律层面上进行合理规范，协调地调整其财产权有关规则，以便确保非经营性国有资产的价值目标。财产法本质上属于私法，以非经营性国有资产作为客体，规定国家所有权和用益物权是法律规范其产权法律关系的题中之义。在私法层面，财产权规定非经营性国有资产国家所有权制度的具体内容，就是分离国家作为主权者和所有者的身份性质，界定国家作为权力者或权利者之间的合理关系，落脚点在于调整其产权法律关系的平等性。公法主要是规定国家对非经营性国有资产的行政权力和直接管理关系，包括行政配置和行政监控的关系。

非经营性国有资产使用权的确立在于维护非经营性国有资产的完整、安全，保证其正当、合理使用，达到巩固国家政权和为社会提供公共产品或准公共产品的根本目的。其实，每一项财产权利，都不是单纯由公法或私法调整，而是一种综合公私法规范的结果。财产法确立非经营性国有资产使用权，只是一个原则性的私法范畴，仍需要行政法、经济法甚至刑法进行规范。如何规划其立法，需要考察各种财产的性质，有针对性地立法，形成完整的非经营性国有资产制度的法律化。在行政法调整上，根据非经营性国有资产的性质属性和运行机制，非经营性国有资产流失的问题主要发生在公务消费、资产配置和资产使用的环节上，如何规范公务消费，如何合理配置资产，又如何正当合理使用资产，应是构成其法律规制的立法准则。因此，非经营性国有资产的法律保护制度，应在调整非经营性国有资产制度上作出科学的立法安排：除了宪法作出根本性规定外，由民法典物权编规定其国家所有权和非经营性国有资产使用权，并通过制定非经营性国有资产法、资产配置法、公务消费法和资产使用法等行政法规范，并由刑法在非经营性国有资产流失犯罪上作出相应的刑事规范，从而形成一个统分结合的立法形式，构筑出一个合理、有效的非经营性国有资产使用权的法律保护机制。

---

① 在物权法中规定建设用地使用权制度，通过相应的行政法，如在土地管理法和房地产管理法、国有土地转让和出让条例，规定建设用地使用权的具体规则，是非经营性国有资产制度统分结合的立法方式。

　　私法的权利理论应当适用于中国公有制国家财产制度,这是公有制国家法律对大陆传统私法制度的应然反映,是法的实质理性对社会经济关系的本质反映。公私法综合调整非经营性国有资产使用权是必然的,但在公法与私法的调整上,涉及各自规范哪些内容以及其规范转轨的问题。

　　随着社会关系的复杂化和现代财产的多样性,作为行政管制和自治工具的公私法规范,因为两种理念的辩证发展而相互工具化,相互提供"避难所",使得公法与私法间的接轨问题变得越来越复杂。① 这需要考究公法遁入私法、私法介入公法的立法技术,或者说,需要立法者巧妙地设计两者的"转介条款"。我国台湾地区的学者苏永钦教授提出了公私法的"接轨工程"和"转介条款"的完整学说②:"公私法接轨的技术问题,指的是'前置'于民法的行政管制规定,以及以民事关系为'基础'的行政管制规定,如何与民法衔接的问题。"③有学者认为,公法遁入私法的三个水平转介条款分别是,公法作为法律行为的界限、公法作为事实行为的界限、公法作为私有财产的界限。④ 大陆法系民法并非完全排斥公法规范,公法遁入私法是存在的。"意大利民法典在许多地方,让公私法规定杂陈,以所有权为例,就规定了不少公法义务,或者把公法义务直接转换为私法的义务,所有权高度的社会化。"⑤即使是纯粹自治的《德国民法典》,也通过第 134 条和第 823 条作为公法规范遁入私法领域的两条通道。⑥ 但是,在法律规范上能够以公法规定的内容,仍然由公法完成。例如,一些关于"基本上只把吸纳为民事关系成立或生效要件的公法规定,比如法人、物权变动的登记,放在民法典内,其他在交易中虽属于必要的前置事实,比如行业经营者的法定资格,管制机关对交易标的核准,等等,若非同时为

---

① 苏永钦:《从动态规范体系的角度看公私法的调和——以民法的转介条款和宪法的整合机制为中心》,载《民事立法与公私法的接轨》,北京大学出版社 2005 年版,第 74 页。

② 参见苏永钦:《民事立法者的角色——从公私法的接轨工程谈起》,载《民事立法与公私法的接轨》,北京大学出版社 2005 年版,第 10 页;苏永钦:《从动态规范体系的角度看公私法的调和——以民法的转介条款和宪法的整合机制为中心》,载《民事立法与公私法的接轨》,北京大学出版社 2005 年版,第 74 页。

③ 参见苏永钦:《民事立法者的角色——从公私法的接轨工程谈起》,载《民事立法与公私法的接轨》,北京大学出版社 2005 年版,第 31 页。

④ 苏永钦:《从动态规范体系的角度看公私法的调和——以民法的转介条款和宪法的整合机制为中心》,载《民事立法与公私法的接轨》,北京大学出版社 2005 年版,第 74 页。

⑤ 苏永钦:《民事立法者的角色——从公私法的接轨工程谈起》,载《民事立法与公私法的接轨》,北京大学出版社 2005 年版,第 31 页。

⑥ 苏永钦:《私法自治中的经济理性》,中国人民大学出版社 2004 年版,第 33 页。

民事构成要件的一部分，都不认为是民法典规定的事项"①。私法公法化的调和机制，或者说私法遁入公法的转介条款，主要是指某一社会现象虽然是私法调整的问题，但又必须通过公法调整，此需要在立法上作出恰如其分的抉择，以实现公法和私法的成功区分和对接。如侵权人故意伤害他人，致使受害人损害，产生私法损害赔偿问题，但若触犯公法，仍需要受到行政法(如治安管理处罚法)调整。公私法的转介条款，既涉及法律部门的分工与协作，又涉及公法与私法在同一法律体制下协调的问题，是现代国家立法亟待解决的一个立法技术上的重大难题。一般来说，公私法转介条款通过两种管道进行衔接，一是宪法作为国家根本大法具有公私法调和整合机制的特有功能。宪法的民事法律化是此种方式之一，我国现行《宪法》第 12 条关于国家保护公有制下的财产制度，具体是以行政法和刑法的规制方法保护国有财产，又通过财产法调整国有资产的私法秩序。二是通过公法遁入私法或私法遁入公法的转介条款构筑其连通机制。

公私法在调整非经营性国有资产使用权上，在内容与效果上既有牵连性又相互扞格，需要公法遁入私法，或者私法遁入公法。就非经营性国有资产的归属而言，国家所有权在公有制国度里，法律规范其必要性和重要性不必多言。即使在起源于公产理论的法国，国家所有权也占有一席之地。"公产的所有权是统一的，只有一个所有权，以国家为所有者。但公共使用设定的权力分别由国家和其他行政主体行使，然而国家具有一个普遍性的权利，可以为了公共利益改变其他行政主体设定的公共使用目的。"②在德国法学家看来，公产法上的财产概念包括没有固定轮廓的物品，民法上的多个财产或者财产集合体可以成为一个统一的公法财产。③"从其对行政和大众的意义来看，公产不能只适用私法规范，否则，公共目的的执行可能受私法权利人意志的摆布"；"公产同时处于特殊的公法支配之下，公法支配权与私法支配权相对应并且交叉重叠"。④"根据修正的私有财产权理论，公产应当适用民法典中有关所有权的规定。在可能的

---

① 苏永钦：《民事立法者的角色——从公私法的接轨工程谈起》，载《民事立法与公私法的接轨》，北京大学出版社 2005 年版，第 31 页。

② 王名扬：《法国行政法》，北京大学出版社 2016 年版，第 251 页。

③ [德]汉斯·J. 沃尔夫、奥托·巴霍夫、罗尔夫·施托贝尔：《行政法》(第 2 卷)，高家伟译，商务印书馆 2002 年版，第 457 页。

④ [德]汉斯·J. 沃尔夫、奥托·巴霍夫、罗尔夫·施托贝尔：《行政法》(第 2 卷)，高家伟译，商务印书馆 2002 年版，第 474 页。

范围内，行政财产、设施财产和一般使用的财产也是私法财产权的客体。"①本书所论及的非经营性国有资产与德法公产的范畴虽有交叉，但其功能是一样的。公法规定非经营性国有资产的国家所有权制度，不仅仅是资产归属的宣示和标榜，更重要的在于国家居于优越地位，发轫其公权力，设定或变更资产，以符合使用公用或公务目的。行政法应当规定非经营性国有资产使用权关于国家所有权制度的行使主体及其职权，而在私法应当规定国家所有权制度，主要是规定国家财产的种类及其功能，取得的方式及其变更。如果不在公法规定主体对资产享有的公权力，则无法以行政权力干预资源配置，难以达到资产利用目的。在非经营性国有资产的使用上，归根到底是财产权内容的规范问题，应当规范财产的占有、使用和收益的权利义务关系，剥离出公权关系。调整非经营性国有资产使用权虽然由公法与私法分别进行调整与规制，但需要两者相互衔接，此谓公私法的转轨机制。因此，非经营性国有资产使用权由公法与私法综合调整，既相互分工与各守边界，又相互参透，构成有机的法律调整规范。

首先，考究公法调整非经营性国有资产使用权的私法转轨机制。公法在调整国家所有权上，依赖于国家所持有的优越意思力，规定谁代表国家行使非经营性国有资产的国家所有权职责，以确定国家所有权行使主体制度；赋予国家通过行政给付，以确立非经营性国有资产使用权的设立；规定非经营性国有资产的用途，以确保其公共目的。但是，毕竟非经营性国有资产的主要目的在于其公共目的，行政配置资产是其根本性特征，大部分规范内容仍需通过公法规范，例如资产调拨和监控机制的问题等。但是，国家所有权毕竟根源于私人所有权，当非经营性国有资产作为交易标的时，又必须遵守私法规则，这由公法转介其私法规范。例如，除了公法规定关于国家所有权行使主体的职权外，非经营性国有资产关于转让、处分的内容由私法确定。在调整非经营性国有资产使用权上，应当将使用权人的行政权力与使用权完全分离，公法调整使用权人关于财产权的行政管制关系，以及规范管理资产和财务关系。关于使用权人以平等身份参与财产权的交易活动，抵制第三人侵害使用权的，需要由私法做出规定。公法规制非经营性国有资产使用权主要有下列的规范内容。关于监管原则规定，"依照法律、行政法规规定，国家对非经营性国有资产的监管，坚持资产管理与预算管理、资产管理与财务管理、实物管理与价值管理相结合

---

① ［德］汉斯·J. 沃尔夫、奥托·巴霍夫、罗尔夫·施托贝尔：《行政法》（第 2 卷），高家伟译，商务印书馆 2002 年版，第 474 页。

的原则"。关于使用权主体的公权主体和私权主体规定，"非经营性国有资产监督委员会对机关法人和事业单位法人、社会团体法人的财产划拨、监控关系，以及对行政事务、公共事务及公务人员的管理关系，为行政法律关系，依行政法规执行。在法律规定的限度内，国家机关法人和事业单位法人对非经营性国有资产的占有、使用、收益和处分，为民事关系，依民事法律执行"。关于调拨的规定，"依法律、行政法规的规定，非经营性国有资产监督委员会有权收缴多余的、闲置的或未按其用途使用的财产，并有权依照法律、行政法规的规定进行处分"。关于非经营性国有资产使用权的一般规定，"使用权人依事业目的对其直接支配的资产独立行使使用权，享有平等、意思自治和财产自主的使用权，并享有相应的处分权。非依法律规定，任何人或机关、单位不得妨碍或干预使用权人对资产的支配。但是，国家有权根据法律规定依法定程序无偿调剂资产，或者建立资源共享平台"。关于资产配置的原则、依据与标准，"非经营性国有资产的配置必须经过科学编制、预算审批的法定程序，遵循财权与事权匹配，增量与存量、配置与效益相结合的原则，遵循厉行节约、从严控制的原则。资产配置以使用权主体的公务职能和工作性质为依据。实行资产配置与单位预算挂钩，实物配置必须坚持统一性配置原则，价值配置坚持限额配置原则，具体配置标准由行政法规规定"。关于法律责任的规定，"使用权人主要负责人在任期内没有认真履行管理职责造成本单位资产流失的，由任免机关或监察机关对直接责任人员依行政法给予以降职、撤职处分，并承担民事赔偿责任"。如此等等，不足而论。

其次，考究私法调整非经营性国有资产使用权的公法转轨机制。本质上，非经营性国有资产使用权上，是由使用权人对资产享有的支配权和排他权，可以由公法和私法共同规制。公法调整非经营性国有资产的垂直财产关系，但如果使用权人使用资产的一切活动都受制于资产监控人，那么使用权人最多不过是资产的机器人或奴仆。非经营性国有资产使用权的设定，发轫于公法，但其内容仍不失为私法调整。正如有学者指出，"规范垂直关系的行政法，以一定的民事关系为其公权力行使的构成要件，或赋予一定的私法形成效力"[1]。只有私法赋予其独立的财产权，才能充分发挥制度价值和效益目标，确定其资产价值形态的动态收益，做到物尽其用。使用权人使用财产时为私的主体，属于财产的平等关系，产生私法效

---

[1]　苏永钦：《从动态规范体系的角度看公私法的调和——以民法的转介条款和宪法的整合机制为中心》，载《民事立法与公私法的接轨》，北京大学出版社 2005 年版。

果，由私法赋予其独立的财产权利，具有稳定性和排他性。然而，私法中的国家所有权和国家使用权的行使仍需以公法作为后盾，因而在财产法规定国家所有权之时，也需要制定非经营性国有资产管理法规范其行政监控关系，保证公权力在合理的范围内行使。我国《民法典》第246条关于国家所有权的规定，起到私法调整国有财产归属的规范作用，至于如何行使国家所有权，仍需行政法予以具体落实。基于公法和私法均是以人的行为作为规范依据，法律主要调整人与人之间的社会关系，公法规范私的行为主要以行为是否具有违法性为依据，因而转介条款应以社会行为的特定性质设定限制性的行政管制规范。① 在非经营性国有资产使用权的私法内容上，关于其归属利益，关于其设定、变更与终止，需要渗透公法的规定，因为私法仅是规定其财产使用关系上的内容，有关财产使用的管理规定仍需要公法规定。再有，确定非经营性国有资产的管理机构及其职责，并明确其在公私法之间的转介条款，如规定"国家所有权的行使依法律、行政法规和规章的规定"。非经营性国有资产的维护义务，政府采购、转让与处分，排除侵害，都涉及私法上的财产权的行使，应由私法调整。此外，使用权人所享有的占有、使用、收益和有限处分的权能，非经营性国有资产使用权与其他财产权的冲突与协调，使用权人的义务，违反注意义务的民事责任，物权请求权以及侵权救济机制，等等，都应由私法调整。非经营性国有资产使用权的设立需要借助于公权力来实现，但行使该使用权蕴含私法权利，因为其本质在于利用资产实现平等的财产权。私法调整非经营性国有资产使用权符合法的工具合理性目标，是对社会要求行政事业单位法人有效利用国有财产的合理回应。

第二节　非经营性国有资产使用权与中国用益物权制度

一、公有制财产与中国用益物权制度

人类社会的存在和发展以生产和使用物质资料为基础，一国的物权规范是对社会整体财产关系做出调整的规则，规制人与人之间的财产支配秩

---

① 笔者注：基于主体和标的在私法中已经明确确定，除了主体属于公权性质外，需要公法另外明确其主体资格问题，标的显然不属于公法调整的范畴，而且关于"法律行为"一概念为私法领域的特有术语，一般在公法中不适用，因而私法遁入公法的途径主要是通过人的行为进行控制为妥当。

序。所有制是一国的物质资料在财产归属关系的客观反映，"是一定社会生产力发展水平上的生产关系的总和"①，它表明一国的社会财产在国民经济中所起的社会作用和国家在社会财产中所占据统治地位的经济基础。所有制与物权制度既有相互联系又有本质区别，它们分属不同的制度，所有制属于上层建筑范畴，物权属于法学范畴，物权制度是对所有制所蕴含的财产关系在法律上的表现形式。一国的物权规范本质上反映着该国所有制的财产关系。公有制是我国的一项基本原则，物权立法应当在公有制框架下寻求制度的构建和体系的移植。但是，如何调和公有制和私法传统理论之间的内在矛盾和冲突，如何实现公有制与物权立法的衔接，这是一个重大法律技术的问题，也是考验中国物权立法能否反映固有属性的试金石。

国家所有权的确立是实现公有制与物权立法连通的一种有效调整方法。根据马克思主义的观点，所有权作为一种法律制度，其本质是表现并保护一国社会形态下的所有制关系。② "在每个历史时代，所有权以各种不同的方式在完全不同的关系下发展着。"③所有权既是一个历史范畴，又是一个法学范畴，其内涵丰富，又与所有制存在着互动联系，并随着时代的发展不断修正和完善。公有制决定了国家财产的性质、内容和形式，中国《民法典》物权编是调整社会财产关系的基本规范，国家所有权的确立是对公有制关系的法律反映，起到确认、保护和促进公有制财产关系的功能作用。国家所有权是从私人所有权延伸而来，虽然两者在抽象的权利性质、权利内容甚至概念形式上没有根本上的差别，但国家所有权与大陆法系国家的私人所有权存在不同的社会渊源、制度根源和法律内涵。私人所有权产生于私有制社会，在强调以个人财产为中心的社会经济条件下发展起来，又是在个人主义哲学衍生出主观性的权利概念，所有权在私法理性的法律体系中起到核心构建的作用。④ 传统私法对所有权倍加推崇，所有权的强大威力总是映射着他物权制度，并影响着用益物权制度的发展。国家所有权制度衍生于社会主义国家，国家所有权行使的主体总是需要落实

---

① 孙宪忠：《确定我国物权法种类及内容的难点》，载《法学研究》2001年第2期。孙宪忠：《确定我国物权法种类及内容的难点》，载《法学研究》2001年第2期。

② 赵万一：《论国家所有权在物权法中的特殊地位》，载《河南省政法管理干部学院学报》，2007年第1期。孙宪忠：《确定我国物权法种类及内容的难点》，载《法学研究》2001年第2期。

③ 《马克思恩格斯全集》（第四卷），人民出版社1958年版，第180页。

④ 梅夏英：《物权法·所有权》，中国法制出版社2005年版，第49、57页。米健：《用益权的实质及其现实思考——法律的比较研究》，载《政法论坛》1999年第4期。

到多层次的权力机关。虽然学者论及国家所有权的客体时，总是落脚于各个单一的有体物，以保持与个人所有权的相同物权基础理论。但是，总体而言，国家所有权客体是一个集合物，规范庞大、范围广泛。而且，国家所有财产仅是全民财产的一部分，全民财产还包括知识产权和债权等权利。更为重要的是，国家所有权行使主体和利用主体分属于两个不同的主体，利用关系是发挥国家财产效益的重要甚至是唯一的途径。基于国家所有权主体来源于公权力机关，客观上与利用主体存在着千丝万缕的行政管制关系，与传统物权法以所有权为中心确立的利用关系存在根本上的差别。因此，国家财产的利用关系远比归属关系难以运用传统物权理论诠释，如何将其与传统用益物权制度整合是非常复杂的立法技术问题。

在我国的物权法起草过程中，"巩献田物权法风波"的学术论争推动了国家所有权的立法完善和制度发展，并促进了国家所有权学说的成熟发展。《民法典》物权编规定国家所有权、集体所有权和个人所有权的"一体承认，平等保护"的原则切实反映了中国公有制和社会财产状况的制度实情，昭示着国家所有权与私人所有权之间存在一定的理论耦合。实践证明，《民法典》物权编规定国家所有权是大陆法系物权体例的一个建设性立法例。国家所有权兼具公权和私权的性质，就公权性质而言，属于国家所有权主体内部之间的隶属关系，应由公法调整；就私权性质，一方面，国家所有权的主体作为平等主体参与民事法律关系，讲求主体之间的平等性；另一方面，国家作为抽象的民事主体，有着多层次的委托代理关系，自我保护能力有限，容易受到不法侵害，为了维护国家利益，需要赋予其民事权利，以彰显其民事救济机制。如果说《民法典》物权编没有规定国家所有权，完全由公法调整，公权力机关有着极其强大的权力或者可能随意创设、扩大其权力内容，或者说，国家所有权的私权性质过分浸透着公权性质，导致干预或限制国有资产使用人的权利，资产的使用效益将难以保证。

《民法典》物权编规定国家所有权制度，冲破了私法不能规定国家所有权的樊篱，是实现公有制与财产法连接的一个结合点，是体现公有制与物权理论契合的重要法律策略。然而，国家所有权只是对国家所有制财产所进行的一种法律抽象罢了，它仅表明一种归属上的国有财产静态状况，仅是一种归属意义上的抽象价值工具，不等于就充分实现公有制在私法上的目的，因为依然存在着国家财产如何有效组织和运行以及如何充分做到资源配置合理、实现资产效益化的问题。实践证明，规定国家所有权并不是法律的终极目标，国家所有权仅是在法律上对公有制财产的一种法律确认和认可，在民法通则或物权法没有规定国家所有权之前，对于在国家机关或事业单位的国有财产，谁不否认其权属性质为国家所有。本质上，私法规定国家所有权真正的目标是如何设计合理的法律规则，以充分地发挥国有资产的最大效益。现代社会相对处于和平年代，不同于战事纷争、社会动荡不安的年代，财产归属已不是财产关系的核心法律问题，财产利用处于空前活跃状态，专业理财和雇人理财的现象比比皆是。在传统物权理论面前，现代财产利用关系的界定和处理遇到了前所未有的挑战，而作为公有制国度下的中国，如何突破私有制下财产法的羁绊，实现国有资产的利用关系在物权制度中的架设，寻求法律上的有效保护机制，是一个不可回避的重大理论问题。

　　从经济学的角度而言，效率和公平是公有制完善的根本目标，法律和制度是公有制完善的表现形式。"没有合适的法律和制度，市场就不会产生体现任何价值最大化意义上的'效率'"，① "对财产权的法律保护创造了有效率地使用资源的激励"②。社会主义市场经济机制的建设不是否定公有制，而是实现公有制的改革和完善，而追求国有资产的最大化利用和效益是公有制改革和完善的核心问题。公有制的发展是一个系统工程，完善国家财产权的构建是其中的一个必不可少的因素，国家所有权制度的规定仅是其中的一个环节。历史表明，如果仅仅规定国家所有权，则公权力过于强大和资产利用效率低下的局面没有根本性的改变，在法律制度的模式选择中如何设计公权力机关予以摆脱自身的利益关系，发挥应有的宏观调控能力，担当国有资产利用的效益化，需要冲破守旧的思维模式，高屋建瓴，创造出一种全新的模式，这是一项重大的理论和实践问题，虽然不是物权立法所能够全部解决的问题，但它是在物权立法过程中必须考虑的方法论。科斯定理从交易成本的视角厘清了法律制度关于权利构建方面在经济运行中的重要作用，这为我们认识国有资产在财产法的制度设计中指明了路标。③ 布坎南也认为：法律制度只要能够恰当地保证个人和团体追求利益行为的自由，即能够保证资源使用的效率。④ 国家所有权的设定仅是解决了物权法"定分止争"的问题，"物尽其用"才是国有资产运用的关

---

① ［美］布坎南：《自由、市场和国家》，吴良键、桑伍、曾获译，北京经济学院出版社1988年版，第89页。
② ［美］理查德·A. 波斯纳：《法律的经济分析》（上册），蒋兆康译，林毅夫校，中国大百科全书出版社1997年版，第40页。
③ 参见钱明星、李富成：《中国公有制物权法的基本问题》，载《中外法学》2002年第3期。
④ 李静冰：《民法中必须重申的两个观念》，载《中国法学》1993年第4期。

键所在。质言之，用益物权制度的发挥才是实现国有资产利用最大化的设计渊源和理论依据。理论上，国家所有权、集体所有权和私人所有权均可以通过设定用益物权的形式来保证财产的利益和效率，实现它们之间的平等对待和平等保护，更重要的是，用益物权强调使用权人的支配权利，有效地保证其利用资产的独立性、排他性的权利，排除公权力机关的不当干预。换言之，应否或如何在国有资产上设置用益物权是一个必须深思的理论探求路径。

财产权根源于社会生活，又服务于社会利益，财产权立法及其合理设计检验着一国私法的成熟程度。财产法调整财产归属和利用关系，只是一种理论分析的工具和方法，物权立法的制度设计是否符合一国的基本政治制度和经济制度、财产发展，则有待于社会实践的检验。从某种程度而言，无需从实践去检验理论，以传统物权建筑中国公有制的财产制度本身就存在逻辑上的缺陷和矛盾，因而，"去伪存真""创新发展"乃是私法制度建设的真谛，"将经济关系直接翻译成法律语言"（马克思语）乃是至理名言，中国财产法律制度的设计仍取决于中国的实情和创新的理念。中国公有制是一项不可更改的政治制度，套用传统物权体系难以诠释中国整体财产制度的实情，需要以一种适当改造的财产权形式创造发展，以照顾国家与社会组织、个人之间的协调、平衡，合理界定资源调配与财产利用关系。现代社会的发展，决定财产利用的实质是实现财产的最大效益，用益物权就是一种反映财产关系的社会价值和私法意义的法权形式，确立财产归属与财产利用关系的利益平衡，从而保护和促进社会福利的创造。

有学者认为，基于国家财产的特殊性，难以套用传统用益物权就国有资产的利用关系进行立法。孙宪忠和尹田先生认为，国家所有权无法以传统物权理论的所有权制度规制，应将公有财产区分为经营资产和公用物，通过设立公法人制度以确立公法人所有权，并规范其用益物权，以实现与传统所有权的衔接。[①] 此种观点虽然符合传统私法的体系逻辑，在理论可以做出较圆满的诠释，但在中国公权力渗透性广泛、还没完全摆脱行政权力干系的情况下，只能说是一种镜花水月。我们所做的只能是在符合国情下进行渐进式的制度改革和较为合理的法律设计。其实，应是法律根源于社会经济生活，而不是以社会经济条件适应传统民法，立法者不是完全

---

① 参见孙宪忠：《我国物权法中所有权体系的应然结构》，载《法商研究》2002 年第 5 期；参见尹田：《评我国〈物权法〉对国家财产权利的立法安排》，载《浙江工商大学学报》2008 年第 1 期；参见钱明星、李富成：《中国公有制物权法的基本问题》，载《中外法学》，2002 年第 3 期。

移植法律而是创造法律、表述法律。当法律传统不适应社会生活条件时，我们应当通过修正僵化的模式，以制定良法来为社会谋福利。法律规范国有资产的根本目的在于其社会效益的扩张、资源配置的合理和严重流失的控制。

公有制属于上层建筑范畴，用益物权为法律制度，生产资料所有制虽不能决定私法制度的体系和内容，但用益物权制度应是反映所有制和社会经济的外在法律表现形式。苏联民法没有规定完整的用益物权制度，越南民法典以"财产与所有权"隐形地规定用益物权，阿尔及利亚民法典则以"所有权的派生权利"概括用益物权制度。用益物权制度在公有制国家被视为禁区而被湮没长达 80 年之久，这是遵循列宁所宣称"经济领域的一切都属于公范畴，而不属于私法范畴"的立法主张，是政治力量所起的推动作用。理论上，只要存在物的所有与利用的分离事实，使用人就享有对物的利用上的支配权利。用益物权的体系结构取决于各国的历史习惯和财产结构，各国所表现出用益物权种类的不同有着社会结构和法律上的技术因素。但是，财产固有的"使用价值和使用关系"，在任何国家社会都没有根本上的差别。市场经济强调资源的市场配置，不搞市场经济的国家同样存在商品经济交易，同样存在资源的利用，只是国家对市场经济干预的强度有所差别，但丝毫不影响物的利用关系，不能抹杀利用人对物所享有的权利。"物权法的结构原则，与私有制或公有制并无关系。公有制的物权法是否要采取此等原则，纯属法律技术的考虑。"①物的所有者类型并不是确认用益物权的决定性因素。公有制国家的财产制度虽然存在国家所有权的问题，但并不应成为在国家财产上确认用益物权的障碍，充分发挥国有财产和私人财产的效益，必须通过财产利用制度才能得以实现。

构筑完善的用益物权制度才是实现国有资产利用最大化的制度安排。国家所有权、集体所有权和私人所有权均可以通过设定用益物权的形式来保证财产的利益和效率，实现它们之间的平等保护。实践表明，《民法典》物权编单纯规定国家所有权并没有根本上解决国有资产管理上衍生的各种积弊。规定国家所有权，不等于说就充分实现公有制在私法上的终极目标。《民法典》物权编规范国有资产的价值目标应是设计合理的权利机制，以做到资源的合理配置、充分利用。主体权利的平等性是国家财产权的外在要求，是防止公权力干预和有效使用的有力保障。只有平等主体的

---

① 王泽鉴：《"台湾现行民法"与市场经济》，载《民法学说与判例研究》(第 7 册)，中国政法大学出版社 1998 年版，第 13 页。

权利设置和安排，才能确保国有财产使用的公平和效率，确立起使用权利在对外关系的私法救济秩序。因此，实现国有资产在物权制度中的合理架设，寻求私法的权利机制，是不可回避的重大理论问题。

中国财产法应以满足中国财产和时代发展的实践需求为己任。实践证明，在市场经济转轨时期，经济体制改革已经形成对政治体制改革的现实张力，经济体制改革催生政治体制改革。政治体制改革的重要目标之一是完善公有物和公用物的关系，实行物权立法在国有资产监控体制中的法律变革，并承担起革故鼎新的社会责任。立足公有制，立足财产发展，以传统物权为起点，鉴别传统与现代的既相交融又相冲突的诸多因素，斟酌取舍传统物权理论，立新而不标新，创制出一条既符合我国国情又具有操作性的反映时代发展规律的用益物权体系，物权立法才能发挥推进公有制改革和完善的历史性作用。

中国国有资产数量庞大，为防止资产流失，追求国有资产的最大化利用和社会效益是公有制改革和完善的核心问题。在实践中，国有资产流失严重，配置不均、废弃与闲置严重，客观上需要用益物权作出合理的回应。国家主体的抽象性决定了国有资产必须交由国家机关法人和事业单位法人占有、使用，从而产生了国有资产的归属关系和利用关系之间天然分离的客观事实。用益物权应是一种反映社会财产关系的法权形式。国有资产最主要是在于如何利用以及如何利用得好的问题，用益物权制度的科学构建是处理好国有资产利用关系的一项合理方案。国有资产属于国家所有，这是一项颠扑不破的真理，具体来说，如何行使国家所有权虽然也是一个复杂的理论问题，但主要是在于如何利用、如何利用得好的实践问题，中国用益物权制度的科学构建和合理设计是处理好其利用关系的一项设想方案。

二、非经营性国有资产使用权与传统用益物权制度的冲突

大陆法系是法律传承的历史产物，民法的形式理性和逻辑体系深刻地影响着大陆各国的民法发展。民法结构是一项系统性工程，权利制度的构建涉及到民法体系的安排，认真研究权利类型的理论问题，方能有效地实现其在民法体系上的整合。非经营性国有资产使用权在理论上归附于用益物权制度，但如何进行立法安排，仍须从物权体系入手，以研究与其相关法律制度的接轨，而不能仅仅局限其权利功能的论证。由于非经营性国有资产使用权在传统民法理论没有相对应的权利类型，在大陆法系国家的民法典中也均没有相对应的用益物权与之匹配，其是否与传统物权理论相衔

接，能否为中国物权体系容纳？这是一个需要深思考究的理论问题，这必须从传统用益物权的源流及其变革予以剖析。

古代用益物权雏形的客观存在是人类发展的历史必然。原始野蛮社会，茫茫大自然，森林繁茂，野兽出没，人类只有依靠刀耕火种才能生存，后发展到氏族公社以团体组织为生活方式，于是出现不同阶层、不同阶级，最终形成不同的国家。古代人类长期的历史进程表明，物的利用过程先于物的归属而存在。研究表明，永佃权早已在古希腊萌芽，耕作地役权作为罗马最早的地役权，在罗马法的所有权观念形成之前已呈雏形。"地役权和用益物权大约在公元前三世纪或二世纪左右形成的"[1]，在古罗马王政时期(前753年—前510年)，地役权是罗马他物权的唯一形式。[2]由于早期的地役权与所有权处于混沌的状态，[3]为了区分"我拥有的物"和"他使用我的物"之间的权利关系，为了解释物的利用和物的所有关系，具有近代"所有权"相似意义的"Dominium"一词，在经历了多种拉丁文的变异后，在罗马共和国晚期才出现。[4]用益物权的存在和发展催生了罗马"Dominium"的诞生，"所有权(Dominium)的形成是地役权和用益权产生的结果"[5]。即使出现了"Dominium"一词，由于罗马法中的所有权、物与用益物权等概念未在法律关系上进行科学的抽象和区分，所有权人与他物权人也无法以近代物权理念进行法律区分。于是，出现了"役权也被视为有体物，其取得条件也和所有权的取得条件一样"[6]，他物权人对物的占有类似于所有人的所有而独立地由"占有之诉"保护。事实上，罗马法上物权的概念尚未形成，更不存在用益物权是以所有权为基础的权利。虽有学者认为，"早期的乡村地役权是从早期的所有权—主权原型中产生出来的"[7]，而这仅表明地役权是在罗马国家土地上建立的地役权，且近代的"所有权"的观念尚未存在，不能以此作为罗马早期的地役权是在所有权的基础上产生的论据。法国民法典实际规范用益物权的种类和内容，仍然

---

[1]　王利明：《国家所有权研究》，中国人民大学出版社1991年版，第2页。

[2]　周枏：《罗马法原论》(上册)，商务印书馆1994年版，第206页；[日]原田庆吉：《日本民法典史的素描》，创文社1954年版，第115页。

[3]　周枏：《罗马法原论》(上册)，商务印书馆1994年版，第390页。

[4]　参见王利明：《物权法论》，中国政法大学出版社2003年版，第245页。

[5]　王利明：《国家所有权研究》，中国人民大学出版社1991年版，第2页；梅夏英：《财产权构造的基础分析》，人民法院出版社2002年版，第22页。

[6]　周枏：《罗马法原论》(上册)，商务印书馆1996年版，第367页。

[7]　房绍坤：《用益物权基本问题研究》，北京大学出版社2006年版，第39页；[意]朱塞佩·格罗索：《罗马法史》，黄风译，中国政法大学出版社1994年版，第114页。

未能正确厘清所有权人与用益物权人之间的关系。以用益权为例,《法国民法典》第 578 条规定:"用益权如同所有人一样,在所有权属于他人之物上享有权利,但用益权人负有保存该物本体的义务。"法国传统理论认为,用益权人和虚有权人互不相关,两者并不存在法律地位上的从属关系。关于用益权的定义并未明确将其界定为一种物权,在用益权存续期间,所有人负有尊重用益权的义务,并对用益权人滥用权利的行为有权请求制裁,除此而外,双方之间不存在任何相互的义务,因此《法国民法典》仍未确定用益物权为所有权的一种限制性的权利。追求逻辑体系的《德国民法典》,为了将物与权利相区分,将物限于有体物,构建出物权与债权的体系,基于权利人使用他人之物的权利与所有权之间存在不同层次的关系,法学家为了诠释所有权人与他物权人之间的法律关系,学理上"用益物权"的经典性概念横空出世。

用益物权是人类在社会生活中,为解决物的所有与需求之间的矛盾而产生、发展起来的,是物的归属和利用相分离的必然结果。不同社会、不同国家在不同时期都十分重视财产利用关系,以用益物权确认和保护其法律关系。用益物权制度是一国财产利用传统的历史产物,各国虽注重逻辑性,但也不失其创新性。罗马法上的用益物权包括役权、地上权和永佃权,其中役权包括地役权和人役权,人役权则分为用益权、使用权、居住权和奴畜使用权四种。罗马法上的役权是为特定的土地或特定的人的便利和收益而利用他人之物的权利。由此观之,罗马法上的用益物权制度是以有体物为客体,且以特定的有体物作为客体规定用益物权,这是出于一种注重实际的法律规范。《法国民法典》的用益物权编制体系继承了罗马法,其在第二卷"财产以及所有权的各种变更"中规定了用益物权,其中第三编为"用益权、使用权和居住权"(第 578~636 条),第四编为"役权与地役权"(第 637~710 条),因而其规定的用益物权种类只有役权,包括人役权和地役权。人役权又分为用益权、使用权和居住权,用益权的标的物既可以是动产也可以是不动产。罗马法的地上权、永佃权未被《法国民法典》所承认而是通过判例的方式予以确认。据此,《法国民法典》将人役权(用益权、使用权与居住权)和地役权作为所有权的变更形态,说明法国民法是以所有权为中心确立物权制度。① 此外,法国法的用益物权制度以役权为中心设置,没有规定地上权和永佃权,而是以司法判例予以补充规定,表现出一种粗犷的逻辑观念。《德国民法典》首创物权与债权二分制

---

① 房绍坤:《用益物权基本问题研究》,北京大学出版社 2006 年版,第 110 页。

度，开创了逻辑结构的民法体系，为了将物权与债权、知识产权的客体相区分，将物权客体限于有体物，以所有权、用益物权和占有的编排形式，将用益物权限于不动产，但为了维系传统的历史习惯，基于用益权的功能及其客体的特殊性，将用益权规定为役权的一种，用益权作为用益物权的例外对待，我国学者孙宪忠教授曾将之视为"权利物权"并进行过特殊论述。① 此后，西方大陆法系国家纷纷仿效，以德国用益物权体系为样板予以立法。罗马法和法国虽没有创立出物权与债权的区分，也不存在法律行为和物权行为制度，其依然闪烁着朴实的逻辑结构因素。大陆法系国家的民法推崇逻辑体系的严密性，追求逻辑体系的德国物权一贯遵循所有权、用益物权、担保物权和占有的恒定体系，各国在设计用益物权制度及其内容、种类时，总是从用益物权客体的确定考究其是否合乎整体上的物权结构，并以有体物的客体为轴心贯穿全部物权制度，努力使之符合整体上的系统性、概念性的体系。越南实行生产资料公有制，其民法典仿照苏联的民法典制定，虽然没有规定用益物权制度，但从其所有权、占有权及所有权的章节内容中可以看出规定了类似传统用益物权的内容，这说明越南法在大陆法系民法和社会主义法系的物权制度中，如何选择与移植的问题上，表现出立法上的无奈。脱胎于计划时代的《俄罗斯联邦民法典》，基于公有制的历史沉淀，为了实现向市场经济的过渡开创性规定了一种新的物权制度，将"所有权和其他物权"置于第二编，而担保制度规定在第三编的"债法总则"；第二编规定了"土地所有权和其他物权""住房的所有权和其他物权""经营权和业务管理权"以及"所有权和其他物权的保护"等制度。换言之，将所有权和用益物权一并在专章规定，保持着所有权的客体与用益物权的客体的一致性原则，既体现着物权制度的整体性和协调性，又反映着民事立法的原则性和灵活性。总而言之，各国用益物权的体系不是随意的内容编排，也不是简单的种类堆砌，而是依据一定的技术方案设置，体现着形式上的逻辑理由，并反映各国最具本土化特色的物权制度。

　　用益物权滥觞于社会经济条件，并随着财产形态发展而嬗变，是私权利动态发展的历史过程。大陆法系国家用益物权的发展是从私人的所有权形式向"社会的与个人的"所有权形态相调和、转变，从而需要确认物的独立性利用关系的权利效力。罗马法的物权制度是以个人所有权为中心的用益物权观念，是反映简单商品经济时代中物的利用关系的法律表现形式，财产形态的发展和资源利用的分配处于一种低级运行阶段，形成了以

① 参见孙宪忠：《德国当代物权法》，法律出版社 1998 年版，第 347 页。

地上权、地役权和永佃权等以土地为最主要客体的用益物权制度。日耳曼法根植于以团体形式生产的农业经济社会，决定其物权的发展形式是以利用为中心，以灵活和具体的权利性质规范物的利用关系。罗马法的物权制度迎合了资产阶级革命先驱主张的平等自由思潮，以罗马法为蓝本而制定的各国民法典应运而生，为缓和个人所有与资源利用之间的内在矛盾，为实现个人和社会之间财产关系的连接，以所有权为母权的用益物权制度坚如磐石屹立二百多年，其强调私有制的用益物权制度为调整资本主义商品经济关系提供了十分精巧的法律工具，但受限于以农耕为主的社会形态，用益物权的客体仍然以不动产为客体而构筑起来。

中国公有制财产制度决定了完善的中国用益物权制度有别于传统私有制的用益物权制度，但中国用益物权制度又必须根植于传统用益物权，这为构筑中国用益物权带来了制度性与结构性的理论难题。"法律从来都是社会中一种比较保守的力量，而不是一种变革的力量。"①在研究与探索中国用益物权的架构上，存在公有制财产权与传统物权的理论、概念与原理的冲突，如果完全构筑全新的物权理论以适应公制财产权制度，缺乏经验，缺乏足够的理论资源，这是一项重大复杂且系统性的工程。具体、适合公有制用益物权并不是一套抽象的无逻辑的规则，有效运作的用益物权制度需要不断变化的具体知识。我们能做的就是：在传统用益物权理论的基础上，挖掘有用的理论依据与追溯用益物权的本质功能，根据公有制财产权的特点，适当修复，适度改造，按图索骥，尽量演绎成章。中国国有资产在国民经济中占据主导地位，虽然有体物是其中重要的组成部分，但不限于有体物，一些非经营性国有资产本身就是集合物，是一个集合性财产，这与传统用益物权完全建立在有体物之上有着本质的区别，能否在传统物权框架下其设置用益物权，这是一个理性、深度的理论问题。

非经营性国有资产使用权能否为物权体系所囊括？物权规范是否规定国家财产的他物权？因大陆法系的公物制度均由公法调整，这在传统物权体系没有先例可循，需要考究其能否符合物权体系上的逻辑因素。早在物权法制定之前，我国两位民法权威学者曾经有此探索，梁慧星先生主持起草的物权法草案建议稿参照法国民法典的立法例，在物权法总则仅对其作了列举性规定，但对其权利性质避而不谈。王利明先生主持起草的物权法建议稿，虽然界定使用人享有占有、使用和处分的权利，却故意不明确其物权性质，而是留待特别法做出规定。学者之所以对于非经营性国有资产

---

① 苏力：《法治及其本土资源》，北京大学出版社 2015 年版，第 7 页。

的利用权利无法在物权体系中进行定位，根据传统物权体系，其原因无非有四：一是，非经营性国有资产是动产与不动产等财产的集合物，不是有体物，无法确定物的特定性，从而无法体现出物权的支配性质，也与物权客体为有体物的逻辑体系不相协调。二是，非经营性国有资产为国家所有，使用权人又是国家举办的行政事业单位，使用权人是为所有人的利益而使用标的物，与用益物权制度的本质不符，从而认为规定国家所有权制度即可解决其利用权利的所有问题。三是，用益物权的设立，需有基础关系的设立行为，并经不动产登记或动产交付始设立，而非经营性国有资产利用权利的设立是从法人登记就设立，法人设立与物权设立合二为一，认为传统物权制度没有相应制度可供遵循。四是，在传统物权制度里，用益物权人对标的物没有处分权，而使用人对非经营性国有资产享有有限的处分权。

　　非经营性国有资产使用权和国家所有权制度是相对应的物权制度。在理论上，非经营性国有资产使用权在物权体系上存在逻辑上的不协调，同样地，国家所有权制度与传统物权理论也格格不入。主要体现在如下方面：一是，国家所有权的客体与国家财产的存在财产形态不全部兼容。以国家财产为客体涵盖的财产权利形态广泛，包括国家享有的一切财产权利，即所有权、债权、知识产权、股权等。此外，国家财产分为专属性财产和非专属性财产，前者包括土地、河流、海域、公共设施、军事设施等；后者包括行政事业单位使用的国家财产。虽然我国现行《民法典》第115条没有限定物权客体为有体物，但依相关法律的逻辑设计和反映出来的内容，物权客体落脚于动产与不动产。而根据现行《民法典》第246条规定，国家所有权的客体囊括了国家财产的一切财产形态，这存在逻辑体系上的矛盾。物权立法应仅对国家财产的所有权及其他物权作出规定，除非在法律上作出国家所有权客体上的明确限定，或者说，在民法典体系作出合理的系统性安排，理论上，国家所有权客体并不包括除动产与不动产外的国家财产。二是，国家所有权具有公权与私权性质，公法与私法调整公权与私权，虽然不具有完全的对称性，但应具有法律调整上的对应性。国家所有权与私人所有权之间在法律上不可能平等，需要做出法律的特殊规定。国家所有权在权利创设与权利所表现出的利益上具有公权与私权性质，如何确定其在公法与私法之间的法律调整，合理地安排其法律体系，需要综合研究，统筹安排。但是，现行《民法典》物权编仅规定国家所有权制度，如何实现在私法上国家所有权与私人所有权之间的法律转接，在公法上如何调整与之相应的公法内容，尚付阙如。三是，依物权体系逻辑，设置国家所有权制度，应确立国家财产的用益物权制度，但在我国物权用益物权类型上，关于国家财产客体仅规定建设用地使用权，而探矿权、水权以及海域使用权却在特别法中规定，对于在经营性财产、非经营性财产以及公用性非经营性国有财产之上设置的用益物权视而不见。因此，公有制下的中国物权立法，需要研究国家所有权及其国有财产用益物权的制度构建及其相互协调和整合问题，以界定中国国有资产的利用权利，更好地保护国有资产的使用效益，以保护公有制经济，避免代理的成本高昂和徇私舞弊的问题。

三、非经营性国有资产使用权与用益物权制度的协调

中国 2000 多年的奴隶社会和封建统治禁锢着人民的法治观念，诸法合体，民刑不分，以刑代民的中华法系压制着民权意识。长期以来，中国封建社会实行"以农立国""重农抑商"的国策也催生着土地用益物权的发展，出现了类似于西欧大陆的地上权、永佃权、地役权和典权的用益物权形式，但是用益物权的法律规范没有明确化，只是散落在民间交易习惯的契约，土地法律关系混沌不清，用益物权只能是残缺不全与零散杂乱，完整中华法系的用益物权制度无从谈起①。清末实行的法制改革是一次"西法东渐"的伟大运动，奈何清政府的倒台使西方法律思潮"昙花一现"，《大清民律》只能胎死腹中，中国近代物权观念也无从谈起。民国时期虽颁布《中华民国民法》，确立了比较完善的物权制度，但因内忧外患、连年混战，民权观念和物权意识也较为淡泊。中华人民共和国成立后，确立了社会主义公有制，实行高度计划的经济政策，移植苏联的民事立法制度，一直没有确立现代物权的概念，完整的用益物权制度也就荡然无存。② 1986 年颁布的《民法通则》以"与财产所有权有关的财产权"的形式规定粗放的用益物权。2007 年的《物权法》正式以立法形式确立用益物权的制度，将用益物权类型明确化、规范化，揭开了中国用益物权制度立法的新篇章。

《民法典》物权编明确规定用益物权制度，体系相对完整，类型比较规范，在一定程度上，将传统用益物权理论与中国公有制财产相糅合，在

---

① 参见施沛生：《中国民事习惯大全》(第二编物权第四类"地上权习惯")，上海书店出版社 2002 年版，第 36 页。参见房绍坤：《用益物权基本问题研究》，北京大学出版社 2006 年版，第 89~91 页。

② 徐国栋：《东欧剧变后前苏联集团国家的民商法典和民商立法》，载梁慧星：《民商法论丛》(第 14 卷)，法律出版社 2000 年版，第 185 页。

公有制国家具有示范性的历史意义。用益物权作为规范人类对物在使用价值方面的支配关系，其体系类型的构建主要考虑人们对物的使用价值的追求，公平与合理地规范财产利用关系。中国用益物权制度基本反映了我国土地归属特色的资源利用关系，以一种物权观念强化财产利用上的独立效力。在集体所有的土地上，设立土地承包经营权和宅基地使用权，规范了农村土地的私权设置，解决占据中国 80% 人口的农民的基本生产资料和生产资料，增进广大农民的社会福利，摆脱了农村承包权受到政府或村民委员会随意收回或解除的困扰，为稳定农村社会提供了法律制度上的基础。在国有土地上，以建设用地使用权规范了国有土地的有序流转，为实现国有土地的增值，保护私有房屋的归属和流转，提供了法律上的保障。《民法典》物权编增加居住权为新型用益物权，为解决弱势群体"住有所居"提供了法律保障。明确地役权的法律规定，调整土地的利用关系，调和土地权利人之间的合法利益，提升土地的利用价值，促进社会财产的充分利用。同时，随着社会经济和科学技术的发展，囿于传统物权僵化的理论体系，所有权保留、融资租赁、信托、大型动产租赁等财产使用形式的出现，需要以一种全新的物权理念规范这些边缘性财产利用现象；而且，社会上也诞生了很多新型的财产形态，诸如虚拟财产、证券化财产、债权化票据、基因工程、生物制品、复合型财产等，为应对这些新的形态，《民法典》物权编第 323 条、第 324 条以概括性的形式规定了用益物权制度的一般条款，也可以设置动产的用益物权，从而深化了民众的用益物权观念，为调整未来财产发展的利用关系提供了指导和范例。

　　《民法典》物权编确定的用益物权种类是经过学者深入讨论、争鸣的结果，是法学家的智慧结晶，是立法机关在总结我国社会经济发展规律，注重中国本土资源和法律文化传统的立法结晶，对于强化财产的利用关系有着深刻的社会和现实意义。中国用益物权制度虽然基本反映了中国社会经济，但它与大陆法系各国的用益物权制度并没有本质上的差别，仍然是以罗马法、德国法为蓝本，并没有显著的中国特色。质言之，大陆法系用益物权制度是调和私人所有权的法律技术产物，中国法律的发展历程与西方的法律发展史不同，这决定了西欧大陆的用益物权制度仅仅为中国构建用益物权体系提供参照物。申言之，中国公有制的经济制度决定了中国用益物权制度的目标、定位和种类，中国用益物权种类并没有完全反映中国公有制的本质内容。因此，在中国公有制的条件下，完善用益物权类型，方显示中国物权特色制度。

　　法律不仅是一个自然过程，也是一个历史过程，传承历史文化传统是法发展的规律。中国民法自清末以来师承德国民法，概念和体系受其影响极深，从我国物权法的体系编排和具体制度来看，其仿效德国体例昭然若揭，坦白地说，限于立法传统和法律技术的限制，在立法原则的修正、物权体系的调整和物权理论的再构成上，实际上就是不动产的用益物权。虽然中国《民法典》物权编规定的用益物权基本上反映了我国土地利用关系的现状，但基于在德国物权法框架内构建的中国物权体系，囿于传统物权理论的桎梏，没有充分反映公有制和现代社会的财产利用关系，仍存在理论上的保守性和结构上的缺陷。

在大陆法系，民法的体系化和抽象化是以权利为脉络的，而客体是划分权利的逻辑起点；为了区分于债权客体，继而物权体系以有体物构筑起来。我国物权立法渊源于德国体例，全民所有制财产与国家所有制并非等同的内涵，国家所有制财产与国家所有权的客体也存在差别，① 单纯以有体物为客体调整公有制下的物权关系显然缺乏圆满性，就难以论证国有企业和国家机关法人、事业单位法人的客体问题，更谈不上如何调整这些财产的利用关系了。此外，网络虚拟财产、证券化资产和特许经营性资产非以有体物能够界定得其利用关系清楚、明晰，如果摒弃之，物权立法与一百多年前农耕时代的物权法并无二致，恐怕一百年后只能留下抄袭和模仿的骂名。《民法典》物权编第 323 条虽然规定在动产上可以设立用益物权，但在具有条款中却没有出现动产用益物权的踪迹，这使它变成了一个宣示性的规定，也使在动产上设置用益物权成为了空中楼阁。

《民法典》物权编仿效传统有体财产法的体例，造成国有资产在财产法存在和发展空间的窒息。渗透于中国社会经济生活的非经营性国有资产，学界普遍认为应由公法调整，财产法则弃之不管，完全将这些财产游离于财产法之外，根本没有考究这些财产在国民经济和社会生活中的影响，没有思索这些财产的利用关系，也没有认真思忖中国财产法割断公法的问题。事实上，此是国有资产在归属和利用关系的本质反映，这类法人所享有的直接支配权利，实质上是一种他物权，其所表现出的支配性利用关系与传统用益物权的本质并无二致。同时，国家机关法人和事业单位法人占有、使用的国有资产，不限于动产和不动产，还包括特许资源和无形性资产（除债权、知识产权外），如果对这些法人使用的资产界定不清，

---

① 参见尹田：《评我国〈物权法〉对国家财产权利的立法安排》，载《浙江工商大学学报》2008 年第 1 期。参见钱明星、李富成：《中国公有制物权法的基本问题》，载《中外法学》2002 年第 3 期。

仅以动产和不动产概括，存在外延上的不周延性；对于国家所有权的主体和使用主体也无法清楚明晰，造成公权力主体的角色与使用权主体的地位难以区分，难以避免出现行政权力异化和资产流失的现象。《民法典》物权编第 257 条和第 268 条关于国有企业财产权性质表现出模糊性的规定，立法者却表现为一种谨慎的回避。国有企业法人对其直接支配的财产到底享有什么性质的物权仍然是混沌不清，而且将之限制性的权利扩张至非国有企业法人，似乎在法律上制造非国有企业法人的产权不清、所有权不明，造成与民法体系逻辑混乱、衔接不上的状态。此外，国家对于国有企业享有的股权问题，表现出为享有资产收益、重大决策以及选择经营管理者的权利，本身就蕴涵着所有权的性质，财产法对之视而不见，放在公司法调整，与其说是违背法律调整的基本方法，不如说其回避了作为基本财产法应承担的立法责任。

　　一国用益物权制度的确定，关系到个人利益和社会利益的利益平衡问题，关切到用益物权的种类和内容的合理设计问题。法律上确立一种制度还牵涉到立法技术，考究的是用益物权在整个物权制度的体系逻辑的编排，表现为一整套的技术方案和立法技巧。因此，用益物权的价值功能和逻辑体系的合理确立以及相互之间的整合，本质上是衡量一国的用益物权制度是否科学的判断标准。一国用益物权制度的价值功能决定用益物权的类型，而体系设计体现物权结构的精巧技术。"体现本质功能的是内容，而技术方案是形式，根据形式和内容的关系，立法技术应尽可能忠实地表现内容。"[1]用益物权的功能和体系是一对对立统一的矛盾关系，在用益物权的设置上如同鱼与熊掌不可兼得，功能和体系有时需要舍弃其一。那么，如何解决其立法上的冲突，以何种价值目标决定其选择？用益物权的本质功能是制定其内容和种类的决定性因素。一国确立的用益物权法价值功能是规范制定的基础和依据，也是评价其内容和内容是否合理的标准。用益物权体系虽然具有稳定性和结构性的优点，也存在法的保守性和封闭性的局限性。当用益物权的功能和体系发生矛盾时，就应当摒弃其体系的完整性，注重其功能的合理性，合理、科学地规定用益物权的种类。例如，《德国民法典》是世界上最崇尚体系性和概念精确性的经典民法，在用益物权体系上仍然没有贯彻彻底，虽然将物权客体限于有体物，但面对国家传统的法律文化，却规避体系性而强调物利用的功能，其中，关于用益权的规定，以数量共有 59 条之多予以规范，用益权以权利、财产甚至

---

　　① 孟勤国、张里安：《物权法》，湖南大学出版社 2006 年版，第 22 页。

集合物为客体。这是一种偏重用益权的功能而抛弃其体系的例外范例。依法典强调形式理性的内在要求，应是逆民法的逻辑性而行，贯以例外之道。事实上，这是一种以调和社会资源和维护社会公益的选择，具有法的正当性和合理性。又如，《俄罗斯联邦民法典》虽然也大致移植了德国式民法，但对于物权制度却采取了一种强化物的功能体系，针对物权客体的不同，以一种睿智的方案将所有权与用益物权各自作为一章编排，强调物权法的特有功能。

物的归属秩序是维持社会财产静态的价值目标，物的利用秩序才是催生社会财产生机的动态平衡。在某种程度上，物的本质意义不在于维护它的归属秩序，而在于充分有效地利用物创造社会造财富，或者发挥其社会效益。这就是用益物权在法律的特有功能，也是用益物权之所以种类繁多、经久不衰，虽历经千年却依然发出耀眼光彩的缘由之所在。通说认为，"用益物权是权利人支配他人之物的一种物权"。这是用益物权的经典表述，表明用益物权是对他人所有的财产享有占有、使用和收益的权利，它是以实现对标的物的占有为实现条件，以利用物的价值为目的的他物权。"支配"表达的是用益物权人对物的直接管领，表明权利人对物的对世性和排他性。有争议的是，支配的"他人之物"如何理解？此关系到用益物权在物权法中的地位，由此引发出用益物权的权利作用和救济权利的理论问题。质言之，用益物权与所有权之间属于何种关系？对此，学者仁者见仁，见解纷呈，主流观点认为，"用益物权为定限物权或者说是限制物权"①。另有学者认为，"用益物权实质上是所有权的权能分离和组合的结果，所有权制度是用益物权制度的逻辑起点"②。这些观点都值得商榷。

从法律史来看，物的利用制度自古便存在，甚至先于国家而客观存在，物的利用是古人类原始的生存本能。社会发展到一定的历史阶段，阶级斗争导致国家和法律的产生。国家通过对物的利用关系进行一种法律上的权利确认，以维护物的利用秩序。从此角度而言，用益物权并不是以所有权为基础而产生的权利，用益物权制度并不是因为所有权而产生。罗马法和法国法没有从抽象的逻辑理论概括出物权概念，对于所有权人与用益

---

① 梁慧星：《中国物权法研究》（上册），法律出版社 1998 年版，第 583 页；王利明：《物权法研究》（下册），中国人民大学出版社 2007 年版，第 9 页。

② 屈茂辉：《用益物权论——源流分析、制度比较、立法思考》，湖南人民出版社 1999 年版，第 23 页；房绍坤：《用益物权基本问题研究》，北京大学出版社 2006 年版，第 43 页。

物权人的法律关系也就没有从体系和结构上进行合理的定位，但基于社会的生活经验和粗朴的体系观念，法律上规定着用益物权制度。德国人受传统的法哲学思潮影响，善于从理性的逻辑思维把握法律的精髓，以精湛的概念术语和系统的法律制度构筑潘德克吞的民法体系，创制出物权概念，经德国学者萨维尼和温德夏德的考究，他们摒弃了中世纪注释法学派的"对物关系说"，从而提出了"对人关系说"，终于以所有权和他物权制度界定两者之间人与物的关系，"用益物权"和"担保物权"的富于理性的法律概念由此而生。质言之，从"对物关系说"的角度而言，所有权人与用益物权人均是具有各自独立的法律地位，本质上是一种物与物之间的关系，互不关联；从"对人关系说"来看，物的归属和物的利用，只有上升至权利视角层次考究才能廓清物的归属人与利用人之间的法律关系。事实上，没有所有权或者说所有权不明，诸如取得时效和善意取得也可以产生用益物权，并非必然存在物的所有权人或者确定物的所有权之后才存在用益物权，用益物权并不是因为所有权制度而存在。因此，与其说用益物权的产生是社会经济发展的必然产物，而不是法律创设的结果，不如说所有权制度与用益物权制度的构建是潘德克吞体例创造的概念性结晶，是物权体系层次结构的创造结果。

　　"权能分离理论"解释所有权与他物权的关系，根源于罗马法关于所有权定义："对物最一般的实际主宰或潜在主宰"[1]。理论上，这是对罗马法所有权内涵的误读，基于"权利与权能不是整体与部分的关系，而是本质与表现形式的关系"；"内容不能脱离形式而存在，任何形式都表现一定的内容"。[2] 所有权与权能的分离在客观上是不可能实现的，所有权与用益物权本质是一种各自独立的权利关系，两者不是整体与部分的关系，也不存在用益物权是所有权权能的一部分；否则用益物权随时随地遭到所有权人的摒弃，用益物权的利用秩序无从保障，法律也无必要再设立用益物权。有学者认为，"用益物权的设定人与用益物权人之间存在一定的权利义务关系"；"用益物权人不以其对标的物所有权人或使用人享有其他权利为权利存在的前提"，从而认为"用益物权是具有独立性的权利"。[3] 这是从权利的从属性关系分析用益物权的独立性，从用益物权与担保物权

---

① ［意］彼德罗·彭梵得：《罗马法均教科书》，黄凤译，中国政法大学出版社 1993 年版，第 194 页。

② 孟勤国：《物权二元结构论——中国物权制度的理论重构》，人民法院出版社 2004 年版，第 16 页。

③ 房绍坤：《用益物权基本问题研究》，北京大学出版社 2006 年版，第 12 页。

相比较而得出的论断，有一定的法理依据。理论上，一项权利是否成为独立性的民事权利，应从权利的构成、作用和内容进行综合分析、判断。此外，还有学者认为，"用益物权是所有权行使的一种方式"；"用益物权是对所有权的一种限制"。① 客观上，用益物权设定后，用益物权人与所有权人依约定或依法律各自行使权利和承担义务，用益物权人不是依所有权内容而行使权利，更不是对所有权人的约束。总之，这些论断均是错误理解用益物权与所有权之间的关系，是对用益物权作为独立权利的否定，断不可采。

如果说用益物权是以所有权为基础的权利，只表明物的利用关系以物的归属关系为基础，只说明只有财产的归属关系明确，财产的利用才存在可能，但不能说用益物权从属于所有权，用益物权人完全受制于所有权人的限制。用益物权本质上表现为一种独立的权利。一方面，在现代社会，财产的归属秩序相对和平、稳定下，虽然法律规定用益物权的种类，但是否设立用益物权是由所有权人决定，即是说，用益物权的产生受限于所有权人的决定。否则，就无法解释"当事人为何能够以某项财产设定其他物权"，"是谁将物交由特定非所有权人占有"等问题。所以，我们才说用益物权的产生以所有权为基础，如同配偶权、亲权的产生依赖于婚姻关系的缔结，合同解除权、撤销权籍赖于合同关系的合法有效。另一方面，所有权人依法律规定或依合同设立用益物权后，用益物权就取得了独立的法律地位，用益物权不再完全受限于所有权人。质言之，所有权人决定或依法律许可设立用益物权，只能说是所有权人行使物权的表现，但所有权人不能对用益物权人颐指气使，恣意解除用益物权的基础关系。"买卖不破租赁"就是租赁人在出租人的物上设立的一种他物权，具有对抗新的所有权人的物权，本质就是一种独立的用益物权，根本不是所谓的"债权的物权化"之说。在物权立法之初，我国的"土地承包经营权"，其性质就有债权和物权之争，争论本身就是一种荒谬之论。我国实施40多年的农村土地承包经营权本质就是一种用益物权，与大陆法系传统的永佃权并无二致，因此不应否认其本质为物权的独立性，法律是否规定其为用权物权这是立法机关的价值选择问题。此外，上述两种用益物权均是以合同而产生，合同关系是用益物权产生的方式，这与行政许可依法设立并无区别，也与西方国家的用益权因合同关系而产生并无二致，我们不应以用益物权以合同关系而产生而否认其物权性质。事实上，任何一种物权都是基于法律的规

---

① 房绍坤：《用益物权基本问题研究》，北京大学出版社 2006 年版，第 41、48 页。

定或当事人的约定而产生的，用益物权的独立性与其产生的基础关系没有多大关联。

中国公有制财产权是苏联物权理论的历史演绎，中国经济发展与社会进步已成为公有制国家的成功典范，因而中国用益物权制度有客观的、现实的理由不同于传统私有制国家。一些学者在私有制基础上考察中国用益物权制度，把它当作政治命题进行分析演绎，试图并更习惯于用18、19世纪西欧大陆的用益物权观念，解释中国公有物权，这显然缺乏研究的实践性与包容性，构筑起来的中国用益物权也存在制度性缺陷。中国国有资产的用益物权制度固然与传统用益物权有冲突，但不是存在不能跨越的巨大鸿沟，这些冲突并非不可能在理论上进行消弭，它们之间有着必然的、有机的联系。若搁置差异，考察其本质上的牵连，有机地进行整合，在理论体系及框架上不宜大动情况下，其仍然可以共存。理论上，用益物权既不是完全依附于所有权，也不是所有权的权能分离的结果，而是以所有权为基础，但不限于以所有权为基础的一种独立的物权。这样，在中国公有制财产权下，国家所有权与在公有制财产上设立用益物权就可以作为证成的理论依据，财产法确认非经营性国有资产使用权就有理论基础，考究其在财产法中的地位也就有据可寻。具体而言，非经营性国有资产使用权在财产法逻辑体系的构筑问题，是一项重大而复杂的问题，这不是本书所能全部解决的理论问题。即使如此，我们也不能因纯法律技术问题，而否认财产法确认非经营性国有资产使用权的必要性和可行性。此外，非经营性国有资产作为一种国有资产与私有财产相比，是一种有限制的让与性财产，使用人处分超过限额的财产，需要经过审批，且不能作为担保和强制执行的标的。此外，非经营性国有资产使用权不能适用传统物权的一些具体规则，例如，不能适用善意取得、取得时效和占有保护规则。质言之，非经营性国有资产使用权与传统物权存在诸多规则上的差异，从而成为其证成的软肋。诚然，非经营性国有资产使用权，即使不具有传统用益物权的一些物权特征和规则，但使用人对国有资产享有一种占有、使用和处分的支配性权利，是一种物权，符合用益物权的本质特征，是与国家所有权完全不同性质的物权，国家所有人与使用人之间具有层次分明的权利与义务关系。换言之，如果以其不符合传统物权一些规则去完全否定其物权性质，显然是对物权的理解过于狭隘。其实，是否具有让与性不是决定物权的本质特征，更何况，非经营性国有资产在一定情况下也具有让与性，且并非所有的物权都适用传统物权规则，这也是物权社会化的必然结果。其不能作为担保的客体和强制执行标的，是对非经营性国有资产进行特殊保护的根本体现。善意取得、取得时效和占有保护规则也是具有相应的条件下才能适用的物权规则，即使一些财产也不能完全适用这些规则，苛求非经营性国有资产使用权完全适用这些规则，则无端地阻碍了物权的发展，导致财产权发展的窒息。中国公有制决定国家财产权的立法需要用一种科学的、辩证的和实证的眼光来看待，需要贯彻一种公共政策目标和政治工具价值，而不能坚守一种削足适履的物权僵化观念，否则，中国财产立法不能发挥国有财产的规范功能。

　　非经营性国有资产使用权能否符合一物一权、物权法定和公示公信原则的基本法理也是必须探讨的理论问题。一物一权、物权法定和公示公信原则是传统物权理论的基石，是物权支配性的本质要求。罗马法有"所有权遍及全部，不得属于二人"的规则，近代物权理论确立此三项物权原则的存在理由在于，物权支配对象即物权客体的确定，支配的外部范围明确化；物权需要外部人认识知晓，以便于法律对其物权进行保护。从逻辑关系来说，三项原则相互呼应，构筑传统物权的理论基础，一物一权原则确定支配客体的范围，物权法定原则确定支配的内容，公示公信原则明确支配客体和内容的外部认识。非经营性国有资产使用权能否符合以上三项原则的基本法理，是检验其成为用益物权的有力理论武器。本书在第三章就非经营性国有资产使用权与一物一权、公示公信原则的关系问题中已作阐述，在此仅就其与物权法定原则作出分析。

　　物权法定原则是指物权的种类和内容必须由法律规定，不得自由创设。它是物权体系构造的重要支柱之一，是物权区别于债权最具特色的原则。物权法定的存在理由在于：对物权创设上的限制，以固定物权关系，巩固物的利用秩序，利于物权公示，保障物权关系的安全性、明确性和简明性。需要指出的是，物权法定的"法"应指何种"法律"？其范畴包括全国人民代表大会及其常委会颁布的法律，对此一般不持有异议。但根据我国司法实践经验，还应包括行政法规、部门规章和司法解释，甚至国家政策，采用一种广义上的"法律"含义。采取这样的"法"扩张解释是现代物权法定原则修正和改良的发展趋势。近代以来，严格的物权法定原则日臻僵化，进而限制社会经济的发展，从而越来越受到学者的抨击，严格物权法定主义日渐衰微，物权法定改造之风盛行，主张物权法定缓和主义的声音不绝于耳，甚至认为习惯法应作为创制物权的直接依据，物权法定原则渐趋向于宽松。非经营性国有资产使用权能否成为用益物权，固然应遵循物权法定原则，固然取决于立法机关的意志，但法律总是具有滞后性和局限性，而制定高层次的法律是一项复杂浩繁的社会工程，因而立法永远无法满足他物权种类的客观需求，需要以低位阶的行政法规、部门规章和司法解释，甚至国家政策先予以确认，以确立非经营性国有资产使用权。一般而论，是否确认非经营性国有资产使用权取决于立法机关的意志，因而物权法定原则与非经营性国有资产使用权的确认并没有矛盾，只不过是在未在高位阶的法律确认之前，以何种法的形式来确认此种他物权的问题。此外，非经营性国有资产也需要一种物权变动的公示规则，只不过是它的公示性特征不明显表示出来而已，由于非经营性国有资产总是在行政事业单位管辖的范围内，在特定的时间和空间上，人们总是可以分辨出哪些是非经营性国有资产。因此，在一般情况下，无需严格的物权公示规则，但在处分其财产上，仍需要依一般的物权公示规则。

　　非经营性国有资产使用权作为一种新型的用益物权，与传统用益物权相比较，具有独特的本质特征，主要表现为物权客体为国家所有，且为一种集合物，不直接表现为流通性，从而与以有体物构筑的传统物权理论存在一定的冲突。即使如此，为了避免物权体系逻辑过于粗陋，尽量修正由于确认非经营性国有资产使用权带来的理论隔阂，以迎合物权体系的形式逻辑性。但是，物权立法应是反映和记载社会财产关系的法律规则，物权的法律技术只不过是将物权的内在逻辑进行高度抽象的法律思维，法律技术取决于人的逻辑思维和对事物的一种理性认识，法律体系的形式理性取决于人们的认知程度。大陆各国物权法虽然大体上遵循德国物权法和法国物权法的立法体例，但并非完全统一，各国社会财产和历史习惯、传统文化的差别使用益物权的类型也各具特色，成为最反映各国物权法的本质特色。非经营性国有资产使用权能否与传统物权融合并不重要，因为并非所有的用益物权均适用于所有的物权原则和物权规则。例外原则或者中间地带的存在是大陆法系形式理性不可避免的法律现象。确立非经营性国有资产使用权，并不动摇或破坏传统物权体系的固有根基，如果说它与传统用益物权有根本上的差别，那也是一种物权逻辑上的例外。但它在法律上确认的社会意义大大超过法律技术和物权逻辑本身的重要性，因为它能够为国家监管非经营性国有资产、行政事业单位法人就有效利用资产、防止资产滥用，提供一条切实可行的法律措施。非经营性国有资产使用权的财产法确认，能否为立法机关采纳，能否为实践适用，这并不重要，重要的是我们为公有制的完善、为行政机构的改革而尽微薄之力，发出不同的声音，抒发自己的设想。

第三节　非经营性国有资产使用权的物权立法建议稿

第一章　总则

第一条　【立法目的】为了规范非经营性国有资产，保障机关法人、事业单位法人和国家举办的社会团体法人正常、有序运转，降低国家财政成本，提高资产使用效益，根据宪法制定本法。

第三条　【非经营性国有资产使用权的定义】非经营性国有资产使用权是指机关法人、事业单位法人和利用财政资金或接受财政资金补助的社会团体法人，对国家配置的非经营性国有资产享有占有、使用、收益和依法处分的权利。

第四条　【特定用途原则】非经营性国有资产的配置与使用必须符合行政目的和公共事业目标，符合特定公务的需要和用途，不得挪作他用。

第五条　【正当使用原则】非经营性国有资产的使用必须合法占有、正当使用和合理消费，禁止超标配置，杜绝闲置、废弃与滥用。

第六条　【效益原则】非经营性国有资产的使用必须讲求行政效益和公共效益，降低资产消耗，实行低成本运行，杜绝浪费和资产流失。

第七条　【公开原则】非经营性国有资产的使用与处分必须遵循公开原则，接受社会监督。

第八条　【监管原则】依照法律、行政法规规定，国家对非经营性国有资产的监管，坚持资产管理与预算管理、资产管理与财务管理、实物管理与价值管理相结合的原则。

第九条　【国家所有权与非经营性国有资产使用权相分离的原则】非经营性国有资产实行国家统一所有和分级监督，坚持国家所有权和非经营性国有资产使用权相分离的原则。

第二章　一般规定

第十条　【非经营性国有资产监督委员会与非经营性国有资产使用权人】本法所称的非经营性国有资产监督委员会是设立在全国人民代表大会及其常务委员会和地方各级人民代表大会代表及其常务委员会的非经营性国有资产监管机构，代表国家行使非经营性国有资产所有权。

本法所称的非经营性国有资产使用权人是指机关法人、事业单位法人以及利用财政资金或接受财政资金补助的社会团体法人。

第十一条　【主体的特殊性】非经营性国有资产监督委员会对机关法人和事业单位法人、社会团体法人的财产划拨、监控关系，以及对行政事务、公共事务及公务人员的管理关系，为行政法律关系，依行政法规执行。

在法律规定的限度内，国家机关法人和事业单位法人对非经营性国有资产的占有、使用、收益和处分，为民事关系，依民事法律执行。

第十二条　【非经营性国有资产使用权的一般规定】国家机关法人或事业单位法人，对国家划拨给它们的财产，在法律规定的限度内，根据行政活动或事业活动、国家提出的任务和财产用途，行使占有、使用和处分的权利。

经法定批准，非经营性国有资产使用权人对个别财产的转让或处置，不影响其对整体性的非经营性国有资产享有使用权。

第十三条　【使用权人的财产自主权】非经营性国有资产使用权人根据行政事务和事业目的，对非经营性国有资产享有平等和意思自治的使用权，非经营性国有资产监督委员会除依法履行资产监督的决定职责外，不得干预使用权人的财产权。

第十四条　【非经营性国有资产的构成与限制性规定】下列国有财产为非经营性国有资产：

（一）国家机关、行政机关用于国家公务或行政事务活动的国家财产；

（二）学校、医院、体育、科研、社会团体等公益事业单位中由国家财政资金配置形成的国家财产。

非经营性国有资产主要包括机关法人、事业单位法人和社会团体法人占有、使用的办公楼房、公务车辆、办公设备、教育与体育设施、仪器设备、办公经费、项目经费、行政信息、服务标志等用于行政目的和公共事务的国有资产。

除法律、行政法规另有规定外，非经营性国有资产不得成为营利性国有资产，不得成为强制执行标的，不得成为私人设立民法上的物权，不因第三人的善意而取得所有权，不适用时效取得。

第十五条 【物的界定】除物权法第二条规定的物权客体外，本法所称的物，指由特定权利主体直接支配的以实物状态或价值形态表现的财产利益。

第十六条 【非经营性国有资产的整体性】非经营性国有资产可以是国家机关法人和事业单位法人得以维护行政事业正常运行的财产综合体。

作为财产综合体的非经营性国有资产在整体上视为不动产，在法律上视为一个物，依其财产利益确定物的客体。

非经营性国有资产在整体上及其一部分可以是转让、租赁和与设立、变更和终止物权有关的其他法律行为的客体。

第十七条 【非经营性国有资产使用权的设立】非经营性国有资产使用权自非经营性国有资产使用权人批准成立、取得必要运转财产之日起设立，自非经营性国有资产使用权人被撤销或注销之日起终止。

第十八条 【登记的一般规定】使用权人应当对非经营性国有资产进行登记造册，以会计报表反映其财产利益的变动状态。

非经营性国有资产的不动产依照不动产登记的法律、行政法规的规定进行登记。

第十九条 【非经营性国有资产使用权与其他用益物权的竞合】非经营性国有资产使用权可以整体性资产作为客体设立，已在部分资产上设立的用益物权，不影响在其之上设立内容不同的非经营性国有资产使用权。在整体资产设立非经营性国有资产使用权，不影响在其之上再设立内容不同的用益物权。

第二十条 【资产收益的规定】国家机关法人、事业单位法人对其依法行使的行政许可、公共许可、行政事业性收费等资产收益，应当计入单独的资产负债表，接受监督检查。

第二十一条 【取得收入的规定】依照设立目的，经法定部门批准收费的，事业单位法人取得的收入，有权根据行政事业目的，行使占有、使用和处分的权利，但应当计入单独的资产负债表。

第二十二条 【信息资源的规定】除依法公开的行政信息外，国家机关法人、事业单位法人对其行政信息、信息资源、名称及服务标志等无形资产享有维护、许可使用和处分的权利，但收益应当计入单独的资产负债表，接受监督检查。

第二十三条　【知识产权与智力成果的规定】非经营性国有资产使用权人对其知识产权及智力活动的职务成果享有许可使用和处分的权利，但许可使用与处分的收益应当计入单独的资产负债表，接受监督检查。

第二十四条　【孳息的规定】使用权人对其占有和使用的财产而取得的孳息和产品，以及依合同和其他根据而取得的财产，依照法律和行政法规的规定享有使用和收益的权利，但应当计入单独的资产负债表。

第二十五条　【调拨的规定】

依法律、行政法规的规定，非经营性国有资产监督委员会有权收缴多余的、闲置的或未按其用途使用的财产，并有权依照法律、行政法规的规定进行处分。

第二十六条　【共享的规定】依法律、行政法规的规定，非经营性国有资产监督委员会有权对非经营性国有资产在使用权人之间实行资产共享，使用权人应当配合。

第二十七条　【处分的禁止规定】未经法定部门批准，国家机关法人或事业单位法人对其享有使用权的财产，无权转让、出租、担保、投资或以其他方式对财产进行处分。

第二十八条　【登记信息共享与保护】非经营性国有资产监督委员会应当会同有关部门建立统一的非经营性国有资产登记信息管理基础平台。国家机关法人或事业单位法人的各项资产登记的信息应当纳入统一的登记信息管理平台，确保资产登记信息实时共享。

动产应当在实物上粘贴电子条形码，并与电子登记信息相对应。

非经营性国有资产的电子登记信息应当与非经营性国有资产监督委员会、财政、教育、卫生、民政等行政主管部门的行政信息等实行实时互通共享。

非经营性国有资产使用权人及其工作人员应当对资产登记信息保密；涉及国家秘密的财产登记信息，应当采取必要的安全保密防护措施。

第二十九条　【国家监控的规定】非经营性国有资产监督委员会对非经营性国有资产的管理与使用行使监督检查权，根据非经营性国有资产的财产利益净值行使所有权人的监督职责。

第三十条　【非经营性国有资产使用权的消灭】非经营性国有资产使用权因下列原因而消灭：

（一）非经营性国有资产使用权人因法定原因而被撤销；

（二）非经营性国有资产使用权人合并或者分立而消灭；

（三）全部非经营性国有资产转为经营性国有资产；

（四）国家征收、征用非经营性国有资产；

（五）因不可抗力的原因导致灭失。

非经营性国有资产使用权消灭后，使用权人负有对资产移交、注销、办理产权转移登记和财务核销的义务。

第三章　监管机构和使用权人及其职责

第三十一条　【监管机构及职责】全国人民代表大会和地方各级人民代表大会代表及其常务委员会设立非经营性国有资产监督委员会，代表国家对非经营性国有资产行使预算审批权、配置权、调剂权、处置权、收益权和监督权等国家所有权人的权利，主要职责是：

（一）制定非经营性国有资产制度的法律或地方性法规；

（二）组织实施、监督和检查法律、地方性法规的执行情况；

（三）制定和审批资产的配置编制、配置依据和配置标准；

（四）监督和指导地方各级财政部门和行政主管部门的资产管理工作。

第三十二条　【监管执行机构】各级政府财政部门是各级非经营性国有资产监督委员会负责资产管理的执行职能部门，执行非经营性国有资产监督委员会的各项决策，主要职责是：

（一）组织实施和监督检查资产制度的法律和法规的执行情况；

（二）根据法律和法规规定，结合本地区的实际情况制定出资产制度的实施办法；审批实物性资产的对外投资、出租、出借等事项；

（三）依照法律规定对超配置、闲置的资产进行调剂，负责确立资产的整合、共享和共用机制；

（四）建立和健全实物资产信息管理系统，确立实物资产的动态管理；

（五）负责本地区单位的产权登记、产权界定、产权纠纷调处以及资产评估、资产清查、统计报告等日常性管理工作；

（六）负责收缴各单位对实物资产的处置收益；

（七）依照行政法规和规章的规定负责对各单位的资产使用情况实行绩效考评工作；

（八）接受非经营性国有资产监督委员会的指导和监督，并报告本地区的资产执行情况。

第三十三条　【非经营性国有资产使用权人】各级国家机关、行政机关和以财政资金开展政务或公共事业活动的事业单位法人及社会团体法人为非经营性国有资产使用权人。

第三十四条　【使用权人的权利】非经营性国有资产使用权人享有下列权利：

（一）依照法律和行政法规，有权根据本单位情况制定资产使用的实施办法并组织实施；

（二）依公务目的或事业目的对资产依法享有独立的使用权；

（三）有权根据国家拨付的财政资金依照政府采购法实施政府采购；

（四）有权根据本单位的公务情况向财政部门申请拨付或增加资产配置；

（五）有权依照法律规定对滥用资产、造成资产流失的公务人员追究法律责任；

（六）有权依照法律规定对损害资产的行为人追究法律责任。

第三十五条　【使用权人的义务】非经营性国有资产使用权主体的主体承担下列义务：

（一）健全资产的财务会计制度，建立完整的财务会计信息；

（二）合理、正当利用资产，禁止铺张浪费；

（三）建造楼堂馆所应当依法定程序审批，不得超标建设；

（四）办公用品和办公设备应当依法定标准配置，依法定程序进行政府采购；

（五）公务用车应当依法配置，用于公务目的，不得公车私用；

（六）正当利用实物性资产，杜绝闲置、废弃和流失；

（七）维护资产的完整和安全，负责对实物性资产进行维护、修缮和修复；

（八）未经审批不得以资产进行对外担保、出租和出借；

（九）经审批同意处置的资产应当经法定程序进行评估、拍卖，收益必须上缴财政；

（十）定期报告资产使用情况，接受非经营性国有资产监督委员会和财政部门的监督和检查。

第三十六条　【机构与人员的配备】各级财政部门和非经营性国有资产使用权人应当配备专门的机构和人员负责资产的管理工作，实行专门管理，专司负责，定期向监管机构和财政部门报告资产管理情况。

第三十七条　【公开监督】非经营性国有资产监督委员会、各级财政部门和非经营性国有资产使用权人对资产的配置、使用和处分等情况的信息，必须依法定形式向社会公开，接受公众质疑和社会监督。

第四章　配置

第三十八条　【配置的一般规定】使用权人的资产配置必须有法定配置依据，禁止缺乏法定依据的资产配置或者超法定标准的资产配置。

第三十九条　【配置遵循的原则】非经营性国有资产的配置必须经过科学编制、预算审批的法定程序，遵循财权与事权匹配，增量与存量、配置与效益相结合的原则，厉行节约，从严控制。

第四十条　【配置的编制程序】非经营性国有资产的配置应当经过使用权人编制配置方案，报非经营性国有资产监督委员会预算预测与预算编制，并经人大审批，最后实施预算执行。

第四十一条　【配置编制】非经营性国有资产使用权人编制资产配置方案，依照法定标准配置，根据资产存量及其工作绩效编制增量方案。

第四十二条　【配置预算编制的项目】非经营性国有资产使用权人的资产配置分别列入本级政府财政预算的行政预算和事业预算项目，并分类出固定资产(包括楼堂馆所)投资、因公出国(境)经费、公务车购置及运行费、公务招待费、科研项目经费和大型仪器与设备等项目的预算编制。

第四十三条　【配置的预算公开】资产配置预算由人大通过预算听证、预算辩论、预算质询和预算表决等法定程序，并依法定方式向社会公开，接受社会监督。

第四十四条　【配置依据】配置以使用权人的公务职能和工作性质、工作规模为配置依据，能够通过调剂和共享获得资产的，不能进行资产配置。特定事项的资产配置必须逐级呈报，由省级人大常委会审批。

第四十五条　【配置标准】配置标准分为实物配置与价值配置，实物配置必须坚持统一性配置原则，价值配置坚持限额配置，具体配置标准由行政法规规定。行政法规没有明确规定配置标准的，逐级呈报，从严控制，并由省级人大常委会审批。

第四十六条　【调剂与共享】各级非经营性国有资产监督委员会根据使用权人资产存量、资产使用和工作绩效的情况，有权依法定程序进行调剂资产，有权依法调剂闲置低效和超标配置的资产，建立资源共享机制，任何单位不得阻挠。

第四十七条　【政府采购】使用权人配置的资产纳入政府采购范围的，依照政府采购法和招标投标法实施。

第四十八条　【政府采购的基本要求】政府采购坚持监管、采购和执行相分离原则，各级非经营性国有资产监督委员会为监管机构，各级财政部门为集中采购代理机构。

第四十九条　【政府采购目录】政府采购的货物范围由非经营性国有资产监督委员会制定的集中采购目录规定。未经省级非经营性国有资产监督管理委员会审批不得采购奢侈品和国外进口品。

第五十条　【公务用车配置】公务用车的配置必须依照全国非经营性国有资产监督委员会规定的配置依据和标准执行。依法定标准应当配置国产汽车的，优先配备符合经济适用、节能环保等要求的中低档公务用车。配置范围应当在国务院规定的公务用车选用车型目录内配备。公务车不得接受企事业单位的公车馈赠。

第五十一条　【办公用房配置】办公用房的设计标准和建设造价应当符合全国非经营性国有资产监督委员会规定的标准，有条件的，应当推进集中办公。办公用房不得配置与公务运行无关的设备和设施。

办公用房集中办公的具体实施办法由省级非经营性国有资产监督委员会制定。

第五十二条　【配置管理】非经营性国有资产使用权人的资产配置必须建立健全的实物验收、保管和使用的管理制度，建立完善的经费入账与支出的财务制度，做到账物与账账相符。

第五章　占有与使用

第五十三条　【资产的占有】使用权人依法定程序配置，依公务目的占有公务资产，依资产的特性维持占有的良好状态，履行安全防护和注意义务，不得挪作他用。

第五十四条　【占有主体】使用权人及其公务人员均可依公务目的占有资产，但公务人员占有必须符合单位法人意志，为公共事务而持有，不得谋取私利，假公济私。

第五十五条　【占有权】非经营性国有资产使用权人对依法配置的资产享有占有权，在符合公务目的下享有独立的支配权，任何机关或团体、个人不得干预。

第五十六条　【使用权】非经营性国有资产使用权人对依法配置的资产或依财政预算拨付经费购置的资产在符合履行公务目的下享有独立的使用权，任何机关或团体、个人不得干预。

第五十七条　【使用原则】非经营性国有资产使用权人对公务资产的使用，应当符合特定用途、充分使用和降低成本原则。坚持特定用途与审批制度相统一，定额与定量相结合的原则；杜绝资产闲置、低效运转和自然损耗。

第五十八条 【使用公开】非经营性国有资产使用权人必须依全国非经营性国有资产监督委员会规定的方式和项目公开公务经费的运行情况，定期公开详细的公务接待费、公务用车购置和运行费、因公出国（境）费等费用的预算和决算、执行情况，公开大型设备、仪器、重点实验室等重大资产的预算、决算和使用情况，公开行政领导的办公配置情况，公开办公用房和楼堂馆所的造价与结算，接受审计机关的监督，接受社会监督。

第五十九条 【建立统一消费和资产使用机构】各级政府应当建立贵重办公用品的统一消费、资产使用机构和公车调配中心，对于办公用品和公务用车实行集中管理，集中使用，杜绝浪费和奢侈行为。具体实施办法由省级非经营性国有资产监督委员会制定。

第六十条 【公务车监控】对于依法配置的公务用车，实行车身标贴"中国公务"字样，便于社会监督。公务车的使用实行 GSP 电子信息定位制度，严禁公车私用。使用权人不得擅自借用、占用下属单位或关联企业的车辆，因公务确需借用的，必须经过公车调配中心批准。实行公务车维修和运行的年度定额报销制度，油耗和维修保养费用不得高于社会平均水平。

第六十一条 【办公用房与办公用品的使用限制】使用权人不得擅自出租、出借办公用房和办公用品，不得用于商业目的，不得违反公务目的谋取私利。

第六十二条 【办公用房与办公用品的维修】使用权人应当严格执行省级非经营性国有资产监督委员会关于办公用房和办公用品的维修、维护和物业服务标准规定，费用不得高于社会平均水平。

第六十三条 【公务接待和差旅标准】依法配置给使用权人的公务经费，按全国非经营性国有资产监督委员会规定的公务接待标准和差旅标准开支，严禁超标准消费。

第六十四条 【会议接待】应当加强会议管理，控制会议数量、规模和会期，实行大型会议审批制度。召开会议应当充分利用机关内部场所或指定的会议场所，具备条件的，应当采用电视电话、网络视频等方式召开会议。会议需要安排用餐的，提倡自助餐，不得安排宴请。

第六十五条 【庆典活动】建立健全庆典活动管理制度，国务院各部门和各省、自治区、直辖市人民政府举办庆典活动，应当报经全国非经营性国有资产监督委员会审批；设区的市级和县级人民政府、地方政府有关部门举办庆典活动，应当报经省级非经营性国有资产监督委员会审批。

经批准举办庆典活动的，应当严格控制活动的参与范围、参加人数和期限，所需经费由举办单位承担，不得向下级单位或者其他单位摊派、转嫁。

严格控制举办机关单位成立、行政区划调整和建制变更的纪念性庆典，禁止行政首长、行政机关人员参与经贸类庆典、工程奠基和竣工典礼。

第六十六条　【因公出国(境)费标准】由省级、地市级非经营性国有资产监督委员会审批使用权主体因公出国(境)的出访事由、人员、内容、必要性和日程安排，并依全国非经营性国有资产监督委员会规定的因公出国(境)费标准开支，禁止公费出国(境)旅游。不得安排无实质内容的一般性考察和培训，严格控制因公出国(境)团组、人员数量和在国(境)外停留时间。

政府各部门工作人员因公出国(境)，不得挪用资金，不得接受关联企业的资助，不得向下属单位或者其他单位摊派、转嫁费用。

第六十七条　【统一公务消费结算中心】各级政府应当建立统一公务消费资金结算中心，实行使用权人及其公务人员依公务目的消费，依法定限额强制使用公务消费卡，经单位领导签字后，由结算中心审核报销，杜绝消费腐败。

第六十八条　【对外投资、出租和出借】使用权人按照省级非经营性国有资产监督委员会规定的审批程序，办理办公用房、办公用品和大型仪器、设备的对外投资、出租和出借的审批手续。收益所得纳入本级政府预算，实行统一核算，统一管理。

第六十九条　【资产使用绩效考评】各级非经营性国有资产监督委员会根据使用权人资产使用效益与行政事业绩效，作为下一年度编制资产配置预算的重要依据。

第六章　处分

第七十条　【处分内涵】本法所称的处分是指使用权人依照法定程序对其享有使用权的实物性国有资产进行转让或核销的行为，包括出售、出让、转让、置换、赠与、报损、报废等实物性资产处置行为。

第七十一条　【处分原则】使用权人处分资产应当遵循公开、公平和公正原则，履行法定审批程序，未经审批不得擅自处置资产。

第七十二条　【调剂余缺】使用权人对于闲置的实物性资产，不得擅自处置和无偿置换。非经营性国有资产监督委员会或财政部门有权依法定程序在同类部门之间进行调剂余缺，建立资源共享机制。

第七十三条　【审批手续】使用权人处分实物性资产应当按照全国非经营性国有资产监督委员会规定的法定程序和处分限额向各级行政主管部门、财政部门和非经营性国有资产监督委员会提出申请，办理审批手续。申请书载明实物名称、处分事由和资产价值。在规定限额内无偿赠与的资产必须经省级、地市级非经营性国有资产监督委员会审批。

第七十四条　【统一资产处置机构】各级政府建立统一资产处置机构，负责实物性资产处分工作。使用权主体必须将处置的资产统一交由该机构统一处分，不得擅自处分。

第七十五条　【评估与鉴定】统一资产处置机构对需要处分的资产必须交由资产评估机构依法评估，以评估价格作为处分的基本依据。对于精密、专业的贵重仪器、设备以及资产的报损、报废应当经过权威的专业鉴定部门进行鉴定后方可处分或核销。

第七十六条　【统一资产交易市场】各级政府建立统一资产交易市场，充分引入市场竞争机制，处分的资产交由该市场公开竞卖或拍卖，最大程度地实现资产处置的利益化。

第七十七条　【收益上缴】处分资产的一切所得收益必须统一上缴国库，实行收支两条线，任何单位不得截留、侵吞和私分。

第七十八条　【公开信息】处分重大的资产应当在规定期限内向社会公开，公布处置资产的名称和项目上，统一公布资产的交易信息、交易程序、交易规则和交易结果，接受社会监督。

第七十九条　【处分财务处理】资产处置结束后，使用权人凭资产处分的有效依据作为编制、增量财政预算的法定凭证，并办理资产账目、财务账目和登记信息的相关变动手续。

第七章　监督

第八十条　【人大监督】各级人民代表大会常务委员会通过审议本级人民政府公务消费与资产使用的预算、决算和专项公务消费及资产的工作报告，依法行使监督职权。

第八十一条　【非经营性国有资产监督委员会监督】各级人大设置的非经营性国有资产监督委员会对本级或下级政府、财政部门和使用权人的公务消费和资产使用情况，依法行使审批和监督职权，组织对本法实施情况的执法检查，接受公民对使用权人的投诉和申诉，对于违反法律和行政法规的行为，有权依法进行调查，并提请有关机关依法查处。

第八十二条　【政府监督】各级人民政府对本级或下级财政部门、使用权人履行公务消费、资产使用情况实施监督与检查，并依法在规定方式和项目公开本级政府的公务消费、资产使用情况，接受社会监督。

第八十三条　【财政监督】各级财政部门依法对本级政府隶属使用权人的公务消费、资产配置预算编制、预算执行和报销结算等事项依法实施监督。对于使用权人的违法行为，有权根据非经营性国有资产监督委员会和政府的指令停止划拨公务经费和暂停或取消年度公务消费配置、资产配置的申报资格。

第八十四条　【审计与监察监督】各级审计机关和监察机关依照《审计法》和《监察法》的规定，对使用权人的公务消费、资产使用情况进行审计与监察。审计机关有权向有关监督机关和社会公布审计结果，对于存在违法行为的，有权提请监察机关依法查处。监察机关依法有权对使用权人及其直接责任人员的违法行为进行查处。

第八十五条　【监督实施】各级监督机构有权对使用权人的公务消费、资产使用情况或者特定事项、特定项目或专项经费进行调查，有关政府、财政部门和使用权主体必须如实反映情况和提供必要的材料。

第八十六条　【绩效考评】各级非经营性国有资产监督委员会对下级或本级政府、财政部门和使用权人的公务消费与资产使用效益，实行定期或年度绩效考评，作为公务消费、资产配置预算编制的重要依据。

第八十七条　【离任审计监督】各级政府和使用权人的主要负责人对于在职的公务消费、资产使用实施情况实行离任前审计监督，作为考核领导干部提拔的重要依据，并实行一票否决制。

第八十八条　【事前监督、事中监督与事后监督】各级监督机关必须加强对使用权主体的公务消费、资产使用实施日常监督和专项检查，并建全事前监督、事中监督和事后监督的监督机制，实行监督常规化和制度化，杜绝各种公务消费、资产使用的违法行为。

第八十九条　【社会监督】任何单位和个人对于使用权人的资产使用与公务消费情况有权依法提出质疑和查询，使用权人必须及时给予答复和公开有关信息。任何单位和个人对于造成资产流失的行为有权依法进行检举和控告。

第八章　法律责任

第九十条　【虚假编制公务预算的法律责任】使用权主体应当依据公务职能和行政事业事务需要，客观、真实编制公务消费、资产配置的预算，编制资产预算弄虚作假的，由任免机关或监察机关对直接责任人员给予记过、记大过处分。

第九十一条　【缺乏配置依据的法律责任】使用权人没有配置依据而取得资产的，或者以行贿、欺骗等不正当手段骗取资产的，由任免机关或监察机关对直接责任人员给予以降级、撤职处分，并追缴取得的资产，不能追缴的，由使用权人直接责任人员承担民事赔偿责任。构成犯罪的，依法追究刑事责任。

第九十二条　【超标准开支公务经费的法律责任】使用权人超标准开支各项公务经费，或者挪用其他预算资金用于开支公务经费的，由任免机关或监察机关对直接责任人员给予以记过、记大过处分，并由直接责任人员承担民事赔偿责任。构成犯罪的，依法追究刑事责任。

第九十三条　【阻挠资产调剂的法律责任】使用权人对于闲置、多余的实物性资产，拒绝法定部门调剂或者建立资源共享平台的，监督部门有权依法强制调剂，并由任免机关或监察机关对直接责任人员给予以记过、记大过处分。

第九十四条　【侵犯使用权的法律责任】上级政府部门或者行政主管部门非法侵犯使用权人使用权的，由任免机关或监察机关对直接责任人员给予以记过、记大过处分；占有、挪用使用权人的经费或资产的，承担返还责任，造成损失的，承担民事赔偿责任。构成犯罪的，依法追究刑事责任。

第九十五条　【违法调剂的法律责任】上级政府部门或者主管部门非法调剂使用权人的实物性资产，影响使用权人开展正常公务活动的，由任免机关或监察机关对直接责任人员给予以记过、记大过处分，情节严重的，予以降级或者撤职处分。造成经济损失的，由直接责任人员承担民事赔偿责任。

第九十六条　【政府采购违法的法律责任】使用权人违反政府采购法规定的，除依《政府采购法》和《招标投标法》规定承担法律责任外，对于使用权人没有按法定的采购方式签订政府采购合同的，应当确认采购合同无效，并由直接责任人员承担赔偿责任；在符合政府采购条件下，使用权人无故拒绝签订采购合同的，由使用权人与直接责任人员连带承担缔约过失责任。

第九十七条　【政府采购招标程序违法的法律责任】使用权人违反政府采购法招标程序规定的，由使用权人与直接责任人员连带承担缔约过失责任；招标人以不合理条件限制、排斥潜在投标人或投标人的，招标无效，由使用权人与直接责任人员连带承担缔约过失责任；招标人与中标人签订背离招标文件实质性内容的内部协议的，依法确认无效。

第九十八条　【违法配置、使用公务车的法律责任】使用权人没有法定配置依据配置公车，或者擅自接受下级单位或企事业单位馈赠的，由财政部门依法收缴归公车调配中心，或责令返还，并由任免机关或监察机关对直接责任人员给予以降级、撤职处分。超标准配置公车的，由任免机关或监察机关对直接责任人员给予以记过、记大过处分，对于超标部分的价额由直接责任人员返还给国家财政。擅自借用、占有其他单位公车使用的，由任免机关或监察机关对直接责任人员给予以记过、记大过处分。公务人员公车私用的，由任免机关或监察机关对直接责任人员给予以记过、记大过处分，并且承担公车私用运行的一切费用。

第九十九条　【违法配置公务用房的法律责任】使用权人超过决定标准或造价建造楼堂馆所、办公用房的，由任免机关或监察机关对直接责任人员给予以降级、撤职处分，并由使用权主体及其直接责任人员承担超标价款的返还责任，收归国家财政。超标配置公务用房设备、设施的，由财政部门依法收缴归办公用品统一资产处置机构，并由任免机关或监察机关对直接责任人员给予以降级、撤职处分。

第一百条　【违法使用公务用房的法律责任】使用权人擅自出借办公用房或者改变办公用房使用目的，由任免机关或监察机关对直接责任人员给予以记过、记大过处分；擅自出借、出租办公用房的，除给予以记过、记大过处分外，收缴违法所得上缴国库。

第一百零一条　【违反注意义务的法律责任】使用权人违反安全防护和注意义务，造成实物性资产闲置、废弃和流失的，由任免机关或监察机关对直接责任人员给予以记过、记大过处分，情节严重的，予以降级、撤职处分，并由使用权主体及其直接责任人员承担民事赔偿责任。构成犯罪的，依法追究刑事责任。

第一百零二条　【侵占公务经费的法律责任】非因公务而侵占、侵吞公务经费，或者虚报、增开公务经费的，由任免机关或监察机关给予以记过、记大过处分，情节严重的，予以降级、撤职处分，并承担民事赔偿责任。构成犯罪的，依法追究刑事责任。

公务人员违背法人单位意志、非因公务而侵占、侵吞、滥用公务经费的，由所在单位给予以记过、记大过的处分，并承担民事责任。构成犯罪的，依法追究刑事责任。

公务人员与第三人内外勾结侵占公务经费或资产的，依上款追究公务人员的行政责任，并由公务人员与第三人承担连带赔偿责任，构成犯罪的，依法追究刑事责任。

使用权人及其公务人员超标使用差旅费、物业维修费及因公出国(境)费等公务消费的，依照本条第一款和第二款规定追究法律责任。

第一百零三条 【侵占实物性资产的法律责任】单位行政领导非因公务而侵占实物性资产的，由任免机关或监察机关依法给予以记过、记大过处分，情节严重的，予以降级、撤职处分，并承担民事赔偿责任。构成犯罪的，依法追究刑事责任。

公务人员违背法人单位意志、非因公务而侵占实物性资产的，由所在单位给予以记过或记大过的处分，并承担民事责任。构成犯罪的，依法追究刑事责任。

使用权人及其公务人员不正当、不合理使用实物性资产造成资产非自然性损耗或损害的，由任免机关或监察机关对直接责任人员依法给予以记过、记大过处分，并承担民事赔偿责任。

第三人侵占、侵吞实物性资产的，使用权主体有权追究第三人的民事责任，构成犯罪的，依法追究刑事责任。

公务人员与第三人内外勾结侵占实物性资产的，依上款追究公务人员的行政责任，并由公务人员与第三人承担连带民事责任，构成犯罪的，依法追究刑事责任。

第一百零四条 【违反会议招待规定的法律责任】使用权人违反公务接待或会议接待的接待标准规定，由任免机关或监察机关对直接责任人员给予以记过、记大过处分，超出接待标准的费用由直接责任人员承担民事责任，收归国家财政。

第一百零五条 【违反庆典活动规定的法律责任】使用权人违反本法关于举办庆典活动规定的，由任免机关或监察机关对直接责任人员依法给予以降职、撤职处分，因违规举办庆典活动支出的费用由直接责任人员承担民事赔偿责任，收归国家财政。

第一百零六条 【违反统一消费和资产使用规定的法律责任】使用权人没有依照省级非经营性国有资产监督委员会制定的统一消费、资产使用机构实施办法，实行集中管理，集中使用的，或者公务经费逃避公务资金结算中心审核的，由任免机关或监察机关对直接责任人员给予以降职、撤职处分，财政部门有权停止划拨办公经费，并减少一下年度公务经费、资产配置的财政预算。

第一百零七条 【违反消费公开和资产使用公开的法律责任】使用权

人没有依照国务院规定的时间、方式和项目公布公务消费、资产使用情况的，或者未依规定和项目公布实物性资产处置的有关信息的，由任免机关或监察机关对直接责任人员给予以降职、撤职处分。

第一百零八条　【违反资产处置公开的法律责任】使用权主体没有依照国务院规定公开的方式和项目公布实物性资产处置的有关信息的，由任免机关或监察机关对直接责任人员给予以降职、撤职处分。

第一百零九条　【擅自处分资产的法律责任】使用权人未经审批处置实物性资产的，或者使用权主体未将资产交由统一资产处置机构而擅自处分的，或者未经法定评估或鉴定而擅自处分资产的，属于无权处分，依法确认无效，由任免机关或监察机关对直接责任人员给予以降职、撤职处分，使用权人承担民事责任的，有权向直接责任人员追偿。违反行政法规低价拍卖或转让资产造成资产流失的，由任免机关或监察机关对直接责任人员给予以降职、撤职处分，由直接责任人员承担民事赔偿责任。

第一百一十条　【侵吞处置资产收益的法律责任】使用权人及其公务人员截留、侵吞和私分处置资产收益的，除了追缴非法所得外，由任免机关或监察机关对直接责任人员依法给予以降职、撤职处分，构成犯罪的，依法追究刑事责任。

第一百一十一条　【使用权主体负责人的法律责任】使用权人主要负责人在任期内没有认真履行管理职责造成本单位资产流失的，由任免机关或监察机关对直接责任人员给予以降职、撤职处分，并承担民事赔偿责任。

第一百一十二条　【公益诉讼】使用权人及其公务人员违法本法规定而未受法律制裁的，人民检察院有权提起公益诉讼，任何单位和个人也有权依法提起公益诉讼，请求人民法院追究使用权人及直接责任人员的相关法律责任。公益诉讼法的有关规定依照诉讼法执行。

第九章　附则

第一百一十三条　【实施办法的制定】全国非经营性国有资产监督委员会和各省、自治区、直辖市非经营性国有资产监督委员会根据本法的有关规定制定具体实施办法。

第一百一十四条　【施行时间】本法自　　年　月　日起施行。

第六章　非经营性国有资产使用权在中国民法典的地位

　　2020 年 5 月 28 日，十三届全国人大三次会议表决通过的《中华人民共和国民法典》，是我国第一部以法典命名的法典，开创了我国法制建设的新纪元。《民法典》规范自然人从"摇篮到坟墓"的整个民事生活过程，是社会生活百科全书。《民法典》物权编与我国原有的《物权法》一脉相承，除了增加居住权为新的用益物权类型外，几乎将原有的内容全部吸收，这虽然能保持立法成果，但未充分反映中国公有制财产制度。如果物权法确认非经营性国有资产使用权为用益物权，又与传统物权存在诸多理论冲突，在中国民法典体系中协调起来着实有难度。中国公有制财产，非以国家所有权制度所能诠释，重构国家财产权利制度尤为必要。国家财产权利与非经营性国有资产使用权是一个相互作用、相互关联的财产法逻辑整体。国家财产权利的基本定位和逻辑体系，关系着非经营性国有资产使用权的立法安排。质言之，考究非经营性国有资产使用权在民法典中的结构设置必须与国家财产权利的立法构造休戚相关。然而，国家财产权利与其他财产权之间又存在诸多不协调之处，大陆法系体例没有先例可遵循，需要怎样的财产权体系，是一个费尽脑汁的思维过程。在《民法典》颁布之前，学界为设计国家财产权利制度，迎合现代财产的膨胀发展，展开了激烈的争论，即使今天中国《民法典》物权编已尘埃落定，但关于国家财产权利的立法争论依然延续。本书反思中国民法典财产法，提出国家财产权二元构造论，尝试开辟一条新的研究路径，简要探讨国家财产权利制度和非经营性国有资产使用权在中国《民法典》中的地位问题。

第一节　国家财产权制度的二元结构

一、国家所有权制度的立法检讨①

大陆法系民法注重概念的精确性与系统化结构，偏好形式上的定义及定义之间差别的适用性，"各守疆域"成为民法理论的一个重要假设。探求概念系统同社会经济相联系，解决公有制的财产问题，是法学研究的重要任务。囿于传统私人所有权与"国家所有权"在概念性结构和形式逻辑上的迥异，国家财产在中国民法的定位而引发的学术纷争，从未停息。更为甚者，国家财产私有化思潮甚嚣尘上，这些均折射出国家财产的立法争议，检讨现行国家财产权利制度立法的合理性和科学性势在必行。

（一）国家所有权的本质

国家所有权不是罗马私法的法律术语，而是社会历史发展的公有制法律产物。据学者考察，在西欧大陆也存在国家所有权的概念。在近代资本主义前期，由于国有财产法律的不成熟性，国家所有权不是由客观法确定，而是由国家政权机关的意志所规定，内容往往表现为政治统治权力或行政权力。② 西欧大陆国家私有制宪政制度决定了法学家们对国家所有权的理论研究少有论著，只是散见于少量的相关法律规定。美国宪法明确规定国家财产的取得和让渡应遵循补偿原则，即私法原则。《法国民法典》第 537 条规定，"不属于私人所有的财产，依关于该财产的特别规定与方式处分并管理之"。德国法上的公共财产分别由联邦政府、州政府、县区或镇政府的机关享有财产权所有权的主体，简称为"公法法人的私有财产所有权"③。德国物权法未对公有物和共有物作出规定，交由德国基本法规定，当国家作为私法上权利义务的载体时，在传统上以"国库"名义作为交易主体。④ 法国、瑞士、泰国等国家的民法典虽然对于公有财产作出

---

①　鲍家志：《国家财产权二元立法构造——国家财产权入"典"论要》，载《河北法学》2019年第 6 期。

②　王利明：《国家所有权研究》，中国人民大学出版社 1991 年版，第 7~8 页。

③　孙宪忠：《当代德国物权法》，法律出版社 1997 年版，第 23 页。

④　梁慧星：《中国民法典草案建议稿附理由：物权编》，法律出版社 2004 年版，第 53 页、第 99~100 页。

具体规定，但未明确为国家所有权。① "二战"以后，社会主义公有制国家的勃兴，社会主义法系学者关于国家所有权理论著书立说，学术观点的争锋，极大地丰富了国家所有权的内涵和外延。什么是国家所有权？若笼统地探讨国家所有权的法律问题，则立即会变成一团乱麻，单论其性质就陷入泥沼，更不必说其主体及客体的落实问题。有学者综述了国家所有权的学术争点，性质之争有六种学说，主体及客体之论也有三四种观点。② 这些争论具有一定的合理性，为探索国家所有权的立法提供了多种认识路径。按照早期苏联法学家维涅吉托夫的观点，"所有权的概念是一个抽象的、一般的'商品所有权'的概念，不能体现出不同所有制条件下的所有权的阶级特点，因而不能以此来解释国家所有权的概念"③。有学者提出，国家所有权与经济管理体制相联系。④ 也有观点认为，全民所有与国家所有权应当相区分。⑤ 还有些英美国家学者认为，国家所有权相当于所有权的公法上的物权，意味着国家于此具有可以任意支配，并得以对抗世人的权利，和私法上的所有权一样。我国学者认为，国家所有权是社会全体成员共同占有生产资料的所有制形式在法律上的反映，它是指公有制社会的国家为了全体人民的利益对全民共同占有的财产享有的占有、使用、收益和处分的权利。⑥

　　国家所有权制度起源于马克思关于批判资产阶级私有制，经苏联法学家的演绎与诠释，"国家所有权"一词横空出世，并受到斯大林的高度评价。此制度认为所有制即所有权的法律制度，属于上层建筑范畴，从而国家所有确定为一种宪政制度，并在相关土地法律上确立国家财产全民所有制。⑦ 从此，国家财产实行公有制，即全民所有制，成为社会主义国家的最根本标志。根据学者考察，苏联关于国家所有权的法律特征，一是主体

---

① 参见《法国民法典》第 531~541 条。
② 参见单平基、彭诚信：《"国家所有权"研究的民法学争点》，载《交大法学》2015 年第 2 期。
③ 王利明：《国家所有权研究》，中国人民大学出版社 1991 年版，第 11~12 页，转引自 [苏]A. B. 维涅吉克托夫：《社会主义国家所有权》，1948 年俄文版，第 21 页。
④ 参见[苏]克科申：《欧洲社会主义国家所有制的发展》，载《苏维埃国家与法》1988 年第 4 期。
⑤ 参见《国际比较法百科全书、财产法在结构上的变化》，1972 年英文版，第 44、45 页。
⑥ 王利明：《国家所有权研究》，中国人民大学出版社 1991 年版，第 12 页，转引自佟柔主编：《民法原理》(修订版)，第 158、161 页。
⑦ 孙宪忠：《"统一唯一国家所有权"理论的悖谬及改革切入点分析》，载《法律科学(西北政法大学学报)》2013 年第 3 期；孙宪忠：《中国物权法总论》，法律出版社 2009 年版，第 126 页；程雪阳：《国家所权概念史的考察与反思》，载《交大法学》2015 年第 2 期。

的政权理论，即强调国家所有权主体的政权性质；二是主体的统一性理论，国家所有权只能由国家统一行使、统一掌握；三是客体的广泛性与内容的无限性。① 中华人民共和国的宪法及民事立法直至《民法通则》都明确规定了国家财产的全民所有制度。国家所有权在高度计划经济时代大有用武之地，但随着东欧解体，中国已迈入市场经济轨道，在学者"言必罗马、著必法德"之下，国家所有权在中国民法典的制度安排上遇到了前所未有的困顿。

"所有权在各个时代、各个国家都是确定社会基本结构的重要制度，更是社会主义经济与资本主义经济之间根本差异的反映。"②国家所有权为前社会主义法系国家民法创制。本质上，社会主义法系民法属于大陆法系，法国民法典开创的所有权绝对主义，乃为强调私人财产的绝对权。大陆传统民法没有与国家所有权相对应的制度，国家所有权与传统所有权的内涵相去甚远。国家所有权作为公有制私法制度上的重要概念，缺乏像萨维尼一样伟大法学家的经典系统论证，加之"先天不足""后天营养不良"，引发国家所有权在性质、主体、客体与内容及其定位上的理论纷争，一直成为困扰着中国学者的疑难杂症，学者因此而著书立说，汗牛充栋，观点纷呈。严格地说，除了需要考究现代经济生活新发展的私法关系外，在推崇形式理性和抽象概念的大陆法系民法下，中国民法不得不对国家财产作出规范，国家财产制度的落实与编排，成为横亘在中国财产法体系结构的一块巨大顽石。

国家所有权是一个历史范畴的法律概念。理论上，国家所有权是对国有财产关系的本质的法律抽象。作为私有制的西欧大陆国家基于国有资产数量极少，关于国家所有权的规定一般由国家基本法规范，或者由行政法规定，亦有公有财产主体落脚于各级政府，囿于民法为纯粹私法的理念，国家所有权未归纳为法律概念。国家所有权作为法律概念，成型于法律制度理论，是苏联法学家为解释公有制财产法律关系而创制出来。公有制下的国有财产为全民所有，即为全民所有权，基于法律上并没有"全民"作为主体的法律术语，全民所有权采取国家所有权的法律形式，"国家所有"与"全民所有"二者是对同一事物的不同称谓。故而，有学者称"国家所有权不过是一种法律拟制的所有权形式"。国家所有权是公有制国家法

---

① 王利明：《国家所有权研究》，中国人民大学出版社 1991 年版，第 14~17 页。
② ［日］星野英一、渠涛：《日本民法学者看中国的〈物权法〉》，载渠涛：《中日民商法研究》第七辑，第 29 页。

律的产物，基于法律规制国家财产的必要性，现代国家所有权在法律形式上取得了一种完全独立于私人所有权和法人所有权的财产权形式，具有完整的法律意义，一般适用民法关于所有权内容的规定。① 但是，如果认为国家所有权等同于大陆法系上的所有权制度，这是一个伪命题。在客体上，国家财产或者说全民所有财产在私法上表现为全民所享有的一切财产权利（包括所有权、知识产权、股权等），在法律形式上表现为有形财产和无形财产，此与大陆法系有体物的私人所有权不同。在内容上，国家所有权兼有公权力和财产权利，此与所有权上的占有、使用和处分权能有着根本差别。

（二）国家所有权在中国民法典物权编的局限性

中国《民法典》物权编第五章以"国家所有权和集体所有权、私人所有权"为命名编排，以国家所有权为名规定国家财产权利，落实了三种所有权"一体承认，平等保护"的原则，体现公有制的中国财产立法，彰显国家所有权的法律地位。国家所有权在财产法中的制度安排，关系到宪法国家财产权利与私法的有效衔接，更关乎国家所有权在财产法的规范问题。国家所有权在大陆法系没有成熟的财产法可资借鉴，我国关于国家所有权制度的立法缺陷也是显而易见的，主要表现为虽有国家所有权规范的形式，而无其实质与内容，被学者鞭挞为"僵尸条款"，多为"扯淡"。② 难怪乎，日本学者认为，"中国《物权法》采用潘德克顿体系，等于是在被称为 19 世纪潘德克顿体系的旧皮口袋里装了'社会主义市场经济的物权法'的新葡萄酒"。③ 中国物权法应是"公法和私法"的混合体。④

首先，从国家财产权的规范体系上，现行《民法典》物权编对于国家所有权制度欠缺立法科学性。综观国家所有权的法律规范，除了第五章标题以"国家所有权"名称出现外，均以"国家所有"规定国家财产，未见明确"国家所有权"的术语，虽不排除国有财产归属于国家所有权，但规范应具体落实其权利内容。《民法典》除了第 246 条第 2 款和第 251~257 条外，第 247~250 条、第 258 条均重复了宪法的规定。部门法重复宪法规

---

① 王利明：《国家所有权研究》，中国人民大学出版社 1991 年版，第 7~8 页。
② 葛云松：《物权法的扯淡与认真——评〈物权法草案〉第四、第五章》，载《中外法学》2006 年第 1 期。
③ ［日］北川善太郎：《中国〈物权法〉的民法模式和比较法》，载渠涛：《中日民商法研究》第七辑，第 258 页。
④ ［日］星野英一、渠涛：《日本民法学者看中国的〈物权法〉》，载渠涛：《中日民商法研究》第七辑，第 35 页。

定，违背了上位法与下位法的法理，凸显物权规范关于国家所有权的空洞，欠缺规范的严谨性和科学性。

其次，一些条款欠缺法律规则的要素，仅是一种国家财产权的宣示条款。法律规则一般具有一定的逻辑结构及构成要素，追求法律的实际效用，达到规范的法律目标。法律规则通常从行为规范或权利义务角度构造，并以法律要件和法律效果，由"假定""行为模式"和"后果"组成，符合"三段论"的推理。当然，除了"完全法条"之外，还有"不完全法条"，但其可以与其他法条相结合，成为某个具有构成要件和法律效果的法律规则的一部分①。我国《民法典》第247～254条除了宣示各种国有财产的国家归属关系外，属于"不完全法条"，但套不上"不完全法条"的三个种类（说明性法条、限制性法条和引用性法条）。② 虽然第258条对上列条款具有概括性的义务性规则作用，并没有将国家所有权的法律内容规定为具体操作的法律规范，难以达到物权规范价值，缺失法律规则的适用性、确定性和预测性。

再次，缺失利用权利的规范。现代物权立法发展为以所有权为中心转向以利用权为中心的趋势，客观上需要研究财产利用的物权功能。物权编规范国家财产制度，不在于明示其归属，规范财产利用乃是现代财产法的规范要旨。我国《民法典》物权编并未构建一种完整的国家财产利用权利。如何处理国有企业与国家之间财产权利的定位问题，这是老生常谈的话题，学界曾进行了刀光剑影般的论争，最终《民法典》以第257条作出规定，而第255条和第256条没有确认利用权利，难以避免存在公权力与财产权相混淆。

在大陆法系，民事客体是划分权利体系的逻辑基础，为了区分于债权客体，物权体系是以有体物构筑的系统结构。中国《民法典》物权编移植于德国有体财产法体例，在编排结构上，依然是以有体物为主轴，用益物权制度只能在不动产上作出分门类别。单纯以有体物为客体的《民法典》物权编调整国有财产显然缺乏圆满性，难以实现私人所有权与国家所有权的有机衔接，造成制度内容与体系逻辑不相符。《民法典》第269条规定营利法人享有权利的客体只能限制于有体物，财产权利仍需由其他法律与行政法予以调整。

正是《民法典》物权编坚守有体财产法的理念，使得国有资产和现代

---

① 黄茂荣：《法学方法与现代民法》，法律出版社2007年版，第159～162页。
② 黄茂荣：《法学方法与现代民法》，法律出版社2007年版，第165～172页。

财产在物权法存在和发展的空间减少，也就难以论证国有企业和国家机关法人、事业单位法人的财产客体和利用权利定位的问题。学界曾发生国有企业经营权性质曾进行连篇累牍的论争，也提出过无数的良方妙药，但仅限于经营性国有资产的"经营权"问题，少有对各种国有资产利用关系进行深入的探讨和论证，最终束之高阁而成为"悬案一桩"，成为中国财产法不可逾越的巨大鸿沟。这完全根源于有体财产法的巨大障碍，不得不将这个积重难返的理论难题弃置而转由行政法解决。对于渗透至中国社会经济生活的公有物和公用物，学界普遍认为应由公法调整，中国财产法目前则将这些财产游离于民法之外，没有考究这些财产在国民经济和社会生活中的影响，没有思索这些财产的利用关系。采矿权、水权、渔业权等特殊的用益物权，是权利人利用国有资源进行开发、收益的权利，多采行政审批的方式，将之零散规定于特殊民事法律，总给人造成用益物权内容杂乱、分散凌乱的感觉。政府经营的特许资源是一种虚拟的资产，"是为了公共事业更好地满足生产和生活需要而依一定的方式拟制出来的财产利益，如营运车牌、电信执照、路桥收费证等"①。这是公有制下的特殊国有财产，蕴含着巨大的财产利益，应对其作出规定。

最后，法条缺乏的义务性规则。关于法律的有效性，有过精辟的论述："一个国家的宪法或基本规范可能再进一步，规定法律的有效应遵守某些被认为体现了该是社会秩序中的基本正义原则上的标准为条件"；"旨在为法律有效性提供标准的确认规则的目的，乃是要增强法律的确定性和明确性"；"当我们在一国实在法并未明确阐述的一般正义原则中探寻有关确定规范约束力的法律标准时，我们便步入了法律有效性问题所涉及的最为敏感也具争议的领域"②。依此观点，衡量法律规范的有效性与科学性，应当从基本正义原则上出发，应有确定性与明确性，否则在适用上难免争议，变成僵尸法条。国家所有权的物权规范，依物权属于绝对权，权利人本不应负有义务，唯不特定人负有义务。但是，国家所有权与私人所有权有所不同，对于后者而言，国家负有保护私人所有权的财产自由；对于前者而言，国家承载着政权正常运行、维护社会安宁以及人民生活保障的法定义务。中国财产法对此应作出法律规范。

自德国民法典开创物权篇以来，为了构造经典的财产权二元结构，将

---

① 孟勤国：《物权二元结构论》，人民法院出版社 2004 年版，第 223 页。
② [美]E. 博登海默：《法理学法律哲学与法律方法》，邓正来译，中国政法大学出版社 2004 年版，第 352~353 页。

物权客体定位于有体物，物权与债权因此而区分，自物权与他物权依此而设，从而为后世津津乐道，但这些法律制度的精心设计，均是建立在私有制的国度上，建立在公法与私法"各守边疆"的基础上。"私有制的资本主义市场经济的民法模式，在作为私权的物权里没有'国家所有权'的法概念，'国家所有权'的问题，是和土地征收法一起作为公法来对待的。"①国家所有权是反映公有制国家财产权的精粹概念。在计划经济时代，公权力在经济与财产交易上具有极强的强制渗透性，这意味着财产权不自由，国家所有权与私人所有权有极大的差别。严格来说，国家所有权的客体是国家财产，包括但不限于有体物，还有无形财产、无形财产权、集体物及企业财产、行政事业单位资产，此与私人所有权的客体限于有体物不相匹配。其一，中国《民法典》物权编定位于有体财产法，但又规定了水流、海域、野生动植物资源为国家所有权，缺乏法理的圆通性；国家财产作为一种特殊财产，照搬德国体例，置于中国有体财产法，是否符合时宜？其二，传统私人所有权的创设本是为迎合私人的财产自由，宣扬人格自由意志，旨在"定分止争，物其用"，促进市场交易，私人所有权的主体一般确定为自然人与法人。然而，国家所有权的主体是国家，国家无法行使国家所有权，必须借助于代理人，但代理人的行使权利须受到一定的约束，此与私人自由行使所有权相左，国家所有权主体角色定位与私人所有权主体存在根本上的差别。其三，国家作为一种特殊的主体，在不同的法律关系形态中有着差别性：一是国家作为公法上的主体，行使着公共行政管理权力；二是国家作为私法上的主体，以平等的身份参与民事法律活动，国家所有权具有公权和私权的共同属性。国家所有权不适用物权一般规则，诸如物权变动、共有、善意取得、取得时效、担保以及占有保护等规则均不适用。这与私人所有权纯粹为私权的属性完全不同的。中国《民法典》物权编关于国家所有权存在诸如此类的规范漏洞，这不是立法机关的思虑不周，而是国家所有权与传统物权理论的不兼容性，与私人所有权理念相去甚远。倘若维持国家所有权在物权框架下的立法，显然不合时宜，重构国家财产权利制度时不我待。

二、国家财产权的构造

任何国家宪法的财产权规范都具有调整社会财产的制度确立的法意

---

① ［日］北川善太郎：《中国〈物权法〉的民法模式和比较法》，载渠涛：《中日民商法研究》第七辑，第259页。

义。研究私法财产制度的立法依据，首先从宪法上找其法理依据。有学者认为，中国公有制的财产制度是由"宪法的国家所有权—民法的国家所有权"式的双阶构造，① 也有主张是属于"宪法的国家所有权"与"公法的国家所有权""民法的国家所有权"的三层结构说。② 这些学说主张在区分所有权的类型与内涵上值得商榷。"宪法上的所有权"发轫于黑格尔的法哲学思想，法律依据源自德国基本法及德国关于宪法所有权的规定。③ "所有权的观念只能建立在人格的观念上。"④"所有权所以合乎理性不在于满足需要，而在于扬弃人格的纯粹主观性。人唯有在所有权中才是作为理性而存在的。"⑤黑格尔关于"所有权"的论说，旨在宣扬一种人性自由，确立个人绝对自由的意志观念。"在所有权中，我的意志是人的意志；但人是一个单元，所以所有权就成为这个单元意志的人格的东西。由于我借助于所有权而给我的意志加以定在，所以所有权也必然具有成为这个单元的东西或我的东西这种规定。这就是关于私人所有权的必然性的重要学说。国家固然可以制定例外，但毕竟只有国家才能这样做。然而尤其在我们时代，国家往往重新把私有权建立起来了。"⑥他认为，所有权应当是国家赋予私人财产权的一种义务，国家应当制定法律保护私权，这为大陆法系宪法制定私人所有权提供了哲学思想。"罗马的土地法包含着关于土地占有的公有和私有之间的斗争。后者是更合乎理性的环节，所以必须把它保持在上风，即使牺牲其他权利也在所不惜。"⑦黑格尔是私有化财产权的鼓吹者，反对土地公有，强化土地私有，其哲学理论为西欧大陆关于私人所有权的立法起着指导作用。但在公有制的国家财产权下，从其理论寻找根据无异于缘木求鱼。《德国基本法》（以下简称《基本法》）第 2 条、第 9 条、第 12 条以及第 14 条规定，财产权是"一种核心基本权利，与个体自由的保障具有内在紧密的联系"，其功能在于保障个体经济领域的自治，并借此自主安排自己的生活。⑧ 德国实行生产资料私有制，基本法规定的财产

----

① 李忠夏：《宪法上的"国家所有权"——一场美丽的误会》，载《清华法学》2015 年第 5 期。
② 王涌：《自然资源国家所有权三层结构说》，载《法学研究》2013 年第 4 期。
③ 参见税兵：《自然资源国家所有权双阶构造说》，载《法学研究》2013 年第 4 期。
④ ［法］普鲁东：《什么是所有权》，孙署冰译，商务印书馆 1963 年版，第 86 页。
⑤ ［德］黑格尔：《法哲学原理》，范扬、张企泰译，商务印书馆 1961 年版，第 50 页。
⑥ ［德］黑格尔：《法哲学原理》，范扬、张企泰译，商务印书馆 1961 年版，第 55 页。
⑦ ［德］黑格尔：《法哲学原理》，范扬、张企泰译，商务印书馆 1961 年版，第 56 页。
⑧ 李忠夏：《宪法上的"国家所有权"——一场美丽的误会》，载《清华法学》2015 年第 5 期。

权是为了保障私人财产权而设，但其设定宗旨并不具有具体规范的适用功能，财产权的具体保护还需要通过私法上的权利构建。德国学者认为，《基本法》第 14 条规定的所有权，是所有权人与国家之间的公法法律关系，旨在维护私人不受公权力侵害的权利，"国家依据该条规定，也获得对所有权内容及其限制，通过立法规范而予以规定的权利"①。"《基本法》第 14 条包含有两项保障，其一为被涉及之所有权人的权利地位保障，其二乃作为私法权利交易法律制度的所有权保障。"②依此观点，《基本法》上的宪法所有权是为了保障私人财产权的抽象概念，目的在于为保障财产自由，防止公权力的防御性权利，为制定私法所有权提供立法依据。在德国学者看来，所有权作为一种制度，不可能存在统一的所有权概念。"宪法上的所有权，指应能享受《基本法》第 14 条，对所有权所提供之保障的所有财产利益"；"宪法上的所有权，其客体也不仅仅是物，无形财产权，在不可把握之客体上所成立之版权，也受《基本法》第 14 条之保护。所有权保障，还包括对集合物、财团以及企业之保护"。③ 总而言之，德国宪法上的所有权与私法上的私人所有权有严格区分，区分的本质在于，前者客体为一切财产，而后者客体为有体物。所有权是大陆法系财产权的核心概念，英美法上财产权是财产法的灵魂，"传统'财产权'概念的核心乃是所有权。近代宪法中的财产权概念，基本上指的是财产所有权，如 1789 年法国《人权宣言》第 17 条中所写明的'神圣不可侵犯的权利'，也正是'财产所有权'（Droit de properiété）"④。有学者认真考究了财产、财产权及所有权的词源，"德国《基本法》第 14 条中的'财产权'之德文 Eigentum 既可翻译为财产也可翻译为财产权。与Eigentum 相应的英文 Property、法文 Properiété，都是既可以翻译为财产也可以翻译为财产权"⑤。普鲁东在其《什么是所有权》中认为，"Properiété一词有两个意义：第一，它所指的是一件事物之间之所以是这件事物的特性，也就是这件事物 特有的、使它特别不同于其他事物的属性。第二，

①　[德]鲍尔·施蒂尔纳：《德国物权法》，张双根译，法律出版社 2004 年版，第 513、516页。

②　[德]鲍尔·施蒂尔纳：《德国物权法》，张双根译，法律出版社 2004 年版，第 518~519页。

③　[德]鲍尔·施蒂尔纳：《德国物权法》，张双根译，法律出版社 2004 年版，第 518 页。

④　林来梵：《针对国家享有的财产权——从比较法角度的一个考察》，载《法商研究》2003年第 1 期。

⑤　涂四益：《我国宪法之"公共财产"的前生今世——从李忠夏的〈宪法上的'国家所有权'：一场美丽的误会〉说起》，载《清华法学》2015 年第 3 期。

它表明一个有智慧而自由的人对于一件东西的支配权；法学家所采用的就是这种意义"①。《牛津法律大辞典》解释为："'财产权·财产'Property，严格地讲，这个术语用来指财产所有权，法律规范规定物的所有权转移的情形便是如此。"②据此，学者将宪法财产权谓之所有权也不为过。有研究各国宪法的学者认为，财产权宪法史上的两种类型的财产权，即人权财产权和国家财产制；"写在现代人各国宪法中的'所有权'共有四类，即人权财产权、私人财产权、国有财产权和国家财产权"③。由此观之，宪法上的所有权有广泛的财产权意义，此与大陆法系私人所有权的内涵有本质的区别，严格来说，"宪法财产权"的概念可以囊括全部所有权的规范财产制度的法意义，在中国语境下，宪法财产权应分为国家财产权和私人财产权。

大陆法系法学概念具有系统性的精确度，倘若泛泛而谈财产权内涵，木臻其定义，恐有违其名，私法尤其如此。民法是权利法，权利无疑是民法中最核心的概念。"宪法上对所有权提供之保障，却最终要依赖于所有权之制度保障。"④权利本身包括内在要素与外在要素，前者是法律上的资格和权利主体的自由意志，后者是指权利主体及权利客体。⑤ 在德国理论上，权利有客观意义上的权利和主观意义上的权利，前者与法律调整、法律制度相同；后者与中文"权利"相对应，意为"有权"，如所有权、债权、请求权等。⑥ 当权利概念确定后或者撇开内在要素，一般而言，权利主体争议不大，但权利客体是决定权利属性的根本要素。国家财产权作为一个框架性的财产权利，具体落实其权利性质，还需要考察其权利客体。学界对于拉伦茨的"权利客体顺位说"，第一顺位的权利客体包括物和智力成果及作为支配权与利用权的标的；第二顺位的权利客体为物权、债权、知识产权等各种财产权利及法律关系。⑦ 主要争议在于权利能否成为权利客体以及企业财产可否为权利客体这两个问题。"权利是自由意志的外部定

---

① [法]普鲁东：《什么是所有权》，孙署冰译，商务印书馆1963年版，第86页。
② 涂四益：《我国宪法之"公共财产"的前生今世——从李忠夏的〈宪法上的'国家所有权'：一场美丽的误会〉说起》，载《清华法学》2015年第3期。
③ 徐祥民：《自然资源国家所有权之国家所有制说》，载《法学研究》2013年第4期。
④ [德]鲍尔·施蒂尔纳：《德国物权法》，张双根译，法律出版社2004年版，第521页。
⑤ 方新军：《权利客体的概念及层次》，载《法学研究》2010年第2期。
⑥ [德]迪特尔·梅迪库斯：《德国民法总论》，邵建东译，法律出版社2001年版，第58页；陈卫佐著：《德国民法总论》，法律出版社2007年版，第46页。
⑦ [德]拉伦茨：《德国民法通论》（上册），邵建东、程建英、徐国建、谢怀栻译，法律出版社2003年版，第377页至第378页。

在，而权利客体则是权利的外部定在。"①客体是权利的具体化表现，是权利客体的客观实在。依第一顺位关于权利客体为支配权的标的，法律上也可设定财产权利为支配权的标的。根据社会实践需要，财产权利为另一个权利客体，并非不可能，正如知识产权为质权的客体，此与权利的本质为主体的自由意志并不冲突。在德国民法"物必有体"的观念下，企业财产不能为权利客体，因为其为集合物，需要具体落脚于企业项下各财产依照法律规定，分别论其权利客体。② 但是，根据拉伦茨的第三顺位权利客体理论：设定一个高于各个具体权利，而这些具体权利的总和构成这个财产但又存在于这些权利之中的、对财产的权利来说是一个整体的权利。③ 而且，日本学者也认为，随着现代经济发展，法律上也可将企业财产视为一体，在其上承认债权及物权的成立；④《俄罗斯联邦民法典》在"民事权利的客体"中首创"作为财产综合体的企业在整体上是不动产"（第132条），并明确规定，"如果同一种类的物构成一个按共同用途进行使用的统一的整体，则它们被视为一个物（复杂物）"（第134条）⑤。依此，公法人依法占有、使用的国家财产或企业财产等集体物作为一个整体是可以成为权利客体的，至于其权利的性质依其总括性并具有高度涵摄程度而确定。因而，"国家财产权"的内涵具有私法意义上的法理依据。

我国参照德国体例制定的《民法典》物权编中规定了国家所有权的法律条文，但只是列举国家财产的种类。理论上，根据国家所有权的特性，因它与所有权本质上的差别性，国家所有权不能涵盖其应有客体和内容，置于物权编上必然造成国家所有权与私人所有权的混同性，导致物权体系上的冲突。但是，倘若中国《民法典》物权编没有规定国家所有权制度，显然不能在法律上表述全民所有财产上的法律归属，且若没有规定国有财产，作为财产基本法的物权编是存在缺陷的。"国家所有权已经脱离了传统物权和所有权的构成理论和立法结构，而成为一种特殊的财产权类

---

① 方新军：《权利客体的概念及层次》，载《法学研究》2010年第2期。

② ［德］迪特尔·梅迪库斯：《德国民法总论》，邵建东译，法律出版社2001年版，第889～890页。

③ ［德］拉伦茨：《德国民法通论》，邵建东、程建英、徐国建、谢怀栻译，法律出版社2003年版，第413页。

④ 参见［日］我妻荣：《新订民法总则》，于敏译，中国法制出版社2008年版，第193～194页；［日］我妻荣：《债权在近代法中的优越地位》，中国大百科全书出版社1999年版，第122～123页。

⑤ 黄道秀、李永军、鄢一美译：《俄罗斯联邦民法典》，中国大百科全书出版社1999年版。

型。"①据此，国家所有权在中国物权立法上的二难性由此而生。理论上，
国家所有权作为公有制国家的特有法律制度，在立法上应当根据其内容区
别对待。在法律领域，国家所有权应分属于公法领域和私法领域，应将其
公权的角色与私权的定位进行分离，明确各自的立法界限与权利内容。在
私法上的逻辑体系上，国家所有权与私人所有权也是两个不同的权利制
度，应当将国家所有权与私人所有权分置不同的财产法编排。基于国家财
产与私人财产上的不同，中国《民法典》物权编的国家所有权虽有所有权
之名，但无国家所有权之实。因此，以传统物权理论解释国家所有权，则
难以得到圆满的诠释；在国家所有权与私人的所有权之间追求统一，则显
得生搬硬套；倘若按图索骥地依照传统所有权的立法模式与内涵理念予以
规制国家所有权，则无异于东施效颦。

　　宪法所规定的"国家所有"，并不能称为"宪法上的国家所有权"，其
作为一国法律的"总章程"，调整国家经济生活的基本制度，规定国家的
基本财产权和人权。从规范化分析，宪法中仅有"国家所有"，并未上升
至直接规定为"国家所有权"，只是公有制在上层建筑的法律表述。"国家
所有"绝不仅仅是经济系统运作的一部分，而更多属于政治系统的运作，
负有公共任务和政治使命。②"因为所有权制度，首先是一种宪法制度"；
"宪法的财产权保护规范同时还包含着一种制度确立的意义"；"所有权制
度的制度价值和功能并不是由民法决定的，而是由宪法决定的"。③宪法
规定土地、自然资源、公有财产以及国有企业财产为"国家所有"，具有
政治系统的逻辑法治理念，是对公有制国家财产的抽象概括，体现一种政
治制度上的宣示。另一方面，倘若宪法规定的"国家所有"诠释为宪法上
的国家所有权，会产生一定的弊端，导致公权力机关凭借基本法上的基本
权利而施加政治优势，对自由市场经济造成威胁。20世纪以来，宪法具
有创设新的财产制度的基本功能，一般只确定人权财产权和国家财产
制。④宪法作为最高规范法，只能是一种抽象的财产权，不具有明确的、
具体的赋权效果，不能直接产生公法或私法上的所有权，正如我国《宪
法》第6条、第7条、第9九、第10条规定的国家所有与第13条规定的

①　马俊驹：《国家所有权的基本理论和立法结构探讨》，载《中国法学》2011年第4期。
②　李忠夏：《宪法上的"国家所有权"——一场美丽的误会》，载《清华法学》2015年第5
　　期。
③　张里安："所有权制度的功能与所有权的立法"，载孟勤国、黄莹：《中国物权法的理论
　　探索》，武汉大学出版社2004年版，第170~171页。
④　徐祥民：《自然资源国家所有权之国家所有制说》，载《法学研究》2013年第4期。

私有财产权，有异曲同工之处，区别于前者是国家财产权，后者是私人财产权，都是国家对财产权的基础性规范，规范目的在于维护社会基本经济制度，与其说是宣示基本财产权，毋宁说是国家承载保护社会财产的基本义务。现行《宪法》规定的国家财产权与私人财产权，应解释为中国基本财产权制度的二分法，构筑中国社会财产权的系统结构，也为私法财产权立法提供了统领性的基本指导意义。由此，笔者赞同这样一种观点："宪法上的财产权乃属于一种基本权利"；"直接地反映了公民与国家权力之间在宪法秩序中的关系"。① 一些学者主张，宪法上的"国家所有"为宪法的国家所有权，实则为望文生义，至多是宪法对国家财产权的宣示，以示国家所有权与私有所有权的区分，但我国《宪法》第 13 条保护的是私有财产权，此与学者称为"宪法的国家所有权"不相对应。由此，我国《宪法》规定的"国家所有"，只是公有制上的国家财产秩序的一种政治逻辑的法律描述，具有基本法的制度意义，称之为"国家财产权制度"较为妥当。宪法规定国家财产权制度，有三层法律意义，一是宣称国家公有财产的归属意义，为国家所有，即全民所有，确定了公有制经济制度。二是国家对国家财产承载着政治义务，为国家政治运行提供了物质基础，承载着维护社会经济正常运转，提高人民经济生活水平和保障人权的政治任务，承担着保护国家财产不侵犯的义务。三是为国家在公法和私法规范财产权方面提供了指引意义。宪法上的国家财产权制度是一种综合性权利，既是政治运行之需，也是经济自由的表现，国家通过划拨、出让或许可的行政管理实施国家财产的"物尽其用"，同时又保护使用和占有的权利人享有相应的自由财产权。宪法上国家财产权的客体不限于有体物，包括无形财产权、集合物及企业财产权在内的概括性客体。宪法国家财产权没有可诉性，宪法上对财产权提供的基本保障，最终还要依赖于公法与私法财产权上的制度保障，借助于部门法的权利保护和救济制度，以实现财产权益。因此，国家财产权兼具行政权力和财产权的性质，但为了防止公权力过度滥用，必须将公权力与财产权进行妥当分离，由公法和私法分别规范国家财产权。

完善国家财产权制度是中国法治建设的目标之一，在大陆法系之中，财产权是指权利标的具有财产上的价值的权利。② 财产权渊源于罗马法，

① 林来梵：《针对国家享有的财产权——从比较法角度的一个考察》，载《法商研究》2003 年第 1 期。

② 王利明：《物权法研究》，中国人民大学出版社 2002 年版，第 35 页。

经德国法学家演绎，构筑以物权和债权作为经典的财产权二元结构。传统财产法固然有其运行的逻辑结构，但构筑国家财产权制度，不意味着不考究中国公有制的特定语境以及社会变迁。中国市场经济与公有制衍生出的化学反应，学界来不及消化及研究其规律，演化出国家所有权与传统物权、实践逻辑的冲突格局，也不足为奇。公有制的本质乃是政治民主，强调国家财产权的自由。冲破传统所有权的桎梏，构建国家财产权制度乃是明智的选择。国家所有权与私人所有权应建立不同的财产权体，这应是更合适的选择。财产权概念在作为权利分类的一种类型的意义上使用，在实际立法中并无特定意义，顶多只是充当理论争端的调和者，但能恰当地反映经济运行中主体与财产联结的程度。①

在现代财产法的发展趋势下，财产权是一个开放性概念，不再限于传统的物权、债权与知识产权，呈现出综合性、多元化和价值化的趋势。国家财产权是财产权的特殊权利形式，是公有制国家享有财产权利的表现形式。理论上，国家财产权是国家政治权力之根，也是国家经济自由和秩序之源。公有制下的国家财产承载着国家政权运转与国民经济发展的历史使命，更不能以狭隘的财产权观念界定。"法律概念之位阶性是将法律体系化的逻辑基础"，法律概念具有负荷价值的根本性。② 基于现代财产法早已冲破"有体物"的藩篱，财产权不再限定于物权与债权的二元结构，而是表现为财产利用的权利束。完善国有资产的保护体系应是一个公私法综合有机的法律监控方式，为在保障公权力的正当行使和维护财产权的完整性的张力之间求得平衡。国家财产种类繁多，客体复杂，权利属性困扰，以"国家财产权"这一概括性、总体性、框架性的概念可以精确涵摄其律意义，具有蕴储价值和减轻重复思维负担的功能。广义上说，国家财产权是国家对其归属财产享有各种权利的统称，包括国家享有的股权、债权、无形财产权、物权及相关的财产权利。国家财产权不是单一财产权，而是一项权利束，根据迪特尔·梅迪库斯关于"权利"的划分思维，③ "国家财产权"在性质上属于客观意义上的权利，主观意义上的权利属性取决于其最终落脚的客体。国家财产权作为一个上位概念，作为各种国家财产权利的综合根据而证成。但是，宪法上的国家财产制度表述为"国家财产权"，

① 马俊驹、梅夏英：《财产权制度的历史评析与现实思考》，载《中国社会科学》1999 年第 1 期。

② 黄茂荣：《法学方法与现代民法》，法律出版社 2007 年版，第 125 页。

③ ［德］迪特尔·梅迪库斯：《德国民法总论》，邵建东译，法律出版社 2001 年版，第 58 页。

是一种抽象的公有制财产权，它为具体法律规制国家财产权提供指引作用，事实上，还需要通过一整套经济和财产权的法律制度，确保国家所有制度的实现。据此，国家财产权拂去历史尘埃，推陈出新，让其在中国公有制市场经济的土壤里破茧而出，生根发芽。

三、国家财产用益权的辩证

国家财产权有着与西欧大陆国家公产制度不同的理念和规则。中国民法典物权编规定的国家所有权固然体现公有制与物权理论契合的重要策略，但国家所有权不能代替国家财产权。国家所有权制度只是对国家所有制财产所进行的一种法律抽象罢了，它仅表明一种抽象归属意义的法价值，不等于说就充分实现公有制在私法上的目的，因为还没有解决国家财产如何有效运行以及资源配置合理、财产效益化的问题。实践证明，规定国家所有权并不是民法典调整国家财产的终极目标，在民法通则或物权法没有规定国家所有权之前，对于在国家机关或事业单位的国家财产，不会有人否认其权属为国家所有。规范国家财产权利的价值目标应是如何安排利用关系的制度设计，以充分发挥国家财产的最大效益。现代社会处于相对和平年代，不同于战事纷争、社会动荡不安的时代，财产利用处于空前活跃状态，财产归属再不是所有权人关心的核心问题。国家所有权总要落实至具体机构或部门行使，设计好国家与行使主体之间的权利义务关系，本质上是国家财产的利用权利构建问题。国家财产归属的设定仅仅解决了"定分止争"的问题，但"资源配置"与"物尽其用"才是其关键所在。质言之，国家财产利用权利的科学安排才是实现其利用最大化的财产法构造。在现行法完全实行行政监控机制下，国家财产流失依然屡禁不止，国家财产归属与利用的两个私法机制至今还没有完全建立，我们应该做实事求是和脚踏实地，构筑完善的国家财产保护机制。中国《民法典》规范国家财产固然重要，但国家财产出现的各种问题并不在于其没有明确国有财产的归属性质，而在于没有科学地界定国家所有权与利用权利之间的问题，也在于私法缺乏对国家财产利用权利的制度安排。因此，国家财产的利用权利设计是国家财产权重构的重中之重。

国有自然资源性资产、国有公用资产、经营性国有资产和非经营性国有资产的利用关系，本质上也是私法上的财产权，本应在我国民法典财产法总则编得到适当的体系安排。基于国有资产客体的广泛性和财产权的集合性，可以将国有资产拟制规定为"不动产"，国家通过控制其价值利益实现对国家财产的监控，并有效地限制利用权利的行使，从而合理地规制国有财产归属和利用的财产关系。正确处理经营性国有资产的利用关系无疑是完善社会主义市场经济体制的国家战略，但非经营性国有资产、自然资源性国有资产以及国有公用资产为社会提供公共产品和准公共产品，也是为市场经济提供重要的间接的生产要素，且存在资源稀缺和利用关系的矛盾。由此，由国家保留价值利益的归属权利，而在国家财产上设定国家财产用益权，这是国有资产归属与使用关系天然分离在财产法上的彰显，可以除去国家所有权的强权因素，昭示国家所有权的私权性质，实现国家与使用人在私法关系上的自由与平等，更有利于增进公共福祉。换言之，应否或如何在国有资产上设置利用权利是一个必须深思的理论问题，是实现公有制与中国财产法联通的重要接合点。

　　国有财产利用权利的设计貌似以用益物权原理构造，这似乎有道理的。国有资产利用关系能否设立独立的民事权利，王泽鉴先生为此鲜明地破解其中的疑惑。① 但是，追求形式理性和系统结构的大陆法系财产法阻止了大多类型国家财产的利用权利构造。除了在土地上设定用益物权可供借鉴外，其他类型国有财产的利用权利，则因传统物权强调"物必有体""一物一权"而难以融入用益物权制度。当然，也可以将企业财产拟制为"不动产"或"复杂物"而确认用益物权的立法技术上。虽然中国财产法也可以如法炮制，但不仅营利性国有资产，还有国有自然资源、非经营性国有资产等类型的利用权利设计问题，过多的立法例外，必然造成财产法结构性塌陷。私法应当明确规定各类国家财产权利的客体范畴，明确国家所有权行使主体及其内容，国家应当对人民承担的相应义务，但其配置与划拨仍应由行政法调整。其实，国有财产的形态或类型不是设置财产利用权利的障碍。每种国有财产都存在利用权利，都可以构造出不同类型的财产利用权，只不过这种利用权利因其客体与有体物存在区别而不能纳入传统用益物权种类。国家所有权制度并不能完整地囊括国家财产的归属和利用权利，国有资产流失的问题出现在利用关系上，协调国家所有权与其利用权利的合理关系，应当通过确立国家财产用益权制度。为了从私法上调整国有资产的完整性，应当抽象出国有财产的归属和利用权利的上位概念，即国家财产权是国家所有权与国家财产用益权的高阶位概念，构造出国家财产权的二元结构。国家财产用益权是指国有法人机关、法人或国家

---

① 王泽鉴教授认为公有制的财产不妨碍通过设置用益物权以实现财产的资源调配和充分利用。王泽鉴：《物权法上的自由与限制》，载梁慧星：《民商法论丛》（第19卷），金桥文化出版有限公司2001年版，第236~237页。

授权的其他组织、团体依法享有占有、使用和依法律处分国家财产的财产权利。国有企业法人经营权、矿产资源权、水权及非经营性国有资产使用权都是国家用益权。为避免政府部门、事业单位法人与国家用益权主体因行政管理关系所产生财产利用关系的负面影响，国家所有权行使主体在法律上可以赋予全国人民代表大会和地方各级人民代表大会。这具有深刻的社会意义和法律价值，一方面，国家财产的利用权利具有一个明确的权利归属和合理的权利定位，形成一种独立而完整的权利制度。另一方面，做到财产归属和利用关系的平等，以作为非所有权人使用国家财产的法定根据，以使资产使用人的合法权益得到切实维护与保障，在动态财产关系中实现资产的有效利用，创造社会财富，发挥财产的效益化，以促进资产最大利用化。此外，使用人可以在其与国家所有权行使主体之间确立一种排他性的支配关系，在法律框架内自由使用财产，排除不必要的干涉，同时，又要承担使用不当、闲置废弃的责任。这需要合理设计国家财产用益权制度。

依有体物法的物权原理应当维持现有物权法关于国家土地的用益物权制度。国家财产用益权的种类不包括国有城市、郊区土地及国有农用土地。土地，自古以来是人类赖以生存与发展的物质基础，对土地的物权规范是用益物权得以创制的基石。土地，自法律以降，就列入其法律的规范目标，传统物权法的规范成熟、完整，应当维持其用益物权体系。如果放眼追溯物权的历史发展，不难看到土地在久远的时代是用益物权制度创制的基础。古希腊的永佃权以及罗马法上的耕作地役权是近现代用益物权的雏形，自此被后世大陆法系物权法演绎而异彩纷呈，法国的地役权、居住权，德国的地上权、土地负担，瑞士的地役权、建筑权以及日本的地上权、永佃权，等等，总之，除了少数用益物权因动产而设立外（如德国和瑞士的用益权），几乎所有用益物权的类型都建立在土地之上。土地作为人类最基础的生产和生活资料，利用开发率最高，界址划分清楚，是用益物权创制与维系的基石。可以说，土地的开发利用史就是一部近现代用益物权制度的发展史。中国《民法典》物权编构筑的用益物权制度也是建立在土地上，基于城市与农村土地的二元管理制度，规定了有别于私有制国家的建设用地使用权与宅基地使用权、土地承包经营权的类型。基于我国《民法典》物权编的用益物权制度与传统物权一脉相承，中国《民法典》物权编的典型用益物权类型应保持不变。

私法调整国家财产应当从归属和利用两个维度进行规范，方能完成资源配置和有效利用。国家财产权作为一种特殊的财产权，因国家财产种类各异，分别归不同的使用主体占有与使用，如何界定各利用财产权利呢？"权利的客体是立法者通过授予主体法律上的权利予以保护的利益的具体化。"①针对国家财产的财产类型，方能确定其财产权利，从而遵循不同的财产权原则并适用相应的法律规则，这对于清楚地认识国家财产权的行使者享有何种权利（或权力），使用者享有何种权利与义务，人民有何权利主张，进而构建完整的国家财产权制度起着工具性的基础作用。笔者认为，未来修改的民法典财产法总则编应规定国家用益权的四种类型，以下进行分别剖析。

第一，确立自然资源使用权。自然资源"是客观存在于自然界中一切能够为人类所利用，作为生产资料和生活资料来源的自然界生成因素的统称"②。自然资源具有自然性和公益性特征，自然资源的积贮以及合理开发与利用的程度，关乎一国经济的兴衰成败。20 世纪以后，世界各国为了保护自然资源，防止资源开发过度和资源枯竭，加强了集中管制，许多国家的宪法开始写入自然资源国所有权，一般在民法典中明确自然资源国家所有权制度。③ 我国宪法以及物权法都规定了自然资源国家所有权，我国《民法典》第 324～326 条、第 328～329 条以用益物权"一般规定"的形式确定自然资源的非典型用益物权类型。关于上述条款的权利性质，学者间有"准物权说"及"用益物权说"之争。此两种说法都值得质疑。"准物权说"否定自然资源的利用权利本质上具有物权性质，又参照物权属性规范这些权利，旨在创立一个"中间性权利"，但无法提取这些私法权利的一般"公因式"规则，只能转介公法规制，难以形成完整的"准物权制度"。"用益物权说"试图以用益物权原理诠释这些权利，自然资源用益物权与传统物权的"客体确定化"不相吻合，其权利设定及自由让与也受到限制。其实，我国《民法典》物权编关于自然资源的利用权利，是运用授权性规范，并以引致条款连通公法的特殊规范。除了规定有偿使用、合理开发利用资源外，与其说属于一种宣示性条款，不如说难以抽象出共同性的物权规则，没有多大的物权规范意义。自然资源的有限性和多利用性与人类的增长与发展形成尖锐的冲突与矛盾，有效率开发、利用资源与保护环境，实现人类社会生态环境的动态平衡，是时代发展的主旋律。在当今世界全球注重生态环境保护的背景下，民法典的价值取向应是绿色民法典，强化

---

① 方新军：《权利客体的概念及层次》，载《法学研究》2010 年第 2 期。

② 江伟钰、陈方林：《资源环境法词典》，中国法制出版社 2005 年版，第 637 页。

③ 王涌：《自然资源国家所有权三层结构说》，载《法学研究》2013 年第 4 期。

自然资源的财产法规范，明确其国家所有权是必要的，但规范自然资源的国家所有权不是其目的，维护资源利用与开发的法律秩序才是国家实现的最终目标，因而科学地构筑自然资源的合理利用并以财产权的形式确认才是其正道。自然资源虽然依附于土地，但其客体是土地以外的自然资源，甚至还是一定的勘探、开采行为，区分性及固定性较弱，此与传统有体物权存在着根本的差别性，无法适用一些物权规则，物权原理与自然资源的法律属性难以相容。有学者对自然资源国家所有权抨击其"物权性"与"准物权说"①。自然资源本质是一种财产，赋予他人开发与利用，本质上是一种财产利用权利，财产法确立其利用财产权是必要的，但此财产权与其他财产权有着根本的区别。法律规制自然资源利用权的根本目的，并不是完全为了经济价值，而是实现资源利用与生态保护、可持续发展的相适应。由于自然资源客体的特殊性，以《民法典》物权编调整免难其为。为了加强开发与利用的行政管制和补偿机制，设置自然资源的利用权利配置，实行公法与私法共同规制的双阶构造，以平衡法律规范与实践逻辑的矛盾格局，在民法典财产法总则编的国家财产权制度确认"自然资源使用权"。因对物采掘类的自然资源存在不可再生性，为了防止过度开采、资源耗竭，并区分"对物采掘类使用权"的自然资源使用权（采矿权、取水权、捕捞权等）与"非对物采掘类"的自然资源使用权（海域使用权、滩涂使用权、养殖权等）。

第二，确认国有公用财产利用权。国有公用财产是国家提供给社会公众使用的一种法定义务，公众享有自由使用的权利，本质上是自然人或法人作为国家社会成员的一种福利，曾经有人说过，"缺少物质基础保障的自由权，对贫穷人来说只不过是画饼充饥"。这充分说明其对社会大众的重要性。在罗马法中，"根据自然法，空气、流水、海洋及由此而来的海滨属于一切人所共用"②。国有公用财产包括但不限于街道、公园、广场、道路、桥梁、图书馆、博物馆等国家提供的公用设施以及无线电频谱、互联网及环境等无体物，除了特别目的外，公众都有权自由使用，不得非法剥夺，这是私人内心感受与享有的财产权利，也是宪法赋予国家对国民承担的义务。正如马俊驹教授的主张："国家作为公物的所有者，既有私法上的所有权及其收益权，又有公法上的公物管理权"；"民众依公共目的

---

① 巩固：《自然资源国家所有权公权说》，载《法学研究》2013年第4期。
② ［意］桑德罗·斯奇巴尼：《物与物权》，范怀俊、费安玲译，中国政法大学出版社1999年版，第17页。

利用公共设施，管理者即负有'强制缔约'的义务，无正当理由不得拒绝。"①所谓自由使用，实行免费为原则，收费为例外，且收费必须坚持"法律保留原则"和"比例原则"。② 当然，公众在使用过程中，也负有维护公用财产不受损害的义务。确认国有公用财产利用权，除有利于增强公众的权利意识之外，也要树立公众承载维护国有公共财产的义务，防止其变为私物，或被随便设定费用与抬高收费。国有公共财产的费用收取必须经法定机关严格审批，且只能用于弥补管理费用的开支。

　　第三，国有特许资源利用权。市场经济条件下，可自由交易的社会资源交由市场自主调节，但一些社会资源仍由政府配置，以保障公共资源的合理分配，这些公共资源一般是指国有特许资源。国有特许资源是指依法律、行政法规规定批准有限准入的特许利用而形成的财产利益，包括营运车牌照、营运船牌照、无线电频谱牌照、公益活动冠名牌照、公共设施广告设置牌照、路桥收费许可牌照、公共设施经营牌照等特许资源。国有特许资源由政府依法律和法定规划，赋予自然人、法人或其他组织经营，利用人享有相应的经济利益。实践中，国有特许资源具有经济价值，具有稀缺性、特许性和持续性，本质是一种财产，由于它的无形性，总被人忽略，造成一些腐败官员利用公权力恣意妄为，引发国有特许资源配置的不公与不当使用。利用人对国有特许资源的经营权利是国家、政府依法赋予利用人的特许经营权利，国有特许资源权属为国家所有权，利用人享有国有特许资源的利用权利，本质属于国家财产用益权的类型，称为国有特许资源利用权。财产法总则编规范国有特许资源利用权，规定其设立、权利内容、收益、转让与撤销等主要内容，有利于促进国有特许资源的合理配置和有序运营，造福国家和人民。

　　第四，确认国有企业法人财产权。理论上，以传统物权理论诠释国有企业财产权性质，本身就不具有论证性与证成性，以上无论何种主张，均难以自圆其说。我国《民法典》物权编第 257 条规定的"出资人权益说"，也只是现代国有企业股份制改革的法律产物。学者争论徒劳无功在于，传统有体物权法的僵化理论与中国公有制企业财产权利的格格不入，特别是与"一物一权"原则相冲突。跳出传统物权的理论顽石，寻找适合其权利逻辑支点，冲突其物权理论的束缚，醇化其财产权属性，乃是破解其财产权性质的良方。民法典设置财产法总则编规定的国家财产权，确认国有企

---

　　① 马俊驹：《国家所有权的基本理论和立法结构探讨》，载《中国法学》2011 年第 4 期。
　　② 肖泽晟：《公物法研究》，法律出版社 2009 年版，第 191、199~200 页。

业法人财产权作为国家财产用益权，就能合理地确定其权利地位，轻松自如地重新界定其权利主体、客体及内容。国有企业法人财产权，并不否定其国家的归属性，仍由国家享有对企业的最终价值支配权，企业法人对其经营管理的财产享有财产权利。

第五，确认非经营性国有资产使用权。非经营性国有资产虽应为行政法调整，但发挥财产的利用效率，在于确认行政事业单位法人享有财产权利的定位。国家机关法人、事业单位法人使用非经营性国有资产的行为不能简单地称为一种行政管理问题。简而言之，国家所有权行使主体与使用人之间的行政管理关系并不影响在非经营性国有资产上设立财产权的理论障碍，其利用权利完全可以确认为非经营性国有资产使用权。实践表明，非经营性国有资产监控机制的最大问题在于还没有以财产法落实和规范其财产权，没有实现公法与私法之间的有效衔接。在非经营性国有资产管理失当的状况下，如何协调国家所有权行使主体与占有、使用人之间的关系，调和政府管制和使用自治之间的矛盾，笔者认为，财产法上确认"非经营性国有资产使用权"可以缓和这些矛盾。由此，国家所有权与非经营性国有资产使用权便构成功能上相互促进、权利上相互制约的私法监控机制，非经营性国有资产的优化配置、财产权利的合理分配、资产有效利用和遏制流失均可在这一框架下得到缓解或实现。

第二节　国家财产权与中国民法典财产法总则编[①]

一、中国民法典物权编的反思

财产法是调整社会经济关系的基本法则，随着时代变化而革新。财产法的编排设计决定着民法典系统结构的基本走向，也关系到国家财产权的立法定位。物权与债权虽然仍为调整当代社会财产关系的基本主流，但面对新型财产权利的不断冲击，适当变革与突破方符合财产法的发展规律。大陆法系民法典主要由人身关系法与财产关系法构筑，由此展开各编章之间的宏大逻辑构造。制定中国民法典之时，人法编争论主要集中在人格法编是否独立，本质上是立法技术问题；财产法编的学术纷争

---

① 鲍家志：《国家财产权二元立法构造——国家财产权入"典"论要》，载《河北法学》2019年第6期。

显得更为复杂，涉及中国传统文化、政策考量与时代特色的选择。反思中国民法典财产法的得失与成败，完善中国公有制财产制度，仍有理论与现实意义。

人是万物之灵，没有物质和财产作为生产生活的基础，人类难以生存和进步。人类社会总是在人与物之间难以消弭的矛盾状态中持续发展。私法是调整人与人之间的私人关系，包括调整通过物作为媒介而产生的人与人之间的社会关系。何谓"物"与"财产"？"物"与"财产"的关系如何？这是一个简单而又复杂的学术问题。法律意义的物与财产，种类繁多，形式多样，是市民社会生活和经济发展的物质基础。"法律概念的特征、内容和范围取决于法律规范目的或法律价值思想"。如何确定物与财产的意义，如何在法律中对物与财产进行系统性规范，千百年来一直成为法学家探索的重要课题。自罗马私法肇始至今，历经千年，物与财产作为私法的概念及其蕴含的意义大异其趣，总是与私法的历史演变密切相关，其内涵深刻受到社会财产关系的影响，并推动着私法的发展。严格地说，财产权制度成为法律变更、社会进步和经济繁荣的助推器。

古今中外，大陆各国民法并无作出关于物的明确规定，学者只是根据民法规定的内容而作出物与财产的学理解释，以之判定其所蕴含的法律内涵以及其在民法内的逻辑体系。"物"的概念渊源于罗马法，经历了漫长而复杂的历史变迁。自物的概念肇端以来，至今已发展成为富有意义的内涵，"财产""资产"与"资本"，"物权""债权"与"知识产权"，"财产法"与"财产权"都是与"物"存在密切相关的术语。

"物"与"财产"在私法中的重要地位是由其所具有的法价值决定的。"物"与"财产"在私法中具有一个特定的社会功能：促进社会创造财产和利用财产。物具有促进民事主体创造社会财产的功能。物作为人以外存在的客体，无论其表现形式如何丰富多样，均以一定的物质载体存在，具有经济利益。"物质决定意识"的著名论断具有充分的合理性。追求物质财富，哪怕是最低物质保障是人的本性，促进经济以满足不断增长的人民物质文化需要是国家治理的根本目标。在某种程度说，财产就是一种私法的变种称呼，以"物"或"财产"为中心构建的财产权总是随着时代应运而创新。法哲学家主张，"法的精神就是所有权"，"所有权"被认为是"所有的立法的普遍的灵魂"，是一种"神圣的权利"，说明物或财产在社会财富中的不可或缺。随着近代商品经济和科学技术的发展，人们创造出作品、专利发明与商标的新型财产。"精神技能、科学知识、艺术以及发明等，都可以成为契约的对象。"①传统的知识产品，加之现代的集成电路、植物新品种和商业秘密，大大地推动了科学文化发展和社会财富的增长，催生了知识产权的立法。由此可见，以财产权为中心而构建的财产法为增长社会财富和维护财产秩序作出了重要的贡献。物在私法中的另一个重要作用就是促进财产的利用。财富在社会经济生活中，财产权的支配即财产的稳定性固然重要，它是财产交易的前提和基础；财产的利用是实现财富增长的有效途径。没有物质的交易和利用，财产就处于僵化、封闭的状态，财产的稳定性就变成维持自给自足的原始秩序。财产利用是财产在私法中的价值和目标，财产的利用和交易是创造财富的方法和手段。在"二战"以前，财产形态以有体物为主导，以物为基础构建的物权、债权和知识产权制度适应财产的发展，为推进财产的利用提供了法律依据。"二战"以后，知识产品、股份、集合财产、网络资产等现代财产形式不断涌现，需要财产法予以作出调整与回应，传统财产权制度面临着新的理论挑战。

　　基于不同国家的法律传统，各国民法关于物与财产的内涵外延、表现形式甚至名称术语上就有所不同。自私法诞生时起，法学家就以人和物作为其研究与立法的历史使命。古罗马受到古希腊哲学思潮的影响，产生了影响深远的人法、物法和诉讼法三分制体系的罗马私法②。后世民法虽然历经变迁，但物与财产的立法成为法律史上的一朵奇葩，不因时代变迁而守旧，反而变得历久弥新、溢彩流光，以物与财产为中心而构建的各国财产法大放异彩。法国民法典以"财产"的名称代替"物"的概念。根据法国学者的解释，物的范畴大于财产的范围，物是种的概念，财产是属的概念，给人带来利益的物才属于财产的范畴，财产包括物、权利和智力成果。③ 法典以"财产"的篇章命名规定财产法内容，以财产、财产的所有权及其限制、财产取得的各种方法为轴心，灵活开放地规定各类财产和财产权利，实现了人性解放，创制出契约自由、所有权绝对和自己过失原则，开创了近现代私法成文法典的先河，具有革命性的光辉典范。但是，由于法国民法典未以权利为主线规定财产法内容，缺乏现代法典意义上的整体抽象性和逻辑性结构，被后世学者鞭挞为"内容无序与杂乱，俨然是一堆异类题材的大杂烩"。擅长于逻辑思维和哲理思辨的德国人，在法哲学家

---

① 参见[德]黑格尔：《法哲学原理》，商务印书馆 1961 年版，第 51 页。
② 参见徐国栋：《民法哲学》，中国法制出版社 2009 年版，第 39 页；Cfr. Sandro Schipani, La Codificazione del Diritto Romano Comune, Giappichelli, Torino, 1996.
③ 参见尹田：《法国物权法》，法律出版社 1998 年版，第 14 页。

关于人与精神、物哲学思潮的推动下，① 法学家萨维尼创制了概念法学，注重私法概念的涵摄性和逻辑性，考察到物内涵的宽泛性和不确定性，摒弃法国民法典财产法的繁芜丛杂，将民事生活、经济和婚姻继承的方方面面，以法律关系作为主线，以权利为核心，创设法律行为制度，为了将物权与债权相区分，将"物"限制为有体物，缔造了经典的潘德克吞体系结构。虽然德国民法典具有概念的准确性与体系的逻辑性而为后世津津乐道。但是，过于强调法典的逻辑性和抽象性，缺乏灵活性，造成了体系上的封闭式和僵化性。就英美法而言，"财产是一组权利。这些权利描述一个人对其所有的资源可能占有、使用、改变、馈赠、转让或阻止他人侵犯"②。英美法与大陆法系的财产法概念与体系，英美法奉行"法律的生命在于经验而不在于逻辑"的理念，不囿于既有的概念和体系，主张在生活实践中创制法律术语。英美法以"财产"取代"物"的名称创制独特的财产法，虽也有具体物和抽象物的区别，但没有物权和债权的区分，财产分类比较灵活多样，远没有大陆法系民法关于物的划分如此抽象、严格和规范。土地，地产权，物权、债权，股份、信托基金和票据，动产、资产，抵押和遗嘱，所有和所有权，终身财产权、地役权等均可称为财产的表现形式。所有权概念没有严格的内涵，其意义与财产相似，且信托财产上存在衡平法上的所有权和法定所有权以解释复杂的信托财产关系。③ 时代发展至今，涌现出各式各样的财产形式和交易规则，德国财产法难以解释复杂多变的生活经验，以德为师的学者挖空心思创造出制度上的例外规则，且还寻求于判例法上的解释和补充。虽然近现代的大陆法系各国编纂民法典无不效仿法国或德国的民法典体例而制定，仅在具体制度上掺杂一些本国传统的法律内容，但基于德国具有难以消弭的局限性，为民法适应调整现代财产的多变性，为调整商事财产关系的多样形态，现代的一些国家无不从潘德克吞体例上推陈出新。"民事立法由普适性向具体性、由系统性

---

① 参见[德]黑格尔：《法哲学原理》，商务印书馆 1961 年版，第 50 页。参见张廷国：《康德对财产权和国家的证明》，《南京社会科学》2002 年第 10 期。

② 马俊驹、梅夏英：《财产权制度的历史评析和现实思考》，载《中国社会科学》，1999 年第 1 期；[美]罗伯特·托马斯、尤伦：《法和经济学》，上海三联书店 1996 年版，第 125 页。

③ [英]F. H. 劳森·B. 拉登：《财产法》，中国大百科全书出版社 1998 年版，第 15 页；英国《不列颠百科全书》第 15 版第 15 卷，载《国外法学知识译丛·民法》，知识出版社 1981 年版，第 56 页。

向分散性发展成为立法潮流"①，荷兰民法典创制出财产法总则和俄罗斯民法典规定企业财产制度就是例证。

物权法与债法构成财产法的最主要部分，它们在私法中犹如车之双轮，鸟之双翼。财产法的构建关系到法律传统、历史文化和国家经济制度。法总是具有局限性和滞后性，在传统财产权利思维模式下，现代财产的利用关系受到财产法的制约。"二战"以来，国际经济趋于一体化，非所有人使用所有人的财产利用形态复杂多样，公有制财产在社会主义法系国家勃兴，集合物的利用成为经济发展和公益事业的主流，新型的财产权利被坚如磐石的物权和债权二分体系阻挡进入私法，以传统的财产权利调整新型的财产关系显得捉襟见肘。换言之，如何在私法中调整现代财产关系，充分发挥财产利用，是一个综合性的系统工程。质言之，私法如何适应时代需求构建出一种富于激荡式的财产法体例，永远是法学家们探索和追求的理论命题。私法的历史发展和社会的经济现实表明，"物权制度的本质功能并不仅仅甚至主要不在于定分止争，而在于资源的分配"②。罗马法的物权制度以所有权为中心，物的利用受制于所有权，富于逻辑的德国物权体系，却存在一个不可忽视或难以避免的闭塞性。日耳曼法中，物权观念没有所有权与他物权的划分，而是从具体占有物的事实关系出发，权利之间有"质"的分割，强调物的直接、充分利用。③ 日耳曼法是一个开放式的物权体制，不具有抽象固定的物权范畴，终究没有被富于理性的欧洲大陆法学家所接受。相比较古代两大物权观念，各有优劣，似乎难以相容、难以取舍。在现代，财产形态多样，有体物与无体物之间衔接的地带难以用罗马法解释，而对其加以日耳曼式的剖析又存在概念上的不相符。移植传统财产权，并平衡、协调复杂的现代财产关系，成为横亘在法学家面前的顽症。中国财产立法又如何反映时代财产特性和中国公有财产权，这是一个重大的理论问题。考究这些深层次的理论问题，既需要法律技术，也要考究财产权范式的配置；既研究物权客体的确定，又要探索财产权客体之间的整合。总之，现代财产权的重构，与其说是概念形式与逻辑体系的问题，不如说是方法选择与社会经验的问题。由此，在中国民法典的制定过程中，关于财产法的探索，学者各抒己见，建言献策，或主张制定"财产法"，或主张制定"财产法总则"，或者主张制定"人文主义""物

---

① 马俊驹、梅夏英：《我国未来民法典中设置财产权总则编的理由和基本构思》，载《中国法学》2004 年第 4 期。

② 参见孟勤国、张里安：《物权法》，湖南大学出版社 2006 年版，第 23 页。

③ 参见梁慧星：《中国物权法研究》（上册），法律出版社 1998 年版，第 245 页。

文主义"民法典，或主张制定"绿色民法典"，观点纷呈各异，其中的一些观点不失成为推进中国制定反映时代、科学和国情的民法典的合理方案。"在现代法治社会里，权利是由法律所界定，而法律本身，又是由政治和立法过程所决定。"①我国的民法典本应立足于中国公有制和时代财产的发展趋势，充分考虑国家财产在财产权中的地位和作用，深入研究国家财产作为一种特殊财产的性质，从权利设置出发，构建出充分反映国家财产的归属和利用的财产权制度。

我国民法典虽然在人格权编与侵权责任编上有创新性，但在维护民法概括性的体系上，没有充分体现中国公有财产权制度。《民法典》第252~257条存在着下列立法构造和逻辑结构上的缺陷：国家机关法人、事业单位法人占有、使用的国有财产，为一个法律上的集合物的整体单位，一般包括动产与不动产、无形财产（即无体物）。但是，依照我国《民法典》第255条及第256规定，国家机关法人和事业单位法人占有、使用的国有财产仅限于动产与不动产，排除了无形财产在非经营性国有资产之内，存在以偏概全，概念上的不周延性。要知道，在国家机关、医院、学校、科研单位中，著作权、专利权、无线电频谱资源、电信牌照、营运车牌、路桥收费许可、名牌大学或名牌医院的冠名权等这些无形财产，在非经营性国有资产中占有一定的比重，如果撇开这些无形财产不管，便成为明显的立法漏洞。传统有体物权法以有体物作为物权客体，没有完全想明白如果以无体物为物权客体，如何表述和界定"物"，还没有弄清楚权利如何对这些"物"享有直接支配性和特定性。大陆法系没有体例可循，想不出这些无体物如何与一物一权、物权公示原则以及物权的追及效力相协调，于是干脆省略不提，免得与物权法仅限于有体财产法的逻辑思维不符，这也许是一种立法活动或者学术研究的巧妙。此外，民法典第255条及第256条规定，国家机关"享有占有、使用以及依照法律和国务院的有关规定处分的权利"和"事业单位享有占有、使用以及依照法律和国务院的有关规定收益、处分的权利"，此"权利"是何种性质权利，不知所云。如果说其性质属于所有权，即事业单位享有国有资产的所有权，即国家财产存在双重所有权，此与"一物一权"原则相违背。有学者认为，国家享有所有权是指事业单位享有行使上的所有权。② 但是，名义上的所有权与行使上的所有权，传统物权并无此类型所有权。理论上，无论名义上的所有权与行使

---

① 熊秉元：《法的经济解释》，东方出版社 2017 年版，第 125 页。

② 孙宪忠：《中国物权法原理释义和立法解读》，经济管理出版社 2008 年版，第 224 页。

上的所有权，享有所有权的主体应享有传统物权理论所主张的占有、使用、收益和处分等全部权能，而第 255 条规定的权利有限制的权利，国家机关法人行使的所有权还是所有权吗？又依据国家机关、事业单位"对其直接支配的不动产与动产"，这又似乎是一种国家机关或事业单位享有的一种"物权"，然而，现行《民法典》物权编没有明文规定此类物权的属性，有违物权法定原则。如果说国家机关法人、事业单位法人享有用益物权，却在物权法中没有明确规定此用益物权类型，这也与物权法定原则相悖。

面对中国此重大物权疑难问题，有学者从理论上寻找依据试图回避此问题的解决，认为财产所有权划分为国家所有权、集体所有权以及私人所有权，会造成法律上制造主体之间的不平等。进而解释称，所有制与所有权是两个不同语境之间的术语，对公权性质的国家所有权应在公法上规定，物权法属于私法范畴，物权法仅应明确国有企业或国家出资的公司国有财产即可，并赋予法人享有所有权。① 按照马克思的观点，所有制属于经济基础（即生产关系）的范畴，所有权属于上层建筑的范畴，两者应加以区分。所有制是一定的生产关系的总和，要说明所有制，就必须把社会的全部生产关系描述。经济基础决定上层建筑，上层建筑反作用于经济基础。② 公有制是中国的基本经济制度，作为公有制的经济基础决定着作为法律制度的上层建筑，而作为法律制度必须反映着所有制的经济关系，承载着公有制的法律实现使命。财产法作为财产关系的基本法，必须反映所有制关系的现实。"一定所有制关系所持的法的观念是从这种关系中产生出来的。"③财产法具有固有性特征，如果没有规定国家所有权，集体所有权，就不能如实反映中国公有制制度，国家财产的保护就成为无本之木，国有土地使用权、农村承包经营权的用益物权就无法构筑，也就根本不可能建立起中国物权体系。此外，"所有权概括和抽象了财产归属权利，表述了一切财产归属权利的共同本质"④。所有权种类的划分是为了反映和说明所有制作为经济基础在中国特定条件下的某些特性，对于各类所有权

① 参见梁慧星：《中国物权法草案建议稿》，社会科学文献出版社 2000 年版，第 212 页。参见梁慧星：《关于中国物权法的起草》，载《山西大学学报》2002 年第 2 期。参见孙宪忠：《中国物权法总论》（第二版），法律出版社 2009 年版，第 130 页、第 131 页。参见尹田：《国家财产在物权法上的地位》，载《民法思维之展开》，北京大学出版社 2008 年版，第 296 页、第 300 页。
② 《马克思恩格斯全集》第 1 卷，人民出版社 2006 年版，第 191 页。
③ 《马克思恩格斯全集》第 30 卷，人民出版社 2006 年版，第 608 页。
④ 孟勤国：《物权二元结构论——中国物权制度的理论重构》，人民法院出版社 2004 年版，第 95 页。

的内容和行使起着重要的影响作用，如果单纯规定私人所有权，必然导致人们轻视国有财产以及集体财产的法律保护，更是不完整的《民法典》物权编。如果从法律上赋予法人享有所有权，国家所有权被虚化空置，变成国家对国有财产享有名义上的所有权，法人对国家财产享有事实上的所有权，形成双重所有权，国家也难以监控法人所有权。因此，法人所有权的逻辑结构界定国家与企业之间的关系仅是一种理想化的设计，理论上难以自圆其说。国家财产维持着国家管理和公益事业的正常运转，私法对其归属范围、分配利用及保护方法、监控措施等作出原则性规定，是中国财产法的历史使命。宪法是国家根本大法，它的性质和地位决定其不可能对国家所有权做出详尽规定，行政法对国家财产仅是从宏观控制方面调整，国家财产的物尽其用功能仍需财产法规范。因此，基于中国公有制实情，财产法作为全国人民调整财产关系的基本民事法律，需规定国家所有权及其保护的内容。实质上，中国民法典物权编无法合理解决非经营性国有资产的国家机关法人、事业单位法人占有、使用国有资产的权利与国家所有权之间的关系。此问题源于以前的企业财产权性质问题的论争（国家机关、事业单位法人的财产权性质问题与企业财产权的顽症本质是一致的）。学者为国有企业或国有出资企业、国家机关法人与事业单位法人经营管理的财产与国家之间的关系，提出了"所有权与经营权适当分离"（以下简称两权分离）、"法人所有权"或"法人财产权""出资人权益"等学说，最终"出资人权益"学说为中国《民法典》物权编所确定（第 257 条）。20 多年来，学者虽然提出种种策略方案，但均不了了之。有学者机智地指出，此问题不能论证的根本原因是传统物权的所有权制度、一物一权原则与公有财产制度的不相配套，即横亘在此问题的是传统物权的所有制与所有权关系、"一物一权"原则与中国公有财产制度。①

　　笔者认为，传统物权制度有着其内在的规律性，立法机关依赖于传统所有权的思维惯性进行物权立法，无可厚非。以公有制为主体的经济制度，坚定走社会主义市场经济道路是中国最大的国情，我国民法典物权编规定国家财产制度，是立足于我国宪法，立足于公有制的必然选择。至于财产法如何调整国家财产，使之与传统物权相整合，则是一个深层次的法律技巧的重大课题。但是，不加分析以有体物作为物权客体，以私有制的所有权制度移植于公有制，是难以诠释说明国家财产的归属和利用问题。这一切的根源还是认真反思传统物权制度与中国公有制度的移植、衔接和

---

① 参见尹田：《物权法理论评析与思考》，中国人民大学出版社 2008 年版，第 96 页。

协调的问题，需要我们突破传统所有权和有体物权理论，注意大陆法系民法和我国法律之间的同构性和兼容性，以科学、理性和发展的思维去评价与取舍。我国民法典没有明确规定国有财产的财产利用权利，有我国物权立法是以有体财产法作为框架而出现的逻辑矛盾的因素。这一切问题的根源，不在于中国实行公有制为主体、多种经济成分并存的实情，也不在于学者对所有制与所有权关系的认识，而在传统有体财产法与中国公有制制度的内在冲突。在传统所有权过于强大无比的理念支撑下，以国家所有权不可动摇、坚不可摧的前提下，试图以有体物为物权客体，构建中国国有财产的物权制度，即使构建貌似符合逻辑体系的物权制度，也必然存在着诸多矛盾和漏洞，也注定存在着理论上的不可论证性。

　　客观地说，我国用益物权制度出现此类难以避免的矛盾和内在冲突，完全是偏重守成、忽视创新、顽固地坚持有体物为物权客体的思维模式之作祟。正如有学者所说，"公有制与私法的传统理论在价值层面上存在着难以调和的矛盾和冲突，这种矛盾与冲突的存在虽然有目共睹，但在法学理论上却缺乏协调的逻辑"①。中国的物权立法体现为此结构逻辑上的问题，其实，不仅财产法如此，整个传统民法体系均存在着结构上的问题。具体表现为，随着民法与商法的合流，民法与商法的财产权存在着整合上的矛盾；现代财产的膨胀发展，新型财产的涌现，无形财产的复杂性，原有的财产权体系渐次嬗变，物权与债权、知识产权的坚固堡垒阻碍了新型财产权利融入的路径；如果以基本的财产法对所有财产关系的调整，又难以冲破稳固的传统民法模式，反而导致民法体系上的完全崩塌。公有制下国家需要发展市场经济，财产制度客观上要求有适合调整其国有财产权利的私法制度，等等，诸如此类的私法难题，难以潘德克顿民法体例作为整合工具，需要对财产权体系进行法律变革，以缓解、磨合这些逻辑冲突。一些介于物权与债权之间的现代财产性权利，被学者冠名为古怪名称，这纯属为规避概念法学下的游戏，由于有体财产法的作怪，这些概念本身就是一个悖论。质言之，在于以私有制为基础构建的物权体系与公有制国有财产的构成和现代财产发展之间存在着明显的脱节性，为了在传统和现代、西方与中国的物权体系寻求适当的平衡点，需要适当改造传统的财产权体系，构建一种适应中国时代发展的财产法。

　　以务实态度，立足宪法，反思传统物权理论，重构中国创新、完善的

① 李国强：《相对所有权观念在所有权平等保护中的解释论应用》，载《法制与社会发展》2009年第3期。

财产权体系显得弥足珍贵。学术研究没有反省的勇气、没有创新的气魄，没有包容的气量，而是故步自封，中国财产法就没有创新发展。为正确界定国有资产的范围，发挥国有资产的分配资源和利用资源的功能，为正当和合理使用国有资产提供理论基础，为防范国有资产流失而建立相对完善的预控机制提供理论依据，走出传统物权窠臼，正视现实、立足国情，探索一条适应时代发展的财产立法，合理诠释现代财产形式，需要以新思维审视传统财产权理论，创新构建中国特色现代财产权制度。

二、大陆法系民法典财产法的借鉴

非经营性国有资产使用权与国家财产权、国家所有权具有制度上的牵连性和逻辑体系上的连贯性，考究非经营性国有资产使用权的立法定位与探讨国家财产权、国家所有权在中国民法典的地位密不可分。笔者认为，中国民法典应为国家财产权制度提供一条切实可行的立法安排。至于国家财产权和非经营性国有资产使用权在中国民法典中如何编排，仍需认真借鉴现代各国民法典，方能得出合理的立法路径。

国家财产权是中国特色的财产权制度，立法机关应当统筹安排，策划设计其制度构造。宪法作为根本大法，应首先规定国家财产权的制度，由财产法界定其归属和利用关系，然后才确定其具体的行政管制关系，这是法律调整的必然要求。其中，国家财产权在中国财产法的制度构造是必须解决的问题。超越传统财产法构造的藩篱，寻求对国家财产权制度的重构是不容回避的现实理论问题。关于国家财产权利制度如何立法，非经营性国有资产使用权在民法中如何予以制度安排，需要在考察传统和现代民法典的基础上，根据中国公有制国情，创新地寻求出一条科学的理论路径。

我们可以历史和现代的眼光，从大陆法系传统民法典和现代财产法的发展趋势，探寻国家财产权的立法路径。

大陆法系民法典滥觞于罗马私法，形成于法国，演绎至德国民法典之时才日趋成熟。1894年德国民法典的横向出世是理性主义和概念法学哲学思潮的经典产物。它以法律关系为主轴，以权利为主线，摄取法律行为概念，构筑出总则、债权、物权、亲属与继承的潘德克顿式体例，深刻地影响着大陆各国民法百年之久。

德国民法典是法学家逻辑智慧和法律技巧的思维结晶。但是，随着现代经济发展和财产方式的创新，随着财产利用的多样化和财产价值化，以物权和债权为精确设计的德国财产法顽固地将这些新型财产挡住了其进入民法典的路径。在迈步新世纪下，传统财产权与新型财产权利、国家所有权的交错纵横下，太多的例外原则淡化了传统财产法的工具性价值，财产法的新思维与传统理论发生激烈对抗，传统财产法的二元结构开始发生裂变，各国固有的财产特色和经济模式的发展也促使学者思考如何对德国财产法的变革，适应现代财产法的新法典应运而生。

20 世纪末期有两部影响世界巨大的民法典诞生，一部是 1994 年的《俄罗斯联邦民法典》；另一部是 1992 年的《荷兰民法典》。前一部民法典是"后社会主义国家的法典编纂运动的主导性民法典结构"①，后一部民法典是"已争取成为将来的欧洲民法典的范本"②。这两部民法典根据本国实际，结合现代财产的发展趋势，富有开创性地编排了财产法的体系结构。

《俄罗斯联邦民法典》是俄罗斯在经济体制改革取得一定成效的基础上，实现第三次民法法典化的标志。法典第一次确立了私法原则，抛弃了过去具有公法性质的法律调整方式，为俄罗斯调整现代市场经济关系确立了统一的私法准则。《俄罗斯联邦民法典》虽仍以潘德克吞式体例为蓝本，但根据本国国情和社会发展的需求对之进行创新地调整和补充，体现了传统性和现代性、本土性相结合的特色。法典以总则编作为首编，财产法的体系安排依然以物权与债权作为分编规定。最有特色的是，为适应时代财产发展的需要，针对复杂多样的财产形式，鲜明地以"民事权利的客体"作为一章节对财产作出比较全面的列举性规定，创新地规定"作为财产综合体的企业在整体上是不动产"和"复杂物"概念；③ 在物权制度上，明确地规定"国家所有权和自治地方所有权制度"和他物权制度的"经营权""业务管理权"类型。债法编由债法总则编和债法分编构成，详尽地规定了债法的全部内容。《俄罗斯联邦民法典》的财产法涵盖本国财产关系的全部内容，将后社会主义时代的财产关系与传统财产法有机地整合在一起，真正地体现民商合一的共通性规则。

1992 年的《荷兰民法典》是在吸收世界各国民法的最新立法成果而制定的民商合一的现代法典，融合了《法国民法典》和《德国民法典》的编排，"开创了新的潘德克吞体系，体现了民法典的时代特征"④，具有传统性与开放性的特色而为学者所称道。该民法典分为十编，最具特色的是砍掉德国式的总则而取而代之序编，设立人法与家庭法编，并增设财产法总则，

---

① 徐国栋：《中国民法典起草思路论战》，中国政法大学出版社 2001 年版，第 75 页。
② 徐国栋：《中国民法典起草思路论战》，中国政法大学出版社 2001 年版，第 79 页。
③ 焉一美：《析俄联邦新民法典对"企业"范畴的界定》，载《中外法学》1998 年第 4 期。
④ 焦富民、盛敏：《论荷兰民法典的开放性、融和性与现代性——兼及对中国制定民法典的启示》，载《法学家》2005 年第 5 期。

别具一格地编排出总—分相结合分层结构的财产法体系。详言之，该模式将有体物和无体物(包括无形性财产和债权、知识产权)抽象出"财产"的上位概念，将《德国民法典》中"法律行为""物"和"时效"等制度剥离出来，纳入财产法总则，并界定物和财产权的概念，使财产法容纳更多的新型财产形式，形成财产法的共通规则，彰显民法典的包容性和与时俱进的特性。荷兰民法典财产法具有鲜明的现代化特征，具有开放性、融和性和现代性的特色。"一改法学阶梯之遗风，别具一格地创造了一个多层次、复合式的总分结构，无疑为法典化提供了可堪借鉴的新典范。"①

综观这两部世界最新的民法典，《俄罗斯联邦民法典》睿智地提炼出"民事权利的客体"以囊括多种多样的财产形式，并分编规定物权法与债权法内容，突破物权客体为单一物的限制，将企业整体性财产在法律上拟制为不动产，规定国家所有权制度和经营权、业务管理等他物权制度，并详尽规定债法内容和有效地将具有总括性的商法内容纳入其中。《荷兰民法典》综合法国和德国民法典体例的各种优点，在立法体例和法典编排上弥补了体系上的不足，既突出私法调整以人为中心的理念，又将财产法实行总分结合的开创性立法。总之，这两部现代民法典在继承传统大陆法系民法典的立法体例和编纂技术的基础上，根据现代财产发展趋势和本国经济实情，在体现传统与创新、一般性和特殊性、本土性和开放性，编排出富有本国特色的财产法，既维持传统财产法的二元结构，又突破财产法仅调整以有体物为中心的传统民法理论，形成一部保留本国财产法的固有性并适应时代财产的包容性民法典，无疑成为开创现代民法典新时代的各有特色的经典范本。

在传统大陆法系民法典的框架下，中国财产法的制度安排遇到了前所未有的挑战。国家财产权制度是公有制国家规制国有资产财产权利的抽象概括。国家财产权应中国民法典不可或缺的重要制度，但国家财产权的构建有着与西欧大陆财产法不同的财产规则。国有资产是复合型财产，依照传统民法理论，必须对国有资产进行各项"物"的分割方能做出符合各种具体财产权利的诠释。换言之，国有资产并非仅是有物体，还包括债权、股权、知识产权等权利内容，以有体物为物权客体的传统物权，当然无法完整诠释国有资产的国家所有权和利用权利，否则会引起传统民法体系的崩溃。对此，俄罗斯民法典为了调整单一制企业的国有财产利用关系，突

---

① 陈小君：《我国民法典：序编还是总则》，载《法学研究》2004年第6期。

破有体物客体的羁绊，确立"财产的所有权"而非"物的所有权"之理念①，设置一种有别于传统的用益物权——经营权和业务管理权以及荷兰民法典创新地设置财产法总则编，俄罗斯和荷兰民法典冲破传统束缚破土而出，这为中国制定有特色的财产权制度提供了良好的借鉴作用。突破传统私法财产权的羁绊，实现国家财产权在中国民法典中的科学架设，寻求私法机制上的有效保护，俄罗斯和荷兰民法典的财产法制度应是为解决此重大理论问题提供了一条创新的思考路径。

三、中国民法典应当增设财产法总则编

传统财产法维系于物权法与债权法的二元结构，滥觞于法国民法典，后日臻完善，至德国民法典集其大成而成经典体系，是形式理性与概念法学的结晶。民事权利是法典化运动以来最具有核心的概念。财产权是学理上用语，是民事权利的基本类型。它是"以财产为标的，以经济利益为内容的权利"②，它包括传统理论上的物权、债权、知识产权和继承权等。传统财产权将物权与债权称为狭义上的财产权，构筑出经典的物权与债权的二元结构。理论上，传统财产权的二元构造符合当时社会经济条件的，其开创的"所有权绝对""契约自由""过错责任"等原则，成为支撑与推动工业革命及资本主义经济自由发展的有力武器。历史车轮滚滚向前，人类迈向 21 世纪，影响大陆法系百年之久的潘德克顿体例，在现代经济与科技新思潮的撞击下，日益显得陈旧与破落。财产早已脱离了有体物的藩篱，而财产权也由圆满的、绝对所有权及其附属权利，转变为就资源（Resources）的利用而为法律所允许的独立且平行的一束权利（A Bundle of Rights）。③ 现代财产形式的多样化，新型财产权的涌现，僵化的传统财产权结构无能为力，如果再固守其封闭模式，一些特殊财产权被生搬硬套为传统财产权的例外或美其名曰为"特殊权利"。例如，股权、租赁权与信托权在物权与债权理论里得不到合理的诠释，只能沦为"中间权利"；金融衍生品、证券财产与信用财产，难为传统财产法包容；网络虚拟财产与大数据信息，难以债权、物权及知识产权的客体理论解释；知识类财产、资信类财产与特许类财产等非物质性财产催促传统财产权的制

---

① 余能斌、程淑娟：《经济转型时期物权立法的一面镜子》，载《现代法学》2006 年第 5 期。
② 江平：《民法学》，中国政法大学出版社 1999 年版，第 82 页。
③ 梅夏英、许可：《论财产权法律经济分析的操作性框架》，载《学术界》2012 年第 2 期，转引自[美]约翰·C. 斯普兰克林：《美国财产法精解》，钟书峰译，北京大学出版社 2009 年版。

度创新嬗变。① 此外，网络虚拟财产、证券化资产和特许经营性资产也不能以有体物清楚地界定其利用关系。买卖不破租赁、重大财产租赁、融资租赁和所有权保留，本质是一种财产权，以传统民法理论难以界定其性质，无奈之下美其名曰为"债权物权化"或"物权债权化"，但将之归类为特殊财产权，也只能表明传统财产权结构的无奈而已。面对传统财产权狭隘的分类，难以具有现代财产的兼容性，德国民法常用对物权（Dingliches Recht）来扩展物权的概念，对物权是物权的上位概念，包括特定的人对有体物和无体物的支配权。② 如果以物权与债权的二分法思维习惯试图解释或涵盖现代变化多端的财产形式，必然导致理论上困境，亦难以形成一致性的意见，徒增不必要的学术论争。学者一针见血地指出，"大陆法系的财产权的二元划分体系已很难覆盖形式各异的无形财产，虽然目前学术界在传统理论基础上尽量予以变通解释，但无形财产的独立性和分散性却成为一种不可避免的发展趋势，无形财产逐渐表现为财产利益的总和，其法律体系在当代变得极不稳定和支离破碎"③。法律是反映社会经济关系的基本法则，财产法是现代财产关系的法律表现，理应随着时代变化而革新。基于"财产"本质表现为财产利益，可以涵盖"有体物权"及"无形财产权"，如果确立财产权总则为民法典财产法的首篇，应化解传统财产法难以适应现代财产权发展的方式。20世纪末诞生的荷兰民法典设置"财产法总则"篇，④ 无疑是现代民法典编纂运动制度创新的典范。

　　基于国有财产的客体复杂多样，传统所有权与国家所有权制度存在诸多的不同。⑤ 理论上，构建国家财产权制度，规定国家所有权固然重要，诚然，国有自然资源性、国有公共资源性国有公共用财产、经营性国有资产和非经营性国有资产等国家财产的利用权利，本质上都是私法上的财产权，在私法财产权制度应当得到适当的体系安排。合理地构筑这些国家财产的利用权利制度乃是中国民法典立法安排的重中之重。而且，国家财产权作为一种新型的特殊财产权，调和公有制和传统民法理论的内在冲突，其制度设置涉及民法系统的构造，需要寻求制度的构建和体系的移植，方能有效地实现其在民法体系上的合理设计。为发挥中国民法规范国家财产

---

① 吴汉东：《财产的非物质化革命与革命的非物质财产法》，载《中国社会科学》2003年第4期。
② 参见孙宪忠：《德国当代物权法》，法律出版社1997年版，第22页。
③ 马俊驹、梅夏英：《无形财产的理论和立法问题》，载《中国法学》2001年第2期。
④ 王卫国译：《荷兰民法典（第3、5、6编）》，中国政法大学出版社2006年版，第5页。
⑤ 参见马俊驹：《国家所有权的基本理论和立法结构探讨》，载《中国法学》2011年第4期；赵世义：《论财产权的宪法保障与制约》，载《法学评论》1999年第3期。

的工具价值，贯彻公共政策目标，需要以一种科学的、辩证的和务实的思维探索国家财产权在民法典中的制度安排和立法选择，非经营性国有资产使用权在中国民法典中的地位迎刃而解。

在物权法颁布之前，学者为解决国家财产的问题展开了激烈的争论。基于以有体物构建的物权体系难以破解公有制财产和现代财产的困惑，以郑成思和孟勤国先生为代表的学者提出了中国应制定基本财产法的基本观点，但未得到立法机关的回应。学者关于国家财产权的立法争论主要有如下两种主流观点：

一是以梁慧星和王利明先生为代表主张的传统财产权立法模式。该模式以德国民法典为参照物，设置民法总则编、物权编与债权编，在物权编中，以有体物构筑物权体系。梁慧星先生主张物权编应摒弃以所有制划分的所有权制度，规定统一的私人所有权制度，国家财产仅是以公物和私物的形式进行列举。王利明先生主张设置国家所有权、集体所有权和私人所有权制度，实行"一体承认，平等保护原则"。非经营性国有资产和经营性国有资产等国有资产通过私法的国家所有权制度调整，其他交由行政法规范。

严格地说，该模式参照潘德克顿体例关于财产法体系的立法，着眼于以调整有体物为轴心，抽象出传统物权与债权的二元财产权，以法律行为连通，系统、精致地构筑层次分明的财产权体系结构，具有理论上的逻辑性意义，但过分强调财产法体系的严谨性，缺乏接纳新型财产权利的空间，成为僵化和保守的财产权体系。现代财产的多样性发展催生着财产权的开放性，传统财产权的大厦基石在现代财产权利的撞击下日显塌陷。如果再以100多年前的财产法体系构建现代财产权，加之存在着公有制的国家财产权，无疑限制了传统财产权与新型权利之间的普适效果，脱离现代中国实际的财产关系，显得不合时宜。不可否认，国家财产权与传统物权的基本法理存在差别。即使民法典物权编规定国家所有权，基于"私人所有权"的内涵与国家所有权存在着理论的不融合性，出现国家所有权与传统物权理论难以在制度上进行调和的问题。此外，民法典若仅仅规定国家所有权，又没有规定与之相配套的国家财产利用权，造成国家财产利用关系的缺失。质言之，此模式在民法典设计国家所有权制度均存在结构性的缺陷，其致命伤在于：不能在传统物权的整体维持与国家财产权的制度创新之间取得平衡，在体系结构上显得生拉硬扯，缺乏对国家财产利用权利的合理设计和制度安排。

二是以马俊驹和吴汉东先生为代表的学者，他们主张在民法典设置财产法总则编的立法模式。"财产法是一个开放的权利体系"，传统物权与债权的二元结构无法适应现实社会和中国公有制财产权利的需要，无法包容现代发展的商事财产权、无形财产权和国家所有权，应当引入更高层次的财产权概念，赋予物权、债权、知识产权和国家所有权、新型财产权利等其他财产权利予以同等的法律地位，在民法典中设置财产法总则编，并将新型财产权利和国家所有权作为一种特殊财产权，放置在该编其他财产权中进行专章或专节规定。①

笔者认为，相对于第一种立法模式而言，第二种立法模式参照荷兰民法典立法例，选择与潘德克顿体例不同的财产法模式。该模式经过对德国民法典宏观而深刻的考察和检讨，另辟蹊径，以弥补新型财产权利为出发点，依据人身权与财产权的天然分野，摒弃民法典总则，单独抽出财产法总则，努力实现财产法的和谐接连，做到总则与分则之间的有效协调、合理配置。换言之，在民法典中设立财产法总则编，能够在传统财产权与现代财产权的紧张矛盾的张力中提供整合的平衡点，这是传统私法理性与现代实用主义相互交融、交相辉映的创新立法模式，为"一般性与多样性、传统结构的维持与制度创新、民法典和特别法之间"提供一个整合的系统性和抽象性的体系结构。

总体而言，第一种模式过于注重逻辑性，阻挡了国家财产权进入的路径，而第二种模式可以在传统财产权与国家财产权的矛盾张力之间找到了接入点，因而笔者赞同第二种民法典财产法的立法体例。在民法典中设立财产法总则编，可以规定法律行为、财产一般性规则等作为财产权的同体性法则，抽象概括出传统财产权难以容纳的现代特殊财产形式，将债权一般规则加以规定，避免再设"债法总则编"的叠床架屋，并明确界定财产权的客体。未来，中国民法典财产法总则篇设置国家财产权是不可或缺的，但寻求调和传统民法与现代财产法、国家财产权的内在和谐，是关键性因素。财产权客体的合理界定是国家财产权与财产法进行搭线建桥的有效路径。财产权的客体是以"物"还是"财产"的概念作为概括其客体？笔者认为，财产权的客体应是"财产"而非"物"。民法中的"财产"，"根本意义在于价值和权利"。不仅有体物的所有权为财产，用益物权、债权及

---

①   参见马俊驹、梅夏英：《财产权制度的历史评析和现实思考》，载《中国社会科学》1999年第1期；马俊驹、梅夏英：《我国未来民法典中设置财产权总则编的理由和基本构想》，2004年第4期；吴汉东：《论财产权体系——兼论民法典中的"财产权总则"》，载《中国法学》2005年第2期；马俊驹：《国家所有权的基本理论和立法结构探讨》，载《中国法学》2011年第4期。

知识产权都可以是财产。《德国民法典》总则编第 90 条规定："法律意义上的物，仅为有体的标的"①，将民法意义的物限于有体物，显然是为了构筑物权与债权的二元结构而精巧确定，是区分物权与债权的逻辑需要，但它确实无法包容公有制财产和现代新型财产的范畴，因而存在一定的缺陷性。物本身不表现为财产，一般通过民事权利体现物的财产利益，而且物包括有体物和无体物，以"物"界定财产权客体存在内涵上的不周延性和不确定性，但构建支配性有体物的权利制度应以"物"为概念。财产权的客体均具有价值和使用价值，是一种财产利益，以"财产"概括财产权客体，具有内涵和外延的涵盖性，能够精确提练出财产权的本质。这样，在财产法总则编可以作出列举财产权客体的规定，包括国有资产、有体物、知识产权、信息、非物质利益，以及股权、信托财产权、票据权、物权与债权的中间性权利、信用权等新型财产权，等等，彰显财产法的现代性和开放性。就国家财产权而言，国家必须对国有资产进行一种监控，而监控的方法不是必须对各个具体财产权进行规制，这就需要一个综合性操作标准作为衡量因素。国有资产无论表现为何种财产形态，均具有价值和使用价值而概括为财产利益，可以整体性、观念性地表现为国家财产权客体。

　　在制定中国民法典之时，学者关于编章体例有两种观点，一是总则、财产与财产权、物权、合同、人格权、亲属、继承、侵权行为、民法的适用的九编制;② 二是小总则、人法、亲属法、继承法和财产法的五编制。③ 此两种观点均具有一定的理论依据和逻辑体系性。第二种观点将物与法律行为规定在财产法编，人为地将人法与物法截然分离，完全截断了人法与物法之间统摄全局的共通性规则，权利、客体与主体不再是一个严密的整体性规则；亲属法和继承法中的财产制度也难以何客体理论作为其法理依据，且人法与物法共通性人格理论无所依附，只能沦为各编之间的完全独立性分则，造成"老死不相往来"的尴尬立法状态，不足可取。相比较而言，第一种观点符合科学性和逻辑体系性，我国民法典采纳第一种观点，但没有规定"财产与财产权"即财产法总则编，这是一个遗憾。他山之石，可以攻玉。中国民法典财产法本应可以移植荷兰民法典设置"财产法总则"篇的体例，新型财产权利可以在财产法总则得到规范，破解因

---

①　陈卫佐译：《德国民法典》，法律出版社 2007 年版，第 27 页。

②　马俊驹、梅夏英：《我国未来民法典中设置财产权总则编的理由和基本构想》，载《中国法学》2004 年第 4 期。

③　陈小君：《我国民法典：序编还是总则》，载《法学研究》2004 年第 6 期。

传统财产权困扰的疑难问题，从而创新出富有时代性、开放性与包容性的财产权体系。未来，倘若中国民法典设置财产法总则，涉及财产法总则与民法典总则、债权总则的关系取舍，这是构筑财产法总则编绕不开的两个重大理论问题。

民法典设立总则编是德国民法典的经典杰作，以"提取公因式"将蕴含于民法结构的各部分内容的连通性规则精确地提炼出来，在法理上以"法律关系"作为主线，在总则中以"人""物"和"法律事实、法律行为"等精确概念作为统摄全局、始终贯穿整个民法体系的总则内容，并规定期间、时效与权利等规则。应该说，设立民法总则编使整个民法体系呈现出民法规范从一般到具体的逻辑特征，增添了民法典的和谐与美感，将纷繁复杂的民法规则有机地统率出来，达到法典外在严谨性，充分体现民法典的形式理性和层次分明的工具价值。但是，由于其过于注重逻辑性，导致法典封闭式体系，从而饱受后世诟病。具体而言，民法典设立民法总则主要表现为两种缺陷：一是，人法被民法总则湮没。正如学者指出：德国民法典体系"包含着一个致命的理论错误：它以总则淹没了三编制中的人法，由此抹煞了人在私法中的中心地位，是后世人们把民法理解为单纯的财产关系法之观念的始作俑者"[1]。二是，"法律行为"是民法总则的最核心概念，但它只能适用于物权法与债权法，不能适用于婚姻法和继承法。德国民法学者对于民法总则设置的合理性也持怀疑态度。[2] 日本学者北川善太郎认为，"法典总则欲成为真正的总则，必须将分则的一般规定抽取出来列入其中"[3]。民法典总则编存在"权利一般规定的缺失"的结构性缺陷，权利没有抽象出财产权和人身权的共通性规则，"法人"和"物"的内涵只能适用于财产法，因而应摒弃总则编，通过设置"序编"并辅之以"财产法总则"，合乎逻辑。不设民法总则，而是以序编代替的立法模式，法国民法典是此模式开创性的典范，完善于荷兰民法典。荷兰民法典试图分离人法与财产法，剥离人法与财产法之间不连通的法则，并通过设立财产法总则解决一些逻辑性的技术问题，"别具一格地创造出了一种多层

---

[1] 徐国栋：《民法典草案的基本结构——以民法的调整对象理论为中心》，载徐国栋：《中国民法典起草思路论战》，中国政法大学出版社 2001 年版，第 66 页。

[2] 拉伦茨：《德国民法通论》（上册），邵建东、程建英、徐国建、谢怀栻译，法律出版社 2003 年版，第 40 页；［德］迪特尔·梅迪库斯：《德国民法总论》，邵建东译，法律出版社 2001 年版，第 35 页。

[3] 参见马俊驹、梅夏英：《我国未来民法典中设置财产权总则编的理由和基本构想》，载《中国法学》2004 年第 4 期。

次、复合式的总分结构"①，此立法模式冲破僵化的潘德克吞体例而富有时代性和开放性。

诚然，即使民法典总则编的设立也不影响财产法总则编的设置。理论上，法典总则编与财产法总则编并行不悖，总编之间不仅是上下位阶关系，还存在功能上的差别，财产法总则编还可以在人法与财产法之间起到中间立法层次的过渡连接作用。更何况，民法典总则编的设置是否合理，也存在诸多商榷之处。一是，民法典总则编第五章"民事权利"的内容，完全是罗列各种民事权利的规定，未能提取出"公因式"的权利共通规则，大陆法系法典未见其例，即使德国民法典也概莫能外，更何况倘若按学者主张的人格权法及债权总则独立成编，"民事权利"一章更无立足之地，将该章的财产权利抽出而归为财产法总则应是顺理成章。二是，民法典总则编第六章"民事法律行为"的规定，基本是在合同法领域内适用，难以起到各编提纲挈领的功能。通说认为，我国不承认物权行为的独立性及无因性，但理论上还须以法律行为诠释物权行为，因为法律行为与物权规范有些牵连关系。如有关意思表示错误的规则，不适用于婚姻或遗嘱。婚姻缔结本质是人身合同，离婚协议及遗嘱实际上是人身兼财产合同。正如有学者指出，"建立法律行为理论的有关材料，几乎都是来源于合同法"②。因此，将"法律行为"的内容列入财产法总则编并无不当。三是，民法典总则编第八章的"民事责任"，基于侵权行为法独立成编基本定局，民法典总则再规定"民事责任"，显为重复累赘。此外，消灭时效能否规定在民法典总则内，也有不同的声音。"根据民法典总则的特点，如果消灭时效仅仅适用于债权（债权请求权），而不适用于物权请求权以及身份权请求权，则缺乏进入民法典总则的当然资格"③。据此，将消灭时效与取得时效规定在财产法总则显得更为妥当。此外，关于删除债权总则而设置财产法总则的问题，基于物权法与债权法相对而言，而非与债权法相对应；债法总则对整个债法没有决定性的指导意义，债法总则在合同之外几无适用余地。④ 债法总则不是非设不可，可以通过合同编分设合同总则及分则予以规定合同一般性规则，合同、不当得利、无因管理以及侵权行为作为债发生的原因，可以在财产法总则作出基本规定。当然，设置财产法总则编也不能起到所有财产或财产权利的统率性功能，只是整合物权与债权以

---

① 陈小君：《我国民法典：序编还是总则》，载《法学研究》2004 年第 6 期。

② 尹田：《法国现代合同法》，法律出版社 1995 年版，第 1 页。

③ 尹田：《论中国民法典总则的内容结构》，载《比较法研究》2007 年第 2 期。

④ 覃有土、麻昌华：《我国民法典中债法总则的存废》，载《法学》2003 年第 5 期。

外的特殊财产权利，以一般性财产权规范的外在形式表现于财产法总则之中。正如有学者指出，财产法总则的立法维度不同于民法典其他编章的功能，但起到民法典整合工具的作用，实现财产或财产权利的一般性和多样性整合；"既弥补了总则权利规范的缺失，又发挥了整合财产关系、扩大民法典适用范围和统领作用的功能"①。

公有制下的国家财产制度对中国法律改革产生深刻的影响，对国家财产权制度的构造有着与西欧大陆传统民法典不同的理念与规则。西欧大陆公产制度的法律调整理论在中国国家财产权制度不相融合，国家所有权制度又不是大陆法系私人所有权的理论范畴。传统物权有体物论的硬伤难以诠释国家财产的利用权利，而这种硬伤又不可能在物权体系框架内得到根本解决，这需要借助中国民法典财产法总则编完成此时代使命。如果中国民法典财产法总则编规定"国家财产权"，并分别规范国家所有权与国家财产用益权，确认出不同类型的国家财产用益权，从而设计出完整的国家财产权制度。在民法典财产法总则编确定国家所有权与国家财产用益权的国家财产权制度应是实现现代财产法与公有制财产在私法制度上的连通，也是公有制财产制度改革的题中之义。这样的立法构造有重大的理论与实践意义。

第三节　非经营性国有资产使用权在中国民法典的立法构思

一、中国民法典财产法总则编的立法设想②

中国民法典应以满足中国财产和时代发展的实践需求为己任。现代财产的膨胀发展，新型财产的涌现，无形财产的复杂性，使得原有的财产权体系发生渐次嬗变，而物权与债权、知识产权的坚固堡垒阻碍了新型财产权利融入的路径。以私有制为基础构建的民法体系与国家财产和现代财产的发展存在着明显的脱节，为了在西方大陆与中国的私法体系寻求适当的平衡点，需要中国民法典的法律变革以消除这些逻辑冲突。移植民法典财产法总则的、构建国家财产权以及国家所有权的定位和国家用益权的确

---

① 马俊驹、梅夏英：《我国未来民法典中设置财产权总则编的理由和基本构想》，载《中国法学》2004 年第 4 期。

② 鲍家志：《国家财产权二元立法构造——国家财产权入"典"论要》，载《河北法学》2019年第 6 期。

认，都是在民法维度下探索公有制的法律改革。

从私法的视角而言，财产权的客体为"财产"，物权的客体为"物"，我国现行《民法典》物权编在编排体例上依然以有体物作为其构筑的物权体系。但是，如果以"国有财产"作为物权客体，显然不符合逻辑，以"公共财产"作为概念，却又将国家财产与集体财产相混同。基于国家财产归属于国家所有权的范畴，国家所有权具有主体和客体上的特殊性，我国现行民法典的物权编实质上是有体财产法，为了法律体系上的协调性和系统性，国家财产不应由物权编调整，笔者认为，未来应当修改民法典，设置财产法总则编专章规定国家财产权，以"国家财产"作为统一的法律概念。

"民法典的结构设计是对民法所调整的社会关系的逻辑整理。"①本质上，一国的财产法最应本质地反映本国的社会财产关系，应依据私法逻辑原理，科学地量身定做，将本国基本财产关系客观地表现出来。中国民法典的结构编章在符合基本逻辑的基础上，应当反映中国特色的财产关系。中国公有制财产关系本是中国民法典必须设计的重头戏，必须客观如实地作出体系性的构建。一言以蔽之，在中国民法典规定国家财产权制度是由公有制财产在我国政治经济中所具有的深刻影响决定的。但是，如果仅在财产法总则编规定国家所有权，从而认为国有财产利用关系的一切问题就迎刃而解，这是不符合客观实际的。在财产法总则编中未规定国家财产的利用权利，不予以权利定位，或者权利性质模糊不清，很难说是一种科学性的体系安排，也不能成为完整的国家财产权制度。因此，根据国有资产性质和用途，结合私法调整国有资产的功能和作用，基于规范国有资产存在的归属与利用关系的天然分离，未来修改的中国民法典应当设置财产法总则编，并规定国家所有权和国家财产用益权，依据经营性国有资产、非经营性国有资产以及资源性国有资产等国家财产的性质和利用状况，可以在它们之上设置国家财产用益权，以建立起完整的国家财产权制度，彰显国家财产权的特殊法律调整。

"财产权的类型化是私法体系的逻辑性要求，也是立法活动的经验性总结。"②"以类型学方法"重构财产权体系，③ 成为不少学者呐喊的声音。如果民法典设置财产法总权编，其应由哪些财产权组成呢？有学者将之分为四大组财产权：一是以所有权为核心的有体财产权，包括所有权及用益

---

① 麻昌华、覃有土：《论我国民法典的体系结构》，载《法学》2004 年第 2 期。

② 吴汉东：《知识产权入"典"与民法典"财产权总则"》，载《法制与社会发展》2015 年第 4 期。

③ 参见金可可：《债权物权区分说的构成要素》，载《法学研究》2005 年第 1 期。

物权；二是以知识产权为主体的无体财产权；三是以债权、继承权等为内容的财产权；四是以股权、信托权、票据权利等商事财产权。此种概括性的划分方法基本涵盖了通常的财产权，但缺乏中国特色的公有制财产权制度。财产权内容应当考究国情和法律历史文化，根植于本国法律立法实践。我国宪法规定生产资料公有制，确定了国家财产公有制在国民经济中的主导地位，舍弃这个根本宪政制度，社会主义国家的性质荡然无存，中国将陷入万劫不复的内乱。公有制的国情决定国家财产应由公私法综合调整，中国民法典不仅对国家财产作出回应，而且必须构建出完整的国家财产权制度。基于国家所有权与传统有体物权法的逻辑体系不相耦合，马俊驹教授提出，在中国民法典中设置"财产与财产权"编，在"财产权总则"章中规定"国家所有权"，这是一个具有建设性与现实性的立法建议。但是，财产法总则中规定国家所有权是必然的，问题在于，现实中出现的国有资产流失问题，不是国家所有的归属性质不清，而是出现在利用关系上，这是根源性问题所在。基于物权规范国家所有权存在体系结构的困扰，难以做出合乎逻辑的制度安排，财产法总则编为其打通了公有制与民法典衔接的路径，不再因其主体、客体、内容与传统物权相冲突而给学者带来的过多变通解释，以开放、务实的财产思维，冲破私人所有权理论的束缚，根据国家财产的特性设计出其国家财产权制度。具体来说，除了宪法规定国家财产权外，其制度设计的第一环节应是在财产法总则编对其归属和利用关系的主体、客体、内容、取得及转让做出原则性规定，并以此架设公法调整规范，才能做到国家财产权的主次纲目、体系清楚和层次分明。财产法总则编规定国家所有权是必然的，但不应仅是列举其种类，只是做出一种宣示性规定，质言之，国家所有权是一种立法的客观要求，但其利用关系的构筑关系到财产的合理利用与使用效率，必须做出合理的制度安排，在私法设置国家财产用益权，应是一种正确的路径。总之，由国家所有权与国家财产用益权构筑的国家财产权制度列入未来修改的中国民法典财产法总则编，将中国公有制财产与现代财产法有机结合，形成社会主义国家特色的民法典，成为具有中国法律文化符号的标志性，这将在世界具有典范性的时代意义。

　　诚然，非经营性国有资产使用权是非经营性国有资产利用关系的法律抽象，表述行政事业单位法人的财产利用权利。它是国家财产权制度下的财产权利，属于国家财产用益权类型，它在中国民法典中的地位依国家财产权、国家所有权和国家用益权的立法安排而确定，依上述分析它置于中国民法典财产法总则篇。诚然，民法典规定非经营性国有资产使用权只是对其归属和利用关系进行原则性和概括性规定，主要规范其主体、客体、内容、行使原则和权利限制，其他仍应由行政法加以具体规制，从而形成公私法综合调整国有资产的立法模式。这样，通过民法典确认非经营性国有资产使用权，有利于增进非经营性国有资产的资源配置和有效利用，最大限度地为社会利益谋求福祉。

追求形式理性和体系逻辑的大陆法系民法说明一个基本论断，"权利属性的定位与权利客体的范围存在着内在联系"①。德国民法典创立的物权与债权二分法是建立在权利客体的区分基础之上。换言之，物权与债权的区别，与其说是支配权与请求权之别（在权利上），不如说是物与行为之分（在客体上）。② 质言之，权利客体是决定权利与权利规则的决定性因素，撇开权利客体，犹如抽空权利的灵魂，权利不再存在权利载体或对象，也难谓之权利，民事权利体系随之坍塌。有学者为了创新现代财产法，根据财产权的分类出发，追根溯源，仔细考察自罗马法至德国民法典关于传统财产法权利客体的演变，各自提出了关于现代财产权构造理论的基点。吴汉东教授认为，以财产的直接支配性与请求履行性为标准进行财产权分类；王卫国教授提出的现代财产法主要定位于绝对权，但也不排除绝对权与相对权相联系的财产制度；③ 温世扬教授主张以"有体物支配权——无体物支配权"与"完全支配权——限制支配权"两种模式加以整合，建立与请求权相对应的财产支配权体系。④ 以上各种观点均有一定的合理性和理论依据，基于现代财产权的多样式，难以抽象出一般性规则，正如马俊驹教授认为，现代财产权具有财产权的多元化、综合性和价值化；⑤ "财产权总则不可能采取抽象的方式来规定财产及财产权的一般概念及其特征，而只能通过列举的方式来进行规定"⑥。笔者认为，现代财产权依然回归支配权与请求权作出解释。支配权应作出扩张性解释，这种支配权不一定是对财产的实物支配，而是一种观念性支配；不限于有体物的支配，借助于法律之力的控制也具有支配权，它彰显的是对抗不特定义

---

① 王卫国：《现代财产法的理论建构》，载《中国社会科学》2012年第1期。

② 参见金可可：《私法体系中的债权物权区分说——萨维尼的理论贡献》，载《中国社会科学》2008年第2期。

③ 参见王卫国：《现代财产法的理论建构》，载《中国社会科学》2012年第1期。

④ 温世扬：《财产权支配论要》，载《中国法学》2005年第5期。

⑤ 马俊驹、梅夏英：《财产权制度的历史评析和现实思考》，载《中国社会科学》1999年第1期。

⑥ 马俊驹、梅夏英：《我国未来民法典中设置财产权总则编的理由和基本构想》，载《中国法学》2004年第4期。

务人的法律地位或资格、能力。无形财产、信用财产、企业财产等财产形式，其财产权的权利客体均可以在支配性维度上理解，无论其支配的是财产的使用价值，还是交换价值，抑或受限价值，都体现为一定的经济利益，都视为财产权，受到保护。在此角度而言，"有体物支配权——无体物支配权"与"完全支配权——限制支配权"的理论，接触及到问题的实质，但其仍落脚于"物"之概念，束缚了财产权的扩张。现代财产权表现出应是一种受私法保护价值的经济利益，其中支配性的财产权具有对世性、排他性效力和救济权。现代财产权根据权利客体的不同，可以表现为单一的权利，如信托权、数据信息权；也可以根据权利客体的相同或相类似性，表现为一个权利束，抽取出一个总体性的财产权作为上位概念，项下分出多种财产权，例如知识产权包括著作权、专利权和商标权等；资信财产权包括商誉权、信用权、(商品化)形象权和特许经营权。就此而言，国家财产权分设国家所有权与国家财产用益权，其客体是国家财产。虽然国家所有权的客体具有广泛性，只有当国家所有权行使主体落实其具体国家财产时，其权利客体才确定下来。国家财产用益权的客体是使用权人实际占有、使用的国家财产。在一定程度下，国家财产是集合物，国家通过其价值控制予以行使支配性，使用权人通过对整体性国家财产享有用益权。

关于民法典财产法总则编的基本内容，此前马俊驹先生与吴汉东先生已经提出过相关的构思，王卫国先生也从不同视角主张过新型财产法的设想，它们的共同点有：(1)财产权的一般性规定(定义、客体界定及种类、保护与限制)；(2)物权一般规则(原则、效力及变动)；(3)债权一般规则(主要是传统债法总则内容、无因管理及不当得利)；(4)知识产权一般规定；(5)其他财产权。上述学者的财产法总则编的立法设计基本反映了现代财产权的基本形式，马俊驹先生提出在财产法总则编中作为独立的一章规定"国家所有权"①。应该说，马俊驹先生考虑到了国家财产权制度的问题，但其亦主张在物权法中规定国家所有权的内容，则令人费解。国家所有权与私人所有权在主体、客体及内容上存在着很大的差别，传统物权理论也难以作出圆满的解释，即使作出变通解释也是牵强附会的，故将其规定在财产法总则编是符合逻辑与法理的，也可以避免诸多的理论困扰。笔者认为，除了宪法规定外，财产法总则编应当作为专章规定国家财产权制度，物权编不再规定国家所有权，避免内容上叠床架屋。简单地说，国家财产权制度在民法典财产法总则编的内容设计上，可分为两节，分别国

---

① 马俊驹：《国家所有权的基本理论和立法结构探讨》，载《中国法学》2011年第4期。

家所有权与国家财产用益权，可在以下内容作出明确和具体的规定：

一是，国家所有权制度，主要包括以下内容：（1）国家所有权的性质。法律规定属于国家所有权的财产，属于国家所有即全民所有。明确国家财产的归属性质，回应宪政制度的公有制财产制度，这不是权利主体的规定，表明其不同于私人所有权。（2）国家所有权的行使主体。国家所有权的行使主体由全国人民代表大会及其常务委员会，以及地方各级人民代表大会及其常务委员会。这不同于现行物权法规定的由国务院代表国家行使所有权，主要是基于政府机关法人也是国家财产的使用权主体，避免政府兼具"运动员"与"裁判"的角色。（3）国家财产的种类与范围。将国家财产分类为国有土地（明确其用益物权由物权法规范）、国有自然资源、国有营利性财产、国有非经营性财产、国有公用财产以及国有特许财产。规定非营利性国有财产与国有营利性财产相互转换原则和机制。（4）国家对国家财产承担的义务，规定国家维护国家财产保值、增值以及公众使用的义务，诸如收益上缴国库、国家财产完整、安全的维护等，维护国家财产为政治运行及为社会提供公共产品提供保障，保障使用权人依法享有充分的使用权益。（5）国家财产的保护。主要是国家财产的价值及使用效益监控国家财产，以相应的特殊规则保护国家财产。明确国家财产不适用相关物权规则。

二是，国家财产用益权制度，主要包括以下内容：（1）国家财产用益权的定义及性质。国家财产用益权是指国有法人机关或企业法人、其他组织、团体和个人对国家授权经营、管理的国家财产依法享有占有、使用、收益和有限制处分的财产权利。（2）国家财产用益权的主体。（3）国家财产用益权的客体。明确国家财产权各类客体可依法设置国家财产用益权。（4）国家财产用益权的取得方式。（5）国家财产用益物权的保护。（6）分别规定国家财产用益权的种类：国有自然资源利用权；非经营性国有资产使用权；国有公用财产使用权；特许财产经营权。各类国家财产用益权分别规定其定义、主体、客体及内容、权利产生、公示及转让等内容。此外，在相关法条上构造出公法转轨规制条款，努力将国家财产的"行政管理权"与"财产权"相分离，实现国家财产公私法综合调整机制。

二、中国民法典财产法总则编国家财产权制度的立法建议稿

目 录
第一章 总则
第二章 国家所有权

第一章   总则

第一条   【立法目的】为了维护国家公有制为主体的基本经济制度，维护国家财产权秩序，明确国家所有权制度，充分发挥国家财产的效用，根据宪法，制定本法。

第二条   【国家财产的内涵】本法所称国家财产是指依照本法及其他法律规定，确认属于国家所有的物以及国家所有或享有的财产权利。

第三条   【调整对象】因国家财产的归属和利用而产生的财产关系，适用本法。

第四条   【国家财产权的内涵】本法所称的国家财产权，是指国家或国家授权的法人对国家财产享有相应的财产权利，包括国家所有权和国家财产用益权。

第五条   【国家财产权的一般规定】国家财产实行国家所有权与国家财产用益权相分离制度，国家授权法定机关行使国家财产的所有权职责，国家机关法人、企事业单位法人、社会团体法人依法享有占有、使用或收益、处分的权利。

国家机关法人、事业单位法人、社会团体法人必须保证国家财产得到正当、有效和节约利用，国有企业法人应当实现国家财产保值和增值。

第六条   【平等原则】在社会主义市场经济上，国家财产权与集体财产权、个人财产权享有平等的法律地位。

第七条   【国家财产权的法定原则】国家财产权的种类与内容，由法律规定。

第八条   【登记的规定】国家依法建立国家财产登记制度。

占有、使用国家财产的国家机关法人、企事业单位法人、社会团体法人，以及国有企业经批准在境外或者海外投资的，依法办理国家财产权的登记制度。

第九条   【国有集合财产的规定】作为财产综合体的国家财产在整体

上视为不动产，按共同用途使用的统一的整体，为集合财产，可以成为国家财产权的客体。

构成国有集合财产的诸财产可作为各自法律关系的标的。

经依法批准，国家财产在整体上及其一部分可以是其设立、变更和终止物权的其他法律行为的客体。

第十条　【国家财产的保护】国家财产及国家财产权受法律保护，任何单位和个人不得侵害。

第二章　国家所有权

第十一条　【国家所有权的一般规定】依本法及法律规定的国家财产，属于国家所有。

国家财产包括有体物、无体物，财产权利和财产权益。

第十二条　【国家所有权的内涵】本法所称国家所有权是指国家对国家财产享有归属性的财产权利，包括有体财产所有权及债权、股权、知识产权等财产权利、财产利益。

第十三条　【国家所有权的行使主体】除法律另有规定外，国家所有权由全国人民代表大会及其常务委员会统一行使国家所有权，地方各级人民代表大会及其常务委员会经全国人大授权代表国家行使国家所有权。

全国人民代表大会及其常务委员会、地方各级人民代表大会及其常务委员会设立国有资产监督委员会负责行使国家财产所有权的职责。

第十四条　【国有土地所有权】城市的土地以及依法属于国家所有的城市郊区、农村的土地，属于国家所有。

第十五条　【国有自然资源所有权】除依法确认为集体所有外，领海、领空、大陆架、森林、山岭、江河湖泊、水流、矿藏、海洋资源等自然资源，属于国家所有。

领海、领空、大陆架依我国参加或缔结的国际条约调整。

第十六条　【国有野生动物资源所有权】依法确认为国家所有的野生动植物资源属于国家所有。

第十七条　【国有公用财产所有权】公用财产属于国家所有，国有公用财产包括公共道路、隧道、天桥、港口、公园、广场、博物馆、历史古迹等供公众直接使用的财产。

第十八条　【非经营性国有资产所有权】由国家财政资金拨付给国家机关法人、事业单位法人、社会团体法人用于公务目的或社会公共事业目的的国家财产，为非经营性国有资产，属于国家所有。

本法所称非经营性国有资产是指为公务目的和社会公共事业目的，国家财政资金拨付、配置形成的国家财产，并由国家机关、军队、人民团体、事业单位占有使用的办公楼房、公务车辆、办公设备、教育体育设施、仪器设备、办公经费、项目经费、行政信息、服务标志以及公立非赢利性医疗卫生设施等为社会管理和公共利益而设定的国有资产。

第十九条　【经营性国有资产所有权】国家投资于国有企业法人的工程设施、资本和财产，以及国家对企业各种形式的出资所形成的财产权益，属于经营性国有资产，属于国家所有。

第二十条　【历史文物】除法律另有规定外，具有重要考古、艺术、文化价值的历史文物以及所有权不明的隐藏埋藏物，属于国家所有。

第二十一条　【国有特许资源所有权】依法律规定，经国家法定部门批准，国家机关法人拟制的行政许可、政府许可、公共许可等公共资源，属于国家所有。

第二十二条　【国有信息资源】依法律规定，国家机关法人或事业单位法人持有的行政信息、公共信息、无线电频谱资源、数据库信息等信息资源，属于国家所有。

第二十三条　【国家财政收入所有权】国家机关法人依法通过罚款、罚金、没收、税收等财政收入方式取得的财产，属于国家所有。

第二十四条　【所有权不明的财产】除法律另有规定外，不属于自然人、法人或其他组织的所有权不明的财产，属于国家所有。

第二十五条　【国有债权、股权、知识产权衍生的财产利益】除法律另有规定外，国家享有的债权、股权、知识产权衍生的财产利益，属于国家所有。

第二十六条　【国库的规定】国家财政预算的资金以及未划拨给任何单位和自然人的其他国家财产，构成国家的国库，属于国家所有。

第二十七条　【财产利益的监控】国有资产监督委员会对国家财产的利用、使用与收益、处分行使监督检查权，根据国家财产的财产利益净值行使所有权人的监督职责。

第二十八条　【转让与处分、评估的规定】国家财产依法可以转让给自然人和非国有的法人、其他组织；转让重大的国家财产，应当经国有资产监督委员批准，由法定鉴定部门进行公开、公平、公正的评估。

第二十九条　【国家所有权的限制】禁止违反法律、行政法规的规定，将国家财产捐助或赠与给他人。

除法律、行政法规和本法另有规定外，国家财产不得成为强制执行的标的；非经国有资产监督委员会批准，不得为自然人或非国有法人、其他组织提供担保；国家财产不适用时效取得。国家财产受到侵害，不受诉讼时效期间的限制。

第三章　国家财产用益权

第一节　一般规定

第三十条　【定义】国家财产用益权人对国家授权经营、利用和使用的国家财产依法享有占有、使用、收益和有限制处分的财产权利。

第三十一条　【主体】依照法律和行政法的规定，国家机关法人、事业单位法人、社会团体法人或者自然人均可成为国家财产用益权人。

国家财产用益权人独立行使国家财产用益权，非依法律规定或约定，任何单位和个人不得阻碍与干预。

国家财产用益权人根据法律规定或约定，可以委托其辅助人行使国家财产用益权。

第三十二条　【客体】国家财产用益权可以在动产或不动产上设立。

国家财产用益权可以在作为统一目的财产综合体的国家财产上设立，视整体财产综合体为不动产。

国家财产用益权在统一目的财产综合体上设立，不影响在其各单一物上分别设定物权。

国有不动产的国家财产用益权制度依照物权法的规定执行。

第三十三条　【基本原则】国家财产用益权人应当维护国家财产权益，合法、正当、合理利用国家财产。

国家实行国有经营性国有资产保值增值的原则。

国家实行非经营性国有资产和国有公用资产合理与充分利用的原则。

国家实行国有自然资源和国有特许资源有偿使用的原则。

第三十四条　【取得】国家财产用益权的设立、取得、变更和终止应当符合法律、行政法规的规定。

第三十五条　【行使方式】国家财产用益权行使的范围、条件、方式、期限，由法律、行政法规规定，没有法定依据的，依国家财产的性质与用途确定。

第三十六条　【设立】国家财产用益权自依法确立之日起设立，法律、行政法规另有规定外。

第三十七条　【登记】各级国有资产监督委员会应当会同有关部门建

立统一的国家财产用益权登记信息管理基础平台，确保国家财产用益权登记信息在国有资产监督委员会及行政主管部门之间实时互通共享。

第三十八条　【转让】经国有资产监督委员会批准，国家财产用益权人可以出让、转让国家财产用益权，法律、行政法规和本法另有规定外。

国家财产用益权人转移部分国家财产后仍为国家财产基础关系当事人的，不影响其权利义务。

国家财产基础关系是指产生国家财产用益权的原因法律关系。

第三十九条　【国家财产用益权的消灭】国家财产用益权因下列事由消灭：

1. 依法被撤销；
2. 基础关系消灭；
3. 国家财产因不可抗力或其他原因全部灭失；
4. 国家征收或政策调整；
5. 法律、行政法规规定的其他情形。

第四十条　【法律责任】国家财产用益权人未依法律的规定或约定行使国家财产用益权的，国家监督部门有权责令改正，并由国家财产用益权人承担民事责任；负责人或直接责任人员承担连带责任。国家财产用益权人造成国家财产损害或严重违背国家财产事业目的，国家监督部门有权终止国家财产用益权。

国家财产用益权人未采取谨慎的注意义务或合理的保护措施造成国家财产损害的，应当承担民事赔偿责任，并依法追究行政责任和刑事责任。国家财产用益权人对其辅助人承担维护国家财产不受损害的义务。辅助人造成国家财产损害的，由国家财产用益权与辅助人承担连带的民事责任。

第三人违反法律、行政法规的规定或约定，侵害国家财产用益权的，应当承担法律责任。

第四十一条　【公私法转轨条款】国家财产用益权人除依照本法享有的权利与承担的义务外，法律、行政法规另有具体规定的，遵照执行。

第四十二条　【公益诉讼]违法本法规定侵害国家所有权或国家财产用益权而未受法律制裁的，人民检察院有权提起公益诉讼，任何单位和个人也有权依法提起公益诉讼，请求人民法院追究法人、其他组织及直接责任人员的相关法律责任。公益诉讼的有关规定依照诉讼法执行。

第二节　国有自然资源利用权

第四十三条　【定义】国有自然资源利用权是指利用权人经国家法定

许可对自然资源进行开发、利用和收益的财产权利。

第四十四条　【国有自然资源的分类】根据自然资源的稀缺程度和是否具有再生性，分为对物采掘的国有自然资源和非对物采掘的国有自然资源。

采矿权、探矿权、取水权、渔业权为对物采掘的国有自然资源使用权；海域使用权、滩涂使用权、林业权为非对物采掘的国有自然资源使用权。

国家对对物采掘的自然资源和稀缺性自然资源实行核准许可制度。国家对非对物采掘的自然资源使用权实行许可制度和有偿利用制度。

第四十五条　【客体】国有自然资源利用权的客体为特定的自然区域及其构成的特定资源。

国家对国有自然资源利用权实行登记制度。

国有自然资源使用权人应当在特定的自然区域内从事自然资源的开发与利用。

第四十六条　【利用权人】自然人、法人或其他组织均可以成为国有自然资源使用权人，国家对使用权人实行资格许可制度。

第四十七条　【设立】国有自然资源使用权自取得法定许可审批之日起设立。

国有自然资源使用权由县级以上国有资产监督委员会核发许可证，确认国有自然资源使用权，建立权利登记簿，记载相关事项。

第四十八条　【取得】除法律、行政法规另有规定外，国有特许资源利用权应当经过公开竞标的方式取得，由国有资产监督委员会与利用权人签订国有自然资源利用合同，并依法进行登记。

国有自然资源利用合同应当采取书面形式，一般包括下列内容：

1. 当事人的具体信息；
2. 国有自然资源的性质和用途，以及界址、面积；
3. 利用权人的权利与义务；
4. 经营方式或利用方式、利用期限；
5. 出让金、利用费用、税收及支付方式；
6. 转让、出让的限制或条件；
7. 监督与检查条款；
8. 违约责任；
9. 争议解决的条款。

第四十九条　【限制】国有自然资源利用权的区域、条件、限额和期限依法律、行政法规的规定确定。

第五十条 【内容】利用权人对自然资源依法许可的区域进行开发、利用，所得收益享有自主处分权，但应当依法缴纳自然资源使用金或占有费。

经国有资产监督委员会批准，国有自然资源利用权可以作为出资、入股、担保的客体，并依法可以转让。不违反法律、行政法规的强制性规定，国有资产监督委员会应当准许。

第五十一条 【撤销】有下列情形之一的，经警告仍不改正的，国有资产监督委员会有权撤销国有自然资源利用权：

1. 未依法定或约定期限缴纳资源使用金或利用费的；
2. 未按用途开发与利用自然资源的；
3. 未按区域、条件、限额、期限开发与利用自然资源的；
4. 未按规定进行恢复生态环境、复垦利用的；
5. 未经批准擅自出让、入股、担保或转让的；
6. 依照法律、行政法规的规定应当撤销的其他情形。

国有自然资源利用权依法被撤销的，国有自然资源利用权人仍应当依法缴纳出让金或利用费，并承担恢复生态环境、复垦利用，赔偿损害的民事责任。

第五十二条 【国有自然资源利用权的终止】国有自然资源利用权因下列情形而消灭：

1. 依法被撤销；
2. 开发利用期限届满；
3. 自然资源因不可抗力等原因丧失开发利用价值；
4. 国家征收或调整政策的；
5. 依照法律、行政法规应当消灭的其他情形。

第五十三条 【国有自然资源利用权的保护】国有自然资源使用权人应当遵循行政法和经济法的规定，保护生态环境，不得随意改变国有资源用途，破坏环境资源，擅自超出许可的区域、限额、期限，造成自然资源损害的，应当承担民事赔偿责任；构成犯罪的，依法追究刑事责任。

行政主管部门及其人员玩忽职守或非法干预，造成自然资源损害的，应当承担民事赔偿责任；构成犯罪的，依法追究刑事责任。

损害国有自然资源利用权的，应当承担民事赔偿责任。

第三节 国有特许资源利用权

第五十四条 【定义】国有特许资源利用权是指自然人、法人或其他组织经法定许可对国有特许公共资源享有利用、经营和收益的权利。

国有特许资源是指依法律、行政法规规定批准有限准入的特许利用而形成的财产利益，包括营运车牌照、营运船牌照、无线电频谱牌照、公益活动冠名牌照、公共设施广告设置牌照、路桥收费许可牌照、公共设施经营牌照等社会资源。

第五十五条　【基本原则】国有特许资源的利用实行公平原则、比例原则、利益平衡原则，确保国有特许资源利用权的公平竞争和科学利用，维护公众利益，实现社会效益与经济利益的平衡发展。

第五十六条　【利用权人】自然人、法人和其他组织均可成为国有特许资源利用权人，但必须持有相应的资质、技术水平和经济能力。

第五十七条　【设立与取得】国有特许资源利用权自取得国有资产监督委员会颁发的许可证之日起设立。

取得国有特许资源利用权必须有法律、行政法规的依据，根据特许资源的限额进行确定颁发许可证的数量和期限。

第五十八条　【国有特许资源利用权的取得】国有特许资源利用权必须经过公开竞标的方式取得，由国有资产监督委员会与利用权人签订国有特许资源利用合同，并依法进行登记。

国有特许资源利用合同应当采取书面形式，一般包括下列内容：

1. 当事人的具体信息；
2. 国有特许资源的性质和用途；
3. 利用权人的权利与义务；
4. 经营方式或利用方式、利用期限；
5. 利用费用及税收；
6. 转让的限制与条件；
7. 监督与检查条款；
8. 违约责任。

第五十九条　【权利内容】利用权人依法有权对国有特许资源自主经营、利用，任何单位和个人不得干预。

第六十条　【国有特许资源利用权人的义务】利用权人对国有特许资源实行向公众收费的，应当依法取得收费许可证。

利用权人经营国有特许资源应当根据政府核定的指导价格向社会公众收费，不得哄抬指导价，必须缴纳特许资源利用费和税收，非经许可不得出让。

利用权人应当容忍政府为了实现公共利益或军事目的而实施的合理

限制。

利用权人必须遵守社会公共秩序和社会管理，服从政府根据法律、行政法规和规章对国有特许资源的政策调整。

第六十一条　【国有特许资源使用权的转让】国有特许资源利用权依法可以出资、质押和转让，但受让人应当符合本法规定的相应条件，且不得超过国有特许资源利用权的剩余期限。

第六十二条　【撤销】有下列情形之一的，经警告仍不改正的，国有资产监督委员会有权撤销国有特许资源利用权：

1. 未依约定期限缴纳资源利用费的；

2. 未按规定缴纳税收的；

3. 未按物价部门规定的指导价格，哄抬收费或乱收费的；

4. 违反公共秩序或社会管理规定的；

5. 未经批准擅自质押或转让的；

6. 依照法律、行政法规规定的应当撤销的其他情形。

国有自然资源利用权依法被撤销的，利用权人仍应当依法缴纳出让金或利用费。

第六十三条　【国有特许资源利用权的消灭】国有自然资源利用权因下列情形而消灭：

1. 依法被撤销；

2. 利用期限届满；

3. 国家征收或调整特许资源政策；

4. 依照法律、行政法规应当消灭的其他情形。

国家征收或调整特许资源政策造成国有特许资源利用权消灭的，应当合理评估利用特许资源的情况和利用期限，补偿利用权人相应的资金投入。

第六十四条　【国有特许资源利用权的保护】利用权人应当遵循法律和行政法规，不得利用特许资源从事违法行为，构成犯罪的，依法追究刑事责任。行政主管部门及其人员侵害或非法干预国有特许资源利用权的，应当承担民事赔偿责任；构成犯罪的，依法追究刑事责任。

侵害国有特许资源利用权的，应当承担民事赔偿责任。非依法定程序或没有法定依据终止国有特许资源利用权的，应当承担法律责任。

第四节　国有公用财产利用权

第六十五条　【定义】国有公用财产使用权是指为保障社会公众充分

利用国有公用财产，依法对国有公用财产享有利用与收益的权利。

第六十六条　【利用权人及职责】

县级以上市政或建设规划部门为国有公用财产使用权人，提供国有公用财产与公共设施，承担管理、维护、修缮和保障公众正当利用公用财产的职责，负责监督运营商依法经营与收费。

利用权人实施公用财产的管理和利用，应当依照法定的权限、范围、条件与程序，接受地方各级国有资产监督委员会与社会公众的监督。

对于位于不同行政区域的国有公用财产，其利用权人由共同上级的国有资产监督委员会确定。

第六十七条　【取得】国有公用财产利用权自提供公用财产或公共设施为社会公众利用之日起设立。

第六十八条　【登记】除法律、行政法规另有规定外，国有公用财产以及国有公用财产利用权的设立、变更和消灭应当依法办理登记手续。

第六十九条　【自然国有公用财产与人工国有公用财产】国有公用财产分为自然国有公用财产和人工国有公用财产。

由自然与历史因素形成的国有公用财产，如湖泊、河流、原始森林、天然风景胜地、历史古迹等可供社会公众利用的财产，为自然国有公用财产；公路、街道、桥梁、隧道、博物馆、公园等需要通过国家投资建造而形成的可供公众使用的财产，为人工国有公用财产。

自然国有公用财产由利用权人使用财政性资金修缮与维护而形成；人工国有公用财产由根据各级政府的规划，利用权人运用财政性资金进行建设而形成。

利用权人依照政府采购法可以引入社会资本进行建设而形成国有公用财产。

为了公共利益的需要，依照法律和行政法规的规定，国家可以将私有财产征收为国有公用财产，但应当依法给予相应的补偿。

除法律另有规定外，不得将国有公用财产转让、出租、抵押，不得成为强制执行标的，不得成为私人设立物权标的，不得成为善意取得的标的。

第七十条　【权利内容】利用权人有权依法独立行使利用权，任何单位和个人不得侵犯。

根据法律和行政法规的规定，利用权人有权对国有公用财产进行维护、修缮的权利，有权进行规划利用，有权对不法侵害人采取排除妨害、消除危险等措施。

为了发挥国有公用财产的效益，根据省级国有资产监督委员会批准，颁发收费许可证，使用权人对公用财产享有收益的权利。

第七十一条　【义务】利用权人应当依法定程序制定公用财产的管理、维护、运营和收费的利用规则，确保公用财产持续地发挥社会效益。

利用权人应当采取措施，依法保障公众或法人、其他组织对国有公用财产享有自由、平等、免费利用的权利。

为了公共利益和国防需要，利用权人应当容忍政府和军事机关利用国有公用财产。

第三人对国有公用财产进行商业性目的的使用的，应当严格控制，并依法履行审批程序。

除法律、行政法规另有规定外，未经法定程序审批，不得擅自改变国有公用财产的用途和利用方式。

第七十二条　【收费制度】社会公众使用国有公用财产实行免费使用为原则，收费使用为例外。

利用权人利用公用财产为公众提供有偿服务的，收费标准与收费年限必须经政府法定许可。

利用权人依照政府采购法引入社会资本对国有公用财产进行管理、维护与利用，但由此引起的损害由利用权人承担；国有公用财产由运营商经营的，收费标准、收费年限、维护措施等由利用权人与运营商通过协议确定，并接受省级国有资产监督委员会的审计监督。

第七十三条　【命名权】利用权人有权根据公众知悉的公共用途和使用方式，对公用财产进行命名，但应当保证公众参与命名的权利，尊重历史习惯和传统，不得损害公共利益和他人合法权益。

除法律和行政法规另有规定外，禁止对国有公用财产进行有偿冠名。

未经国有资产监督委员会的审批，不得擅自、随意变更国有公用财产的名称。

第七十四条　【公众利用的一般规则】根据国有公用财产的功能与用途，在宪法赋予的基本权利范畴内，公众对公用财产享有免费合理利用的权利。

利用权人对公众的利用权利实行无差别对待的原则，并适当照顾弱势群体。

第七十五条　【利益冲突与协调】各级国有资产监督委员会负责协调国有公用财产的多元主体利益冲突，各方主体通过协商的方式解决，协商不成的，通过诉讼方式解决。

第七十六条　【撤销】有下列情形之一的，各级国有资产监督委员会有权撤销国有公用财产利用权：

1. 擅自改变国有公用财产的功能与用途；

2. 未取得收费许可证擅自收费，或者违反规定乱收费的，经限期整改仍不改正的；

3. 管理混乱、侵害公众平等的利用权，经限期整改仍不改正的；

4. 违反规定，擅自进行商业目的利用，严重影响公众利用的；

5. 违反规定，擅自抵押或转让公用财产或使用权的；

6. 违反规定，擅自冠名或更名，侵害社会公共利益或他人合法权益的；

7. 依法被国家征收；

8. 违反法律、行政法规规定的其他情形

利用权人违反上列规定致使国有公用财产利用权被撤销的，国有资产监督委员有权指令相应的管理机构对国有公用财产进行管理与利用，确保国有公用财产的充分利用效益。

第七十七条　【消灭】国有公用财产利用权因废弃、不可抗力、第三人损害等原因丧失利用功能而消灭。

第七十八条　【法律责任】任何自然人、法人或其他组织损害国有公用财产利用权的，利用权人有权排除妨害、消除危险，请求赔偿损失。

利用权人侵害自然人、法人或其他组织的合法权益，应当承担民事责任；构成犯罪的，依法追究刑事责任。

政府部门或政府领导非法干预利用权人独立行使利用权的，依法承担法律责任。

第五节　国有企业法人财产权

第七十九条　【定义】国有企业法人财产权是指国有企业对国家出资的经营性国有资产享有独立经营与占有、收益、处分的权利。

第八十条　【国有企业】国有企业是指国家出资的国有独资企业、国有独资公司和国有资本控股公司。

第八十一条　【国有企业的国家出资人】关系国计民生和国家经济命脉的大型国有企业，以及控制国家基础设施和国家自然资源等领域的大型国有企业，由全国人民代表大会及其常务委员会设立的国有资产监督委员会代表国家行使出资人职责。其他的国有企业，由地方各级国有资产监督委员会代表国家行使出资人职责。

国家出资人按照政企分开的原则，履行出资人职责，享有资产收益、参与重大决策和选择管理者的权利，但不得非法干预国有企业的经营活动和财产权。

第八十二条　【国家出资人的权利】国家出资人对国有企业享有下列权利：

（一）经营方向和重大事项的决策权，选择管理者的权利；

（二）参与国有企业章程的制定；

（三）委派股东代表行使重大决策权；

（四）国有资产的收益权；

（五）国有资产增值保值的监督权；

（六）国有企业的撤销权。

第八十三条　【企业整体性财产】国有企业对企业经营与管理的整体性财产享有财产权，以企业整体上的净资产值对国家出资人承担义务。

第八十四条　【国有企业的一般权利】国有企业在经营事业范围内享有自主经营权和财产权。除法律、行政法规另有规定外，在确保国有经营性资产增值保值目标下，国有企业有权自主决定经营性国有资产的配置和运营，并依法可以处分实物、知识产权等无形资产。

第八十五条　【国有企业的投资权】除法律、行政法规另有规定外，在保证国有资产净值增值与保值的前提下，国有企业有权根据市场经济情况，进行自主决定投资、参股等经营形式。

第八十六条　【国有企业的经营权】国有企业在实现国有资产增值保值的前提下，有权自主决定购进原材料与半成品，有权选择交易第三人，有权进出口产品。

第八十七条　【国有企业的用人自主权】除了国家出资人享有对企业董事会成员的决定权外，对于国有企业的其他高级管理人员及企业职工有用人自主权，有权自主决定企业组织与机构，但应当确保职工民主参与企业管理与决策的权利。

第八十八条　【国有企业的分配权】除法律、行政法规另有规定外，国有企业享有经营利益分配权，有权决定职工的工资、奖金，有权决定以股权、期权、利润分配等分享经营利益。

国有企业在完成国家出资人规定利润率值的前提下，有权进行企业的利润分配。

第八十九条　【国有企业的资产处置权】国有企业在实现资产净值增值保值的前提下，有权在规定限额下自主处置资产，有权处分无形资产，处置闲置与废弃的资产。

第九十条　【国有企业经营权的限制】国有企业必须遵守法律、行政法规关于与关联方交易的限制性规定；转让限额标准以上的经营性资产应当经法定评估程序，转让经营性国有资产致使国家对该企业不再具有控股地位的，应当经国家出资人审批；处置资产应当采取公开竞价的交易方式。

第九十一条　【国有企业的一般义务】国有企业应当依法从事经营活动，健全法人治理结构，完善经营管理与财务规章制度，实行职工与民主决策，提高经济效益，依法纳税，向出资人上缴利润；注重社会效益，承担社会责任，接受国家出资人和社会公众的监督，杜绝国有资产的流失。

第九十二条　【国家出资人重大决策的审批权】国有企业提出分立、合并、解散和申请破产的方案，在提请股东大会表决前，应当经国家出资人批准。

第九十三条　【国家出资人的监督权】国家出资人对国有企业的资产监督通过国有资产净值进行控制，实行账实相符、账物相符、账账相符的监督与审计形式。

国有企业发生短期内异常、巨大的经营债务，国家出资人有权暂停负有责任的董事长、董事等高级管理人员的职务，有权调速董事会成员等高级管理人员，并进行审计和监督，采取相应的经营补救措施。

第九十四条　【国家出资人的撤销权】国有企业发生下列情况，国家出资人有权提出破产申请，清理债权债务，撤销国有企业，收归剩余的国有资产。

（一）经营状况严重不良；

（二）重大违法；

（三）严重资不抵债。

第九十五条　【国有企业的协助义务】国有企业对国家出资人行使的审批、检查、审计与监督等权利负有协助义务。

第九十六条　【经营性国有资产的经营损失责任】因市场经济上的客观因素造成经营性国有资产损失由国家出资人承担；非因市场上的客观原因造成的经营性国有资产损失由国有企业承担，法律、行政法规以及协议、章程另有规定的除外。

第九十七条　【国有企业对第三人的责任】国有企业以其经营管理的经营性国有资产对外承担经营上的债务。

国有企业以经营性国有资产对外提供超过限额标准以上的担保，必须经国家出资人审批。

第九十八条　【国有企业负责人与国家出资人的法律责任】国有企业负责人对非正常经营造成的经营损失承担连带民事责任。

国有企业负责人对经营决策或因重大过失造成的经营性国有资产流失承担连带民事责任。

国有企业负责人对未完成国有企业利润率值百分之五十的，对未完成的部分承担连带民事责任。

国家出资人应当依照法律、行政法规对国有企业履行出资人职责，并承担对国有企业的监督职责，不得非法干预企业的财产权与经营权；国家出资人主管人员及责任人员非法干预企业的财产权与经营权，或者玩忽职守，造成国有企业经济损失的，依法承担民事责任；构成犯罪的，依法追究刑事责任。

第六节　非经营性国有资产使用权

第九十九条　【定义】非经营性国有资产使用权是指国家机关法人和国家举办的事业单位法人，为完成行政事务或社会公共事业目的，对国家配置给其直接支配的资产享有占有、使用、收益和依法处分的权利。

第一百条　【使用权人】国家机关法人、实行国家财政预算管理的行政机关法人以及利用财政资金或接受财政资金补助的事业单位法人、社会团体法人，为非经营性国有资产使用权的使用权人。

第一百零一条　【非经营性国有资产的范围与限制】除法律、行政法规另有规定外，非经营性国有资产不得擅自改变其用途及性质，不得转换为营利性国有资产。

下列国有财产为非经营性国有资产：

(一)国家机关正在用于行政公务活动的财产；

(二)学校、医院、体育、科研、福利等公益事业法人中由国家财政资金配置形成的国家财产。

第一百零二条　【设立】非经营性国有资产使用权自国家机关法人和事业单位法人批准成立之日起设立，自其被撤销或注销、消灭之日起终止。

第一百零三条　【权利的冲突与协调】非经营性国有资产使用权以国家机关法人或事业单位法人的整体资产作为客体设立，已在部分资产上设立的用益物权，不影响在其之上设立内容不同的非经营性国有资产使用权。同理，在整体资产设立非经营性国有资产使用权，不影响在其之上再设立内容不同的用益物权。

第一百零四条 【监督机构】全国人民代表大会和地方各级人民代表大会代表及其常务委员会的资产监督管理委员会，代表国家对非经营性国有资产行使资产监管、预算审批权、资产配置权、资产调剂权和处置收益权等国家所有权人的权利，但应当维护使用权人依法享有依行政政务或事业目的自主使用权，除依法履行法定职责外，不得干预使用权人正常的资产使用活动。

第一百零五条 【监控的一般原则】资产监督管理委员会根据使用权人资产的财产利益净值行使所有权人的监控职责。国家与使用权人之间就资产监控采取资产管理与预算管理相结合、资产管理与财务管理相结合、实物管理与价值管理相结合的原则。

第一百零六条 【权利的一般规定】使用权人依事业目的对其直接支配的资产独立行使使用权，享有平等、意思自治和财产自主的使用权，并享有相应的处分权。非依法律规定，任何人或机关、单位不得妨碍或干预使用权人对资产的支配。但是，国家有权根据法律规定依法定程序无偿调剂资产，或者建立资源共享平台。

第一百零七条 【非经营性国有资产使用权人的权利】非经营性国有资产使用权的主体享有下列权利：

（七）依照法律和行政法规规定，有权根据本单位情况制定资产使用的实施办法并组织实施；

（八）依公务目的或事业目的对资产依法享有独立的使用权；

（九）有权根据国家拨付的财政资金依照政府采购法等有关法律、法规规定进行政府采购；

（十）有权根据本单位的公务情况向财政部门申请拨付或增加资产配置的财产资金；

（十一）有权依照法律规定对本单位滥用使用权、造成流失的公务人员追究法律责任；

（十二）有权依照法律规定对任何人侵害资产的行为追究法律责任。

第一百零八条 【资产配置的原则、依据与标准】非经营性国有资产的配置必须经过科学编制、预算审批的法定程序，遵循财权与事权匹配，增量与存量、配置与效益相结合的原则，遵循厉行节约、从严控制的原则。

资产配置以使用权主体的公务职能和工作性质为依据。实行资产配置与单位预算挂钩，实物配置必须坚持统一性配置原则，价值配置坚持限额配置原则，具体配置标准由行政法规规定。

第一百零九条 【调剂与共享】各级国有资产监督委员会根据使用权人的资产存量、资产使用和工作绩效的情况，有权依法定程序进行调剂资产，有权依法强制调剂闲置低效和超标配置的资产，建立资源与信息共享机制。

第一百一十条 【占有权】使用权主体依法定程序配置，依公务目的占有公务资产。公务人员在符合单位法人意志，依公务目的或为公共事务而持有，占有资产，但必须依资产的特性维持占有的良好状态，履行安全防护和注意义务，不得挪作他用，不得谋取私利，假公济私。

第一百一十一条 【使用权】非经营性国有资产使用权主体对依法配置的资产或依财政预算拨付经费购置的资产在符合履行公务目的下享有独立的使用权，任何机关或团体、个人不得干预。

使用权人必须符合特定用途、充分使用和降低成本原则。坚持特定用途与审批制度相统一，专项经费实行专项审批制度；采用定额与定量相结合的使用制度；杜绝资产闲置、低效运转和自然损耗。

第一百一十二条 【使用公开制度】使用权人必须依国务院规定的方式和项目公开公务经费的运行情况，定期公开详细的公务接待费、公务用车购置和运行费、因公出国（境）费等费用的预算和决算、执行情况，公开大型设备、仪器、重点实验室等重大资产的预算、决算和使用情况，公开行政领导的办公配置情况，公开办公用房和楼堂馆所的造价情况，接受上级主管机关和审计机关的监督，接受社会监督。

第一百一十三条 【建立统一消费和资产使用机构】各级政府应当建立办公用品的统一消费、资产使用机构和公车调配中心，对于办公用品和公务用车实行集中管理，集中使用，杜绝浪费和奢侈行为。具体实施办法由省级国有资产监督委员会制定。

第一百一十四条 【收益权的规定】使用权人对其依法行使的行政许可、公共许可，信息资源，知识产权、智力成果等无形资产，享有维护、许可、处分及收益的权利，但收益应当计入单独的资产负债表，接受国家资产监督机构的监督与检查。

第一百一十五条 【处分权】使用权人有权依照法定程序对其享有使用权的实物性国有资产进行转让或核销的行为，包括出售、出让、转让、置换、赠与、报损、报废等实物性资产处置行为。

处分资产必须遵循公开、公平和公正原则，必须履行法定审批及评估程序，在规定限额标准内未经审批不得擅自处置资产。各级政府建立统一资产处置机构，负责使用权主体的资产处分工作。

第一百一十六条　【使用权人的义务】非经营性国有资产使用权主体的主体承担下列义务：

（一）必须健全资产的财务会计制度，建立完整的财务会计信息；

（二）必须合理利用资产，资产使用必须符合特定用途原则，禁止铺张浪费；

（三）建造楼堂馆所必须依法定程序审批，不得超标建设；

（四）办公用品和办公设备必须依法定程序进行政府采购，依法定标准配置；

（五）公务用车必须依法配置，用于公务目的，不得公车私用；

（六）必须正当利用实物性资产，杜绝闲置、废弃和流失；

（七）维护资产的完整和安全，负责对实物性资产进行维护、修缮和修复义务；

（八）未经审批不得以资产进行对外担保、出租和出借；

（九）经审批同意处置的资产必须经法定程序进行评估、拍卖，收益必须上缴财政；

（十）接受资产监督委员会、主管部门和财政部门的监督和检查，报告资产使用的情况。

第一百一十七条　【使用权的一般义务】使用权人应当依照法律、行政法规的规定，健全资产财务、会计制度，设置会计账簿，实行资产会计核算，做到账账、账卡、账物相符，定期向国家有关部门提供真实、完整的资产财务、会计信息，接受有关部门的定期或随时的审计，并依法向社会公开，接受社会监督。

第一百一十八条　【政府采购】行政机关或事业单位购置资产应当依照政府采购法有关规定实施政府采购。未依政府采购法实施购置的，视为无效，造成损失的，由使用权人及其直接责任人承担连带赔偿责任。

第一百一十九条　【公务经费】使用权人对于国家财政预算拨付的经费，包括办公经费、科研经费、因公出国（境）经费、公务车购置及运行费、公务招待费等经费，有权按照行政目的或事业目的自主使用，但必须符合公务消费法的规定，禁止铺张浪费。否则，由使用权人的行政领导及直接责任人承担连带赔偿责任。

第一百二十条　【禁止擅自出租与出借】使用权人未经审批不得擅自处分或者出租、出借非经营性国有资产，也不得以资产对外投资、提供担保或以其他方式对财产进行处分。经审批进行处分或者出租、出借，对外投资等取得的收益纳入单位预算，统一核算，统一管理。

第一百二十一条 【调拨的规定】对于划拨给国家机关法人或事业单位法人的财产，国有资产监督委员会有权收缴多余的、闲置的或未按其用途使用的财产，并有权依照法律、行政法规的规定进行处分。

第一百二十二条 【维护与修缮】使用权人负有依法律、行政法规的规定制定和执行资产管理规则，对其占有和使用的资产进行有效保护，并负有对资产进行维护、修缮、修复的义务。使用权人未履行前款规定义务，造成资产损害的，由直接责任人员承担赔偿责任。

第一百二十三条 【资产转换】使用权人将非经营性国有资产转为经营性国有资产，或者事业单位法人转制为国有企业法人，或者将非经营性国有资产进行拍卖、转让、置换的，必须对相关资产依法进行资产评估和资产清查。违反前款规定造成资产低价拍卖或转让等资产流失的，由使用权人和相关的直接责任人承担连带赔偿责任。

第一百二十四条 【非正常损耗的民事责任】使用权人按照行政公务或事业目的正当、合理使用资产的正常损耗由国家承担，但使用权人非按照行政公务或事业目的，或者不正当、不合理使用的资产造成的损耗或损害，由使用权人及其直接责任人承担连带赔偿责任。

第一百二十五条 【非经营性国有资产使用权的消灭】非经营性国有资产使用权因下列原因而消灭：

1. 国家机关法人或事业单位法人因法定原因而被撤销；

2. 因国家机关法人或事业单位法人合并或者分立而消灭；

3. 因全部非经营性国有资产转为经营性国有资产而消灭；

4. 因国家征收、征用资产而消灭；

5. 因不可抗力的原因导致灭失而消灭。

非经营性国有资产使用权消灭后，使用权人负有对资产移交、注销、办理产权转移登记和进行财务核销的义务。

第一百二十六条 【违反注意义务的法律责任】使用权人违反安全防护和注意义务，造成资产闲置、废弃和流失的，由任免机关或监察机关对直接责任人员予以记过或者大过处分，情节严重的，予以降级或者撤职处分，并由使用权主体及其直接责任人员承担民事赔偿责任。构成犯罪的，依法追究刑事责任。

第一百二十七条 【主要负责人的法律责任】国家机关法人或事业单位法人的主要负责人，应当认真履行维护资产合理配置和正当、合理使用的职责，遵守财务报销制度，并依法进行任期经济责任审计，在任期内造成资产流失的，依法承担赔偿责任。

第一百二十八条　【物权请求权】使用权人可以利用资产实现行政公务或事业为目的行使一切的物权请求权，也可为保障其使用权行使自力救济权，并有权请求非法占有人返还因占有而获得的收益。

第一百二十九条　【侵权救济】任何组织或个人未经许可，实施侵害非经营性国有资产使用权的，使用权人有权依法要求其承担民事责任，并违反行政管理规定的，依法承担行政责任；构成犯罪的，依法追究其刑事责任。

参 考 文 献

一、中文著作类

[1]史尚宽：《民法总论》，中国政法大学出版社2000年版。

[2]史尚宽：《物权法论》，中国政法大学出版社2000年版。

[3]郑玉波：《民法总则》，中国政法大学出版社2003年版。

[4]谢在全：《民法物权论》，中国政法大学出版社1999年版。

[5]苏永钦：《走入新世纪的私法自治》，中国政法大学出版社2002年版。

[6]苏永钦：《民事立法与公私法的接轨》，北京大学出版社2005年版。

[7]苏永钦：《私法自治中的经济理性》，中国人民大学出版社2004年版。

[8]周枏：《罗马法原论》，商务印书馆1994年版。

[9]陈朝璧：《罗马法原理》，法律出版社2006年版。

[10]张俊浩：《民法学原理》，中国政法大学出版社1991年版。

[11]江平、黄风：《罗马法基础》，中国政法大学出版社1991年版。

[12]江平、赵旭东：《法人制度论》，中国政法大学出版社1994年版。

[13]余能斌：《民法典专题研究》，武汉大学出版社2004年版。

[14]马俊驹：《人格和人格权理论讲稿》，法律出版社2009年版。

[15]梁慧星：《中国物权法研究》，法律出版社1998年版。

[16]梁慧星：《民法总论》，法律出版社2007年版。

[17]梁慧星：《中国物权法草案建议稿》，社会科学文献出版社2000年版。

[18]梁慧星：《中国物权法研究》，法律出版社1998年版。

[19]王利明：《物权法论》，中国政法大学出版社1998年版。

[20]王利明：《中国物权法草案建议稿及说明》，中国法制出版社2001年版。

[21]王利明：《物权法研究》，中国人民大学出版社2002年版。

[22]王利明：《物权法研究》，中国人民大学出版社2007年版。

［23］孟勤国：《物权二元结构论——中国物权制度的理论重构》，人民法院出版社 2004 年版。

［24］孟勤国、张里安主编：《物权法》，湖南大学出版社 2006 年版。

［25］温世扬：《物权法要论》，武汉大学出版社 1997 年版。

［26］孙宪忠：《德国当代物权法》，法律出版社 1997 年版。

［27］孙宪忠：《中国物权法总论》，法律出版社 2009 年版。

［28］尹田：《物权法理论评析与思考》，中国人民大学出版社 2004 年版。

［29］尹田：《物权法理论评析与思考》，中国人民大学出版社 2008 年版。

［30］尹田：《法国物权法》，法律出版社 2009 年版。

［31］徐国栋：《绿色民法典草案》，社会科学文献出版社 2004 年版。

［32］王名扬：《法国行政法》，中国政法大学出版社 1988 年版。

［33］曾世雄：《民法总则之现在与未来》，中国政法大学出版社 2001 年版。

［34］黄右昌：《民法铨解总则编（上）》，商务印书馆 1936 年 3 版。

［35］乔育彬：《行政组织法》，正中书局 1994 年版。

［36］陈新民：《行政法学总论》，三民书局 1997 年版。

［37］张文显：《法理学》，高等教育出版社 2003 年版。

［38］谢次昌：《国有资产法》，法律出版社 1997 年版。

［39］屈茂辉：《中国国有资产法研究》，人民法院出版社 2002 年版。

［40］秦醒民：《国有资产法律保护》，法律出版社 1997 年版。

［41］肖泽晟：《公物权法研究》，法律出版社 2009 年版。

［42］吴卫红：《非经营性国有资产管理研究》，法律出版社 2010 年版。

［43］屈茂辉：《用益物权论》，湖南人民出版社 1999 年版。

［44］尹飞：《物权法·用益物权》，中国法制出版社 2005 年版。

［45］房绍坤：《用益物权基本问题研究》，北京大学出版社 2006 年版。

［46］陈华彬：《物权法原理》，国家行政学院出版社 1998 年版。

［47］龙卫球：《民法总论》，中国法制出版社 2002 年版。

［48］高富平：《中国物权法：制度设计和创新》，中国人民大学出版社 2005 年版。

［49］李景丽：《物权法新论》，西苑出版社 1999 年版。

［50］张千帆：《西方宪政体系》，中国政法大学出版社 2001 年版。

［51］中国国家统计局：《中国统计年鉴—2008》，中国统计出版社 2008 年版。

［52］石佑启：《私有财产权的公法保护研究——宪法与行政法的视角》，

北京大学出版社 2007 年版。

[53]钟瑞栋:《民法中的强制性规范——公法与私法"接轨"的规范配置问题》,法律出版社 2009 年版。

[54]刘剑文:《中央与地方财政分权法律问题研究》,人民出版社 2009年版。

[55]文政:《中央与地方事权划分》,中国经济出版社 2008 年版。

[56]颜运秋:《公益诉讼理念研究》,中国检察出版社 2002 年版。

[57]韩志红、阮大强:《新型诉讼——经济公益诉讼的理论与实践》,法律出版社 1999 年版。

二、中文译著类

[1][古罗马]优士丁尼:《法学阶梯》,徐国栋译,阿贝特鲁奇、纪蔚民校,中国政法大学出版社 2005 年版。

[2][意]桑德罗·斯奇巴尼:《罗马法大全选译》(物与物权),范怀俊译,中国政法大学出版社 1999 年版。

[3][意]彼德罗·彭梵得:《罗马法教科书》,黄风译,中国政法大学出版社 1992 年版。

[4][法]莫里斯·奥里乌:《行政法与公法精要》,龚觅译,辽海出版社、春风出版社 1999 年版。

[5][法]弗朗索瓦·泰雷菲利普·森勒尔:《法国财产法》(上),中国法制出版社 2008 年版。

[6][德]拉德布鲁赫:《法学导论》,米健、朱林译,商务印书馆 1997年版。

[7][德]平特纳:《德国普通行政法》,朱林译,中国政法大学出版社 1999 年版。

[8][德]迪特尔·梅迪库斯:《德国民法总论》,邵建东译,法律出版社 2001 年版。

[9][德]汉斯·J. 沃尔夫、奥托·巴霍夫、罗尔夫·施托贝尔:《行政法》(第 2 卷),高家伟译,商务印书馆 2002 年版。

[10][德]罗尔夫·克尼佩尔:《法律与历史——论〈德国民法典〉的形成与变迁》,朱岩译,法律出版社 2003 年版。

[11][德]卡尔·拉伦茨:《德国民法通论》(上册),王晓晔、邵建东等译,法律出版社 2003 年版。

[12][德]迪特尔·施瓦布:《民法导论》,郑冲译,法律出版社 2006

年版。

[13][日]铃木禄弥:《物权法讲义》,东京创文社 1994 年版。

[14][日]盐野宏:《行政法》,杨建顺译,法律出版社 1999 年版。

[15][日]美浓部达吉:《公法与私法》,黄冯明译,中国政法大学出版社 2003 年版。

[16][英]亨利・萨姆奈・梅因:《古代法》,中国社会科学出版社 2009 年版。

[17][美]科斯:《企业、市场与法律》,上海三联书店 1990 年版。

[18][美]罗伯特・考特、托马斯・尤伦:《法和经济学》,张军等译,生活・读书・新知三联书店 1991 年版。

[19][美]哈罗德・J. 伯尔曼:《法律与革命》,中国大百科全书出版社 1993 年版。

[20][美]伯纳德・施瓦茨:《美国法律史》,王军译,中国政法大学出版社 1997 年版。

[21][美]Y. 巴泽尔:《产权的经济分析》,费方城、段毅才译,生活・读书・新知三联书店 1997 年版。

[22][美]理查德・A. 波斯纳:《法律的经济分析》,中国大百科全书出版社 1997 年版。

[23]陈卫佐译:《德国民法典》,法律出版社 2006 年版。

[24]王书江译:《日本民法典》,中国法制出版社 2000 年版。

[25]渠涛编译:《最新日本民法典》,法律出版社 2006 年版。

[26]罗结珍译:《法国民法典》,中国法制出版社 1999 年版。

[27]殷生根、王燕译:《瑞士民法典》,中国政法大学出版社 1999 年版。

[28]费安玲、丁玫译:《意大利民法典》,中国政法大学出版社 1997 年版。

[29]黄道秀、李永军、鄢一美译:《俄罗斯联邦民法典》,中国大百科全书出版社 1999 年版。

[30]《新帕尔格雷夫经济学大辞典》,经济科学出版社 1992 年版。

三、外文资料类

[1]Illinois Central Railroad v. Illnois, 146 U. S. 387, 1892.

[2]Joseph L. Sax, The Public Trust Doctrine in Natural Resources Law: Effective Judicial Intervention, 68 Mich. L. Rev, 1970, 471, 484.

[3]Selvin M, This tender and delicate business: the public trust doctrine in

American law and economicpolicy, 1789-1920, GariandPublishing, inc., 1987, p. 33.

[4]Friedman, M. (2002) Preface Econonic Freedom bedind the Scenes In J Gwartney and R. Lawson, Economic Freedom of the Word 2002 Annual Report Fraser Institute V ancouver, B, C Xvii.

[5]John Rawis, A Thery of Justice, Cambridge, Mass.: Uarvard University Press, 1971, p. 92.

[6] Gerry Bates: Enviomental law In Australia, Butterworths, 1992 third edition, p. 373.

[7] Randal David Orton, Inventing the Public Trust Doctrine : California Water law and the Mono Lake Cintroversy, University of California, 1992, pp. 25-26.

[8] Joseph Sax: The "Public Trust Doctrine" in Natural Resources Law : Effective Judicial Intervention, 68 Michigan Law Review, 1970, p. 471.

[9] Jessica E. Jay, Third-Party Enforcement of Conservation Easements, 29 Vt. L. Rev. 757, 2005, p. 760.

[10]John L. Hollingshead, Conservation Easements: A Flexible Tool for Land Preservation, 3 ENVTL. LAW 319, 1997, pp. 330-311.

[11]Jeffrey M. Tapick, Threats to the Continued Existence of Conservation Easements, 27 Colum. J. Envtl. L. 257, 2002, pp. 285-86.

[12] Nancy A. McLaughlin: Increasing the Tax Incentives for Conservation Easement Donations—A Responsible Approach, 31 Ecology L. Q. 1, 2004, p. 4.

[13] Charles A. Reich, The New Property, The Yale Law Journal, 1964 (73), pp. 733-87.

[14] Wilfried Erbguth/Joachim Becher . Allgemeines Verwaltungsrecht (Teil 2), Verlag W. Kohlhammer, 2 Auflage 1987, S17.

[15]Lawrence M. Friedman, The Law of the Living, The Law of the Dead : Property, Succession and Society, 1996 wis. L. Rev. 340.

[16]Hugh Collins, Regulatory Cont racts, Oxford University Press, 1999; The Gore Report on Reinventing Government, New York : Times Books, Random House, 1993, p. 1.

[17] Stephen J . Bailey, Public Sector Economics : Theory, Policy and Practice, Second Edition, Palgrave.

[18] Michael Taggart, The Nature and Functions of the S tate, in Peter Cane and Mark Tushnet, eds., The Oxford Handbook ofLegal Studies, Oxford University Press, 2003.

[19] Olga Kaganova and James Mckellar, edited, *Managing Government Property Assets: International Experiences*, Washington, The Urban Institute Press, 2006, p. 26.

[19] GSA: federalmanagementregulation 102-34. 50; 102-34. 325.

[20] PaulA. Samuelson, The Pure Theory of Public Expenditure, Review of Economics and Statistics, 1954, 36(4), pp. 387-389.

[21] Buchanan, J. M., An Econnolnie Theory of Clubs, Eeonomics, New Series, 1965, 32(125), pp. 1-14.

[22] Ross, S., The Eeonolnie Theory of Agency: The PrinciPals' Problem, Ameriean Economic Review, 1973, 63, pp. 134-139.

[23] Friedman, M. Preface Econonic Freedom bedind the Scenes In J Gwartney and R. Lawson, Economic Freedom of the Word 2002 Annual Report Fraser Institute V ancouver, B, C XVII.

[24] Illinois Central Railroad v. Illnois, 146 U. S. 387, 1892.

[25] Frederic William Maitland, The Mystery of Seisin, in Law Quartrely Review October 1886, pp. 481-496.

[26] Dr. Arthur S. Hartkamp: Civil Code Revision In The Netherlands 1947-1992, see, The Patrimonial Law of the Netherlands, Kluwer Law and Taxation Publishers, 1990.

[27] Law rence M. Friedman, The Law of The Living The Law of The Dead Property, Succession and Society, 1966 Wis L. Rev. Vo. 129, 1980.

[28] N. Gregory Mankiw, *Principles of Economics*, 2th, Harcourt College Publishers, 2001, p. 228.

后　记
——人生的职业跨越与学术境界

　　"千秋邈矣独留我，百战归来再读书。"大学毕业后，十年专职律师生涯；重归校园读硕攻博，又十年；硕士毕业后到大学任教，再十年。近三十年来，不时辗转于郁江、湘江与长江之畔，从荷城的东湖边到江城的珞珈山樱园再回到绿城的青秀山脚下，任教高校又自大葛岭转到相思湖畔，不知不觉已过知天命之年，望着书斋的汗牛充栋，人生的第一本著作终于问世，聊以慰藉。回想每次人生的变迁，总是因客观形势的变化而作出抉择。感叹，时光飞逝，人生无常，天生愚笨，职业跨越不易。读书与教学、职业与事业，都需要执著与定力。

　　做专职律师，法庭上唇枪舌战，过程热闹，收入颇丰，但取证艰难，代理意见不易被采纳；学术研究，须调研与研究，经受住名利诱惑，"板凳须坐十年冷，文章不著一字空"，也要有"冷眼看世界"的情怀，但充满趣味与挑战。律师是"在野的法曹"，需要利用技巧收集证据，运用法律与法理阐明你的观点并说服法官采信。衡量著名律师的标准，是社会效果与职业操守，而不是业务收入。大学教师要教书育人和著书立说，要有科研成果，要有丰富知识，教师有一桶水，才能给学生倒出一杯水。衡量优秀教师的标准，是科研成果与学生质量，"名徒出高师"。我既没有导师孟勤国先生在《如何成为著名的法学教授》所说的大学者的运筹与天才，也没有师兄黄强光先生做大律师的胆识与谋略，只能默默地做一名教书匠以终老。然而，在大学校园里时常与孩子们共享时光，以读书来领悟人生，用教书来激发智慧，以写书来梳理知识，也其乐融融！此谓，人各有所志，业各有所好。

　　本书是以博士论文《非经营性国有资产使用权研究》为基础，经申报获得国家基金后期资助项目，现更名为《非经营性国有资产使用权构造论》，博士毕业后三年又完成了《行政事业单位国有资产与公务消费的法律规制》一书，这两本书构成姐妹著作，都凝结着孟先生的精心指导。十八大以来，中国持续全面深化改革，社会形势与政府机构发生重大变革，加之《民法典》的横空出世，致使原博士论文的许多数据与内容已过时。又鉴于孟先生专著那句"学术，应是沉甸甸的"经典教诲总在耳边作响，在课题主管学校的催促下，本书历经数年的增删与修改，更新80%以上原博士论文内容，致使课题一拖再拖，未能作为晋升教授的科研成果，但至今能付梓出版，甚是幸事。高校教师的著书立说大多源于评职称的动力；如果没有评职称压力了，为学生而教学，为民族而创作，为中华而读书，这应是至善至美的学术境界。

艰辛的职业跨度与学术之路，感恩生逢国家改革开放的盛世，并总有贵人的指引与相助。我的硕士生导师吴小英先生与博士生导师孟勤国先生一直关注着我的职业转换和人生沉浮，更是两位导师指引我进入学术的殿堂，孟先生的治学精神与法学方法更是一直熏陶着我七年之久，深刻地影响着我的学术生涯，师母黄莹先生的关心让我感受到学术孤寂的温暖。在该书的撰写过程中，还有幸得到了余能斌先生、马俊驹先生、张里安先生、温世扬先生、余延满先生、陈本寒先生、宁立志先生、李新天先生、张素华先生、彭真明先生的指点迷津。本硕博三所母校的多年培养，使我成为一名法律人；大学毕业后在贵港市的十年律师生涯，为我学术积累了丰富的实践素材；广西同望律师事务所的大力资助，使我完成博士学业；广西教育学院的十年教学实践与管理经历，让我为师之道日趋成熟；广西民族大学的人文关怀，使我法学知识重辟用武之地。智慧而又富有朝气的学生，更是我的创作灵感之源。同学的鼓励，同事的友爱，朋友的相伴，乡亲的期望，总给我无形的压力。现今母亲与父亲均已仙逝，他们未能目睹拙著出版，这应是人生的最大憾事。面对二十多年来坚定支持我的妻子谢煜女士和女儿鲍夏晴，总有愧疚之心。恩情难报，唯有余生，无悔地往前走，尽职教学，多出成果，出好成果。

鲍家志

2021 年 12 月于南宁相思湖畔